마이크로프로세스 응용

APPLICATION OF MYCROSPORES

김장목 지음

부산대학교출판문화원

마이크로프로세스 응용

초판 인쇄 2024년 2월 22일
초판 발행 2024년 2월 28일

저자 김장목

펴낸이 차정인
펴낸곳 부산대학교출판문화원

출판등록 제1983-000001호 1983. 11. 10.
부산광역시 금정구 부산대학로63번길 2
대표전화 051-510-1932 전송 051- 512-7812
http://press.pusan.ac.kr

ISBN **978-89-7316-790-6 93560**

※ 이 도서는 부산대학교출판문화원의 강의교재 개발 지원사업(2024-1) 지원으로 제작되었습니다.

마이크로프로세스 응용

APPLICATION OF MYCROSPORES

김장목 지음

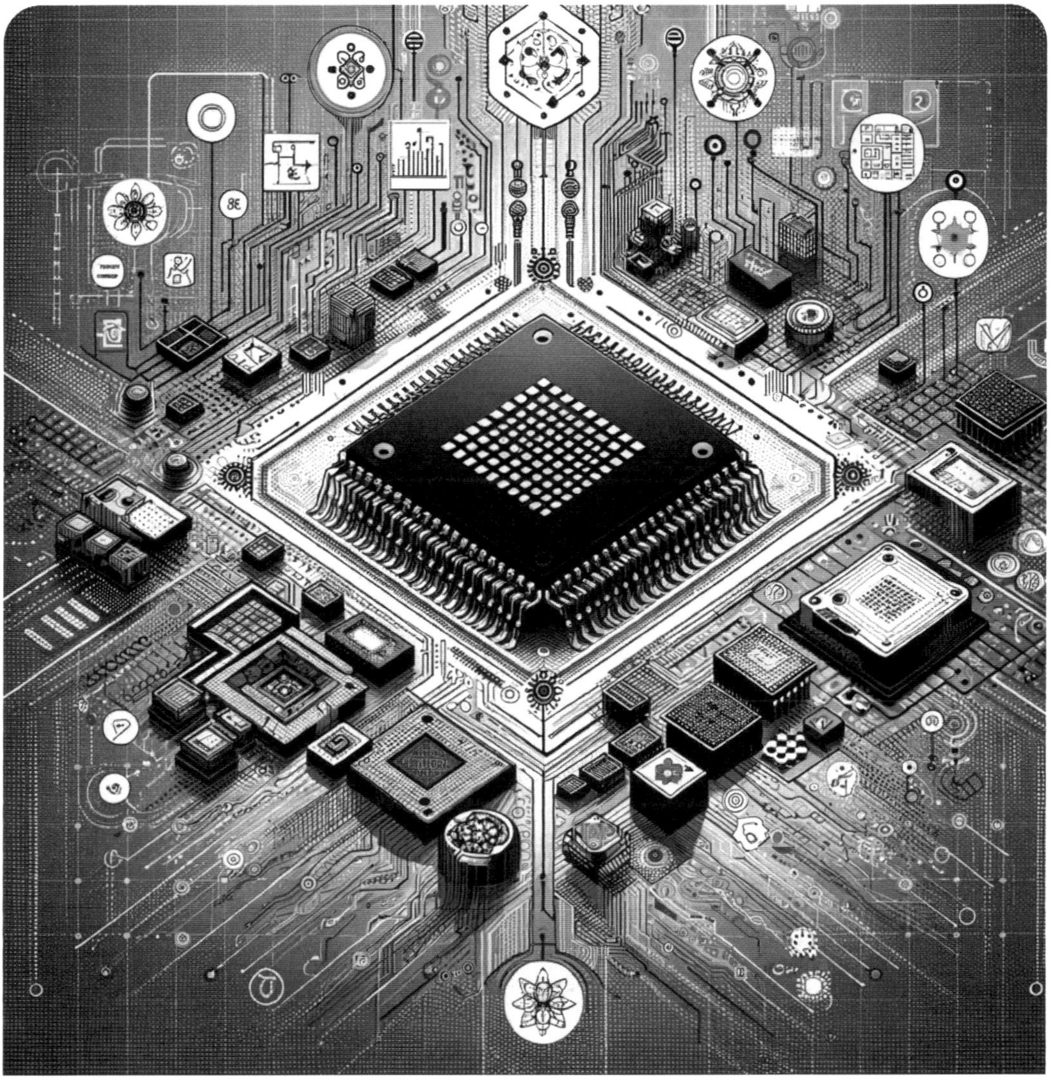

부산대학교출판문화원

목차

제 1장 DSP

1.1. 마이크로프로세서란?

1.1.1. 마이크로프로세서와 마이크로컨트롤러

마이크로프로세서(Micro-Processor)는 일반적으로 MPU(Micro-Processing Unit)이라고 부르며 컴퓨터의 중앙처리장치와 같은 역할을 한다. 즉 CPU의 주 기억 장치를 제외한 연산 장치, 제어 장치 및 각종 레지스터들을 1개의 IC소자에 집적 시킨 것이다. 따라서 마이크로프로세서 단독으로는 활용 범위가 제한적이지만 전체 시스템의 핵심적인 역할을 수행한다. 반면에 마이크로컨트롤러(Micro-Controller Unit, MCU)는 1개의 칩 내에 CPU기능은 물론이고 일정 용량의 메모리와 입, 출력 제어 회로까지 갖추고 있어서 최소의 구성으로 이루어진 작은 컴퓨터 시스템이라고 볼 수 있다. 따라서 이름에서 알 수 있듯이 작은 소형 칩 하나만 다양한 기능을 제어 가능하다. 그림 1.1은 마이크로 프로세서와 마이크로 컨트롤러의 구성을 보여준다.

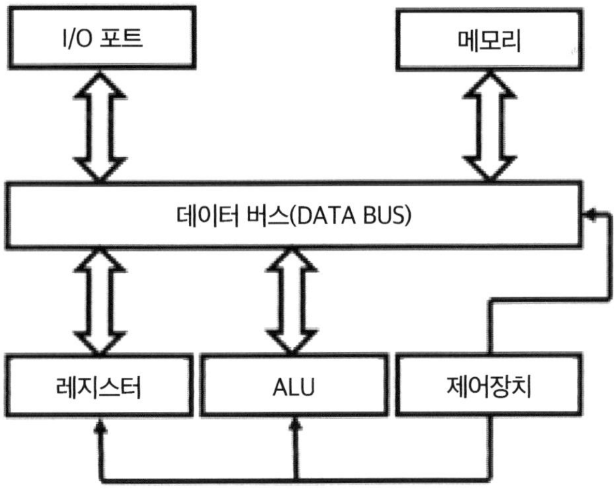

그림 1.1. 마이크로 프로세서의 구성

1.2. DSP system

1.2.1. DSP란?

DSP(Digital Signal Processing)란 아날로그(Analog) 신호를 디지털 신호로 변환하여 데이터 처리하는 방법을 일컫는 말이다. 이러한 처리방법을 응용해 연산을 하는 칩들을 DSP 칩이라 부른다. 특히 디지털 신호 처리 분야에서 실시간으로 매우 빠른 연산을 수행 할 수 있도록 개발된 MPU이다. 대부분의 DSP는 RISC(Reduced Instruction Set Computing) 구조와 하버드(Harvard) 구조를 사용한다. 또한 칩 내부에서 메모리의 이용 횟수를 줄이기 위해 내부에 다수의 레지스터를 포함하고 있어 명령 처리 속도를 상승 시킬 수 있어 명령어 처리 효율이 향상된다. 적용분야로는 전동기 제어, 음성, 영상 신호 처리, 공장, 사무 자동화 등 거의 모든 산업에서 사용되고 있다.

1.2.2. CISC와 RISC

표 1.1은 CISC(Complex Instruction Set Computer)와 RISC(Reduced Instruction Set Computing)의 특징을 비교하였다. CISC는 프로그램에서 사용하는 모든 명령어들을 내장하고 있어 각각의 명령어의 길이도 다양하고 하나의 명령어가 많은 것을 수행한다. 그러다 보니 명령어의 실행속도가 느리며 내장하고 있는 많은 명령어 중 실제로 사용하는 비율은 약 10%이기 때문에 비효율적인 방식이다. RISC는 모든 명령어가 동일한 길이를 가진 단일 클럭의 축약 명령어로 하나의 명령어가 하나의 동작을 수행한다. 명령어의 경우에는 사용빈도가 높은 명령어를 우선적으로 채택함으로써 연산 시간을 빠르게 한 효율적인 방식이며 대부분의 DSP에서는 RICS 명령어 방식을 이용한다.

표 1.1. CISC와 RISC의 비교

구분	CISC	RISC
처리 속도	느림	빠름
전력 소모량	많음	적음
명령어 종류	많음	적음
프로그래밍	간단함	복잡함
주소 지정	복잡함	간단함
레지스터 수	적음	많음
용도	개인 PC	서버, 워크스테이션
가격	비쌈	저렴함

1.2.3. 폰 노이만 구조(Von Neumann) 구조와 하버드(Harvard) 구조

그림 1.2는 폰 노이만 구조와 하버드 구조를 보여준다. 폰 노이만 구조는 CPU에서 접근하는 데이터 메모리와 프로그램 메모리에 동시에 접근 할 수 없기 때문에 연산처리 속도가 현저히 떨어진다. 비효율적인 구조로 인해 처리 속도는 느리지만 설계가 간단하기 때문에 범용으로 사용 가능한 장점을 가진다. 현대의 CPU는 폰 노이만 구조를 근간으로 발전하였다는 의의를 가진다. 반면 하버드 구조는 CPU에서 접근하는 메모리가 데이터 메모리와 프로그램 메모리에 동시에 접근 할 수 있는 구조이다. 즉 각각의 메모리에 대해 다른 데이터 버스와 주소 버스를 사용하므로 서로 다른 비트 수를 사용할 수 있으며 폰 노이만 구조보다 빠르고 효율적이어서 DSP에 많이 사용되는 구조이다.

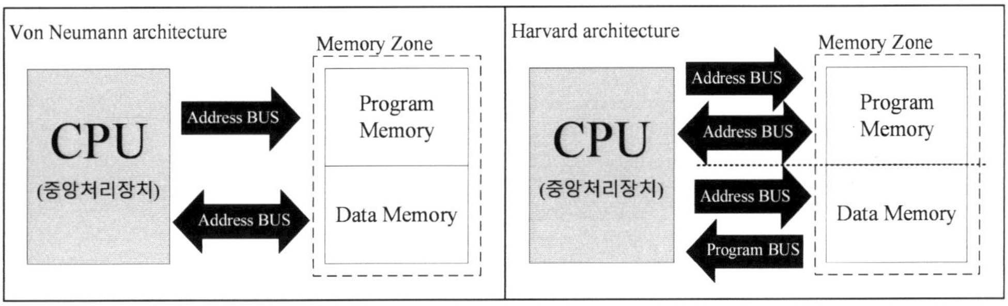

그림 1.2. 폰 노이만 구조와 하버드 구조

1.2.4. 전형적인 DSP 제어기의 구조

전형적인 DSP 제어 시스템의 기본 동작원리는 그림 1.3과 같이 DSP 코어, 메모리, ADC 그리고 DAC로 구성된다. 신호의 시작은 아날로그 신호로부터 출발하여 ADC를 거쳐 디지털 신호로 변환되어 DSP에서 신호처리 후 필요 시 DAC를 통해 아날로그 신호로 변환되어 출력된다. 이때 신호 처리에 사용되는 구조는 주로 RISC 구조를 택하고 있으며 DSP와 메모리 사이의 구조는 하버드 구조나 폰 노이만 구조를 택하고 있다. 이러한 구조를 이용해 연산 시 주로 내부 RAM용량을 사용하는데 부족하다면 외부 RAM을 추가 접속해서 사용 가능하다.

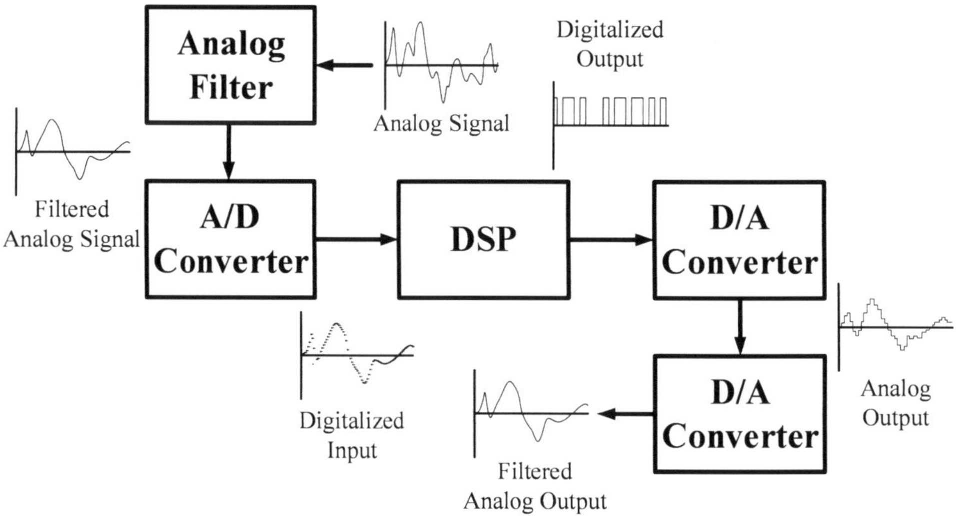

그림 1.3. DSP system의 기본 동작 구조

1.3. TMS320C28346/F28335

1.3.1. TMS320Fxx시리즈와 TMS320Cxx시리즈의 비교

그림 1.4는 TMS320C2000 시리즈의 특징에 대하여 보여준다. 제품명이 F로 시작하는 모델은 내부에 플래시 메모리(Flash Memory)가 장착된 프로세서이다. 플래시 메모리는 비휘발성 메모리로 정보 입력 중에 전원이 Off 되더라도 메모리에 저장된 정보가 지워지지 않으며, 데이터를 자유롭게 입력할 수 있는 장점이 있다. 즉 플래시 메모리는 전원에 관계없이 저장된 데이터를 보존하는 롬(ROM)의 장점과 정보의 입출력이 자유로운 램(RAM)의 장점을 모두 가지고 있다. 반면 제품명이 C로 시작하는 모델은 플래시 메모리가 프로세서 내부에 내장되어 있지 않고 CMOS 메모리를 내장하고 있다. CMOS 메모리는 CMOS 프로세서를 이용하여 만들어진 메모리로 전력 소비량이 아주 낮고 전원에 의한 노이즈 내성이 높은 장점이 있다. 이러한 특징으로 인해 CMOS 칩은 대부분의 마이크로컴퓨터의 클럭 회로나 운영체제가 관리하는 메모리 스위치 등에 이용되고 또 배터리로부터 전원 공급되는 하드웨어 부품에 주로 이용된다.

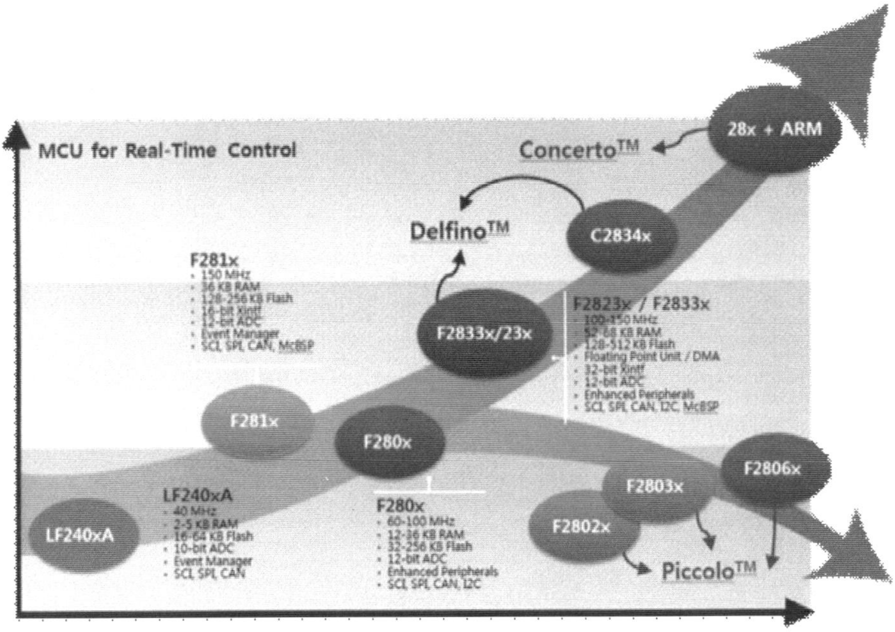

그림 1.4. TMS320C2000 Family

1.3.2. TMS320C28346의 특징

TI(Texas Instrument)사에서는 고정 소수점(Fixed point), Piccolo, Delfino 3가지의 제품군이 있다. 각 제품군의 특징을 말하자면, 고정 소수점의 프로세서는 정수형 시리즈로써 출시된 DSP 중 가장 초기 제품군이며 프로세서 성능이 낮은 편이다. Piccolo와 Delfino 프로세서는 동시기에 출시된 제품으로써 용도 및 성능에 따라 구분 가능하다. Piccolo의 경우 가격대 성능비가 좋은 저가형 모델군이고 Delfino는 Piccolo에 비해 다소 가격은 비싸지만 뛰어난 성능의 제품군이다. 본 교재에서 다루는 TMS320C28346/F28335는 Delfino 제품군에 속하는 고성능의 제품으로 향상된 주변 회로(Peripheral Devices)와 300MHz/150MHz의 고속 연산과 외부 메모리 확장기능을 갖추고 있다. 게다가 다른 시리즈에 비해 증가된 내부 램, FPU(Floating-Point Unit), DMA(Direct Memory Access)기능까지 갖추어 TI사의 TMS320F2000계열 DSP중에 최상위의 스펙과 성능을 자랑하는 모델이다. TMS320C28346/F28335의 성능과 비교를 표 1.2에서 나타내었다. 대표적인 특징으로 앞에서 언급한 연산 속도 이외에 F28335는 프로세서에서 Flash ROM과 ADC를 지원하며 C28346은 고속 연산과 함께 확장된 ePWM, QEP, SPI 등의 인터페이스 지원한다.

표 1.2. TMS320C28346/F28335 성능 및 기능 비교

Feature	C28346 (300MHz)	F28335 (150MHz)
Instruction cycle	3.33ns	6.67ns
Floating-point unit	Yes	Yes
3.3V on-chip Flash (16-bit word)	-	256k
Single-access RAM(SARAM) (16-bit word)	258k	34k
One-time programmable(OTP) ROM	-	1k
Code security for on-chip SARAM blocks	No	Yes
Boot ROM (8k × 16)	Yes	Yes
16-/32-bit External Interface(XINTF)	Yes	Yes
6-Channel Direct Memory Access(DMA)	Yes	Yes
PWM outputs	ePWM1~9	ePWM1~6
HRPWM channels	ePWM1A~9A	ePWM1A~6A
32-bit Capture inputs or auxiliary PWM outputs	6	6
32-bit QEP channels (four inputs/channel)	3	2
Watchdog timer	Yes	Yes
12-bit ADC(channels/conversion time)	-	16/80ns
External ADC Interface	Yes	-
32-bit CPU timers	3	3
Multichannel Buffered Serial Port(McBSP)/SPI	2	2
Serial Peripheral Interface(SPI)	2	1
Serial Communications Interface(SCI)	3	3
Enhanced Controller Area Network(eCAN)	2	2
Inter-Integrated Circuit (I2C)	1	1
General-Purpose Input/Output(GPIO) pins	88	88
External Interrupts	8	8

1.3.3. TMS320C28346 메모리 맵

메모리 맵(Memory Map)이란 메모리 각각의 영역을 분리 및 할당하여 주소별로 도식화한 그림이다. 그림 1.5에서 TMS320C28346의 메모리 맵은 좌측 부분(On-Chip Memory)의 프로세서 내부 메모리 공간과 우측 부분(External Memory Interface)의 외부와 상호 작용하는 외부 메모리 공간으로 도식화 할 수 있다. 메모리의 구조를 살펴보면 프로그램 메모리와 데이터 메모리를 분리하지 않고 같은 공간에 사용하고 있음을 알 수 있다. 메모리 구조를 하나의 건물에 빗대어 설명하면, 각 층은 다양한 용도로 구성되어 있고 같은 층 내부에 데이터 메모리와

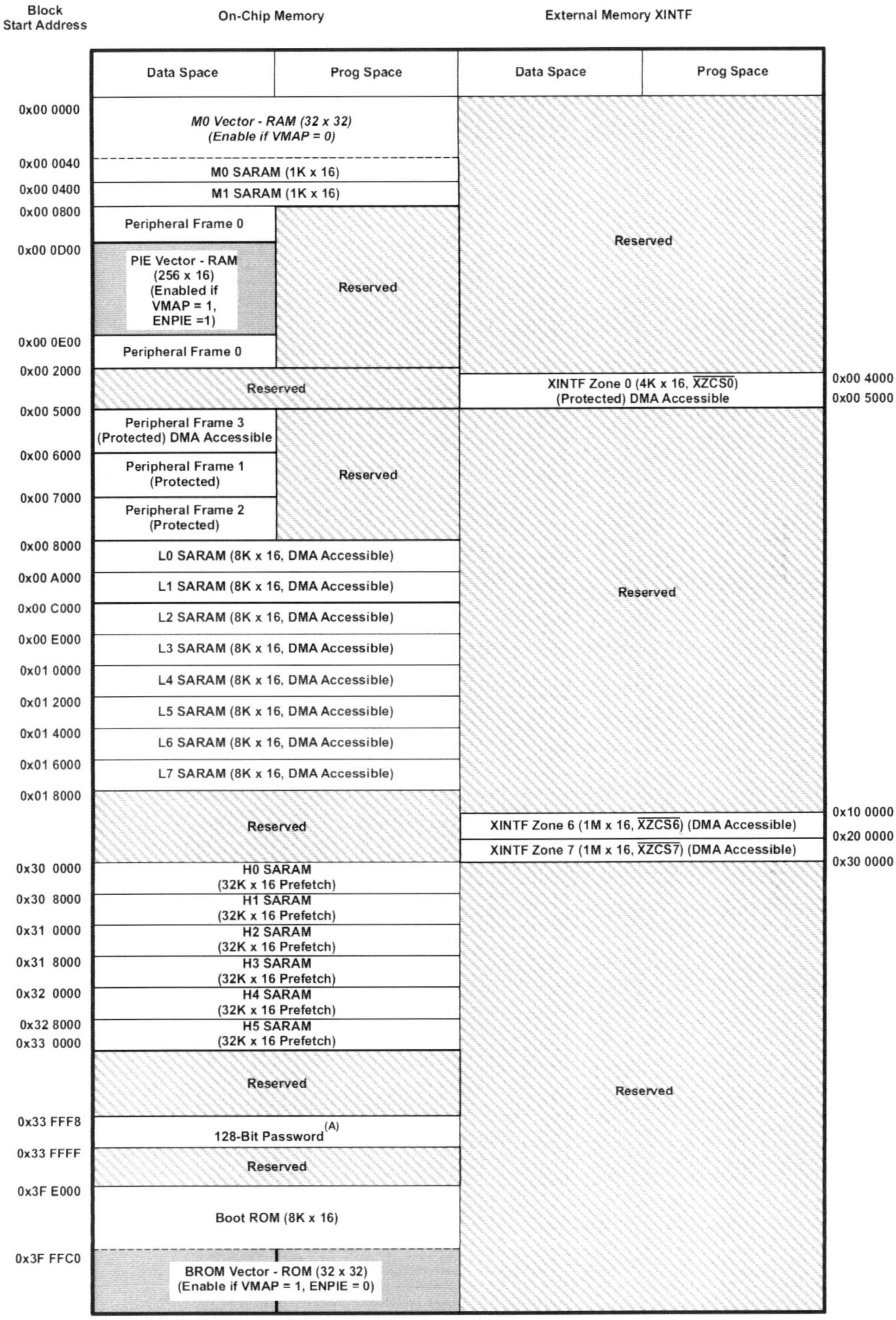

그림 1.5. C28346 메모리 맵

프로그램 메모리 방만 나누어 사용하고 있는 것과 같다. 하지만 같은 공간을 사용한다 하여도 그에 접근하는 버스는 하드웨어적으로 분리되어 있다. 이러한 데이터 공간들은 총 0 × 00 0000 ~0 × 3F FFFF범위의 주소(Address) 값을 갖고있다. 이를 십진수로 환산하여 보면 4,194,304개, 즉 약 400만개의 물리적 메모리 공간을 할당 할 수 있다. 그리고 그림 1.5를 보면 빗금 친 유보(Reserved) 영역이 있으며 이 영역은 개발자가 추후 업데이트나 확장 등을 고려해 별도로 남겨둔 공간으로 일반 사용자들은 접근 권한이 없어 이용할 수 없다.

1.3.4. TMS320C28346(256-Ball ZFE PBGA)의 Pin 구성

그림 1.6~1.9는 TMS320C28346 256-Ball ZFE Pin에 각각의 구성을 보여준다.

	1	2	3	4	5	6	7	8
T	V_{SS}	V_{SS}	V_{DDIO}	GPIO19/ $\overline{\text{SPISTEA}}$/ SCIRXDB/ CANTXA	GPIO21/ EQEP1B/ MDRA/ CANRXB	GPIO24/ ECAP1/ EQEP2A/ MDXB	GPIO27/ ECAP4/ EQEP2S/ MFSXB	TDI
R	V_{SS}	V_{SS}	EXTADCCLK	GPIO20/ EQEP1A/ MDXA/ CANTXB	GPIO22/ EQEP1S/ MCLKXA/ SCITXDB	GPIO25/ ECAP2/ EQEP2B/ MDRB	GPIO32/ SDAA/ EPWMSYNCI/ $\overline{\text{ADCSOCAO}}$	$\overline{\text{TRST}}$
P	V_{DD}	EXTSOC3B	V_{SS}	V_{SS}	GPIO23/ EQEP1I/ MFSXA/ SCIRXDB	GPIO26/ ECAP3/ EQEP2I/ MCLKXB	GPIO33/ SCLA/ EPWMSYNCO/ $\overline{\text{ADCSOCBO}}$	TDO
N	EXTSOC2A	EXTSOC2B	EXTSOC3A	V_{SS}	V_{DDIO}	V_{DDIO}	V_{SS}	V_{DDIO}
M	GPIO18/ SPICLKA/ SCITXDB/ CANRXA	EXTSOC1A	EXTSOC1B	V_{DDIO}	V_{SS}	V_{DD}	V_{DD}	V_{DD}
L	GPIO16/ SPISIMOA/ CANTXB/ $\overline{\text{TZ5}}$	GPIO17/ SPISOMIA/ CANRXB/ $\overline{\text{TZ6}}$	V_{DD}	V_{DDIO}	V_{DD}	V_{SS}	V_{SS}	V_{SS}
K	V_{SS}	GPIO15/ $\overline{\text{TZ4/XHOLDA}}$/ SCIRXDB/ MFSXB	V_{DD}	V_{SS}	V_{DD}	V_{SS}	V_{SS}	V_{SS}
J	V_{DDIO}	GPIO13/ $\overline{\text{TZ2}}$/ CANRXB/ MDRB	GPIO14/ $\overline{\text{TZ3/XHOLD}}$/ SCITXDB/ MCLKXB	V_{DDIO}	V_{DD}	V_{SS}	V_{SS}	V_{SS}

그림 1.6. TMS320C28346 256-Ball ZFE Pin 구성 (좌, 상)

9	10	11	12	13	14	15	16	
$\overline{XRS}$IO	$\overline{XRS}$	TCK	GPIO50/ EQEP1A/ XD29/ SPICLKD	GPIO53/ EQEP1I/ XD26	V_{DDIO}	V_{SS}	V_{SS}	T
V_{DDIO}	EMU1	GPIO48/ ECAP5/ XD31/ SPISIMOD	GPIO51/ EQEP1B/ XD28/ $\overline{SPISTED}$	GPIO54/ SPISIMOA/ XD25/ EQEP3A	GPIO56/ SPICLKA/ XD23/ EQEP3S	V_{SS}	V_{SS}	R
TMS	EMU0	GPIO49/ ECAP6/ XD30/ SPISOMID	GPIO52/ EQEP1S/ XD27	GPIO55/ SPISOMIA/ XD24/ EQEP3B	V_{SS}	GPIO57/ $\overline{SPISTEA}$/ XD22/ EQEP3I	V_{DD}	P
V_{SS}	V_{SS}	V_{DDIO}	V_{DDIO}	V_{SS}	V_{SS}	GPIO59/ MFSRA/ XD20/ EPWM7B	GPIO58/ MCLKRA/ XD21/ EPWM7A	N
V_{DD}	V_{DD}	V_{DD}	V_{SS}	V_{DDIO}	GPIO62/ SCIRXDC/ XD17/ EPWM9A	GPIO61/ MFSRB/ XD18/ EPWM8B	GPIO60/ MCLKRB/ XD19/ EPWM8A	M
V_{SS}	V_{SS}	V_{SS}	V_{DD}	V_{DDIO}	GPIO65/ XD14	GPIO64/ XD15	GPIO63/ SCITXDC/ XD16/ EPWM9B	L
V_{SS}	V_{SS}	V_{SS}	V_{DD}	V_{SS}	GPIO67/ XD12	GPIO66/ XD13	V_{SS}	K
V_{SS}	V_{SS}	V_{SS}	V_{DD}	V_{DDIO}	GPIO69/ XD10	GPIO68/ XD11	V_{DDIO}	J

그림 1.7. TMS320C28346 256-Ball ZFE Pin 구성 (우, 상)

	1	2	3	4	5	6	7	8
H	GPIO10/ EPWM6A/ CANRXB/ $\overline{ADCSOCBO}$	GPIO11/ EPWM6B/ SCIRXDB/ ECAP4	GPIO12/ $\overline{TZ1}$/ CANTXB/ MDXB	V_{SS}	V_{DD}	V_{SS}	V_{SS}	V_{SS}
G	GPIO7/ EPWM4B/ MCLKRA/ ECAP2	GPIO8/ EPWM5A/ CANTXB/ $\overline{ADCSOCAO}$	GPIO9/ EPWM5B/ SCITXDB/ ECAP3	V_{SS}	V_{DD}	V_{SS}	V_{SS}	V_{SS}
F	GPIO4/ EPWM3A	GPIO5/ EPWM3B/ MFSRA/ ECAP1	GPIO6/ EPWM4A/ EPWMSYNCI/ EPWMSYNCO	V_{DDIO}	V_{DD}	V_{SS}	V_{SS}	V_{SS}
E	GPIO1/ EPWM1B/ ECAP6/ MFSRB	GPIO2/ EPWM2A	GPIO3/ EPWM2B/ ECAP5/ MCLKRB	V_{DDIO}	V_{SS}	V_{DD}	V_{DD}	V_{DD}
D	GPIO29/ SCITXDA/ XA19	GPIO0/ EPWM1A	V_{SS}	V_{SS}	V_{DDIO}	V_{DDIO}	V_{SS}	V_{DDIO}
C	V_{DD}	GPIO30/ CANRXA/ XA18	V_{SS}	V_{SS}	GPIO86/ XA14	GPIO83/ XA11	GPIO81/ XA9	GPIO47/ XA7
B	V_{SS}	V_{SS}	GPIO31/ CANTXA/ XA17	GPIO39/ XA16	GPIO85/ XA13	GPIO82/ XA10	GPIO80/ XA8	GPIO46/ XA6
A	V_{SS}	V_{SS}	V_{DDIO}	GPIO87/ XA15	GPIO84/ XA12	V_{DD18}	X1	V_{SSK}

그림 1.8. TMS320C28346 256-Ball ZFE Pin 구성 (좌, 하)

9	10	11	12	13	14	15	16	
V_{SS}	V_{SS}	V_{SS}	V_{DD}	V_{SS}	GPIO72/ XD7	GPIO71/ XD8	GPIO70/ XD9	H
V_{SS}	V_{SS}	V_{SS}	V_{DD}	V_{SS}	GPIO75/ XD4	GPIO74/ XD5	GPIO73/ XD6	G
V_{SS}	V_{SS}	V_{SS}	V_{DD}	V_{DDIO}	GPIO78/ XD1	GPIO77/ XD2	GPIO76/ XD3	F
V_{DD}	V_{DD}	V_{DD}	V_{SS}	V_{DDIO}	$\overline{XWE1}$	GPIO38/ $\overline{XWE0}$	GPIO79/ XD0	E
V_{SS}	V_{SS}	V_{DDIO}	V_{DDIO}	V_{SS}	V_{SS}	$\overline{XRD}$	XCLKOUT	D
GPIO45/ XA5	GPIO44/ XA4	GPIO42/ XA2	GPIO40/ XA0	V_{SS}	V_{SS}	GPIO35/ SCITXDA/ XR/$\overline{W}$	V_{DD}	C
V_{DDIO}	GPIO43/ XA3	GPIO41/ XA1	GPIO37/ ECAP2/ $\overline{XZCS7}$	GPIO28/ SCIRXDA/ $\overline{XZCS6}$	GPIO34/ ECAP1/ XREADY	V_{SS}	V_{SS}	B
X2	V_{SS}	V_{DD18}	XCLKIN	GPIO36/ SCIRXDA/ $\overline{XZCS0}$	V_{DDIO}	V_{SS}	V_{SS}	A

그림 1.9. TMS320C28346 256-Ball ZFE Pin 구성 (우, 하)

표 1.3~1.7에서는 그림 1.6~1.9에서 보여준 DSP PIN의 각 기능에 대해 설명하였다. 아래의 표를 참고하면 정확하고 효율적으로 DSP를 이용한 시스템을 설계 할 수 있다. JTAG, FLASH, RESET 등 각각의 파트에 맞는 핀들을 모아서 좌측부터 핀의 간단한 기능, 핀 좌표, 핀의 상세한 기능으로 설명하였다. 예를 들어 GPIO and Peripheral Signals의 GPIO86번 핀을 사용하고 싶다면 표에서 해당하는 핀 설명을 찾을 수 있다. GPIO86번 핀은 GPIO기능과 XA14기능을 지원하며 사용자의 설정에 따라 사용 가능하다.

표 1.3. TMS320C28346 Pin 기능 정의(JTAG)

NAME	PIN Number	DESCRIPTION
JTAG		
$\overline{TRST}$	R8	JTAG test reset with internal pulldown. TRST, when driven high, gives the scan system control of the operations of the device. If this signal is not connected or driven low, the device operates in its functional mode, and the test reset signals are ignored.
TCK	T11	JTAG test clock. An external pull up resistor is required on this pin. A 2.2-kΩ resistor generally offers adequate protection.(I)
TMS	P9	JTAG test-mode select(TMS) with internal pull up. This serial control input is clocked into the TAP controller on the rising edge of TCK. (I, ↑)
TDI	T8	JTAG test data input(TDI) with internal pull up. TDI is clocked into the selected register(instruction or data) on a rising edge of TCK. (I, ↑)
TDO	P8	JTAG scan out, test data output(TDO). The contents of the selected register(instruction or data) are shifted out of TDO on the falling edge of TCK.
EMU0	P10	Emulator pin 0. When TRST is driven high, this pin is used as an interrupt to or from the emulator system and is defined as input/output through the JTAG scan. This pin is also used to put the device into boundary-scan mode. With the EMU0 pin at a logic-high state and the EMU1 pin at a EMU0 logic-low state, a rising edge on the TRST pin would latch the device into boundary-scan mode.
EMU1	R10	Emulator pin 1. When TRST is driven high, this pin is used as an interrupt to or from the emulator system and is defined as input/output through the JTAG scan. This pin is also used to put the device into boundary-scan mode. With the EMU0 pin at a logic-high state and the EMU1 pin at a EMU1 logic-low state, a rising edge on the TRST pin would latch the device into boundary-scan mode.

표 1.4. TMS320C28346 Pin 기능 정의(Clock)

NAME	PIN Number	DESCRIPTION
CLOCK		
XCLKOUT	D16	Output clock derived from SYSCLKOUT. XCLKOUT is either the same frequency, one-half the frequency, one-fourth the frequency, or one-eighth the frequency of SYSCLKOUT. This is controlled XCLKOUT by bit 19(BY4CLKMODE), bits 18:16(XTIMCLK), and bit 2 (CLKMODE) in the XINTCNF2 register. At reset, XCLKOUT = SYSCLKOUT/8. The XCLKOUT signal can be turned off by setting XINTCNF2[CLKOFF] to 1. Unlike other GPIO pins, the XCLKOUT pin is not placed in high-impedance state during a reset.

NAME	PIN Number	DESCRIPTION
XCLKIN	A12	External Oscillator Input. This pin is to feed a clock from an external 3.3-V oscillator. In this case, XCLKIN the X1 pin must be tied to VSSK. If a crystal/resonator is used(or if an external 1.8-V oscillator is used to feed clock to X1 pin), this pin must be tied to VSS.(I)
X1	A7	Internal/External Oscillator Input. To use the internal oscillator, a quartz crystal may be connected X1 across X1 and X2. The X1 pin is referenced to the 1.8-V core digital power supply. A 1.8-V external oscillator may be connected to the X1 pin. In this case, the XCLKIN pin must be connected to VSS. If a 3.3-V external oscillator is used with the XCLKIN pin, X1 must be tied to VSSK.(I)
X2	A9	Internal Oscillator Output. A quartz crystal may be connected across X1 and X2. If X2 is not used it must be left unconnected.(O)

표 1.5. TMS320C28346 Pin 기능 정의(RESET)

NAME	PIN Number	DESCRIPTION
RESET		
XRS	T10	Device Reset(in) and Watchdog Reset(out). Device reset. XRS causes the device to terminate execution. The PC will point to the address contained at the location 0x3FFFC0. When XRS is brought to a high level, execution begins at the XRS P8 T10 location pointed to by the PC. This pin is driven low by the MCU when a watchdog reset occurs. During watchdog reset, the XRS pin is driven low for the watchdog reset duration of 512 OSCCLK cycles. (I/OD, ↑) The output buffer of this pin is an open-drain with an internal pullup. It is recommended that this pin be driven by an open-drain device.
XRSIO	T9	XRS I/O Control (I) - This pin must be connected to the XRS pin on the target board. When XRS is XRSIO N8 T9 low(reset), the level detected on this pin puts all output buffers on the device in high-impedance mode.

표 1.6. TMS320C28346 Pin 기능 정의(External ADC Interface Signals)

NAME	PIN Number	DESCRIPTION
External ADC Interface Signals		
EXTSOC1A	M2	External ADC SOC Group 1 A Output. Trigger for external ADC, this signal is logical OR of ePWM1/2/3 SOCA internal signals (O)
EXTSOC1B	M3	External ADC SOC Group 1 B Output. Trigger for external ADC, this signal is logical OR of ePWM1/2/3 SOCA internal signals (O)

NAME	PIN Number	DESCRIPTION
EXTSOC2A	N1	External ADC SOC Group 2 A Output. Trigger for external ADC, this signal is logical OR of ePWM1/2/3 SOCA internal signals (O)
EXTSOC2B	N2	External ADC SOC Group 2 B Output. Trigger for external ADC, this signal is logical OR of ePWM1/2/3 SOCA internal signals (O)
EXTSOC3A	N3	External ADC SOC Group 3 A Output. Trigger for external ADC, this signal is logical OR of ePWM1/2/3 SOCA internal signals (O)
EXTSOC3B	P2	External ADC SOC Group 3 B Output. Trigger for external ADC, this signal is logical OR of ePWM1/2/3 SOCA internal signals (O)
EXTADCCLK	R3	External ADC Clock Signal. Clock for external ADC support, derived from SYSCLK (O)

표 1.7. TMS320C28346 Pin 기능 정의(GPIO and Peripheral Signals)

NAME	PIN Number	DESCRIPTION
GPIO and Peripheral Signals		
GPIO0 EPWM1A	D2	- General purpose input/output 0 (I/O/Z) - Enhanced PWM1 Output A and HRPWM channel (O)
GPIO1 EPWM1B ECAP6 MFSRB	E1	- General purpose input/output 1 (I/O/Z) - Enhanced PWM1 Output B (O) - Enhanced Capture 6 input/output (I/O) - McBSP-B receive frame synch (I/O)
GPIO2 EPWM2A	D3	- General purpose input/output 2 (I/O/Z) - Enhanced PWM2 Output A and HRPWM channel (O)
GPIO3 EPWM2B ECAP5 MCLKRB	E3	- General purpose input/output 3 (I/O/Z) - Enhanced PWM2 Output B (O) - Enhanced Capture 5 input/output (I/O) - McBSP-B receive clock (I/O)
GPIO4 EPWM3A	F1	- General purpose input/output 4 (I/O/Z) - Enhanced PWM3 output A and HRPWM channel (O)
GPIO5 EPWM3B MFSRA ECAP1	F2	- General purpose input/output 5 (I/O/Z) - Enhanced PWM3 output B (O) - McBSP-A receive frame synch (I/O) - Enhanced Capture input/output 1 (I/O)
GPIO6 EPWM4A EPWMSYNCI EPWMSYNCO	F3	- General purpose input/output 6 (I/O/Z) - Enhanced PWM4 output A and HRPWM channel (O) - External ePWM sync pulse input (I) - External ePWM sync pulse output (O)
GPIO7 EPWM4B MCLKRA ECAP2	G1	- General purpose input/output 7 (I/O/Z) - Enhanced PWM4 output B (O) - McBSP-A receive clock (I/O) - Enhanced capture input/output 2 (I/O)

NAME	PIN Number	DESCRIPTION
GPIO8 EPWM5A CANTXB ADCSOCAO	G2	- General Purpose Input/Output 8 (I/O/Z) - Enhanced PWM5 output A and HRPWM channel (O) - Enhanced CAN-B transmit (O) - ADC start-of-conversion A (O)
GPIO9 EPWM5B SCITXDB ECAP3	G3	- General purpose input/output 9 (I/O/Z) - Enhanced PWM5 output B (O) - SCI-B transmit data(O) - Enhanced capture input/output 3 (I/O)
GPIO10 EPWM6A CANRXB ADCSOCBO	H1	- General purpose input/output 10 (I/O/Z) - EPWM6A G3 H1 Enhanced PWM6 output A and HRPWM channel (O) - Enhanced CAN-B receive (I) - ADCSOCBO ADC start-of-conversion B (O)
GPIO11 EPWM6B SCIRXDB ECAP4	H2	- General purpose input/output 11 (I/O/Z) - Enhanced PWM6 output B (O) - SCI-B receive data (I) - Enhanced CAP Input/Output 4 (I/O)
GPIO12 TZ1 CANTXB MDXB	H3	- General purpose input/output 12 (I/O/Z) - Trip Zone input 1 (I) - Enhanced CAN-B transmit (O) - McBSP-B transmit serial data (O)
GPIO13 TZ2 CANRXB MDRB	J2	- General purpose input/output 13 (I/O/Z) - Trip Zone input 2 (I) - Enhanced CAN-B receive (I) - McBSP-B receive serial data (I)
GPIO14 TZ3/XHOLD SCITXDB MCLKXB	J3	- General purpose input/output 14 (I/O/Z) - Trip Zone input 3/External Hold Request. XHOLD, when active (low), requests the external interface(XINTF) to release the external bus and place all buses and strobes into a high-impedance state. To prevent this from happening when TZ3 signal goes active, disable this function by writing XINTCNF2[HOLD] = 1. If this is not done, the XINTF bus will go into high impedance anytime TZ3 goes low. On the ePWM side, TZn signals are ignored by default, unless they are enabled by the code. The XINTF will release the bus when any current access is complete and there are no pending accesses on the XINTF. (I) - SCITXDB SCI-B Transmit (O) - MCLKXB McBSP-B transmit clock (I/O)

NAME	PIN Number	DESCRIPTION
GPIO15 TZ4/XHOLDA SCIRXDB MFSXB	K2	- General purpose input/output 15 (I/O/Z) - Trip Zone input 4/External Hold Acknowledge. The pin function for this option is based on the direction chosen in the GPADIR register. If the pin is configured as an input, then TZ4 function is TZ4/XHOLDA chosen. If the pin is configured as an output, then XHOLDA function is chosen. XHOLDA is driven active (low) when the XINTF has granted an XHOLD request. All XINTF buses and strobe signals will be in a high-impedance state. XHOLDA is released when the XHOLD signal is released. External devices should only drive the external bus when HOLDA is active(low). (I/O) - SCIRXDB SCI-B receive (I) - MFSXB McBSP-B transmit frame synch (I/O)
GPIO16 SPISIMOA CANTXB TZ5	L1	- General purpose input/output 16 (I/O/Z) - SPI slave in, master out (I/O) - Enhanced CAN B transmit (O) - Trip Zone input 5 (I)
GPIO17 SPISOMIA CANRXB TZ6	L2	- General purpose input/output 17 (I/O/Z) - SPI-A slave out, master in (I/O) - Enhanced CAN-B receive (I) - Trip zone input 6 (I)
GPIO18 SPICLKA SCITXDB CANRXA	M1	- General purpose input/output 18 (I/O/Z) - SPI-A clock input/output (I/O) - SCI-B transmit (O) - Enhanced CAN-A receive (I)
GPIO19 SPISTEA SCIRXDB CANTXA	T4	- General purpose input/output 19 (I/O/Z) - SPI-A slave transmit enable input/output (I/O) - SCI-B receive (I) - Enhanced CAN-A transmit (O)
GPIO20 EQEP1A MDXA CANTXB	R4	- General purpose input/output 20 (I/O/Z) - Enhanced QEP1 input A (I) - McBSP-A transmit serial data (O) - Enhanced CAN-B transmit (O)
GPIO21 EQEP1B MDRA CANRXB	T5	- General purpose input/output 21 (I/O/Z) - Enhanced QEP1 input B (I) - McBSP-A receive serial data (I) - Enhanced CAN-B receive (I)
GPIO22 EQEP1S MCLKXA SCITXDB	R5	- General purpose input/output 22 (I/O/Z) - Enhanced QEP1 strobe (I/O) - McBSP-A transmit clock (I/O) - SCI-B transmit (O)

NAME	PIN Number	DESCRIPTION
GPIO23 EQEP1I MFSXA SCIRXDB	P5	- General purpose input/output 23 (I/O/Z) - Enhanced QEP1 index (I/O) - McBSP-A transmit frame synch (I/O) - SCI-B receive (I)
GPIO24 ECAP1 EQEP2A MDXB	T6	- General purpose input/output 24 (I/O/Z) - Enhanced capture 1 (I/O) - Enhanced QEP2 input A (I) - McBSP-B transmit serial data (O)
GPIO25 ECAP2 EQEP2B MDRB	R6	- General purpose input/output 25 (I/O/Z) - Enhanced capture 2 (I/O) - Enhanced QEP2 input B (I) - McBSP-B receive serial data (I)
GPIO26 ECAP3 EQEP2I MCLKXB	P6	- General purpose input/output 26 (I/O/Z) - Enhanced capture 3 (I/O) - Enhanced QEP2 index (I/O) - McBSP-B transmit clock (I/O)
GPIO27 ECAP4 EQEP2S MFSXB	T7	- General purpose input/output 27 (I/O/Z) - Enhanced capture 4 (I/O) - Enhanced QEP2 strobe (I/O) - McBSP-B transmit frame synch (I/O)
GPIO28 SCIRXDA XZCS6	B13	- General purpose input/output 28 (I/O/Z) - SCI receive data (I) - External Interface zone 6 chip select (O)
GPIO29 SCITXDA XA19	D1	- General purpose input/output 29. (I/O/Z) - SCI transmit data (O) - External Interface Address Line 19 (O)
GPIO30 CANRXA XA18	C2	- General purpose input/output 30 (I/O/Z) - Enhanced CAN-A receive (I) - External Interface Address Line 18 (O)
GPIO31 CANTXA XA17	B3	- General purpose input/output 31 (I/O/Z) - Enhanced CAN-A transmit (O) - External Interface Address Line 17 (O)
GPIO32 SDAA EPWMSYNCI ADCSOCAO	R7	- General purpose input/output 32 (I/O/Z) - I2C data open-drain bidirectional port (I/OD) - Enhanced PWM external sync pulse input (I) - ADC start-of-conversion A (O)
GPIO33 SCLA EPWMSYNCO ADCSOCBO	P7	- General-Purpose Input/Output 33 (I/O/Z) - I2C clock open-drain bidirectional port (I/OD) - Enhanced PWM external synch pulse output (O) - ADC start-of-conversion B (O)

NAME	PIN Number	DESCRIPTION
GPIO34 ECAP1 XREADY	B14	- General-Purpose Input/Output 34 (I/O/Z) - Enhanced Capture input/output 1 (I/O) - External Interface Ready signal.
GPIO35 SCITXDA XR/W	C15	- General-Purpose Input/Output 35 (I/O/Z) - SCI-A transmit data (O) - External Interface read, not write strobe
GPIO36 SCIRXDA XZCS0	A13	- General-Purpose Input/Output 36 (I/O/Z) - SCI receive data (I) - External Interface zone 0 chip select (O)
GPIO37 ECAP2 XZCS7	B12	- General-Purpose Input/Output 37 (I/O/Z) - Enhanced Capture input/output 2 (I/O) - External Interface zone 7 chip select (O)
GPIO38 XWE0	E15	- General-Purpose Input/Output 38 (I/O/Z) - External Interface Write Enable 0 (O)
GPIO39 XA16	B4	- General-Purpose Input/Output 39 (I/O/Z) - External Interface Address Line 16 (O)
GPIO40 XA0/XWE1	C12	- General-Purpose Input/Output 40 (I/O/Z) - External Interface Address Line 0
GPIO41 XA1	B11	- General-Purpose Input/Output 41 (I/O/Z) - External Interface Address Line 1 (O)
GPIO42 XA2	C11	- General-Purpose Input/Output 42 (I/O/Z) - External Interface Address Line 2 (O)
GPIO43 XA3	B10	- General-Purpose Input/Output 43 (I/O/Z) - External Interface Address Line 3 (O)
GPIO44 XA4	C10	- General-Purpose Input/Output 44 (I/O/Z) - External Interface Address Line 4 (O)
GPIO45 XA5	C9	- General-Purpose Input/Output 45 (I/O/Z) - External Interface Address Line 5 (O)
GPIO46 XA6	B8	- General-Purpose Input/Output 46 (I/O/Z) - External Interface Address Line 6 (O)
GPIO47 XA7	C8	- General-Purpose Input/Output 47 (I/O/Z) - External Interface Address Line 7 (O)
GPIO48 ECAP5 XD31 SPISIMOD	R11	- General-Purpose Input/Output 48 (I/O/Z) - Enhanced Capture input/output 5 (I/O) - External Interface Data Line 31 (I/O/Z) - SPI-D slave in, master out (I/O)
GPIO49 ECAP6 XD30 SPISOMID	P11	- General-Purpose Input/Output 49 (I/O/Z) - Enhanced Capture input/output 6 (I/O) - External Interface Data Line 30 (I/O/Z) - SPI-D slave out, master in (I/O)

NAME	PIN Number	DESCRIPTION
GPIO50 EQEP1A XD29 SPICLKD	T12	- General-Purpose Input/Output 50 (I/O/Z) - Enhanced QEP1 input A (I) - External Interface Data Line 29 (I/O/Z) - SPI-D Clock input/output (I/O)
GPIO51 EQEP1B XD28 SPISTED	R12	- General-Purpose Input/Output 51 (I/O/Z) - Enhanced QEP1 input B (I) - External Interface Data Line 28 (I/O/Z) - SPI-D slave transmit enable input/output(I/O)
GPIO52 EQEP1S XD27	P12	- General-Purpose Input/Output 52 (I/O/Z) - Enhanced QEP1 Strobe (I/O) - External Interface Data Line 27 (I/O/Z)
GPIO53 EQEP1I XD26	T13	- General-Purpose Input/Output 53 (I/O/Z) - Enhanced QEP1 Index (I/O) - External Interface Data Line 26 (I/O/Z)
GPIO54 SPISIMOA XD25	R13	- General-Purpose Input/Output 54 (I/O/Z) - SPI-A slave in, master out (I/O) - External Interface Data Line 25 (I/O/Z)
GPIO55 SPISOMIA XD24 EQEP3B	P13	- General-Purpose Input/Output 55 (I/O/Z) - SPI-A slave out, master in (I/O) - External Interface Data Line 24 (I/O/Z) - Enhanced QEP3 input B (I)
GPIO56 SPICLKA XD23 EQEP3S	R14	- General-Purpose Input/Output 56 (I/O/Z) - SPI-A clock (I/O) - External Interface Data Line 23 (I/O/Z) - Enhanced QEP3 strobe (I/O)
GPIO57 SPISTEA XD22 EQEP3I	P15	- General-Purpose Input/Output 57 (I/O/Z) - SPI-A slave transmit enable (I/O) - External Interface Data Line 22 (I/O/Z) - Enhanced QEP3 index (I/O)
GPIO58 MCLKRA XD21 EPWM7A	N16	- General-Purpose Input/Output 58 (I/O/Z) - McBSP-A receive clock (I/O) - External Interface Data Line 21 (I/O/Z) - Enhanced PWM 7 output A and HRPWM channel (O)
GPIO59 MFSRA XD20 EPWM7B	N15	- General-Purpose Input/Output 59 (I/O/Z) - McBSP-A receive frame synch (I/O) - External Interface Data Line 20 (I/O/Z) - Enhanced PWM 7 output B (O)
GPIO60 MCLKRB XD19 EPWM8A	M16	- General-Purpose Input/Output 60 (I/O/Z) - McBSP-B receive clock (I/O) - External Interface Data Line 19 (I/O/Z) - Enhanced PWM 8 output A and HRPWM channel (O)

NAME	PIN Number	DESCRIPTION
GPIO61 MFSRB XD18 EPWM8B	M15	- General-Purpose Input/Output 61 (I/O/Z) - McBSP-B receive frame synch (I/O) - External Interface Data Line 18 (I/O/Z) - Enhanced PWM 8 output B (O)
GPIO62 SCIRXDC XD17 EPWM9A	M14	- General-Purpose Input/Output 62 (I/O/Z) - SCI-C receive data (I) - External Interface Data Line 17 (I/O/Z) - Enhanced PWM 9 output A and HRPWM channel (O)
GPIO63 SCITXDC XD16 EPWM9B	L16	- General-Purpose Input/Output 63 (I/O/Z) - SCI-C transmit data (O) - External Interface Data Line 16 (I/O/Z) - Enhanced PWM 9 output B (O)
GPIO64 XD15	L15	- General-Purpose Input/Output 64 (I/O/Z) - External Interface Data Line 15 (I/O/Z)
GPIO65 XD14	L14	- General-Purpose Input/Output 65 (I/O/Z) - External Interface Data Line 14 (I/O/Z)
GPIO66 XD13	K15	- General-Purpose Input/Output 66 (I/O/Z) - External Interface Data Line 13 (I/O/Z)
GPIO67 XD12	K14	- General-Purpose Input/Output 67 (I/O/Z) - External Interface Data Line 12 (I/O/Z)
GPIO68 XD11	J15	- General-Purpose Input/Output 68 (I/O/Z) - External Interface Data Line 11 (I/O/Z)
GPIO69 XD10	J14	- General-Purpose Input/Output 69 (I/O/Z) - External Interface Data Line 10 (I/O/Z)
GPIO70 XD9	H16	- General-Purpose Input/Output 70 (I/O/Z) - External Interface Data Line 9 (I/O/Z)
GPIO71 XD8	H15	- General-Purpose Input/Output 71 (I/O/Z) - External Interface Data Line 8 (I/O/Z)
GPIO72 XD7	H14	- General-Purpose Input/Output 72 (I/O/Z) - External Interface Data Line 7 (I/O/Z)
GPIO73 XD6	G16	- General-Purpose Input/Output 73 (I/O/Z) - External Interface Data Line 6 (I/O/Z)
GPIO74 XD5	G15	- General-Purpose Input/Output 74 (I/O/Z) - External Interface Data Line 5 (I/O/Z)
GPIO75 XD4	G14	- General-Purpose Input/Output 75 (I/O/Z) - External Interface Data Line 4 (I/O/Z)
GPIO76 XD3	F16	- General-Purpose Input/Output 76 (I/O/Z) - External Interface Data Line 3 (I/O/Z)
GPIO77 XD2	F15	- General-Purpose Input/Output 77 (I/O/Z) - External Interface Data Line 2 (I/O/Z)

NAME	PIN Number	DESCRIPTION
GPIO78 XD1	F14	- General-Purpose Input/Output 78 (I/O/Z) - External Interface Data Line 1 (I/O/Z)
GPIO79 XD0	E16	- General-Purpose Input/Output 79 (I/O/Z) - External Interface Data Line 0 (I/O/Z)
GPIO80 XA8	B7	- General-Purpose Input/Output 80 (I/O/Z) - External Interface Address Line 8 (O)
GPIO81 XA9	C7	- General-Purpose Input/Output 81 (I/O/Z) - External Interface Address Line 9 (O)
GPIO82 XA10	B6	- General-Purpose Input/Output 82 (I/O/Z) - External Interface Address Line 10 (O)
GPIO83 XA11	C6	- General-Purpose Input/Output 83 (I/O/Z) - External Interface Address Line 11 (O)
GPIO84 XA12	A5	- General-Purpose Input/Output 84 (I/O/Z) - External Interface Address Line 12 (O)
GPIO85 XA13	B5	- General-Purpose Input/Output 85 (I/O/Z) - External Interface Address Line 13 (O)
GPIO86 XA14	C5	- General-Purpose Input/Output 86 (I/O/Z) - External Interface Address Line 14 (O)
GPIO87 XA15	A4	- General-Purpose Input/Output 87 (I/O/Z) - External Interface Address Line 15 (O)
XRD	D15	- External Interface Read Enable (O)
XWE1	E14	- External Memory Interface Write Enable for Upper 16-bits (O)

1.4. DSP 내부 기능의 개요

그림 1.10은 TMS320C28346의 전반적인 기능을 도식화한 그림이다. DSP내부에 있는 CAN, SPI, SCI, I2C, QEP 등 각각의 주변 장치(Peripheral Devices)들을 CPU와 연결해주는 메모리 버스는 짙은 회색의 라인으로 표현되어 있다. 그리고 DMA(Direct Memory Access) 버스는 데이터 처리 시 CPU를 거치지 않고 직접 메모리를 바로 연결해주는 라인으로 옅은 회색으로 표현되었다. 이러한 DSP 내부의 메모리, DMA 버스들은 각각의 기능을 유기적으로 연결하여 사용자가 원하는 다양한 DSP 기능을 만들어낼 수 있다.

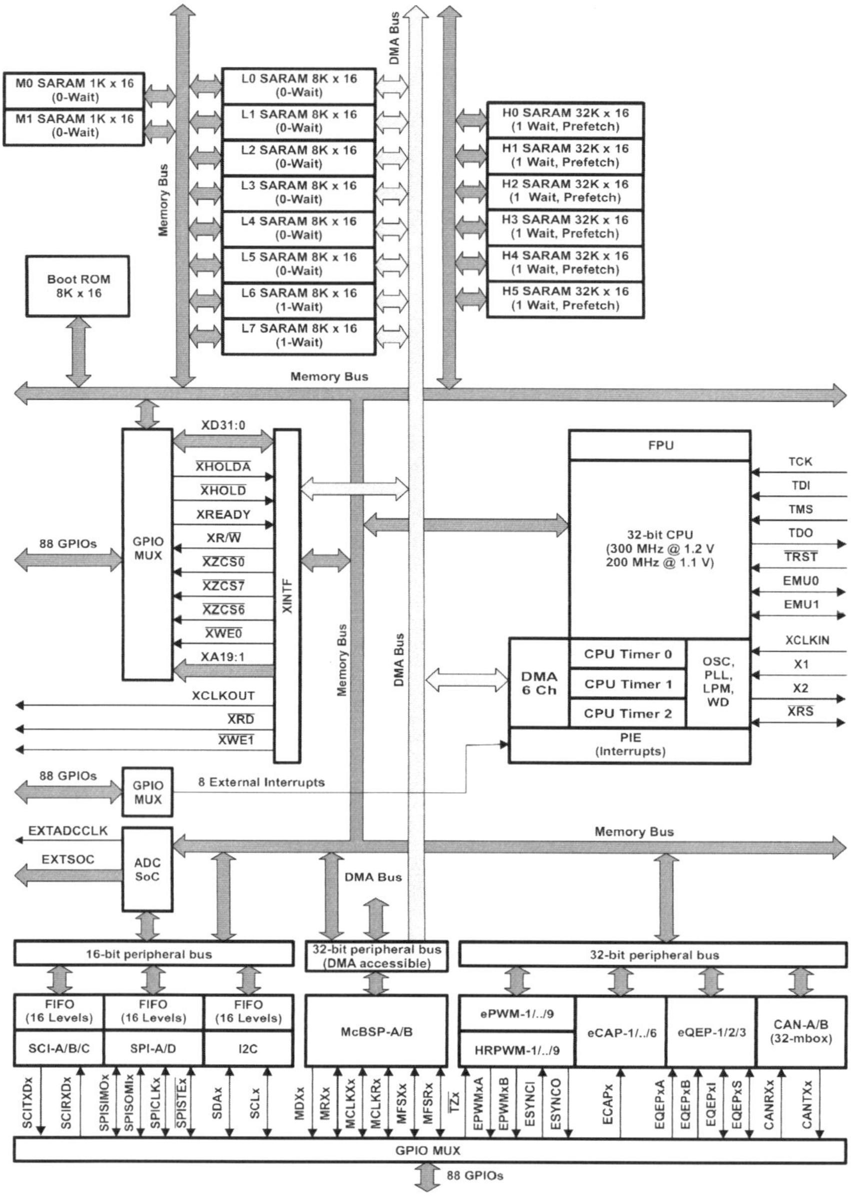

그림 1.10. Functional Overview

| 참조문헌 |

[1] SPRS516B, “TMS320c2834x Data Manual”, pp.2~9.

[2] SPRS516B, “TMS320c2834x Data Manual”, p.35.

[3] SPRS516B, “TMS320c2834x Data Manual”, p.41.

[4] “C2000TM Real-Time Microcontrollers”, pp.11~37.

제 2장
GPIO

2.1. GPIO의 개요

2.1.1. GPIO란?

DSP의 각 기능 핀은 사용자의 목적에 따라 최대 4가지의 기능 중 한가지를 선택하여 사용 가능하며 이것을 GPIO(General-Purpose Input/Output) 라고 부른다. 관련된 레지스터를 설정하여 사용자가 선택한 핀을 범용 디지털 신호 입/출력용(GPIO) 핀으로 사용 할 수 있으며, 또한 DSP 내부 주변 장치(Peripherals)와 연결하여 고유의 기능 핀으로도 사용 가능하다. 또한 각 GPIO 핀으로 입력되는 신호에 유입된 노이즈(Noise) 및 글리치(Glitch)를 제거 할 수 있는 입력 퀄리피케이션(Input Qualification) 기능을 사용자 선택에 따라 사용 가능하다.

2.1.2. GPIO 모듈의 전체 구성

TMS320C28346과 TMS320F28335는 총 88개(GPIO0 ~ GPIO87)의 핀으로 구성되어 있으며 3개(A~C Port)의 32비트 입/출력 포트로 분류된다. 표 2.1에서 알 수 있듯이 GPIO 포트 A는 GPIO0 ~ GPIO31, 포트 B는 GPIO32 ~ GPIO63으로 각 포트당 32핀으로 구성되며 포트 C는 GPIO64 ~ GPIO87으로 24개의 핀으로 구성되어 있다.

표 2.1. TMS320F28346 GPIO Port 구성

<table>
<tr><td rowspan="2">GPIO A</td><td>MUX1</td><td>GPIO0 ~ GPIO15</td></tr>
<tr><td>MUX2</td><td>GPIO16 ~ GPIO31</td></tr>
<tr><td rowspan="2">GPIO B</td><td>MUX1</td><td>GPIO32 ~ GPIO47</td></tr>
<tr><td>MUX2</td><td>GPIO48 ~ GPIO63</td></tr>
<tr><td rowspan="2">GPIO C</td><td>MUX1</td><td>GPIO64 ~ GPIO79</td></tr>
<tr><td>MUX2</td><td>GPIO80 ~ GPIO87</td></tr>
</table>

GPIO 포트 각 핀의 용도와 입/출력 데이터 그리고 Input Qualifier 설정은 관련된 레지스터 설정을 통해 제어가 가능하다. 이와 관련된 2종류의 레지스터는 GPIO 제어 레지스터(Control Registers)와 데이터 레지스터(Data Registers)가 있으며 표 2.2와 표 2.3에 나타내었다. 추가적으로 저전력 모드(Low Power Mode), 외부 인터럽트 입력(External Interrupt Input)과 관련된 레지스터는 표 2.4에서 나타내었다. 각 레지스터에 대한 자세한 설명은 GPIO의 레지스터 설정과 함께 다룰 것이다.

표 2.2. GPIO 제어 레지스터(Control Register)

GPIO 제어 레지스터(Control Registers)	
GP × MUXn	GPIO × MUX n Register
GP × DIR	GPIO × Direction Register
GP × PUD	GPIO × Pull Up Disable Register
GP × CTRL	GPIO × Control Register
GP × QSELn	GPIO × Qualifier Select n Register

표 2.3. GPIO 데이터 레지스터(Data Registers)

GPIO Data Registers	
GP × DAT	GPIO × MUX n Register
GP × SET	GPIO × Direction Register
GP × CLEAR	GPIO × Pull Up Disable Register
GP × TOGGLE	GPIO × Control Register

표 2.4. GPIO 인터럽트 및 저전력 모드 선택 레지스터

GPIO Interrupt and Low Power Mode Select Registers	
GPIOXINTnSEL	XINTn Source Select Register
GPIOXNMISEL	XNMI Source Select Register
GPIOLPMSEL	Low Power Mode wake up Source Select Register

TMS320C28346/F28335의 GPIO 기본 구조는 그림 2.1과 같으며 주변 장치 신호 입, 출력 및 외부 인터럽트 신호 관계 등에 따라 각 핀에 대한 GPIO 구조가 조금씩 다르다

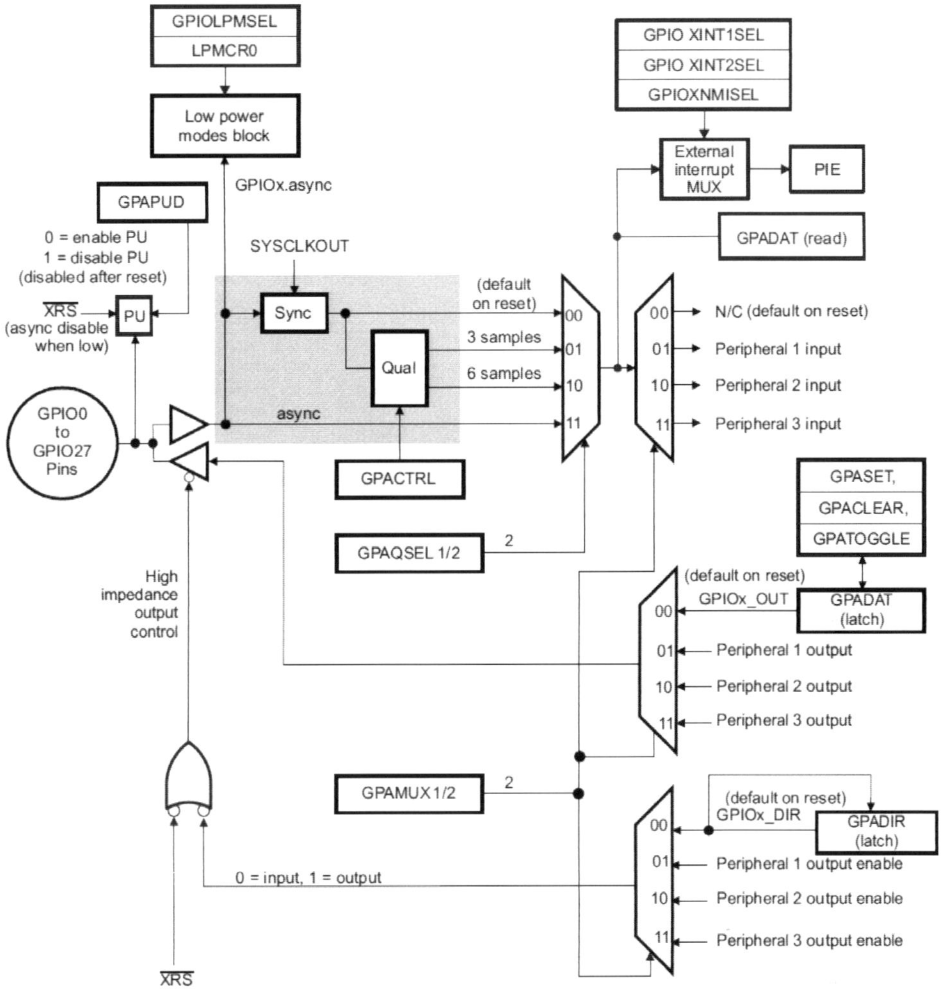

그림 2.1. GPIO의 기본 구조

2.2. GPIO의 레지스터 설정 및 기능

2.2.1. GPIO 제어 레지스터

1) GP × MUX 레지스터

DSP의 각 GPIO핀은 사용자의 목적에 따라 디지털 신호 입력 혹은 출력 기능을 포함한 최대 4 가지의 기능 중 한가지를 GP × MUX(GPIO Multiplexing) 레지스터를 설정하여 사용 할 수 있다. A~C 포트 당 2 개의 32 비트 GP × MUX 레지스터를 가지며 하나의 핀에 대해

2 비트를 할당하여 최대 4 가지(00, 01, 10, 11) 기능 중 하나를 선택 할 수 있다. 예를 들어 GPIO A 포트에 대한 MUX 설정 레지스터는 GPAMUX1(GPIO0 ~ GPIO15), GPAMUX2(GPIO16 ~ GPIO31)가 있다. 하나의 핀에 대한 설정을 위해 2 비트가 사용되므로 16 개 핀에 대해 총 32 비트 레지스터가 필요하다. 그림 2.2 는 GPAMUX1(GPIO0 ~ GPIO15) 레지스터를 나타내었다.

31 30	29 28	27 26	25 24	23 22	21 20	19 18	17 16
GPIO15	GPIO14	GPIO13	GPIO12	GPIO11	GPIO10	GPIO9	GPIO8
R/W-0	R/W-0	R/W-0	R/W-0	R/W-0	R/W-0	R/W-0	R/W-0

15 14	13 12	11 10	9 8	7 6	5 4	3 2	1 0
GPIO7	GPIO6	GPIO5	GPIO4	GPIO3	GPIO2	GPIO1	GPIO0
R/W-0	R/W-0	R/W-0	R/W-0	R/W-0	R/W-0	R/W-0	R/W-0

LEGEND- R/W = Read/Write; R = Read only; -*n* = value after reset

그림 2.2. GPIO 포트 A의 MUX1 레지스터

기본적으로 88개의 GPIO핀은 GP × MUX 레지스터 설정을 통해 디지털 입/출력 모드로 사용 가능하다. 그리고 주변 장치(Peripheral function)의 신호 입력 혹은 출력 핀으로 사용하는 경우 각 GPIO핀은 DSP 설계 시 정해진 주변 장치와 연결된 것 중 하나를 선택하여 사용할 수 있다. 예를 들어 ePWM1A 신호는 GPIO0 핀에서 연결 가능하며 GPAMUX1 레지스터를 설정하여 사용 가능하다. 사용자가 임의로 ePWM1A 신호를 다른 GPIO핀에서 설정하여 사용 할 수 없으며 오직 GPIO0 핀에서만 ePWM1A 기능을 사용 할 수 있다. 이와 같이 각 GPIO핀은 선택 할 수 있는 주변 장치와의 경로가 정해져 있다. 표 2.5~2.9에서는 88개의 핀에서 GPIO MUX 레지스터 설정을 통해 선택할 수 있는 기능에 대해 설명하고 있다.

표 2.5. GPIO A MUX 1

GPAMUX1 Register Bits	(GPAMUX1 bits = 00)	(GPAMUX1 bits = 01)	(GPAMUX1 bits = 10)	(GPAMUX1 bits = 11)
1-0	GPIO0	EPWM1A (O)	Reserved(1)	Reserved(1)
3-2	GPIO1	EPWM1B (O)	ECAP6 (I/O)	MFSRB (I/O)(1)
5-4	GPIO2	EPWM2A (O)	Reserved(1)	Reserved(1)
7-6	GPIO3	EPWM2B (O)	ECAP5 (I/O)	MCLKRB (I/O)(1)
9-8	GPIO4	EPWM3A (O)	Reserved(1)	Reserved(1)
11-10	GPIO5	EPWM3B (O)	MFSRA (I/O)	ECAP1 (I/O)
13-12	GPIO6	EPWM4A (O)	EPWMSYNCI (I)	EPWMSYNCO (O)
15-14	GPIO7	EPWM4B (O)	MCLKRA (I/O)	ECAP2 (I/O)
17-16	GPIO8	EPWM5A (O)	CANTXB (O)	$\overline{\text{ADCSOCAO}}$ (O)
19-18	GPIO9	EPWM5B (O)	SCITXDB (O)	ECAP3 (I/O)
21-20	GPIO10	EPWM6A (O)	CANRXB (I)	$\overline{\text{ADCSOCBO}}$ (O)
23-22	GPIO11	EPWM6B (O)	SCIRXDB (I)	ECAP4 (I/O)
25-24	GPIO12	$\overline{\text{TZ1}}$ (I)	CANTXB (O)	MDXB (O)
27-26	GPIO13	$\overline{\text{TZ2}}$ (I)	CANRXB (I)	MDRB (I)
29-28	GPIO14	$\overline{\text{TZ3}}$/$\overline{\text{XHOLD}}$ (I)	SCITXDB (O)	MCLKXB (I/O)
31-30	GPIO15	$\overline{\text{TZ4}}$/$\overline{\text{XHOLDA}}$ (O)	SCIRXDB (I)	MFSXB (I/O)

표 2.6. GPIO A MUX 2

GPAMUX2 Register Bits	(GPAMUX2 bits = 00)	(GPAMUX2 bits = 01)	(GPAMUX2 bits = 10)	(GPAMUX2 bits = 11)
1-0	GPIO16	SPISIMOA (I/O)	CANTXB (O)	$\overline{\text{TZ5}}$ (I)
3-2	GPIO17	SPISOMIA (I/O)	CANRXB (I)	$\overline{\text{TZ6}}$ (I)
5-4	GPIO18	SPICLKA (I/O)	SCITXDB (O)	CANRXA (I)
7-6	GPIO19	$\overline{\text{SPISTEA}}$ (I/O)	SCIRXDB (I)	CANTXA (O)
9-8	GPIO20	EQEP1A (I)	MDXA (O)	CANTXB (O)
11-10	GPIO21	EQEP1B (I)	MDRA (I)	CANRXB (I)
13-12	GPIO22	EQEP1S (I/O)	MCLKXA (I/O)	SCITXDB (O)
15-14	GPIO23	EQEP1I (I/O)	MFSXA (I/O)	SCIRXDB (I)
17-16	GPIO24	ECAP1 (I/O)	EQEP2A (I)	MDXB (O)
19-18	GPIO25	ECAP2 (I/O)	EQEP2B (I)	MDRB (I)
21-20	GPIO26	ECAP3 (I/O)	EQEP2I (I/O)	MCLKXB (I/O)
23-22	GPIO27	ECAP4 (I/O)	EQEP2S (I/O)	MFSXB (I/O)
25-24	GPIO28	SCIRXDA (I)	$\overline{\text{XZCS6}}$ (O)	$\overline{\text{XZCS6}}$ (O)
27-26	GPIO29	SCITXDA (O)	XA19 (O)	XA19 (O)
29-28	GPIO30	CANRXA (I)	XA18 (O)	XA18 (O)
31-30	GPIO31	CANTXA (O)	XA17 (O)	XA17 (O)

표 2.7. GPIO B MUX 1

GPBMUX1 Register Bits	(GPBMUX1 bits = 00)	(GPBMUX1 bits = 01)	(GPBMUX1 bits = 10)	(GPBMUX1 bits = 11)
1,0	GPIO32 (I/O)	SDAA (I/OC)	EPWMSYNCI (I)	$\overline{\text{ADCSOCAO}}$ (O)
3,2	GPIO33 (I/O)	SCLA (I/OC)	EPWMSYNCO (O)	$\overline{\text{ADCSOCBO}}$ (O)
5,4	GPIO34 (I/O)	ECAP1 (I/O)	XREADY (I)	XREADY (I)
7,6	GPIO35 (I/O)	SCITXDA (O)	XR/$\overline{\text{W}}$ (O)	XR/$\overline{\text{W}}$ (O)
9,8	GPIO36 (I/O)	SCIRXDA (I)	$\overline{\text{XZCS0}}$ (O)	$\overline{\text{XZCS0}}$ (O)
11,10	GPIO37 (I/O)	ECAP2 (I/O)	$\overline{\text{XZCS7}}$ (O)	$\overline{\text{XZCS7}}$ (O)
13,12	GPIO38 (I/O)	Reserved	$\overline{\text{XWE0}}$ (O)	$\overline{\text{XWE0}}$ (O)
15,14	GPIO39 (I/O)	Reserved	XA16 (O)	XA16 (O)
17,16	GPIO40 (I/O)	Reserved	XA0/$\overline{\text{XWE1}}$ (O)	XA0/$\overline{\text{XWE1}}$ (O)
19,18	GPIO41 (I/O)	Reserved	XA1 (O)	XA1 (O)
21,20	GPIO42 (I/O)	Reserved	XA2 (O)	XA2 (O)
23,22	GPIO43 (I/O)	Reserved	XA3 (O)	XA3 (O)
25,24	GPIO44 (I/O)	Reserved	XA4 (O)	XA4 (O)
27,26	GPIO45 (I/O)	Reserved	XA5 (O)	XA5 (O)
29,28	GPIO46 (I/O)	Reserved	XA6 (O)	XA6 (O)
31,30	GPIO47 (I/O)	Reserved	XA7 (O)	XA7 (O)

표 2.8. GPIO B MUX 2

GPBMUX2 Register Bits	(GPBMUX2 bits = 00)	(GPBMUX2 bits = 01)	(GPBMUX2 bits = 10 or 11)
1,0	GPIO48 (I/O)	ECAP5 (I/O)	XD31 (I/O)
3,2	GPIO49 (I/O)	ECAP6 (I/O)	XD30 (I/O)
5,4	GPIO50 (I/O)	EQEP1A (I)	XD29 (I/O)
7,6	GPIO51 (I/O)	EQEP1B (I)	XD28 (I/O)
9,8	GPIO52 (I/O)	EQEP1S (I/O)	XD27 (I/O)
11,10	GPIO53 (I/O)	EQEP1I (I/O)	XD26 (I/O)
13,12	GPIO54 (I/O)	SPISIMOA (I/O)	XD25 (I/O)
15,14	GPIO55 (I/O)	SPISOMIA (I/O)	XD24 (I/O)
17,16	GPIO56 (I/O)	SPICLKA (I/O)	XD23 (I/O)
19,18	GPIO57 (I/O)	$\overline{\text{SPISTEA}}$ (I/O)	XD22 (I/O)
21,20	GPIO58 (I/O)	MCLKRA (I/O)	XD21 (I/O)
23,22	GPIO59 (I/O)	MFSRA (I/O)	XD20 (I/O)
25,24	GPIO60 (I/O)	MCLKRB (I/O)	XD19 (I/O)
27,26	GPIO61 (I/O)	MFSRB (I/O)	XD18 (I/O)
29,28	GPIO62 (I/O)	SCIRXDC (I)	XD17 (I/O)
31,30	GPIO63 (I/O)	SCITXDC (O)	XD16 (I/O)

표 2.9. GPIO C MUX 1/2

GPCMUX1 Register Bits	(GPCMUX1 bits = 00 or 01)	(GPCMUX1 bits = 10 or 11)
1,0	GPIO64 (I/O)	XD15 (I/O)
3,2	GPIO65 (I/O)	XD14 (I/O)
5,4	GPIO66 (I/O)	XD13 (I/O)
7,6	GPIO67 (I/O)	XD12 (I/O)
9,8	GPIO68 (I/O)	XD11 (I/O)
11,10	GPIO69 (I/O)	XD10 (I/O)
13,12	GPIO70 (I/O)	XD9 (I/O)
15,14	GPIO71 (I/O)	XD8 (I/O)
17,16	GPIO72 (I/O)	XD7 (I/O)
19,18	GPIO73 (I/O)	XD6 (I/O)
21,20	GPIO74 (I/O)	XD5 (I/O)
23,22	GPIO75 (I/O)	XD4 (I/O)
25,24	GPIO76 (I/O)	XD3 (I/O)
27,26	GPIO77 (I/O)	XD2 (I/O)
29,28	GPIO78 (I/O)	XD1 (I/O)
31,30	GPIO79 (I/O)	XD0 (I/O)
GPCMUX2 Register Bits	**GPCMUX2 bits = 00 or 01**	**GPCMUX2 bits = 10 or 11**
1,0	GPIO80 (I/O)	XA8 (O)
3,2	GPIO81 (I/O)	XA9 (O)
5,4	GPIO82 (I/O)	XA10 (O)
7,6	GPIO83 (I/O)	XA11 (O)
9,8	GPIO84 (I/O)	XA12 (O)
11,10	GPIO85 (I/O)	XA13 (O)
13,12	GPIO86 (I/O)	XA14 (O)
15,14	GPIO87 (I/O)	XA15 (O)
16 – 31	Reserved	Reserved

2) GP × DIR 레지스터

GPIO 핀을 디지털 신호 입, 출력 모드로 사용자가 임의로 사용 할 경우 신호의 입, 출력 방향에 대한 GP × DIR 레지스터를 설정해야 한다. GP × DIR 레지스터는 32비트 레지스터이며 각 핀은 해당 핀의 입력(비트 0) 혹은 출력(비트 1)으로 방향을 설정해야 한다. 예를 들어 GPIO A 포트의 GPIO0 핀을 디지털 신호 입, 출력 모드로 설정하고 외부에서 이 핀을 통해 신호를 입력 받고 싶다면 GPADIR 레지스터 중 해당 핀에 대한 첫번째 비트를 0(입력)으로 설정해야 한다. 그림 2.3은 GP × DIR 레지스터의 한 예로써 GPADIR 레지스터를 나타내었다. 그러나 GP × MUX 레지스터를 설정하여 GPIO핀을 주변 장치 입, 출력 핀으로 사용하는 경우 부여된 기능에 따라 입력 혹은 출력 핀으로 결정되지만 이 경우 GP × DIR 레지스터는 GPIO 핀의 입, 출력 방향에 영향을 주지 않는다.

31	30	29	28	27	26	25	24
GPIO31	GPIO30	GPIO29	GPIO28	GPIO27	GPIO26	GPIO25	GPIO24
R/W-0	R/W-0	R/W-0	R/W-0	R/W-0	R/W-0	R/W-0	R/W-0
23	22	21	20	19	18	17	16
GPIO23	GPIO22	GPIO21	GPIO20	GPIO19	GPIO18	GPIO17	GPIO16
R/W-0	R/W-0	R/W-0	R/W-0	R/W-0	R/W-0	R/W-0	R/W-0
15	14	13	12	11	10	9	8
GPIO15	GPIO14	GPIO13	GPIO12	GPIO11	GPIO10	GPIO9	GPIO8
R/W-0	R/W-0	R/W-0	R/W-0	R/W-0	R/W-0	R/W-0	R/W-0
7	6	5	4	3	2	1	0
GPIO7	GPIO6	GPIO5	GPIO4	GPIO3	GPIO2	GPIO1	GPIO0
R/W-0	R/W-0	R/W-0	R/W-0	R/W-0	R/W-0	R/W-0	R/W-0

LEGEND: R/W = Read/Write; R = Read only; *-n* = value after reset

그림 2.3. GPIO 포트 A Direction 레지스터(GPADIR)

3) GP × PUD 레지스터

GP × PUD 레지스터는 GPIO 핀에 대해 내부 풀-업(Pull-Up) 저항의 사용 유무를 설정하는 레지스터이다. 풀-업 및 풀-다운(Pull-Down) 저항 회로는 신호의 입, 출력 시에 Low 신호(0V) 혹은 High 신호(3.3V)가 아닌 불분명한 상태의 신호(Tri-State, High impedance)를 방지하기 위해 사용하는 회로이다. 그림 2.4는 풀-업 저항을 사용하여 신호의 입력 또는 출력 형태를 보여준다.

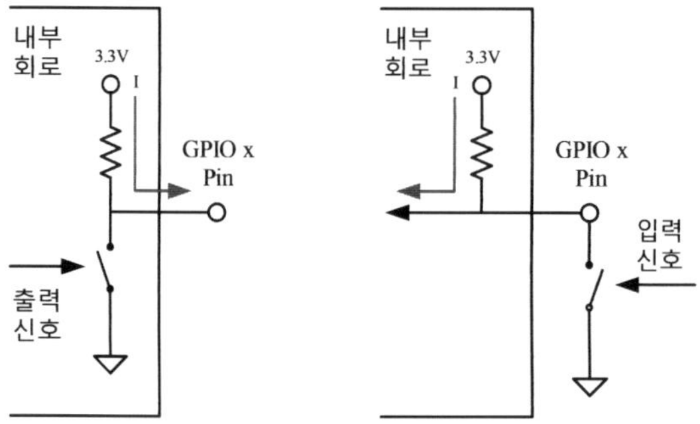

(a) GPIO 핀을 통해
신호를 출력하는 경우

(b) GPIO 핀을 통해
신호를 입력하는 경우

그림 2.4. 신호 핀의 입력 혹은 출력으로 사용할 경우의 풀-업

32비트의 GP × PUD 레지스터는 A~C 포트에 대해 각 GPIO핀당 1비트를 할당하여 풀-업 저항 상태를 사용(Enable, 0) 혹은 해제(Disable, 1) 가능하도록 설정 할 수 있다. 전동기 제어에 필요한 ePWM과 관계된 GPIO핀(GPIO0~GPIO11)의 풀-업 저항은 해제(Disable)상태가 기본 값으로 설정되어 있다. 이 핀들을 제외한 모든 핀들은 기본 값으로 풀-업 저항이 사용(Enable) 상태로 설정되어 있다.

2.2.2. 입력 퀄리피케이션(Input Qualification)

외부에서 DSP로 입력되는 신호는 다양한 환경에 노출되어 있기 때문에 항상 깨끗한 신호 만이 입력 되지 않는다. 그림 2.5와 같이 회로 간의 간섭에 의해 노이즈(Noise)가 신호에 포함되거나 글리치(Glitch)와 같은 예상치 못한 신호가 입력 될 수도 있다. 이러한 의도치 않은 신호를 그대로 입력하여 내부 연산 혹은 알고리즘에 사용하는 것은 시스템 오류를 발생시키는 원인이 될 수 있다. 그림 2.6에서 알 수 있듯이 ①TMS320C28346/F28335에서는 GPIO핀을 통해 입력 받는 신호를 Input Qualification 기능을 이용해 노이즈를 제거 할 수 있다. 입력 신호의 펄스를 감지하여 일정 시간 동안 신호의 상태를 유지 하지 못하면 그 값을 무시한다. ②이때 입력되는 신호는 DSP 시스템 클럭에 동기화(Synchronization)되며, ③설정한 판정 시간(Sampling Window Width)에 따라 동기화된 펄스에서 노이즈를 제거 할 수 있다. 입력 퀄리피케이션(Input Qualification)에 대한 실행 과정을 그림 2.5와 그림 2.6에서 나타내었다.

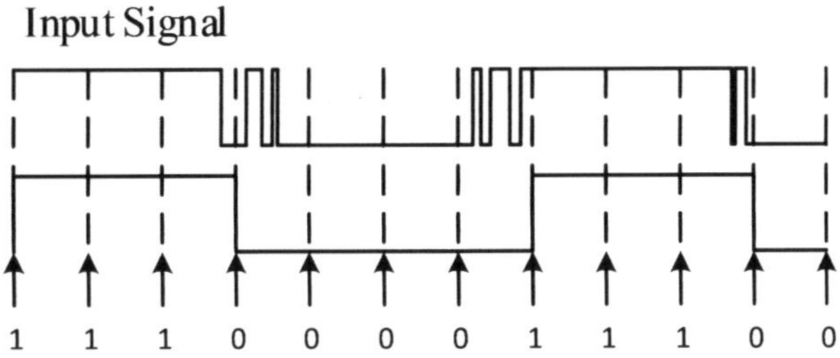

그림 2.5. 입력 퀄리피케이션(Input Qualification)의 노이즈 및 글리치 제거

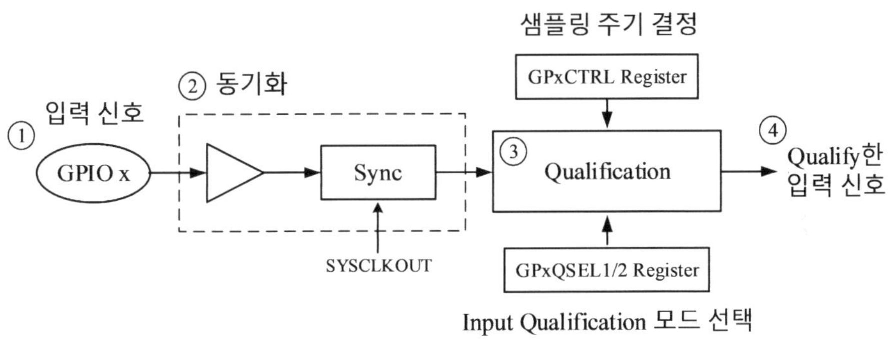

그림 2.6. Input Qualification의 실행 과정

1) Synchronization(동기화)

Input Qualification을 위해서 입력된 신호는 동기화(Synchronization) 과정을 거쳐야 한다. 동기화란, 임의의 속도로(비동기식, Asynchronous) 입력되는 신호를 DSP 프로세서 내부 시스템 클럭의 주기($T_{SYSCLKOUT}$)에 맞추어 주는 것을 의미한다. DSP 내부 시스템 클럭이 상승 엣지(Rising edge) 일 때 입력되는 신호의 상태(High, Low)를 확인하여 출력을 내보낸다. 그림 2.7은 입력된 신호의 동기화 과정을 나타내고 있다.

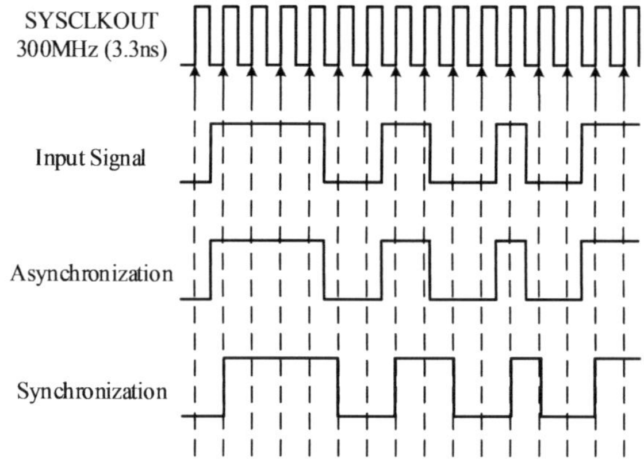

그림 2.7. 동기화(Synchronization) 과정

2) Qualification

Qualification 과성은 입력된 신호에 포함된 노이즈(Noise) 혹은 글리치(Glitch) 성분을 제거하기 위한 과정으로써 입력된 신호는 일정 시간 동안 동일한 상태를 유지해야 정상적인 신호로 인정받을 수 있다. 만약 일정 시간 동안 입력된 신호의 상태가 변한다면 이는 노이즈로 인식되어 무시된다. TMS320C28346/F28335에서 제공되는 Input Qualification은 매우 다양한 조건으로 유연하게 적용 가능하다. 노이즈 판별에 사용되는 시간(샘플링 대역폭, Sampling Window Width)은 사용되는 클럭의 주기(T_{SP})와 샘플링 횟수(3-Samples, 6-Samples)에 따라 결정되며 이는 레지스터를 통해 설정 가능하다. 샘플링에 사용되는 클럭의 주기는 GP × CTRL 레지스터를 통해 최소 $T_{SYSCLKOUT}$에서 최대 510 × $T_{SYSCLKOUT}$까지 설정 가능하며 샘플링 횟수는 GP × QSEL 레지스터를 설정하여 선택 할 수 있다. 샘플링 클럭과 샘플링 횟수에 따른 샘플링 대역(Sampling Window Width)은 (샘플링 횟수 - 1) × $T_{SYSCLKOUT}$ (N=0) 혹은 (샘플링 횟수 - 1) × 2N × $T_{SYSCLKOUT}$ (N>0)과 같다. 샘플링 대역폭을 넓게 설정 할수록 노이즈를 분명하게 제거 할 수 있지만 그만큼 신호에 대한 지연 현상도 발생한다. 반대로 샘플링 대역폭을 좁게 설정하면 신호에 대한 응답성은 좋아지지만 노이즈에 민감하게 반응하기 때문에 입력되는 신호의 특징을 고려하여 사용자가 적절한 값을 선택해야 한다.

그림 2.8에서는 3-샘플링 모드에서 입력 신호의 Qualification에 대해 나타냈다. 입력된 신호가 3회의 샘플링 동안 신호 상태를 유지하면 정상적인 신호로 인정 받아 Qualification 출력 신호의 상태가 변환된다. 만약 3회의 샘플링 동안 신호 상태를 만족하지 못하면 노이즈로 인식되어 무시되며 Qualification의 출력은 신호 출력 상태를 유지한다. 샘플링 대역은 3-샘플링 모드에 시스템 클럭의 2배에 해당하는 샘플링 주기를 사용하고 있으므로 (3 - 1) × 2 × $T_{SYSCLKOUT}$ = 26.4ns이다.

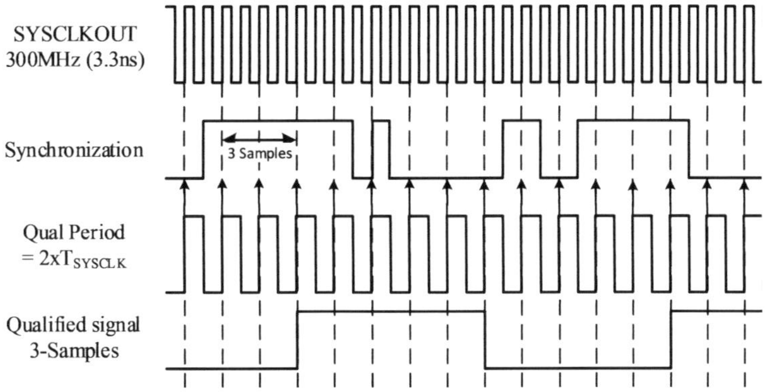

그림 2.8. 입력 신호의 Qualification(3-samples)

3) GP × CTRL 레지스터

GP × CTRL 레지스터에서는 Input Qualification에서 사용되는 샘플링 주기를 설정할 수 있다. 하나의 입력 핀에 대해 개별적으로 샘플링 주기를 설정 할 수는 없고 8핀을 하나의 그룹으로 설정 가능하다. 예를 들어, 포트 A의 경우 GPIO0~GPIO7, GPIO8~GPIO15, GPIO16~GPIO23 그리고 GPIO24~GPIO31의 4 그룹으로 설정 가능하다. 샘플링 주기 설정 범위는 $T_{SYSCLKOUT}$(0 × 00) ~ 510 × $T_{SYSCLKOUT}$(0 × FF)까지 이다. 그림 2.9에서는 GPIO 포트 A의 Qualification Control 레지스터에 대해 설명하고 있으며 표 2.10에서는 각 레지스터에 대한 샘플링 주기 설정 방법을 설명하고 있다.

31 – 24	23 – 16
QUALPRD3	QUALPRD2
R/W-0	R/W-0

15 – 8	7 – 0
QUALPRD1	QUALPRD0
R/W-0	R/W-0

LEGEND: R/W = Read/Write; R = Read only; -*n* = value after reset

그림 2.9. GPIO A 포트 Input Qualification 제어 레지스터

표 2.10. GPIO A 포트 Qualification Control 영역별 정의

영역	QUALPRD3	QUALPRD2	QUALPRD1	QUALPRD0
비트	31-24	23-16	15-8	7-0
0 × 00	샘플링 주기 = $T_{SYSCLKOUT}$			
0 × 01	샘플링 주기 = 2 × $T_{SYSCLKOUT}$			
0 × 02	샘플링 주기 = 4 × $T_{SYSCLKOUT}$			
…	…			
0 × FF	샘플링 주기 = 510 × $T_{SYSCLKOUT}$			

4) GP × QSEL 레지스터

Input Qualification은 32비트의 GP × QSELn 레지스터(GPIO × Port Qualification Select Register)를 설정하여 총 4가지의 경우로 신호를 출력 할 수 있다. 입력된 신호를 동기화 혹은 비 동기화 상태로 Qualification 과정을 거치지 않고 그대로 출력하는 경우와 Qualification 에서 샘플링 횟수에 따라 3 샘플링 혹은 6 샘플링으로 신호를 판별하여 출력 할 수 있다. 비 동기화 된 입력 신호를 출력하는 경우는 주변 장치에서 동기화된 신호를 필요로 하지 않거나 주변 장치 자체적으로 동기화 과정을 가지는 경우 사용된다. 디지털 신호 입, 출력 모드로 사용하는 경우에는 비 동기화 모드로 레지스터를 설정해도 사용 할 수 없고 항상 동기화 모드로 동작된다. 32비트의 GP × QSELn 레지스터는 16개의 GPIO핀에 대한 Input Qualification 모드를 설정 할 수 있으며 한 예로써 표 2.11과 그림 2.10은 GPAQSEL1(GPIO0 ~ GPIO15) 레지스터의 정의를 나타내었다.

표 2.11. GPAQSEL1 레지스터 비트 정의

핀	비트	정의
GPIO0 ~ GPIO15	00	동기화된 입력 신호 출력
	01	3-샘플링 모드 사용 신호 출력
	10	6-샘플링 모드 사용 신호 출력
	11	비 동기화된 입력 신호 출력(디지털 입, 출력 모드 제외)

31-30	29-28	27-26	25-24	23-22	21-20	19-18	17-16
GPIO15	GPIO14	GPIO13	GPIO12	GPIO11	GPIO10	GPIO9	GPIO8
R/W-0	R/W-0	R/W-0	R/W-0	R/W-0	R/W-0	R/W-0	R/W-0

15-14	13-12	11-10	9-8	7-6	5-4	3-2	1-0
GPIO7	GPIO6	GPIO5	GPIO4	GPIO3	GPIO2	GPIO1	GPIO0
R/W-0	R/W-0	R/W-0	R/W-0	R/W-0	R/W-0	R/W-0	R/W-0

LEGEND: R/W = Read/Write; R = Read only; -*n* = value after reset

그림 2.10. GPAQSEL1 레지스터

2.2.3. GPIO를 통한 데이터의 입력 및 출력

1) GP × DAT

GP × DAT 레지스터는 디지털 신호 입, 출력 모드로 사용하는 경우 데이터를 저장 및 설정하는 레지스터로써 각 GPIO핀 당 하나의 레지스터를 가지며 레지스터의 각 비트는 하나의 GPIO핀에 해당된다. 신호를 입력받는 경우 GP × MUX에서 설정된 모드에 관계없이 GPIO핀의 현재 상태(High(1)/Low(0))를 표시한다. 신호를 출력 하는 경우 디지털 입, 출력 모드 상태(GP × MUX : 00)에서 출력 핀(GP × DIR : 1)으로 설정한 다음 핀의 출력으로 Logic High(1)/Low(0)로 설정하면 된다. 일반적으로 GP × DAT 레지스터는 입력된 신호의 상태를 읽기 위한 목적으로 주로 사용되며 신호를 출력하는 경우 GP × SET, GP × CLEAR 및 GP × TOGGLE 레지스터를 사용하며, 그림 2.11은 GPIO A 포트 DATA 레지스터를 나타내었다.

표 2.12. GPIO A 포트 DATA 레지스터 정의

비트	영역	값	R/W	정의
31 ~ 0	GPIO31 ~ GPIO0	0	Reading	현재 입력 신호가 Low 상태
			Writing	Low 신호 강제 출력(디지털 신호 입, 출력 모드)
		1	Reading	현재 입력 신호가 High 상태
			Writing	High 신호 강제 출력(디지털 신호 입, 출력 모드)

31	30	29	28	27	26	25	24
GPIO31	GPIO30	GPIO29	GPIO28	GPIO27	GPIO26	GPIO25	GPIO24
R/W-x	R/W-x	R/W-x	R/W-x	R/W-x	R/W-x	R/W-x	R/W-x
23	22	21	20	19	18	17	16
GPIO23	GPIO22	GPIO21	GPIO20	GPIO19	GPIO18	GPIO17	GPIO16
R/W-x	R/W-x	R/W-x	R/W-x	R/W-x	R/W-x	R/W-x	R/W-x
15	14	13	12	11	10	9	8
GPIO15	GPIO14	GPIO13	GPIO12	GPIO11	GPIO10	GPIO9	GPIO8
R/W-x	R/W-x	R/W-x	R/W-x	R/W-x	R/W-x	R/W-x	R/W-x
7	6	5	4	3	2	1	0
GPIO7	GPIO6	GPIO5	GPIO4	GPIO3	GPIO2	GPIO1	GPIO0
R/W-x	R/W-x	R/W-x	R/W-x	R/W-x	R/W-x	R/W-x	R/W-x

LEGEND: R/W = Read/Write; R = Read only; -*n* = value after reset[(1)]

그림 2.11. GPIO A 포트 DATA 레지스터

2) GP × SET / GP × CLEAR / GP × TOGGLE 레지스터

GP × SET과 GP × CLEAR 레지스터는 디지털 신호 입, 출력 모드에서 GPIO핀의 출력 상태를 High(SET)/Low(CLEAR)로 생성하기 위한 레지스터이다. 각 입, 출력 포트는 하나의 GP × SET 레지스터와 GP × CLEAR 레지스터를 가지고 있으며, 각 비트는 하나의 GPIO핀에 해당한다. GP × SET 레지스터의 해당 비트에 1을 쓰면 출력 래치(Latch)가 High로 설정되며 GP × CLEAR 레지스터의 해당 비트에 1을 쓰면 Low로 설정된다. 그러나 각 레지스터의 해당 비트에 0을 쓰는 경우 해당 핀의 출력에 어떤 영향도 주지 않는다. 아래에 GP × SET과 GP × CLEAR 레지스터의 사용에 대해 예를 들어 설명하였다.

- GpioDataRegs.GPASET.bit.GPIO0 = 1 : GPIO 0번 핀을 Logic High로 출력
- GpioDataRegs.GPACLEAR.bit.GPIO0 = 1 : GPIO 0번 핀을 Logic Low로 출력

GP × TOGGLE 레지스터는 GP × SET과 GP × CLEAR 레지스터와 마찬가지로 디지털 입, 출력 모드에서 GPIO핀의 출력 상태를 설정하는 레지스터로써 현재 데이터 출력 래치의 상태를 전환(TOGGLE)시키는 레지스터이다. 예를 들어 데이터 출력 래치의 현재 저장 값이 High라면 GP × TOGGLE 레지스터의 해당 비트를 1로 설정하게 되면 High 상태가 Low상태로 전환된다. Low 상태를 다시 High로 전환하고 싶은 경우 GP × TOGGLE 레지스터의 해당 비트를 0으로 설정한 다음 다시 1로 설정하면 래치 출력 상태가 Low에서 High로 변환된다. GP × SET, GP × CLEAR 레지스터와 마찬가지로 레지스터의 비트가 0인 경우 어떤 영향도 주지 않는다. 표 2.13은 세가지 레지스터의 정의에 대해 설명하고 있으며 그림 2.12에서는 포트 A에 대한 세가지 레지스터의 실행 과정을 설명하고 있다.

표 2.13. GPASET, GPACLEAR, GPATOGGLE 레지스터의 정의

<table>
<tr><th>비트</th><th>영역</th><th>값</th><th>레지스터</th><th>정의</th></tr>
<tr><td rowspan="6">31 ~ 0</td><td rowspan="6">GPIO31
~ GPIO0</td><td rowspan="3">1</td><td>SET</td><td>데이터 출력 Latch 상태 High로 설정</td></tr>
<tr><td>CLEAR</td><td>데이터 출력 Latch 상태 Low로 설정</td></tr>
<tr><td>TOGGLE</td><td>데이터 출력 Latch 상태 전환(상승 엣지에서 동작)</td></tr>
<tr><td rowspan="3">0</td><td>SET</td><td rowspan="3">데이터 출력 Latch 상태에 영향을 주지 않음</td></tr>
<tr><td>CLEAR</td></tr>
<tr><td>TOGGLE</td></tr>
</table>

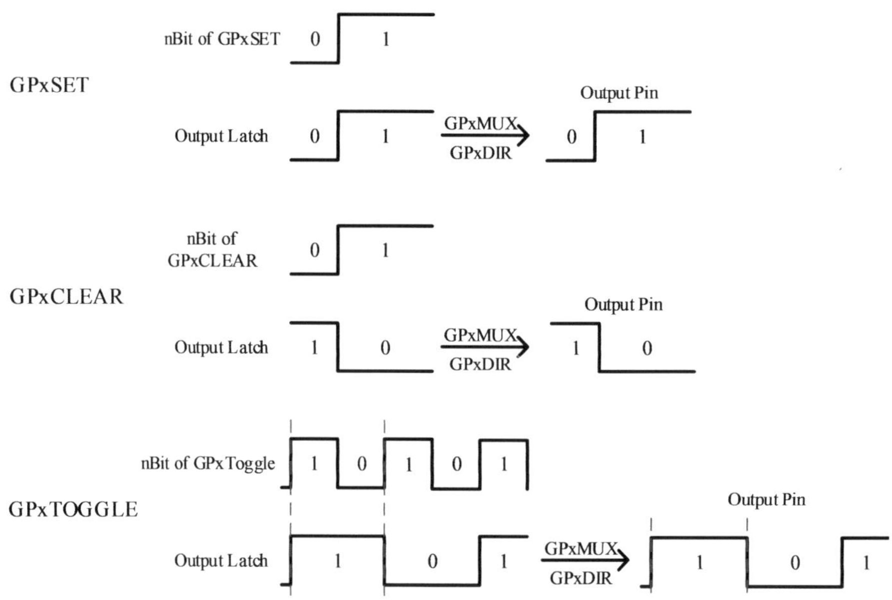

그림 2.12. GPASET, GPACLEAR, GPATOGGLE 레지스터 실행 과정

2.2.4. 외부 인터럽트 및 저전력 모드의 GPIO 관련 레지스터

1) GPIOXINTnSEL, GPIOXNMISEL 레지스터

TMS320C28346/F28335는 7개의 외부 인터럽트(XINT1~XINT7) 신호와 1개의 외부 Non-Maskable 인터럽트(XNMI) 신호를 처리 할 수 있다. 외부 인터럽트는 GPIO핀을 통해 입력 받을 수 있으며 GPIOXINTnSEL 레지스터(GPIO External Interrupt n Select Registers)를 설정하여 외부 인터럽트 신호를 입력 받기 위한 GPIO핀을 선택 할 수 있다. 외부 인터럽트 XINT1, XINT2에 대한 GPIO핀은 GPIO 포트 A의 핀(GPIO0 ~ GPIO31)들 중에 선택 할 수 있다. 외부 인터럽트 XINT3 ~ XINT7에 대한 GPIO핀은 GPIO 포트 B의 핀(GPIO32 ~ GPIO63)들 중에 선택 할 수 있다. GPIOXINTnSEL 레지스터에 대한 정의는 표 2.14와 표 2.15에서 나타내었다. GPIOXNMISEL 레지스터(GPIO External Non-Maskable Interrupt Select Registers)는 XNMI 신호를 입력 받기 위한 GPIO핀을 선택하는 레지스터로써 GPIO0 ~ GPIO31 핀 중 하나를 선택하여 사용 가능하다. GPIOXNMISEL 레지스터의 정의는 표 2.16에서 설명하고 있다.

표 2.14. GPIO XINT1 ~ XINT2 인터럽트 선택(GPIOXINTnSEL) 레지스터 정의

비트	영역	값	정의
15 ~ 5	Reserved		Reserved
4 ~ 0	GPIOXINTnSEL	00000	GPIO0핀을 XINTn 인터럽트 입력으로 사용(기본값)
		00001	GPIO1핀을 XINTn 인터럽트 입력으로 사용
		…	…
		11110	GPIO30핀을 XINTn 인터럽트 입력으로 사용
		11111	GPIO31핀을 XINTn 인터럽트 입력으로 사용

표 2.15. GPIO XINT3 ~ XINT7 인터럽트 선택(GPIOXINTnSEL) 레지스터 정의

비트	영역	값	정의
15 ~ 5	Reserved		Reserved
4 ~ 0	GPIOXINTnSEL	00000	GPIO32핀을 XINTn 인터럽트 입력으로 사용(기본값)
		00001	GPIO33핀을 XINTn 인터럽트 입력으로 사용
		…	…
		11110	GPIO62핀을 XINTn 인터럽트 입력으로 사용
		11111	GPIO63핀을 XINTn 인터럽트 입력으로 사용

표 2.16. GPIO 외부 Non-Maskable 인터럽트 선택 레지스터의 정의

비트	영역	값	정의
15 ~ 5	Reserved		Reserved
4 ~ 0	GPIOXNMISEL	00000	GPIO0핀을 XNMI 입력으로 사용(기본값)
		00001	GPIO1핀을 XNMI 입력으로 사용
		···	···
		11110	GPIO30핀을 XNMI 입력으로 사용
		11111	GPIO31핀을 XNMI 입력으로 사용

2) GPIOLPMSEL 레지스터

GPIOLPMSEL 레지스터(GPIO Low Power Mode Wakeup Select Register)는 TMS320F28335/C28346에서 제공하는 3가지의 저전력 모드(Idle, STANBY, HALT) 중 STANBY와 HALT 상태를 종료하기 위한 신호를 입력 받는 GPIO핀을 설정하는 레지스터이다. 설정 가능한 GPIO핀의 범위는 GPIO 포트 A(GPIO0 ~ GPIO31)에 한정된다. 표 2.17에서는 레지스터 사용 정의에 대하여 기술하였고 그림 2.13에서는 GPIO Low Power Mode Wakeup Select(GPIOLPMSEL) 레지스터를 나타내었다.

표 2.17. GPIO Low Power Mode Wakeup Select(GPIOLPMSEL) 레지스터의 정의

비트	영역	값	정의
31 ~ 0	GPIO31 ~ GPIO0	0	해당 핀에 대한 신호가 HALT와 STANBY의 저전력 모드에 영향을 주지 않는다.
		1	HALT, STANBY 저전력 모드가 종료되고 정상 동작 상태로 복귀한다.

31	30	29	28	27	26	25	24
GPIO31	GPIO30	GPIO29	GPIO28	GPIO27	GPIO26	GPIO25	GPIO24
R/W-0	R/W-0	R/W-0	R/W-0	R/W-0	R/W-0	R/W-0	R/W-0
23	22	21	20	19	18	17	16
GPIO23	GPIO22	GPIO21	GPIO20	GPIO19	GPIO18	GPIO17	GPIO16
R/W-0	R/W-0	R/W-0	R/W-0	R/W-0	R/W-0	R/W-0	R/W-0
15	14	13	12	11	10	9	8
GPIO15	GPIO14	GPIO13	GPIO12	GPIO11	GPIO10	GPIO9	GPIO8
R/W-0	R/W-0	R/W-0	R/W-0	R/W-0	R/W-0	R/W-0	R/W-0
7	6	5	4	3	2	1	0
GPIO7	GPIO6	GPIO5	GPIO4	GPIO3	GPIO2	GPIO1	GPIO0
R/W-0	R/W-0	R/W-0	R/W-0	R/W-0	R/W-0	R/W-0	R/W-0

LEGEND: R/W = Read/Write; R = Read only; -*n* = value after reset

그림 2.13. GPIO Low Power Mode Wakeup Select(GPIOLPMSEL) 레지스터

2.3. 실습 연습문제

TMS320c28346의 GPIO 기능을 사용하여 스위치를 눌렀을 경우 LD 7~10번이 순차적으로(7번 → 10번) 250ms마다 켜지고, 1초 후에는 모두 점등이 되도록 하시오. 다만, 스위치로부터 발생되는 노이즈를 Input Qualifier 기능을 이용하여 제거하도록 합니다. 실습 보드의 SW4와 LD7, LD8, LD9, LD10(LED)를 이용하여 실습합니다.외부 인터럽트 레지스터를 사용하여 코드를 작성하시오.

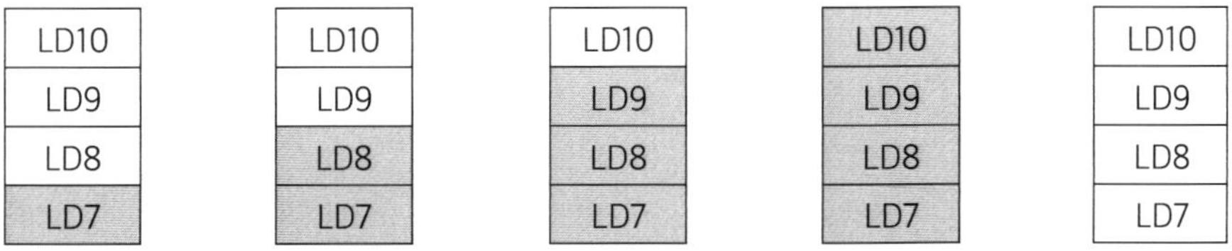

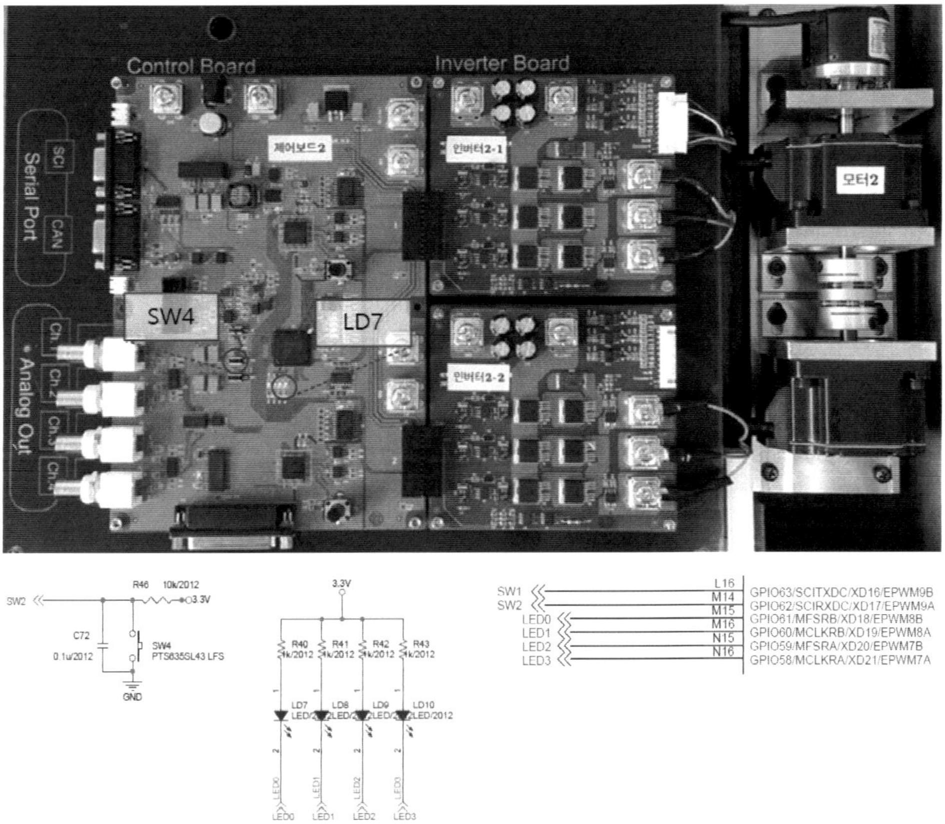

< 실습용 실험 세트 및 관련 회로도 >

<시스템 규격>

SYSCLKOUT : 300MHz

| 참조문헌 |

[1] SPRUFB0D, “TMS320x2833x, 2823x System Control and Interrupts”, pp.60~102.

[2] SPRUFN1B, “TMS320 x2834x Delfino System Control and Interrupts”, pp.41~84.

[3] SPRS516B, “TMS320c2834x Data Manual”, pp.93~98.

[4] SPRS516B, “TMS320c2834x Data Manual”, pp.93~98, pp.124~128.

[5] SPRS439N, “TMS320F2833x, TMS320F2823x Digital Signal Controllers(DSCs)”, pp.50~57.

제 3장
타이머(Timer)

3.1. 타이머의 정의와 구성

3.1.1. 타이머(Timer)란?

일반적으로 프로세서는 연산처리, 반복적인 동작 및 동기화 등을 수행하기 위해 일정한 주기를 가지는 시간적 기준을 필요로 하며, 프로세서 내부의 가장 기본 단위의 시간적 기준을 시스템 클럭(System Clock, Ex) $T_{SYSCLKOUT}$)이라 한다. 그림 3.1과 같이 시스템 클럭에 따라 특정 이벤트를 발생 시키거나 프로세서 내부의 모든 주변장치들은 시스템 클럭을 기준으로 동작하며, 프로세서 내부의 데이터 교환 및 외부 신호의 입/출력 또한 시스템 클럭에 따라 동작한다. 그러므로 시스템 클럭은 프로세서의 심장과 같으며 시스템 클럭이 더 이상 동작하지 않게 되면 프로세서의 동작이 정지한다.

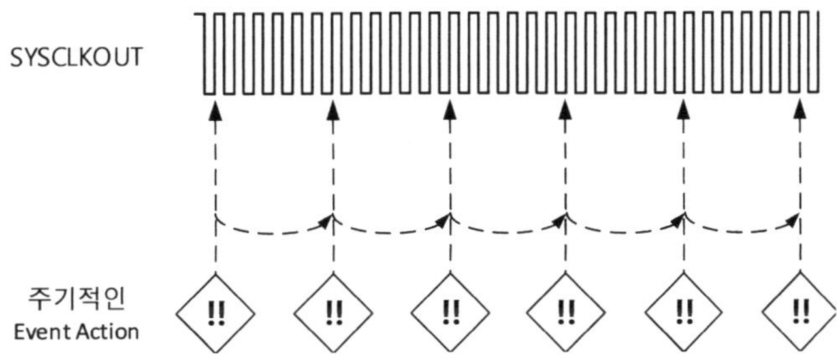

그림 3.1. 클럭에 따라 주기적인 동작의 발생

3.1.2. TMS320C28346/F28335 클럭 시스템 구성

TMS320C28346/F28335는 외부의 수정 진동자(Crystal, X-tal) 입력 받아 프로세서 내부의 발진기(On-Chip Oscilator)에서 출력되는 클럭 혹은 외부에서 입력되는 클럭을 PLL(Phase Lock Loop)을 이용하여 내부 기준 클럭이 되는 시스템 클럭(SYSCLKOUT)을 생성 할 수 있다. 생성된 시스템 클럭은 CPU 코어에서 사용되며 내부의 장치들은 시스템 클럭을 사용자의 설정 값에 따라 분주하여 사용 가능하다. 그림 3.2는 TMS320C28346의 내부 주변 장치에 대한 클럭 신호의 흐름에 대해 나타냈으며 표 3.1에서는 본 단원에서 사용되는 주요 레지스터에 대해 나타내었다.

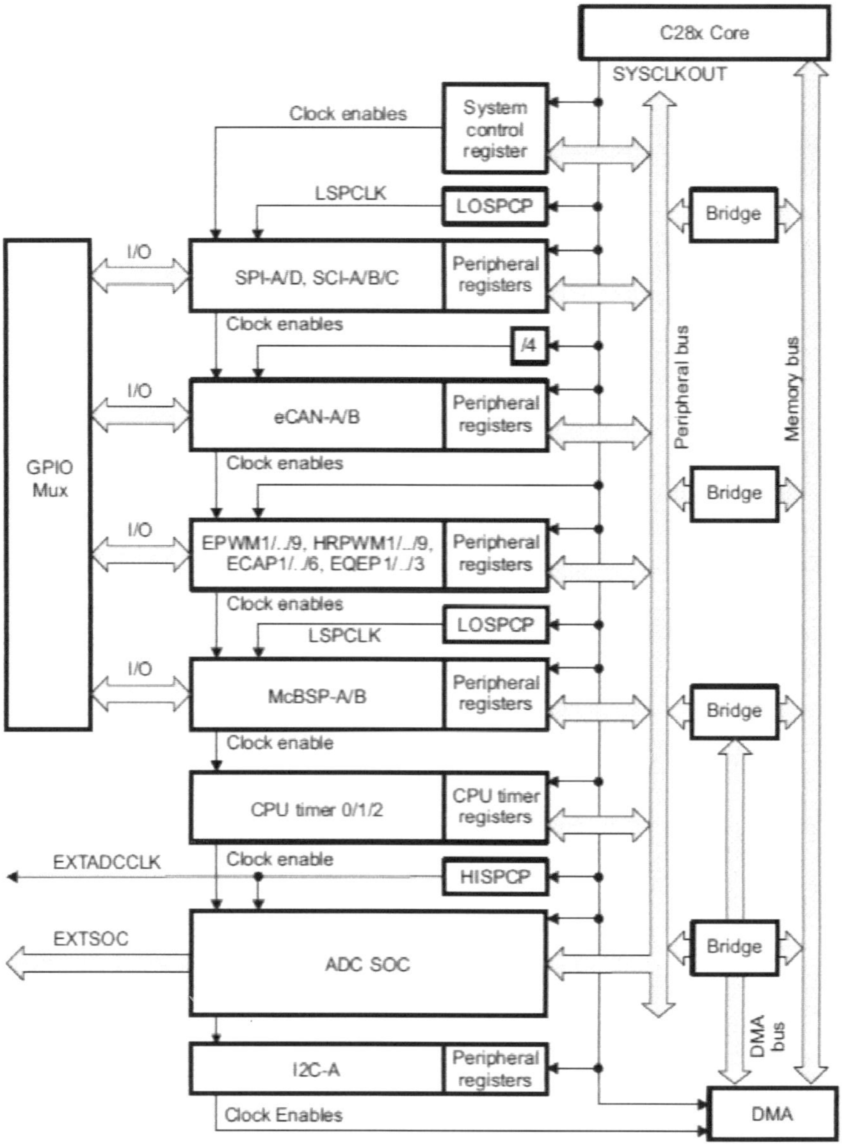

그림 3.2. TMS320C28346 내부 클럭 구성도

표 3.1. TMS320C28346 타이머 관련 주요 레지스터

레지스터	주소 값	크기(× 16)	정의
PLLSTS	0 × 7011	1	PLL 상태 레지스터
PLLCR	0 × 7021	1	PLL 제어 레지스터
HISPCP	0 × 701A	1	고속형 주변장치 클럭 분주 레지스터
LOSPCP	0 × 701B	1	저속형 주변장치 클럭 분주 레지스터
PCLKCR0	0 × 701C	1	주변장치 클럭 제어 레지스터 0
PCLKCR1	0 × 701D	1	주변장치 클럭 제어 레지스터 1
PCLKCR3	0 × 7020	1	주변장치 클럭 제어 레지스터 3
SCSR	0 × 7022	1	시스템 제어 및 상태 레지스터
LPMCR0	0 × 701E	1	저전력 모드 제어 레지스터
WDCNTR	0 × 7023	1	와치도그 카운터 레지스터
WDKEY	0 × 7025	1	와치도그 리셋 레지스터
WDCR	0 × 7029	1	와치도그 제어 레지스터

3.2. 시스템 클럭의 생성

TMS320C28346은 최대 300MHz(3.33ns) (TMS320F28335는 최대 150MHz(6.6ns))까지 지원 가능한 고성능의 프로세서이며, 그림 3.3은 시스템 클럭 생성을 위한 OSC 및 PLL 블록도를 보여준다. 이러한 고성능의 연산속도를 구현하기 위해서는 CPU에서 사용하는 클럭의 주파수가 최대 연산 속도를 만족 해야하며 이 클럭은 시스템 클럭의 주파수와 동일하며 시스템 클럭을 생성하기 위해 내부 발진기에서 출력되는 클럭을 사용하거나 외부 발진기의 클럭을 입력 받을 수 있다. 내부 발진기는 DPS 외부의 수정 진동자(Crystal) 및 공진기(Resonator)의 출력을 입력 받아 클럭(OSCCLK)을 생성한다. 입력된 클럭은 체배 및 분주 과정을 거쳐 CPU 코어에 필요한 시스템 클럭으로 사용된다.

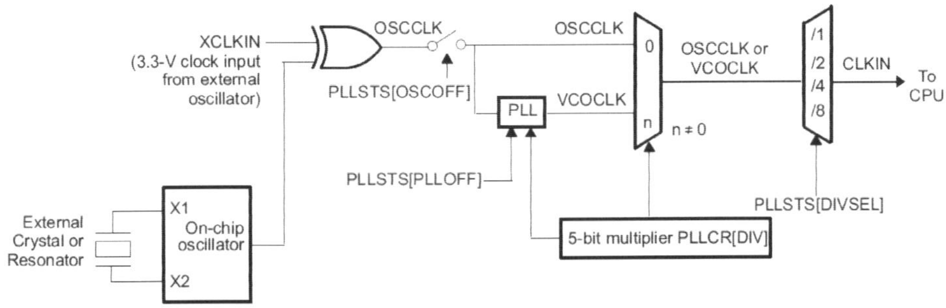

그림 3.3. 시스템 클럭 생성을 위한 OSC 및 PLL 블록도

3.2.1. OSCCLK(Oscillator Clock)

PLL 모듈은 시스템 클럭(SYSCLKOUT)을 생성하기 위해 내장형 발진기(On-chip Oscillator)에서 출력되는 클럭을 사용하거나 외부 발진기 출력 클럭을 입력 받아 사용한다. 내장형 발진기를 사용하는 경우 DSP 외부의 수정 진동자 혹은 공진기 회로의 출력을 사용한다. 그림 3.4는 내장형 발진기를 사용하는 경우 DSP와 수정 진동자 간의 회로 구성에 대해 나타내었으며 수정 진동자는 X1 및 X2 양단에 걸쳐서 입력되며, XCLKIN 입력은 접지되어 있다.

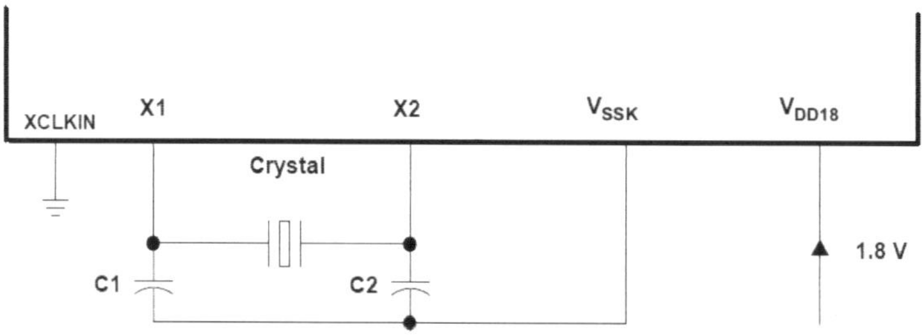

그림 3.4. 내장형 발진기를 사용하는 경우 외부 회로 구성

외부 발진기 클럭을 입력 받는 경우 발진기 출력전원의 크기에 따라 외부 회로 구성은 2가지가 있다. 기준 전원은 3.3V의 경우와 1.8V의 경우로 구분되며 외부 클럭의 입력 경로는 클럭 전원의 크기에 따라 XCLKIN(3.3V)과 X1(1.8V)이다. 두 경우에 대한 외부 회로 구성은 그림 3.5와 그림 3.6에서 각각 설명되어 있다.

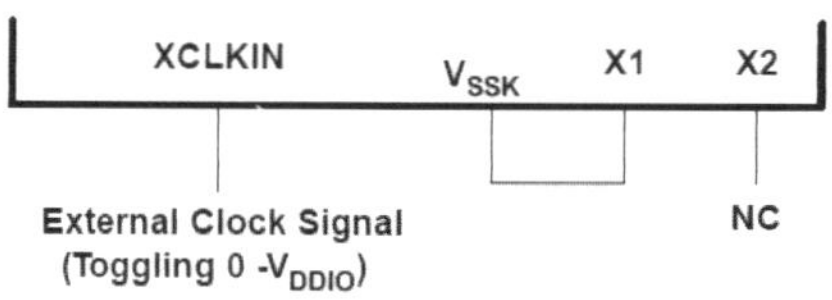

그림 3.5. 3.3V 외부 발진기 입력을 사용하는 경우 외부 회로 구성

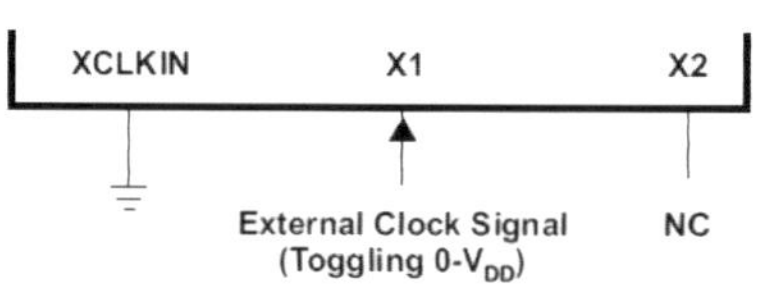

그림 3.6. 1.8V 외부 발진기 입력을 사용하는 경우 외부 회로 구성

표 3.2에서는 내장형 발진기 혹은 외부 발진기를 사용하는 경우 DSP 내부로 입력 가능한 주파수 범위를 나타내고 있다.

표 3.2. OSC 입력 범위

		MIN	NOM	MAX	단위
내장형 발진기 클럭 (On-chip oscillator)	주기($T_{c(osc)}$)	28.6		50	ns
	주파수	20		35	MHz
외부 발진기 클럭 (XCLKIN)	주기($T_{c(CI)}$)	6.67		250	ns
	주파수	4		150	MHz

3.2.2. PLL(Phase Locked Loop)

일반적으로 PLL(Phase Locked Loop) 회로는 출력하는 클럭의 위상을 고정시켜 안정화하는 회로이다. 뿐만 아니라 클럭의 주파수를 체배하거나 분주하여 원하는 크기의 시스템 클럭을 얻을 수 있다. 체배의 경우 그림 3.7의 PLLCR 레지스터의 0-4의 5 비트의 레지스터 PLLCR[DIV]를 설정하여 1~32배까지 선택 가능하다. 분주의 경우 그림 3.8에서 알 수 있듯이 PLLSTS[DIVSEL] 2 비트의 레지스터를 설정하여 /1, /2, /4, /8 중 하나를 선택 가능하다. 이는 표 3.3에서 자세히 설명하고 있으며 이를 통해 발진기 출력 클럭(OSCCLK) 주파수를 고려하여 원하는 시스템 클럭(SYSCLKOUT)을 생성 할 수 있다.

표 3.3. PLL을 이용한 시스템 클럭의 생성

PLLCR[DIV] Value	PLLSTS[DIVSEL]=0	PLLSTS[DIVSEL]=1	SYSCLKOUT(CLKIN)	
			PLLSTS[DIVSEL]=2	PLLSTS[DIVSEL]=3
00000 (PLL bypass)	OSCCLK/8 (default)	OSCCLK/4	OSCCLK/2	OSCCLK
00001	(OSCCLK*2)/8	(OSCCLK*2)/4	(OSCCLK*2)/2	-
00010	(OSCCLK*3)/8	(OSCCLK*3)/4	(OSCCLK*3)/2	-
00011	(OSCCLK*4)/8	(OSCCLK*4)/4	(OSCCLK*4)/2	-
00100	(OSCCLK*5)/8	(OSCCLK*5)/4	(OSCCLK*5)/2	-
00101	(OSCCLK*6)/8	(OSCCLK*6)/4	(OSCCLK*6)/2	-
00110	(OSCCLK*7)/8	(OSCCLK*7)/4	(OSCCLK*7)/2	-
00111	(OSCCLK*8)/8	(OSCCLK*8)/4	(OSCCLK*8)/2	-
01000	(OSCCLK*9)/8	(OSCCLK*9)/4	(OSCCLK*9)/2	-
01001	(OSCCLK*10)/8	(OSCCLK*10)/4	(OSCCLK*10)/2	-
01010	(OSCCLK*11)/8	(OSCCLK*11)/4	(OSCCLK*11)/2	-
01011- 11111	(OSCCLK*12)/8 - (OSCCLK*32)/8	(OSCCLK*12)/4 - (OSCCLK*32)/4	(OSCCLK*12)/2 - (OSCCLK*32)/2	-

15 ~ 5	4 ~ 0
Reserved	DIV
R-0	R/W-0

그림 3.7. PLLCR 레지스터(PLL Control Register)

15 ~ 9	8
Reserved	DIVSEL
R-0	R/W-0

7	6 ~ 3	2	1	0
DIVSEL	Reserved	PLLOFF	Reserved	PLLLOCKS
R/W-0	R-0	R/W-0	R-0	R-1

그림 3.8. PLLSTS 레지스터(PLL Status Register)

3.2.3. 발진기 고장 감지 회로

PLL을 사용하는 상태 혹은 PLL Bypass 상태에서 발진기로부터 PLL 모듈에 입력되는 클럭(OSCCLK)이 노이즈 혹은 신호의 진동으로 인해 누락되어 입력되지 않을 수 있다. 이와 같은 상황을 감지하기 위한 논리 회로를 그림 3.9에서 설명되어 있다.

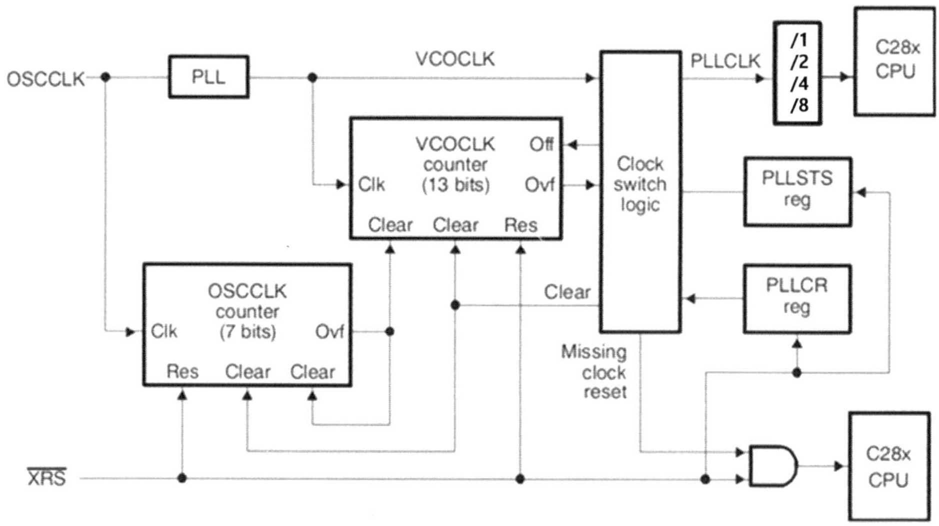

그림 3.9. 발진기 출력 Fail-Detection Logic 블록도

발진기 출력 클럭이 정상적으로 발생되는 경우 VCOCLK 카운터(13비트) 에서 오버플로우 신호가 발생하기 전에 OSCCLK Counter(7비트)에서 발생되는 Overflow(Ovf) 신호에 의해 VCOCLK Counter의 카운트 값이 Clear된다. 하지만 발진기 출력 클럭이 누락되는 경우,

PLL 모듈은 출력되는 클럭의 기본 값에 해당하는 상태인 "Limp mode"로 동작한다. Limp mode 상태의 PLL 모듈은 연속적으로 CPU와 주변장치들에게 1~5MHz의 주파수를 가지는 클럭을 출력한다. OSCCLK가 발생하지 않으므로 OSCCLK Counter는 더 이상 카운트 동작을 하지 않게 되어 Overflow 신호를 발생시키지 않는다. VCOCLK Counter는 Limp mode로 출력되는 클럭에 의해 계속해서 카운트되어 결국 Overflow 신호를 발생시킨다. 발생된 Overflow 신호는 입력 클럭의 누락을 감지하는 회로에 의해 CPU 및 주변 회로를 리셋시킨다. 이 때 발생되는 리셋은 MCLKRES(Missing Clock Detect Logic Reset) 신호이며 외부 리셋 신호인 XRS(External Reset)과는 다르게 내부 리셋 신호로써 PLLCR 레지스터와 PLLSTS 레지스터는 리셋 되지 않는다. 이러한 리셋 동작과 함께 클럭 누락 상태를 알려주는 PLLSTS[MCLKSTS] 레지스터 비트를 1로 만들어 준다. 이것은 CPU를 비롯한 주변 장치들이 리셋되었고 Limp mode 상태로 동작하고 있음을 뜻한다. 입력 클럭의 누락 현상에 의한 리셋 상태를 PLLSTS[MCLKSTS] 레지스터 비트를 통해 확인 한 후 시스템 정지와 같은 조치를 S/W 상으로 진행한다. 클럭 누락 상태를 초기화 하기 위해서는 PLLSTS[MCLKCLR] 레지스터 비트를 1로 설정해준다. 이것은 클럭 소실 상태를 감지하는 회로와 카운터(Counter)들을 초기화하게 된다.

3.2.4. 외부 출력 클럭(XCLKOUT)의 생성

그림 3.10과 같이 외부 인터페이스와의 동기화를 위하여 시스템 클럭(SYSCLKOUT)을 사용하여 외부 출력 클럭(XCLKOUT)을 생성 할 수 있다. 생성되는 클럭은 2번의 분주 과정을 거치며 각 단계 별로 주파수가 절반으로 분주된다. 따라서 최대 /4까지 분주 가능하다. 외부 출력 클럭은 CLKOFF 비트를 설정하여 필요에 따라서 사용하지 않을 수 있다.

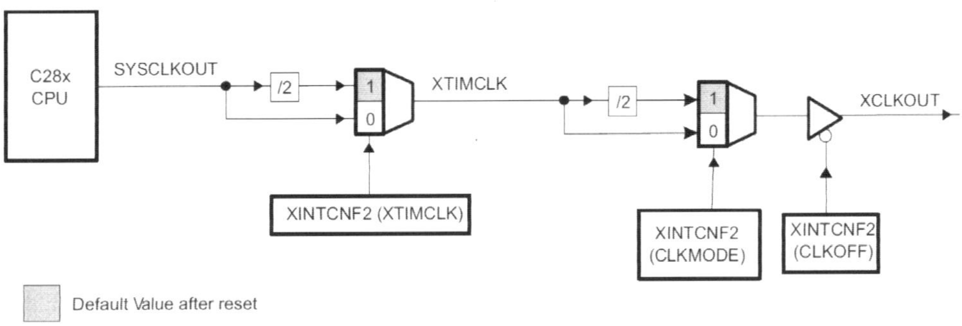

그림 3.10. 외부 출력 클럭(XCLKOUT)의 생성

표 3.4에서는 PLLSTS 레지스터(PLL Status Registers)의 각 비트에 대한 정의를 나타냈다.

표 3.4. PLLSTS 레지스터(PLL Status Registers)의 정의

<table>
<tr><th>비트</th><th>영역</th><th>값</th><th>정의</th></tr>
<tr><td>15 ~ 9</td><td>Reserved</td><td></td><td>Reserved</td></tr>
<tr><td rowspan="4">8:7</td><td rowspan="4">DIVSEL</td><td colspan="2">발진기 출력 클럭의 분주비 결정 비트</td></tr>
<tr><td>00, 11</td><td>분주비 /4</td></tr>
<tr><td>10</td><td>분주비 /2</td></tr>
<tr><td>11</td><td>분주비 /1 (PLL이 Off 상태이거나 Bypass 상태 일 때 사용)</td></tr>
<tr><td rowspan="3">6</td><td rowspan="3">MCLKOFF</td><td colspan="2">발진기 클럭 누락 감지 Off 비트</td></tr>
<tr><td>0</td><td>발진기 출력 클럭 누락 감지 회로 사용(초기값)</td></tr>
<tr><td>1</td><td>발진기 출력 클럭 누락 감지 회로 비사용
Limp mode로 PLL 모듈 클럭 발생하지 않음</td></tr>
<tr><td rowspan="3">5</td><td rowspan="3">OSCOFF</td><td colspan="2">발진기에서 출력되는 클럭 입력 Off 비트</td></tr>
<tr><td>0</td><td>발진기 출력 클럭이 PLL 모듈로 입력됨</td></tr>
<tr><td>1</td><td>발진기 출력 클럭이 PLL 모듈로 입력 되지 않음
발진기 출력 클럭 누락 감지 회로를 시험하기 위해 사용</td></tr>
<tr><td rowspan="3">4</td><td rowspan="3">MCLKCLR</td><td colspan="2">클럭 누락 상태를 초기화하는 비트</td></tr>
<tr><td>0</td><td>아무런 영향을 주지 않음</td></tr>
<tr><td>1</td><td>강제로 클럭 누락 감지 회로를 초기화, 리셋
만약 여전히 발진기 출력 클럭이 누락된 상태라면 다시 리셋 신호(MCLKRES) 발생</td></tr>
<tr><td rowspan="3">3</td><td rowspan="3">MCLKSTS</td><td colspan="2">발진기 출력 클럭의 누락 유무 상태를 나타내는 비트</td></tr>
<tr><td>0</td><td>정상적으로 동작하고 있음을 나타냄</td></tr>
<tr><td>1</td><td>발진기 출력 클럭이 누락되었음을 나타냄
발진기 출력 클럭 누락 감지 회로는 CPU와 주변 장치들을 리셋하며 CPU는 Limp mode의 클럭 주파수에 따라 동작</td></tr>
<tr><td rowspan="3">2</td><td rowspan="3">PLLOFF</td><td colspan="2">PLL 모듈의 사용 유무에 관한 비트
노이즈 테스트를 할 때 유용함, 대신 PLLCR 레지스터를 0 × 0000으로 설정한 다음 사용해야함</td></tr>
<tr><td>0</td><td>PLL On(초기값)</td></tr>
<tr><td>1</td><td>PLL Off,
PLL 모듈은 전원 공급이 안되고 있는 상태</td></tr>
<tr><td>1</td><td>Reserved</td><td></td><td>Reserved</td></tr>
<tr><td rowspan="3">0</td><td rowspan="3">PLLLCKS</td><td colspan="2">PLL Lock 상태를 나타내는 비트</td></tr>
<tr><td>0</td><td>PLL이 현재 Lock 되고 있는 상태를 의미한다.
새로운 PLLCR의 레지스터가 변경되고 있는 상태</td></tr>
<tr><td>1</td><td>Lock 상태가 종료됨을 의미, 또한 안정된 상태를 의미</td></tr>
</table>

3.3. 32-Bit CPU Timer

3.3.1. 32-Bit CPU Timer의 구성

그림 3.11에서 알 수 있듯이 TMS320C28346/F28335에서는 총 3개의 32비트 CPU Timer를 제공한다. CPU Timer 0과 1은 사용자의 목적에 따라 사용 가능하다. CPU Timer 2의 경우 DSP/BIOS 기능을 위해 Reserved 상태로 되어 있다. 만약 DSP/BIOS 기능을 사용하지 않는다면 Timer 2는 사용자가 지정하여 사용 가능하다.

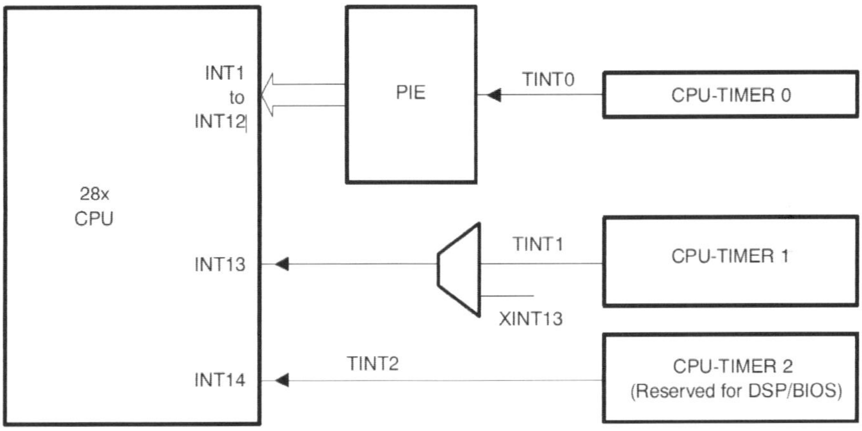

그림 3.11. CPU 타이머 인터럽트 신호의 출력

그림 3.12에서는 각 타이머로부터 입력되는 인터럽트 신호(TINT)의 출력에 대해 나타내었다.

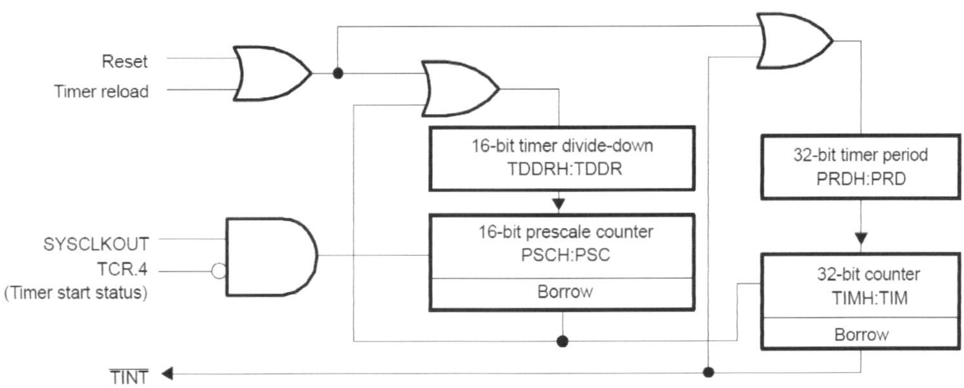

그림 3.12. 32 Bit CPU 타이머 구조

3.3.2. CPU Timer의 동작 원리

TMS320C28346/F28335의 CPU Timer는 16-bit Prescale Counter와 32-bit Counter의 다운(Down) 카운터 2개로 구성되어 있으며 각 카운터는 이미 설정된 주기값에 따라 입력되는 시스템 클럭(SYSCLKOUT) 혹은 Borrow 신호에 따라 다운 카운트(Down Count)를 하며 최종적으로 타이머 모듈은 인터럽트 신호(TINT)를 출력한다.

그림 3.13에서 알 수 있듯이 16-bit Prescale Counter는 입력되는 시스템 클럭(SYSCLKOUT)에 따라 TDDR:TDDRH 레지스터로부터 불러온 값을 다운 카운트하며 카운트 값이 0이 되면 Borrow 신호를 출력한다. 출력된 Borrow 신호는 32-bit 카운터에 입력되며 동시에 레지스터에 입력된다. 그러면 16-bit Prescale Counter는 다음 시스템 클럭이 입력될 때 TIMER×TPR[TDDR] (8-bit), TIMER×TPRH[TDDRH] (8-bit) 레지스터에 저장된 16-bit의 값을 불러오고 입력 시스템 클럭에 따라 다운 카운트한다. 레지스터 TIMER×TPR과 TIMER×TPRH는 그림 3.14와 그림 3.15에서 설명되고 있다. 이 레지스터의 특이점은 TDDR:TDDRH 값이 각각 8 비트의 레시스터이며 상난 및 하단으로 서로 다른 레지스터에 할당되어 있다.

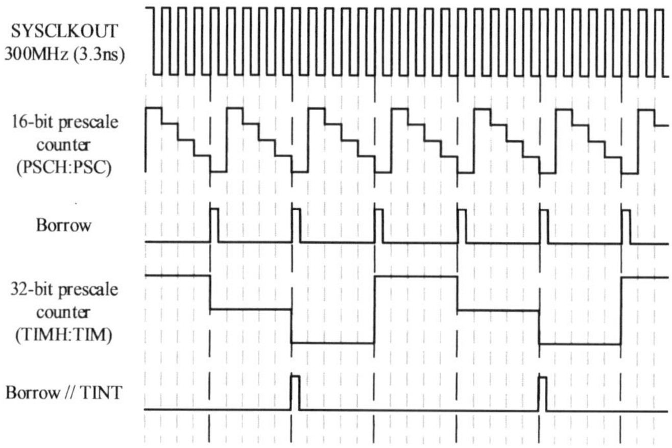

그림 3.13. 32-Bit CPU Timer의 동작 원리

15 ~ 8	7 ~ 0
PSC	TDDR
R-0	R/W-0

LEGEND: R/W = Read/Write; R = Read only; -*n* = value after reset

그림 3.14. TIMER × TPR 레지스터(Prescale Register)

15 ~ 8	7 ~ 0
PSCH	TDDRH
R-0	R/W-0

LEGEND: R/W = Read/Write; R = Read only; -*n* = value after reset

그림 3.15. TIMER × TPRH 레지스터

32-bit Counter의 동작은 16-bit Prescale Counter 동작과 거의 동일하다. 그림 3.13과 같이 16-bit Prescale Counter는 다운 카운트를 하며 카운트 값이 0이 될 때 Borrow 신호가 발생한다. Borrow 신호에 따라 32-bit prescale counter는 다운 카운트하며, 카운트 값이 0이 되면 16-bit Prescale Counter와 마찬가지로 Borrow 신호를 출력 한다. 출력된 Borrow 신호는 곧 타이머 인터럽트 신호(TINT)가 되어 출력된다. 카운트 값이 0이 되고 다음 Borrow 신호가 32-bit Counter에 입력되면 그림 3.16의 TIMER × PRD와 그림 3.17의 TIMER × PRDH 레지스터로부터 각각 16 비트의 주기 값을 입력 받는다. 결과적으로 CPU Timer의 카운터 주기 값을 설정하는 것은 시스템 클럭의 분주(Prescale)를 의미하며 설정된 주기에 따라 일정한 간격을 두고 인터럽트 신호(TINT)를 발생하게 된다.

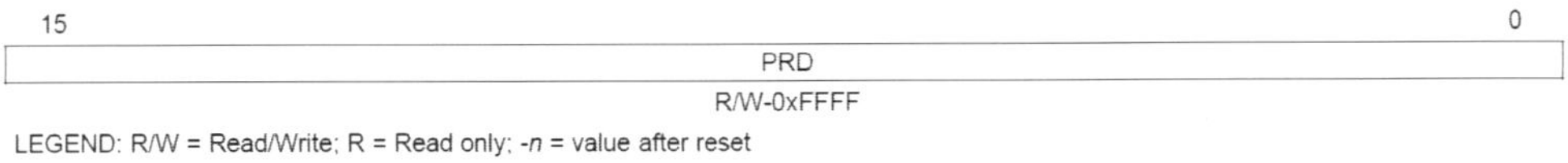

그림 3.16. TIMER × PRD 레지스터(Period Register)

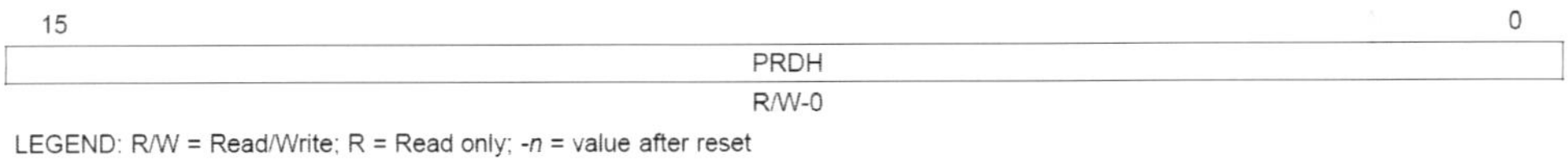

그림 3.17. TIMER × PRDH 레지스터

TIMER × TPR[PSC]와 TIMER × TIM 레지스터는 현재 16-bit Prescale Counter와 32-bit Timer에서 현재 카운트하고 있는 값을 나타내는 레지스터이다. CPU Timer에 사용되는 레지스터들은 상단 및 하단 레지스터로 나누어져 있다. 예를 들어 16비트의 TIMER × TPR와 TIMER × TPRH 레지스터는 각각 PSC와 PSCH 그리고 TDDR와 TDDRH 영역을 8비트씩 할당하고 있다. TDDR와 TDDRH는 각각 서로 다른 레지스터에 할당되어 있고 TDDR은 하위 8비트를 의미하며 TDDRH는 상위 8비트를 의미하여 총 TDDR:TDDRH는 16비트의 값을 가진다. 일반적으로 TDDRH과 같은 상위 비트 영역까지(9비트 이상의 값)은 잘 사용하지 않기에 따로 구분하여 레지스터를 구성하였다. 그림 3.18와 그림 3.19는 TIMER × TIM 레지스터와 TIMER × TIMH 레지스터를 보여준다.

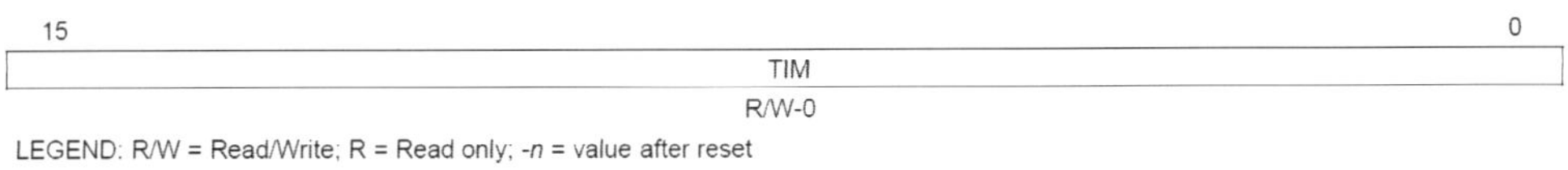

그림 3.18. TIMER × TIM 레지스터

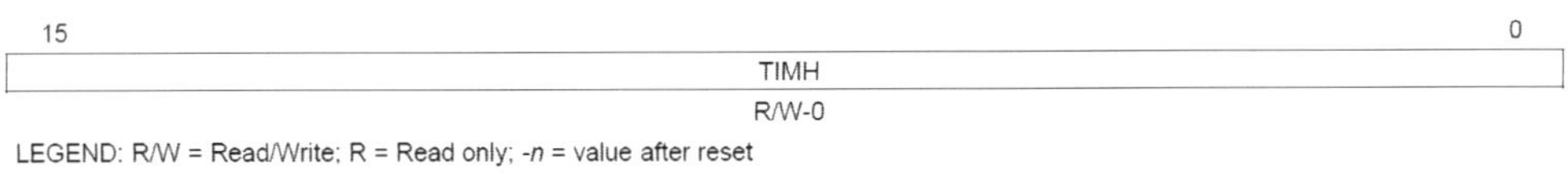

그림 3.19. TIMER × TIMH 레지스터

3.4. 와치도그(Watchdog)

3.4.1. 와치도그 타이머의 기능과 동작 원리

Watchdog Timer는 CPU의 오작동을 감지하여 문제 발생 시 리셋 명령을 주어 CPU를 강제 리셋한다. 비정상적인 동작에 의해 발생 할 수 있는 피해를 최소화 할 수 있는 모듈이다. Watchdog Timer에 대한 동작 원리는 그림 3.20에서 나타내었다.

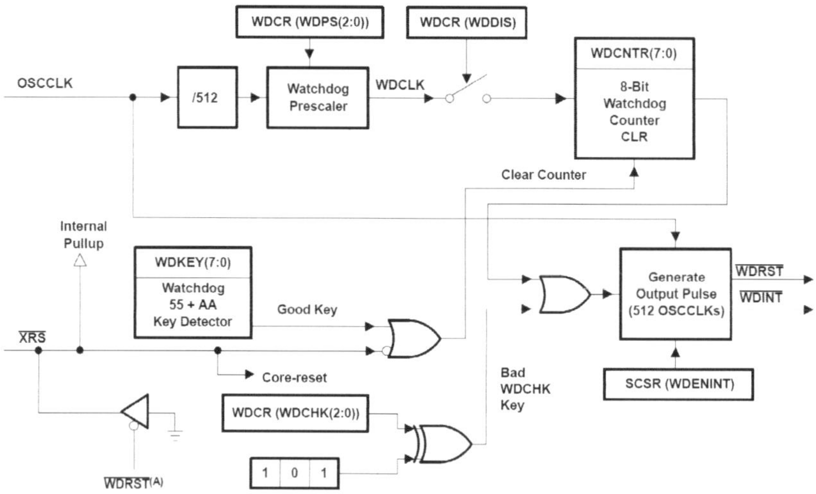

그림 3.20. Watchdog Timer의 구조

Watchdog Timer는 CPU와 별도의 클럭 경로를 통해 동작된다. 발진기 출력 클럭(OSCCLK)을 입력 받아 8 비트의 Watchdog Counter(WDCNTR)를 동작시키고 정해진 시간 내에 카운터를 Clear 하지 못하면 Overflow 신호가 발생한다. 발생된 Overflow 신호는 512 OSCCLKs 블록에 입력되어 리셋 펄스가 출력된다. Watchdog Timer에 의한 리셋 신호가 발생되지 않도록 하기 위해서는 8 비트 Watchdog Counter에서 Overflow 신호가 발생하기 전에 Clear를 시켜줘야 하며 이는 WDKEY(Watchdog Key Detector)에 0 × 55 값이 입력된 상태에서 0 × AA신호가 입력 되어야 하고 이후에는 교대로 입력되어야 Watchdog Counter가 리셋 되어 연속적인 정상 운전이 가능하다. 하지만 0 × 55에서 0 × AA가 아닌 다른 값이 입력되면 Clear 신호는 발생되지 않는다. 그러므로 정상적으로 DSP가 동작 할 때에는 Watchdog Counter가 Overflow 신호를 출력하기 전에 WDKEY에는 0 × 55와 0 × AA 신호가 반복해서 입력되어야 한다. 512 OSCCLKs에서 리셋 신호는 WDCR [WDCHK] 값(Watchdog Control Register: Watchdog Check)에 의해서도 발생된다. WDCR[WDCHK]는 3 비트의 레지스터이며 소프트웨어적으로 강제적으로 리셋을 하고자 하는 경우가 아니라면 항상 1, 0, 1 값이 입력되어야 리셋 신호가 발생되지 않는다. 만약 그 외 다른 값이 입력되면 즉각적으로 리셋 신호가 발생한다.

3.4.2. 저전력 모드에서의 와치도그 타이머

Watchdog Timer는 비정상 동작에 대한 강제 리셋 기능 이외에 LPM(Low Power Mode)를 종료하기 위한 인터럽트 신호(WDINT)를 출력 할 수 있다. Watchdog Timer는 두 가지 기능을 가지며 SCSR(System Control Status Register)의 WDENINT(Watchdog Interrupt Enable) 비트에 따라 둘 중 하나를 선택하여 사용 할 수 있다. WDENINT 값이 0이면 WDRST 신호가 활성화되어 이상 동작에 대한 CPU 및 주변장치의 리셋 신호로 사용되며 WDINT 출력은 비활성화된다. 반대로 WDENINT 값이 1이 되면 저전력 상태(IDLE, STANDBY)의 종료에 대한 인터럽트 신호(WDINT)를 발생시킨다. 표 3.5와 그림 3.21에서는 SCSR 레지스터의 정의에 대해 설명하였다.

표 3.5. SCSR 레지스터(System Control and Status Register)의 정의

비트	영역	값	정의
15 ~ 3	Reserved		Reserved
2	WDINTS		Watchdog 인터럽트 출력 상태 확인 비트
		0	WDINT(Watchdog interrupt) 신호 활성화
		1	WDINT(Watchdog interrupt) 신호 비활성화
1	WDENINT		Watchdog 인터럽트 활성화
		0	WDRST 출력 활성화 // WDINT 출력 비활성화
		1	WDRST 출력 비활성화 // WDINT 출력 활성화 저전력 종료 인터럽트로써 사용된다면 WDINTS 비트를 이용하여 저전력 모드를 사용하기 전 WDINT가 비활성화 상태인지 확인할 수 있다
0	WDOVERRIDE	0	아무런 영향을 주지 않음 리셋이 발생되기 전까지는 0 상태를 유지
		1	WDCR(Watchdog control) 레지스터의 WDDIS(Watchdog disable) 비트 상태를 변경 할 수 있다. 1을 입력하면 WDOVERRIDE 비트가 Clear 되며 WDDIS 비트는 수정 불가능하다.

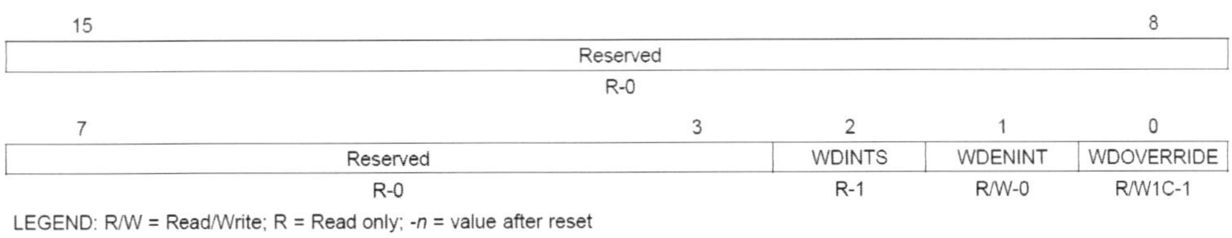

그림 3.21. SCSR 레지스터(System Control and Status Register)

3.5. 실습 연습문제

T 타이머에서는 레지스터 설정에 따라 주기적인 인터럽트가 발생한다. <변경사항>을 제공된 코드에 적용하고, <TIMER_int.c>에 비어있는 레지스터 값을 입력하여 아래 예제를 실습에 적용하여 시행 하시요. SYSCLKOUT은 300MHz이며, XF1핀을 이용하여 출력되는 파형을 오실로스코프를 이용하여 측정하시요.

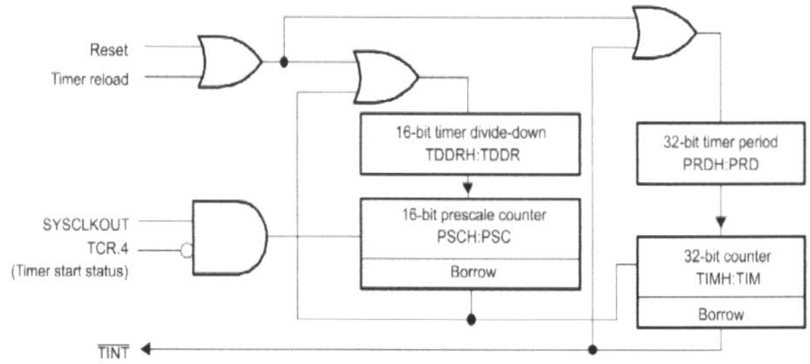

< CPU Timer 블록도 >

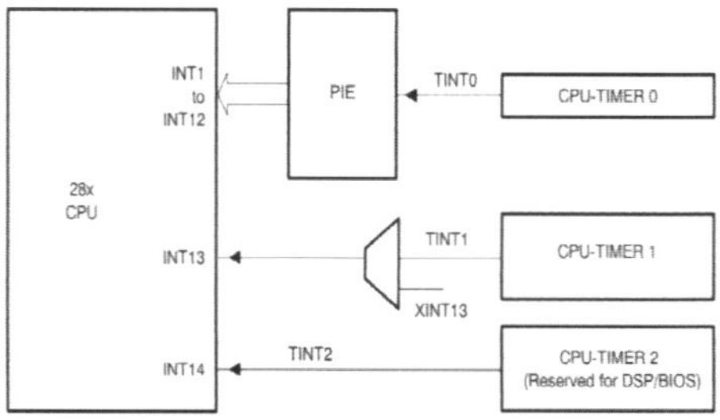

< CPU Timer에서 CPU로 전달되는 TINT >

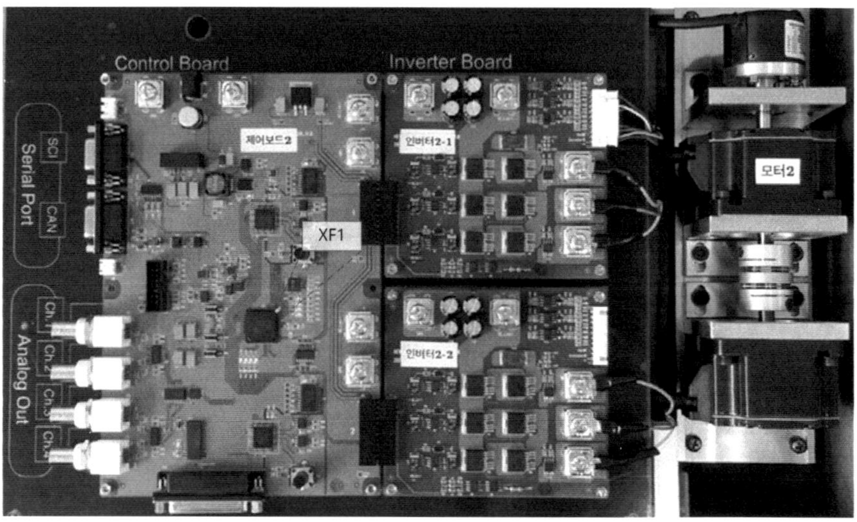

< 실습용 마이크로프로세스 실험 세트 >

- 변경 사항

■ Define_Header.h에 코드 추가

```
void Init_Timer(void);
interrupt void Timer_exam(void);
```

■ main.c에 코드 추가

```
Init_Timer();
```

■ Interrupt.c 코드 주석 처리
(PWM TZINT 무효화)

■ SysCtrl.c의 Start_PieCtrl에 코드 추가

```
IER |=_INT1;
PieCtrlRegs.PIEIER1.bit.INTx7 = 1;
```

■ Timer_int.c

```
#include "Define_Header.h"
#include "DSP2834x_CpuTimers.h"

#define H GpioDataRegs.GPBSET.bit.GPIO39 = 1; //XA16 = XF1 pin
#define L GpioDataRegs.GPBCLEAR.bit.GPIO39 = 1;
int count = 0;
interrupt void Timer_exam(void)
{
   count++;
   if(count%2 == 0)
        H
   else
        L

        PieCtrlRegs.PIEACK.bit.ACK1 = 1;
        if(count>10000)
        count = 0;
}

void Init_Timer(void) //실습할 부분
{
        CpuTimer0Regs.TIM.all = ;
        CpuTimer0Regs.PRD.all = ;

        CpuTimer0Regs.TCR.all = 0x4C00;

        CpuTimer0Regs.TPR.all = ;
        CpuTimer0Regs.TPRH.all = ;
        }
```

Timer_int.c에서 TIMERxPRD 레지스터를 이용하여 1초 주기로 H/L를 반복하는 펄스를 생성해보고, 파형을 측정해 보시오.

| 참조문헌 |

[1] SPRUFB0D, “TMS320x2833x, 2823x System Control and Interrupts”, pp.32~34.
[2] SPRUFB0D, “TMS320x2833x, 2823x System Control and Interrupts”, pp.40~47.
[3] SPRUFB0D, “TMS320x2833x, 2823x System Control and Interrupts”, pp.49~59.
[4] SPRUFN1B, “TMS320 x2834x Delfino System Control and Interrupts”, pp.12~13.
[5] SPRUFN1B, “TMS320 x2834x Delfino System Control and Interrupts”, pp.19~39.
[6] SPRS516B, “TMS320c2834x Data Manual”, pp.44~45.
[7] SPRS516B, “TMS320c2834x Data Manual”, pp.55~59..
[8] SPRS516B, “TMS320c2834x Data Manual”, pp.60~61.
[9] SPRS516B, “TMS320c2834x Data Manual”, pp.44~45.
[10] SPRS516B, “TMS320c2834x Data Manual”, pp.60~61.
[11] SPRS516B, “TMS320c2834x Data Manual”, pp.64~65.
[12] SPRS439N, “TMS320F2833x, TMS320F2823x Digital Signal Controllers (DSCs)”, pp.175~178.
[13] SPRS439N, “TMS320F2833x, TMS320F2823x Digital Signal Controllers (DSCs)”, pp.114~115.

제 4장
인터럽트(Interrupt)

4.1. 인터럽트의 개요

4.1.1. 인터럽트란?

일반적으로 DSP를 포함하는 대부분의 프로세서들은 연산 중 발생하는 이벤트 처리 방식으로써 폴링(Polling) 방식과 인터럽트(Interrupt) 방식을 사용한다. 폴링 방식은 CPU가 특정한 이벤트에 대해 일정한 주기에 따라 지속적으로 감시하고 발생한 이벤트를 처리하는 것을 의미한다. 반면에 인터럽트 방식은 CPU가 연산 처리를 하는 도중에 발생된 이벤트 처리 요청에 따라 먼저 이벤트 동작을 처리하고 기존의 일로 돌아와 계속해서 처리하는 방식이다. 즉, 프로세서에서 인터럽트(Interrupt) 동작은 '방해하다', '중단시키다', '차단하다'와 같은 단어의 의미처럼 프로세서 연산 처리 중간에 끼어들어 기존 동작을 잠시 중단하고 요청된 동작을 먼저 수행한 다음 다시 기존 동작을 이어서 처리하는 것을 뜻한다. 그림 4.1은 인터럽트 서비스 루틴 동작(ISR:Interrupt Service Routine)을 그림 4.1에서 ① → ⑦의 순서로 설명하고 있다.

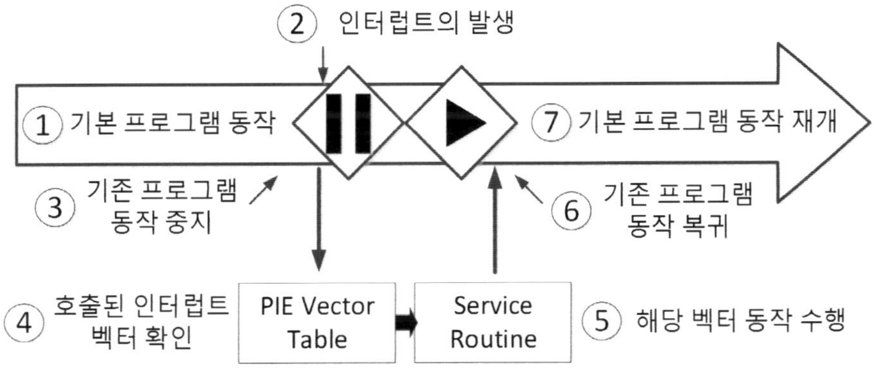

그림 4.1. Interrupt Service Routine 동작

4.1.2. TMS320C28346/F28335 인터럽트의 구성

TMS320C28346/F28335의 28x CPU Core는 1개의 Non-Masked 인터럽트 입력과 14개의 Masked 인터럽트를 우선순위에 따라 입력 받는다. 프로세서 내부에는 많은 수의 주변장치가 있으며 이 주변장치들은 하나 이상의 인터럽트 신호를 발생시킨다. 이러한 인터럽트들을 CPU Core가 개별적으로 처리하기에는 한계가 있기 때문에 이를 중재 할 수 있는 PIE(Peripheral Interrupt Expansion) 제어기를 사용한다. 최대 96개의 인터럽트를 PIE 블록을 이용하여 12개의 인터럽트 신호(INT1 ~ INT12)를 CPU Core로 출력한다. 또한 CPU Core는 32비트 CPU Timer 1과 2로부터 출력되는 인터럽트 신호 TINT1과 TINT2을 INT13과 INT14로 입력 받는다. 외부에서 입력되는 Non-Maskable 인터럽트는 레지스터 설정에 따라 INT13 혹은 NMI(Non-Maskable Interrupt)를 통해 입력 받는다. 여기서 Maskable의 의미는 인터럽트 신호 입력 측에 Mask를 씌우거나 벗김으로써 입력되는 인터럽트 신호를 통과 혹은 차단 가능하다는 의미이며, Non-Maskable은 CPU 레벨에서 인터럽트 신호를 차단하는 기능이 없으며 그대로 통과한다. 또한 TMS320C28346/F28335은 XNMI를 포함하여 총 8개의 외부 인터럽트 신호(XINT1 ~ XINT7, XNMI)를 입력 받을 수 있다. XINT1 ~ XINT7의 외부 인터럽트는 PIE 블록을 통해 처리 가능하다. 그림 4.2와 그림 4.3는 TMS320C28346의 인터럽트 입력 구조에 대해 설명하고 있다.

표 4.1. TMS320C28346 인터럽트 구성

Masked interrupt	INT1~INT12	96 Individual Interrupt
	INT13	CPU Timer 1 or XINT13
	INT14	CPU Timer 2
	RTOSINT	CPU Real-Time OS Interrupt
	DLOGINT	CPU Data Logging Interrupt
Non-Masked interrupt	NMI	XNMI

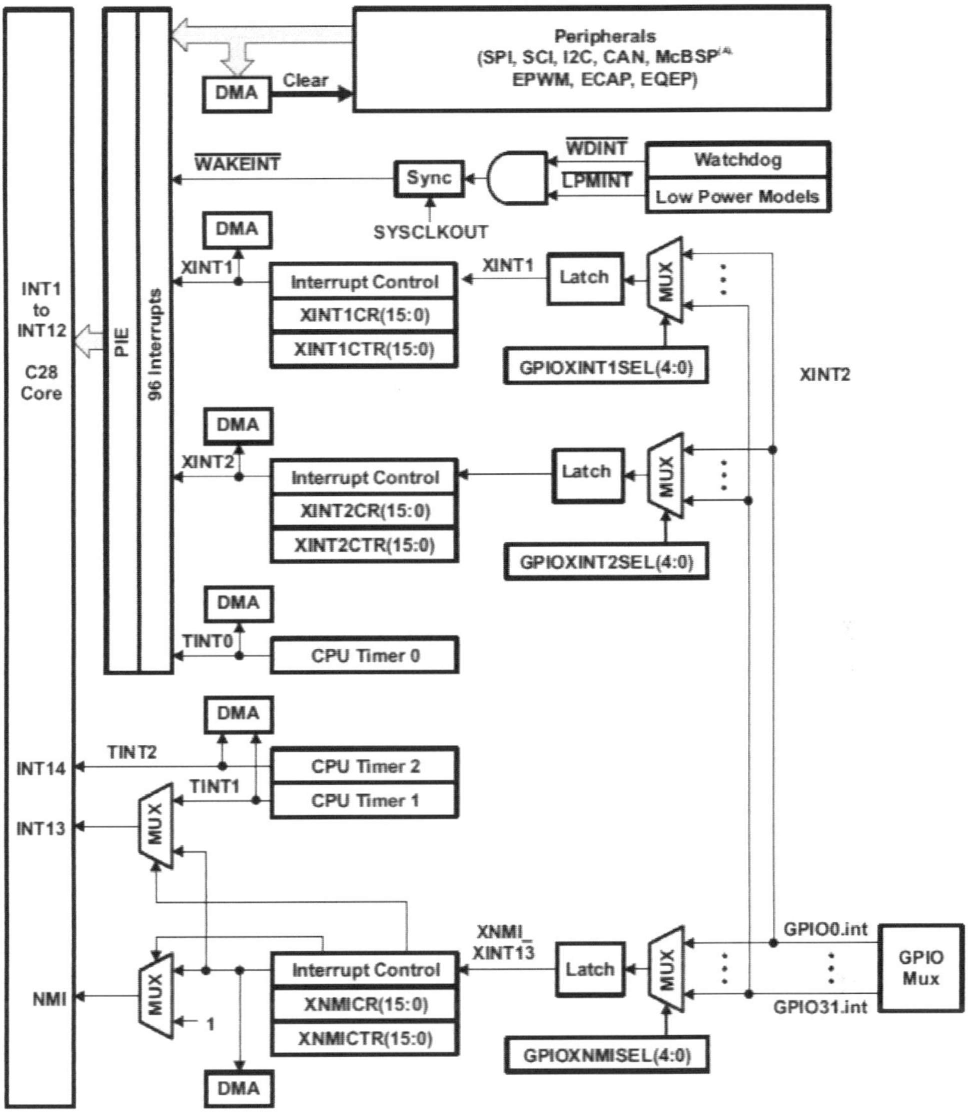

그림 4.2. 외부 인터럽트(XIN1,2) 및 PIE 인터럽트

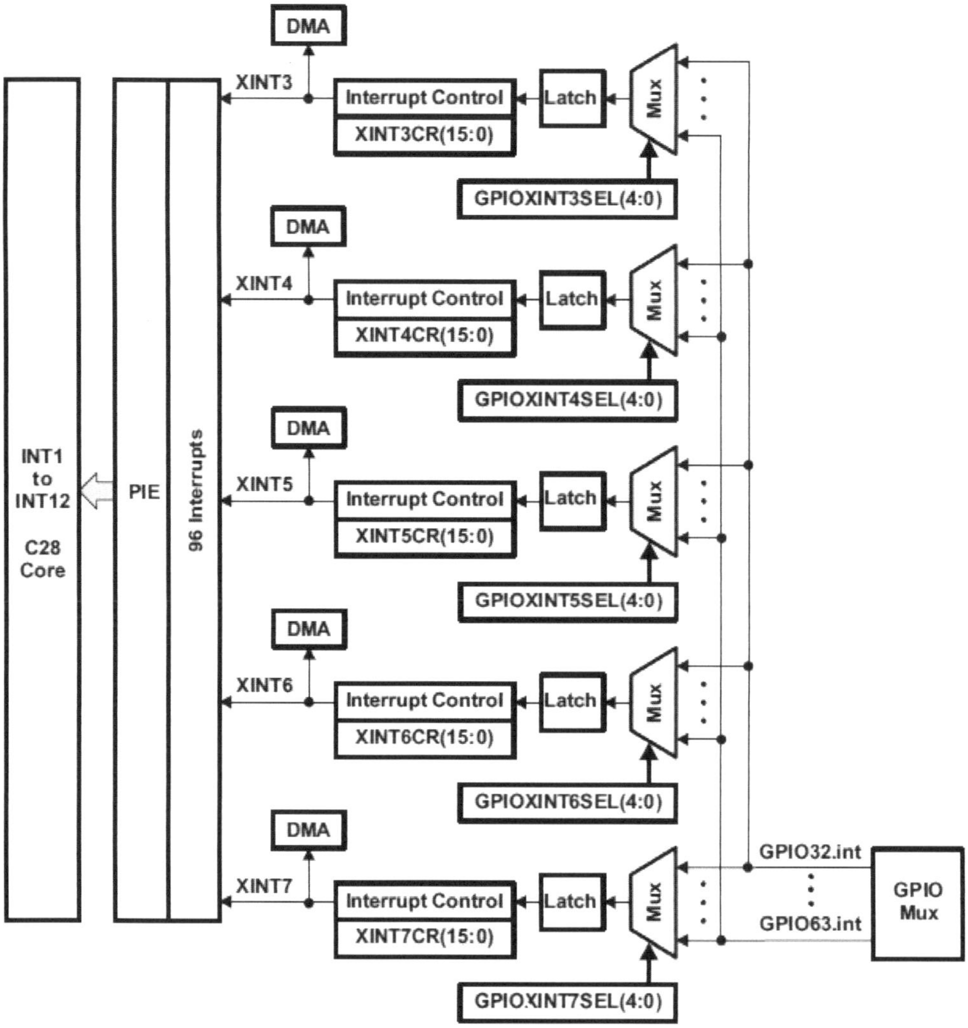

그림 4.3. 외부 인터럽트(XINT3~7)

4.2. PIE 인터럽트 처리과정

4.2.1. PIE 벡터 테이블

TMS320C28346/F28335는 프로세서 내부의 각 주변장치 등으로부터 입력되는 수많은 인터럽트 신호를 우선 순위에 맞게 효율적으로 다중 처리하기 위해서 PIE(Peripheral Interrupt Expansion) 블록을 사용하고 있다. PIE는 주변장치 등에서 발생되는 인터럽트 신호를 미리 정해진 PIE 벡터 테이블에 따라 그룹별로 처리하여 CPU Core에 12개의 인터럽트 신호를 출력 한다. 총 96개의 인터럽트 신호는 8개의 그룹으로 구분되고 우선순위에 따라 처리된다. 표 4.2는 PIE Vector Table에 대한 표이다. 그림 4.4에서 알 수 있듯이 각 그룹당 12개의 인터럽트 요청을 처리하며 8개의 그룹으로 구성된다. 총 96개의 경우에 대해 처리 가능하지만 실제 처리하는 인터럽트는 58개이며 나머지는 Reserved 영역으로 할당되어 있다. PIE Vector Table의 인터럽트 우선 순위는 8 그룹 기준으로 INTx.8에서 INTx.1 순이다. 즉 INTx.1의 우선 순위가 제일 높다. 그리고 그룹 내의 12개의 인터럽트 신호(INT1 ~ INT12)의 INT12에서 INT1 순서대로 INT12가 우선순위가 제일 낮고 INT1이 제일 높다.

표 4.2. PIE Vector Table

CPU Interrupt	PIE Interrupts							Priority
	INTx.8	INTx.7	INTx.6	INTx.5	INTx.4	INTx.3	INTx.2	INTx.1	
INT1.y	WAKEINT (LPM/WD)	TINT0 (TIMER0)	ADCINT (ADC)	XINT 2 (Ext int2)	XINT 1 (Ext int1)	Reserved	SEQ2INT (ADC)	SEQ1INT (ADC)	1
INT2.y	Reserved	Reserved	ePWM6_ TZINT (ePWM6)	ePWM5_ TZINT (ePWM5)	ePWM4_ TZINT (ePWM4)	ePWM3_ TZINT (ePWM3)	ePWM2_ TZINT (ePWM2)	ePWM1_ TZINT (ePWM1)	2
INT3.y	Reserved	Reserved	ePWM6_INT (ePWM6)	ePWM5_INT (ePWM5)	ePWM4_INT (ePWM4)	ePWM3_INT (ePWM3)	ePWM2_INT (ePWM2)	ePWM1_INT (ePWM1)	3
INT4.y	Reserved	Reserved	eCAP6_INT (eCAP6)	eCAP6_INT (eCAP6)	eCAP6_INT (eCAP6)	eCAP6_INT (eCAP6)	eCAP6_INT (eCAP6)	eCAP6_INT (eCAP6)	4
INT5.y	Reserved	Reserved	Reserved	Reserved	Reserved	Reserved	eQEP2_INT (eQEP2)	eQEP1_INT (eQEP1)	5
INT6.y	Reserved	Reserved	MXINTA (McBSP-A)	MRINTA (McBSP-A)	MXINTB (McBSP-B)	MRINTB (McBSP-B)	SPITXINTA (SPI-A)	SPIRXINTA (SPI-A)	6
INT7.y	Reserved	Reserved	DINTCH6 (DMA6)	DINTCH5 (DMA5)	DINTCH4 (DMA4)	DINTCH3 (DMA3)	DINTCH2 (DMA2)	DINTCH1 (DMA1)	7
INT8.y	Reserved	Reserved	SCITXINTC (SCI-C)	SCIRXINTC (SCI-C)	Reserved	Reserved	I2CINT2A (I2C-A)	I2CINT1A (I2C-A)	8
INT9.y	eCAN1INTB (CAN-B)	eCAN0INTB (CAN-B)	eCAN1INTA (CAN-A)	eCAN0INTA (CAN-A)	SCITXINTB (SCI-B)	SCIRXINTB (SCI-B)	SCITXINTA (SCI-A)	SCIRXINTA (SCI-A)	9
INT10.y	Reserved	Reserved	Reserved	Reserved	Reserved	Reserved	Reserved	Reserved	10
INT11.y	Reserved	Reserved	Reserved	Reserved	Reserved	Reserved	Reserved	-	11
INT12.y	LUF (FPU)	LVF (FPU)	Reserved	XINT7 (Ext int7)	XINT6 (Ext int6)	XINT5 (Ext int5)	XINT4 (Ext int4)	XINT3 (Ext int3)	12
Priority	8	7	6	5	4	3	2	1	

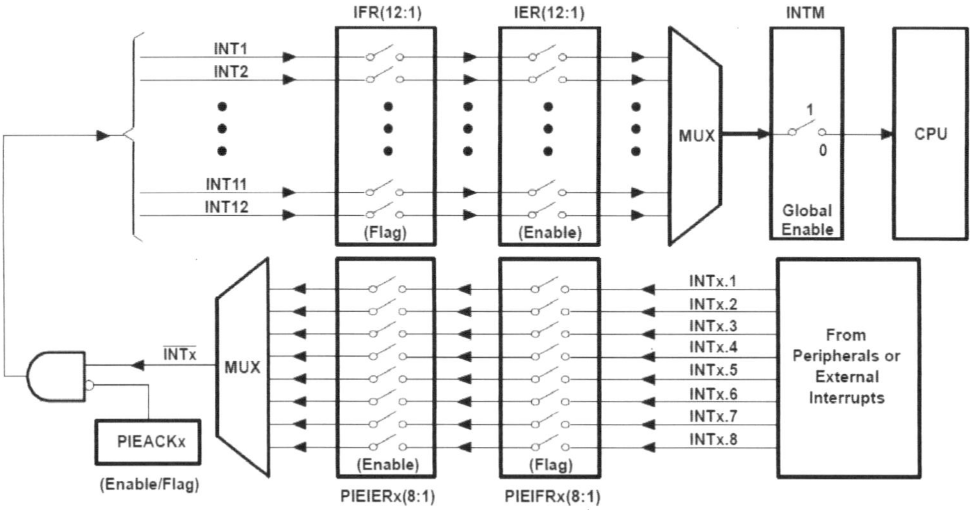

그림 4.4. PIE 블록을 이용한 인터럽트의 다중 처리

4.2.2. 인터럽트 요청 처리 과정

그림 4.4는 발생된 인터럽트 요청의 처리 과정을 나타내고 있다. 프로세서 내부의 각 주변장치에서 발생되는 인터럽트와 외부 인터럽트의 처리 과정은 PIE 레벨과 CPU 레벨로 나누어 설명 할 수 있다.

그림 4.5는 주변 장치에서 CPU에 대한 인터럽트 요청 흐름을 설명하고 있다. 각 단계에 대한 설명은 아래와 같다.

- 주변장치 혹은 외부 인터럽트가 발생하고 이에 대한 인터럽트 입력이 가능한 경우 (enabled), 인터럽트 요청은 PIE 모듈로 전송된다.
- PIE 모듈이 × PIE 그룹에 대한 인터럽트 y(INTx.y)를 인지하면 PIE interrupt flag (PIEIFRx.y)는 Set된다.
- PIE로부터 CPU로 인터럽트 요청이 전송되기 위해 아래의 두 조건을 만족해야 한다.
  - 해당 인터럽트에 대한 입력이 허용 가능(Enable) 상태여야 한다.(PIEIERx.y=1).
  - 해당 PIE 그룹에 대한 PIEACKx 비트가 반드시 Clear(0) 상태여야 한다.
- 만약 위의 두 조건이 만족된다면 인터럽트 요청이 CPU로 전송되며 해당 PIEACKx 비트는 다시 Set(1) 된다. 사용자가 Clear 명령을 주기 전까지는 이 상태를 유지하며, Clear 명령은 추가적인 인터럽트 요청이 가능함을 의미한다.
- 인터럽트 x가 CPU 레벨에서 처리 대기 중인 것을 알리기 위해 CPU IFRx의 해당 비트가 Set 된다.

- 만약 CPU IER 비트와 DBGIER 비트 Set상태이고 INTM(Global Interrupt Mask) 비트가 Clear 상태라면 CPU는 인터럽트 x(INTx)에 대한 ISR(Interrupt service routine)을 처리 가능하다.
- CPU가 인터럽트를 인지하고 이를 저장하면 해당하는 IER 비트를 Clear하고 INTM을 Set한다.
- 7번 과정 후 CPU는 PIE로부터 인터럽트 동작을 위한 벡터(Intx,y)를 요청한다.
- 다중 인터럽트를 처리하기 위해 PIE모듈은 PIEIERx와 PIEIFRx 레지스터의 값을 인터럽트 벡터 주소를 해독하기 위해 사용한다. 이 때 두가지의 경우가 있다.
  - PIE 그룹내의 최상위 벡터는 PIEIERx 레지스터의 Enable 상태와 PIEIFRx 레지스터의 Flag 상태에 따라 CPU로 전송된다. 이런 식으로, 만약 7번 단계 이후에 기존 인터럽트보다 더 높은 우선 순위를 가지는 인터럽트가 Flag 되면 이 인터럽트가 먼저 실행된다.
  - 만약 Enabled 된 상태에서 Flag 되는 인터럽트가 없다면 PIE는 그 그룹에서의 최상의 우선 순위를 가지는 벡터(INTx.1)에 대해 응답한다.

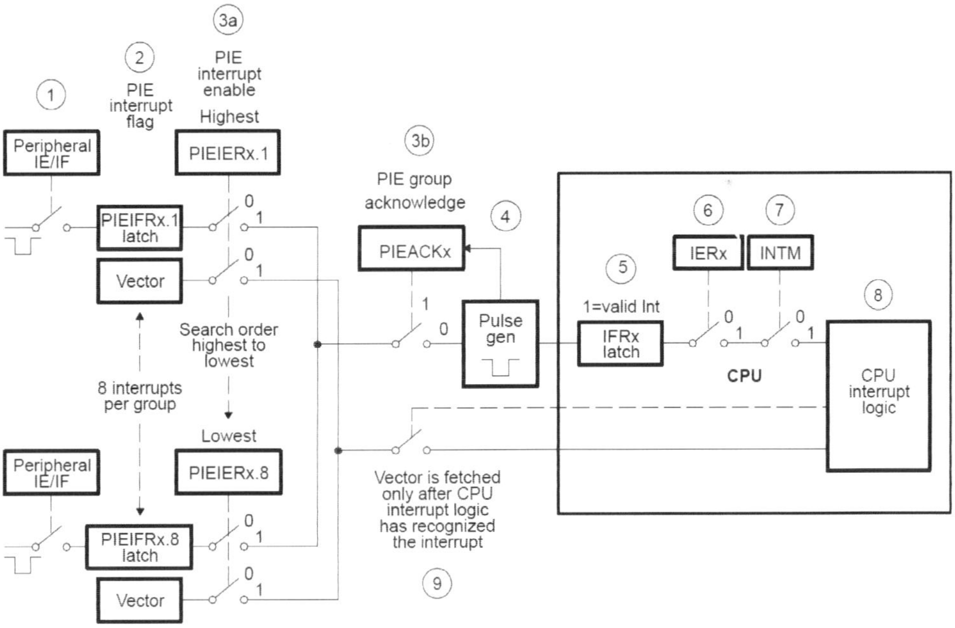

그림 4.5. 인터럽트 요청 순서도

1) PIE 레벨에서의 인터럽트 처리

PIE 레벨에서는 그림 4.4에서 알 수 있듯이 주변장치에서 발생하는 인터럽트 신호와 외부 인터럽트 신호를 입력 받아 PIE Vector Table에 따라 총 8개의 그룹으로 분류하여 처리한다. 이때 8개의 그룹은 우선 순위에 따라 처리되어 CPU 레벨로 출력되며 각 그룹은 총 12개의 인터럽트로 구성된다. 즉 PIE 레벨에서는 최대 96개의 인터럽트를 1차적으로 그룹 단위로 분류하여 처리하는 역할을 한다.

PIEIFRx 레지스터(PIE Interrupt Flag Register)는 입력되는 인터럽트 신호의 활성화 상태를 확인하고 PIE Vector Table의 우선순위 상태에 따라 PIE 출력측 MUX를 제어하여 최우선 순위 그룹의 인터럽트 정보(INT1 ~ INT12)를 출력한다. PIEIFRx 레지스터에서 x는 CPU 레벨에서 처리되는 인터럽트 INT1 ~ INT12를 의미한다. 따라서 총 12개의 PIEIFR 레지스터가 있으며 레지스터에 대한 설명은 표 4.3과 그림 4.6에서 나타내었다.

표 4.3. PIEIFRx 레지스터의 정의(x = 1~12)

<table>
<tr><th>비트</th><th>영역</th><th>정의</th></tr>
<tr><td>15 ~ 8</td><td>Reserved</td><td>Reserved</td></tr>
<tr><td>7</td><td>INTx.8</td><td rowspan="8">- 현재 인터럽트 활성화 상태를 나타내는 레지스터
- 해당 인터럽트가 활성화되면 비트 값이 Set된다.
- 만약 CPU에서 해당 인터럽트에 대한 동작이 처리되거나 레지스터 값을 0으로 쓰면 해당 비트 값이 Clear된다.</td></tr>
<tr><td>6</td><td>INTx.7</td></tr>
<tr><td>5</td><td>INTx.6</td></tr>
<tr><td>4</td><td>INTx.5</td></tr>
<tr><td>3</td><td>INTx.4</td></tr>
<tr><td>2</td><td>INTx.3</td></tr>
<tr><td>1</td><td>INTx.2</td></tr>
<tr><td>0</td><td>INTx.1</td></tr>
</table>

15 – 8
Reserved
R-0

7	6	5	4	3	2	1	0
INTx.8	INTx.7	INTx.6	INTx.5	INTx.4	INTx.3	INTx.2	INTx.1
R/W-0	R/W-0	R/W-0	R/W-0	R/W-0	R/W-0	R/W-0	R/W-0

LEGEND: R/W = Read/Write; R = Read only; -*n* = value after reset

그림 4.6. PIEIFRx 레지스터(x = 1~12)

PIEIERx 레지스터(PIE Interrupt Enable Register)에서는 입력되는 인터럽트를 PIE 단계에서 사용 여부(0:Disable, 1:Enable)를 개별적으로 설정 가능하다. PIEIERx 레지스터는 그림 4.7에 나타내었다.

15							8
Reserved							
R-0							

7	6	5	4	3	2	1	0
INTx.8	INTx.7	INTx.6	INTx.5	INTx.4	INTx.3	INTx.2	INTx.1
R/W-0	R/W-0	R/W-0	R/W-0	R/W-0	R/W-0	R/W-0	R/W-0

LEGEND: R/W = Read/Write; R = Read only; -*n* = value after reset

그림 4.7. PIEIERx 레지스터(x = 1~12)

PIEACKx 레지스터(PIE Acknowledge Register)는 현재 CPU가 발생된 PIE의 인터럽트 요청을 수행 가능한지 확인하는 레지스터이다. PIE 블록에서 CPU 레벨로 출력되는 12개 인터럽트의 처리 요청 상태에 대해 확인 가능하며, 해당 비트가 0인 경우 CPU가 인터럽트 요청을 처리 가능함을 의미한다. PIE 블록에서 CPU 레벨로 인터럽트 요청이 출력되면 PIEACKx 레지스터의 해당 비트가 1(Set)이 된다. 이는 CPU가 해당 비트의 인터럽트 요청을 처리중인 것을 의미하며 나머지 인터럽트 요청은 차단된다. 그 후 CPU에서 인터럽트 동작에 대한 처리가 완료되면, CPU가 인터럽트 요청을 받을 수 있는 상태를 나타내기 위해 PIEACKx 레지스터의 해당 비트를 Clear(0)하며 이는 레지스터의 해당 비트에 1을 입력하여 Clear 시킬 수 있다. 일반적으로 S/W에서 ISR(Interrupt service routine)의 마지막 부분에 PIEACK 레지스터를 초기화 코드를 입력하여 해당 비트를 Clear 한다. 표 4.4와 그림 4.8에서는 PIEACKx 레지스터에 대해 나타내었다.

표 4.4. PIEACK 레지스터의 정의

비트	영역	값	정의
15 ~ 12	Reserved		Reserved
11 ~ 0	PIEACK		Bit 0 : PIE Group 1 (INT1) Bit 1 : PIE Group 2 (INT2) … Bit 11 : PIE Group 12 (INT12)
		Bit x=0 (R)	PIE 블록이 CPU에 해당되는 PIE Group의 인터럽트를 출력 할 수 있음을 나타냄.
		Bit x=0 (W)	0을 입력하여도 아무 동작을 안함
		Bit x=1 (R)	PIE 블록에서 CPU로 해당 인터럽트를 전송한 상태라면 다른 인터럽트 요청은 출력 되지 않고 차단됨.
		Bit x=1 (W)	해당 비트에 대해 Clear 명령

15 – 12	11 – 0
Reserved	PIEACK
R-0	R/W1C-1

LEGEND: R/W1C = Read/Write 1 to clear; R = Read only; -*n* = value after reset

그림 4.8. PIEACK 레지스터

PIE 레벨에서 CPU 레벨로 인터럽트를 출력하기 위해서는 PIEIER 레지스터의 해당 비트가 Set 되어야 하며, 동시에 PIEACK 레지스터의 해당 비트가 Clear 되어 있어야 한다. 이 두 조건이 만족되어야 인터럽트 요청을 PIE 블록에서 CPU 레벨로 출력 할 수 있다.

PIE 블록에서 인터럽트 요청 신호가 CPU 레벨로 출력 될 때 발생된 인터럽트에 대한 주소 값 정보와 함께 CPU 레벨로 전송된다. 각 인터럽트에 대한 주소 값은 PIE Vector Table에서 정의되어 있다. 이러한 주소 값은 16비트의 PIECTRL 레지스터[15:1](PIE Control Register)에서 처리된다. 16비트중 최하위 1비트는 ENPIE(Enable PIE)영역으로 할당되어 있으며 ENPIE는 PIE 블록의 활성화 유무를 결정한다. 이 비트 값이 0이 되면 PIE Vector Table로부터 벡터 값을 불러오지 않고 Boot ROM에 있는 CPU 벡터 테이블로부터 불러온다. 비트 값이 1이면 리셋에 대한 벡터를 제외한 다른 모든 벡터들을 PIE Vector Table로부터 불러온다. 리셋 Vector는 항상 Boot Rom으로부터 불러온다. 그림 4.9는 PIECTRL 레지스터에 대한 그림이다.

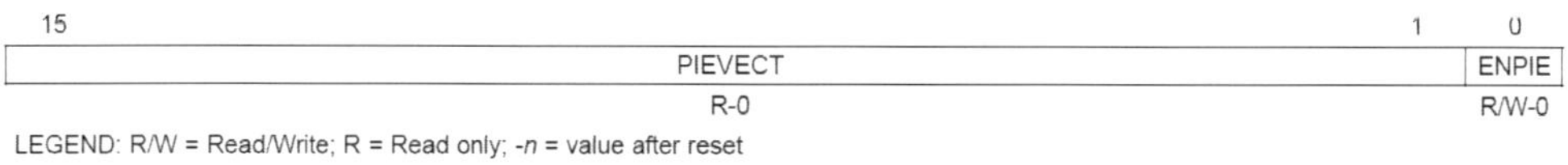

그림 4.9. PIECTRL 레지스터

2) CPU 레벨에서의 인터럽트 처리

CPU 레벨에서는 PIE로부터 입력 받은 12개의 인터럽트 요청을 포함한 총 16개의 Maskable 인터럽트(RTOSINT, DLOGINT 포함)를 처리하여 최종적으로 1개의 인터럽트 요청을 CPU로 출력한다.

IFR(Interrupt Flag Register) 레지스터는 CPU 인터럽트를 감지하는 레지스터로써 인터럽트 요청 신호가 발생하면 자동으로 Set이 된다. 이것은 인터럽트가 CPU에서 확인(Acknowledgement)되기까지 대기하고 있는 상태를 의미한다. CPU에서 확인이 완료되면 자동으로 IRF 레지스터 비트가 초기화된다. 레지스터의 특징은 PIEIFR 레지스터와 비슷하다.

IER(Interrupt Enable Register) 레지스터는 PIEIER 레지스터와 유사하게 각각의 인터럽트 입력에 대해 사용 유무(Enable=1, Disable=0)를 설정하는 레지스터이다. IFR과 IER는 16비트의 레지스터이며 각 레지스터의 정의는 표 4.5와 표 4.6에서 설명되어 있으며 레지스터의 구성은 그림 4.10과 같이 서로 같다.

표 4.5. IFR(Interrupt Flag Register) 레지스터의 정의

비트	영역	값	정의
15	RTOSINT		Real-time operating system flag Stack의 Overflow 발생을 감지하여 사전에 차단
		0	대기중인 RTOS 인터럽트가 없음
		1	RTOS 인터럽트가 대기중
14	DLOGINT		Data logging 인터럽트 flag Data Logging의 전송이 완료되면 DLOGINT가 발생
		0	대기중인 DLOG 인터럽트가 없음
		1	DLOG 인터럽트가 대기중
13 ~ 0	INT14 ~ INT1		CPU에 입력되는 INT1 ~ INT14 Flag
		0	대기중인 인터럽트가 없음
		1	해당되는 인터럽트가 대기중

표 4.6. IER(Interrupt Enable Register) 레지스터의 정의

비트	영역	값	정의
15	RTOSINT		Real-time operating system Enable
		0	RTOS 인터럽트 사용 안함(Disable)
		1	RTOS 인터럽트 사용(Enable)
14	DLOGINT		Data logging 인터럽트 사용 안함(Disable)
		0	DLOG 인터럽트 사용 안함(Disable)
		1	DLOG 인터럽트 사용(Enable)
13 ~ 0	INT14 ~ INT1		CPU에 입력되는 INT1 ~ INT14 Enable
		0	해당 비트의 인터럽트 사용 안함(Disable)
		1	해당 비트의 인터럽트 사용(Enable)

15	14	13	12	11	10	9	8
RTOSINT	DLOGINT	INT14	INT13	INT12	INT11	INT10	INT9
R/W-0	R/W-0	R/W-0	R/W-0	R/W-0	R/W-0	R/W-0	R/W-0

7	6	5	4	3	2	1	0
INT8	INT7	INT6	INT5	INT4	INT3	INT2	INT1
R/W-0	R/W-0	R/W-0	R/W-0	R/W-0	R/W-0	R/W-0	R/W-0

LEGEND: R/W = Read/Write; R = Read only; -*n* = value after reset

그림 4.10. IER와 IFR 레지스터 - CPU 레지스터

4.2.3. 외부 인터럽트

TMS320C28346/F28335는 앞에서 나타낸 그림 4.2와 그림 4.3과 같이 총 8개의 외부 인터럽트 입력을 지원한다. 7개의 Masked 외부 인터럽트는 PIE 블록을 통해 처리되며 1개의 Non-Masked 외부 인터럽트 입력은 레지스터 설정을 통해 직접 CPU Core로 입력되어 처리

된다. PIE 블록으로 입력되는 Masked 외부 인터럽트의 입력 핀은 그림 4.11에서와 같이 GPIOXINTxSEL 레지스터를 사용하여 사용자가 원하는 핀으로 설정 가능하며 외부 인터럽트 제어 레지스터 XINTxCR(External Interrupt Control Register)을 설정하여 인터럽트 신호 입력 특성을 변경 할 수 있다. 또한 각 외부 인터럽트 입력에 대해서는 16 비트 카운터(XINTxCTR)를 포함하고 있다.

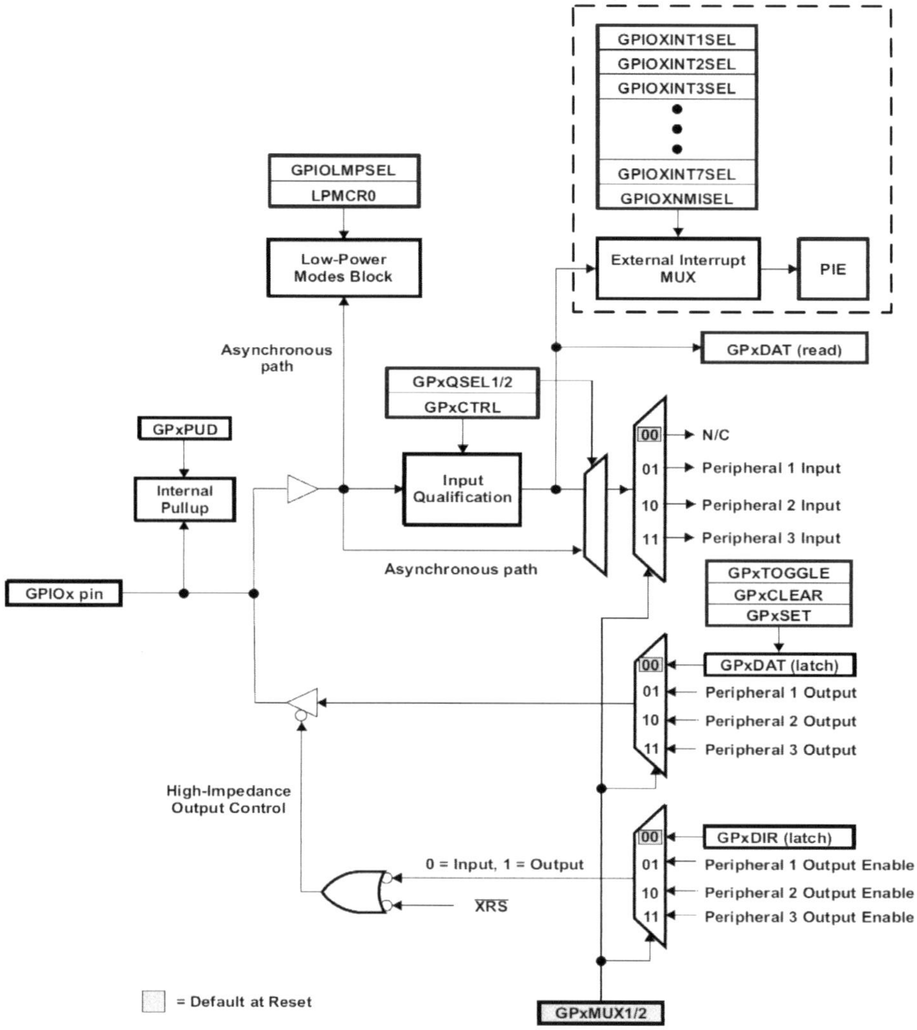

그림 4.11. GPIO를 통한 외부 인터럽트의 입력

1) XINTnCR와 XNMICR 레지스터

XINTnCR(External Interrupt Control Register)는 PIE 블록으로 입력되는 XINT1 ~ XINT7의 Maskable 인터럽트 입력에 적용된다. 레지스터의 Polarity 영역[3:2]은 2비트의 값

을 설정하여 입력되는 신호의 트리거 극성을 결정 할 수 있다. 입력되는 신호의 상승(Rising) 혹은 하강(Falling) 엣지(Edge)를 기준으로 트리거(Trigger)하여 인터럽트로 인식한다. 또한 해당 외부 인터럽트 입력에 대해 활성화 여부를 레지스터의 최하위 1 비트인 Enable[0]를 설정하여 결정 할 수 있다. 값이 0이면 외부 인터럽트 입력이 비활성화(Disable)되며 1이 되면 활성화(Enable)된다. 그림 4.12에서 XINTnCR 레지스터에 대하여 설명하고 있으며 표 4.7에서 XINTnCR 레지스터의 정의에 대하여 설명하고 있다.

15 – 4	3 – 2	1	0
Reserved	Polarity	Reserved	Enable
R-0	R/W-0	R-0	R/W-0

LEGEND: R/W = Read/Write; R = Read only; -*n* = value after reset

그림 4.12. XINTnCR 레지스터

Non-Maskable 외부 인터럽트에 대한 XNMICR 레지스터(External Non-Maskable Interrupt Control Register)는 앞에서 설명한 XINTnCR레지스터와 기능이 거의 같다. XNMICR 레지스터에는 추가적으로 CPU Core에 입력되는 INT13의 입력원을 설정 할 수 있는 Select[1] 영역이 할당되어 있다. Select의 비트 값을 0으로 설정하면 Timer1의 인터럽트 출력이 연결되며 1로 설정하면 Non-Maskable 외부 인터럽트가 연결된다. 그림 4.13과 표 4.8에서 XNMICR에 대해 나타내었다.

표 4.7. XINTnCR 레지스터의 정의

비트	영역	값	정의
15 ~ 4	Reserved		Reads return zero, 읽기 전용
3 ~ 2	Polarity		입력되는 신호의 극성에 따라 인터럽트 신호 발생
		00	하강 엣지(Falling Edge)에서 인터럽트 발생
		01	상승 엣지(Rising Edge)에서 인터럽트 발생
		10	하강 엣지(Falling Edge)에서 인터럽트 발생
		11	두 가지 엣지(Falling&Rising) 모두 인터럽트 발생
1	Reserved		Reads return zero, 읽기 전용
0	Enable		외부 인터럽트 활성화/비활성화
		0	외부 인터럽트 비활성화
		1	외부 인터럽트 활성화

15 – 4	3 – 2	1	0
Reserved	Polarity	Select	Enable
R-0	R/W-0	R-0	R/W-0

LEGEND: R/W = Read/Write; R = Read only; -*n* = value after reset

그림 4.13. XNMICR 레지스터

표 4.8. XNMICR 레지스터의 정의

비트	영역	값	정의
15 ~ 4	Reserved		Reads return zero, 읽기 전용
3 ~ 2	Polarity		입력되는 신호의 극성에 따라 인터럽트 신호 발생
		00	하강 엣지(Falling Edge)에서 인터럽트 발생
		01	상승 엣지(Rising Edge)에서 인터럽트 발생
		10	하강 엣지(Falling Edge)에서 인터럽트 발생
		11	두 가지 엣지(Falling&Rising) 모두 인터럽트 발생
1	Select		INT13 입력원 선택
		0	Timer 1 인터럽트 출력
		1	XNMI_XINT13 인터럽트 출력
0	Enable		외부 인터럽트 활성화/비활성화
		0	외부 인터럽트 비활성화
		1	외부 인터럽트 활성화

4.2.4. XINTnCTR(n=1, 2)와 XNMICTR 레지스터

외부 인터럽트 XINT1, XINT2(XINTnCTR)와 Non-Maskable 외부 인터럽트 (XNMICTR)에는 16 비트의 카운터가 지원된다. 이 카운터는 발생되는 외부 인터럽트 사이의 시간을 정확하게 알기 위해 사용된다. 16-bit up-counter는 시스템 클럭 SYSCLKOUT에 따라 업카운트하며 외부 인터럽트가 입력되면 카운트 값을 0으로 초기화한다. 만약 해당하는 외부 인터럽트가 비활성화 상태(Disable)이면 카운터 또한 정지된다. 표 4.9와 그림 4.14은 XINTxCTR과 XNMICTR 레지스터에 대한 설명이며 서로의 동작은 동일하다.

표 4.9. XINTxCTR과 XNMICTR 레지스터의 정의

비트	영역	정의
15 ~ 0	INTCTR	SYSCLKOUT을 입력 클럭으로 사용하는 16-bit Up-Counter. 인터럽트 엣지가 감지되면 0x0000으로 초기화 되며, 다음 인터럽트가 발생 할 때까지 카운트한다. 인터럽트가 사용되지 않는 경우 카운터는 동작하지 않는다.

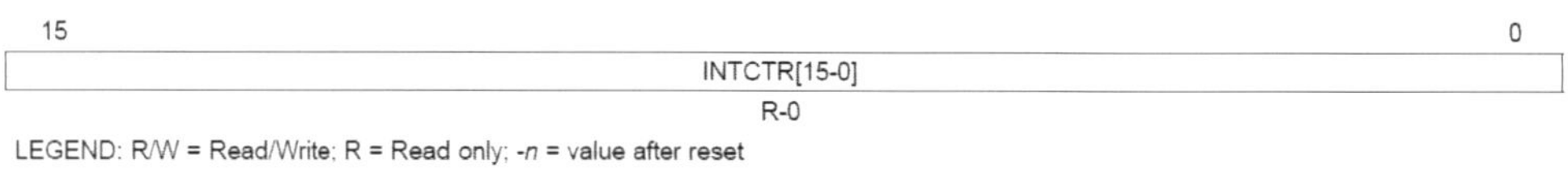

그림 4.14. XINTxCTR과 XNMICTR 레지스터

4.3. 실습 연습문제

T TMS320C28346 내부에 발생하는 인터럽트 동작 시 CPU에서 인터럽트 신호를 전달 받는 과정에 대한 설명이다. 아래 그림을 참고하여, ePWM1의 매 인터럽트 주기마다 ADC_offset 함수를 동작하는 코드를 작성하시오.

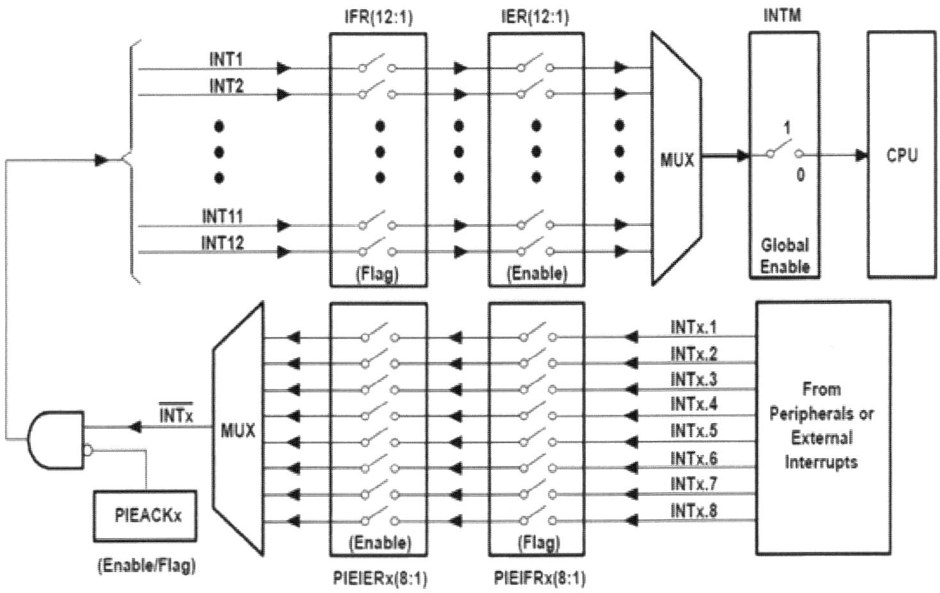

< 인터럽트 동작 체계도 >

<ISR Default 함수>

```
interrupt void ISR_Default(void)
{
    ESTOP0;
    for(;;);
}
```

<ADC_Offset 함수>

```
void ADC_Offset(void)
{
    ADC();
    DELAY_US(8);
    ADC_Read();

    EPwm1Regs.ETCLR.bit.INT = 1;
}
```

<Init PieVectTable 함수>

```
void Init_PieVectTable(void)
{
    EALLOW;


    // Group 2 PIE Peripheral
    PieVectTable.EPWM1_TZINT = &ISR_Default;        // PWM1 Trip Zone
Interrupt
    PieVectTable.EPWM2_TZINT = &ISR_Default;        // PWM2 Trip Zone
Interrupt
    PieVectTable.EPWM3_TZINT = &ISR_Default;        // PWM3 Trip Zone
Interrupt
    PieVectTable.EPWM4_TZINT = &ISR_Default;        // PWM4 Trip Zone
Interrupt
    PieVectTable.EPWM5_TZINT = &ISR_Default;        // PWM5 Trip Zone
Interrupt
    PieVectTable.EPWM6_TZINT = &ISR_Default;        // PWM6 Trip Zone
Interrupt
    PieVectTable.EPWM7_TZINT = &ISR_Default;        // PWM7 Trip Zone
Interrupt
    PieVectTable.EPWM8_TZINT = &ISR_Default;        // PWM8 Trip Zone
Interrupt

    // Group 3 PIE Peripheral
    PieVectTable.EPWM1_INT = &ISR_Default;          // PWM1 Interrupt
         PieVectTable.EPWM2_INT = &ISR_Default;     // PWM2 Interrupt
    PieVectTable.EPWM3_INT = &ISR_Default;          // PWM3 Interrupt
    PieVectTable.EPWM4_INT = &ISR_Default;          // PWM4 Interrupt
    PieVectTable.EPWM5_INT = &ISR_Default;          // PWM5 Interrupt
    PieVectTable.EPWM6_INT = &ISR_Default;          // PWM6 Interrupt
    PieVectTable.EPWM7_INT = &ISR_Default;          // PWM7 Interrupt
    PieVectTable.EPWM8_INT = &ISR_Default;          // PWM8 Interrupt


    EDIS;

    PieCtrlRegs.PIECTRL.bit.ENPIE = 1;              // 0(Disable), 1(Enable)

    return;
}
```

| 참조문헌 |

[1] SPRUFB0D, "TMS320x2833x, 2823x System Control and Interrupts", pp.113~139.

[2] SPRUFN1B, "TMS320 x2834x Delfino System Control and Interrupts", pp.94~121.

[3] SPRS516B, "TMS320c2834x Data Manual", pp.49~51.

[4] SPRS439N, "TMS320F2833x, TMS320F2823x Digital Signal Controllers (DSCs)", pp.168~170.

제 5장
ePWM(Enhanced Pulse Width Modulator Module)

5.1. ePWM 개요

5.1.1. PWM의 이해

PWM은 일정한 주기를 가지는 구형파의 펄스 폭을 조절하여 출력 전압 크기를 표현하는 방식으로 아날로그 신호를 디지털화 한 것이다. 그림 5.1은 펄스 크기가 V_p인 전압을 한 주기 당 각각 20%, 50% 그리고 80%의 펄스 폭 비율로 전구에 전압을 인가하였을 때 실제 전구의 출력을 밝기로 표현하였다. 이때 유효 출력 전압은 각각 $0.2V_p$, $0.5V_p$ 그리고 $0.8V_p$의 크기를 나타내며 이에 따라 전구의 밝기가 결정되었다.

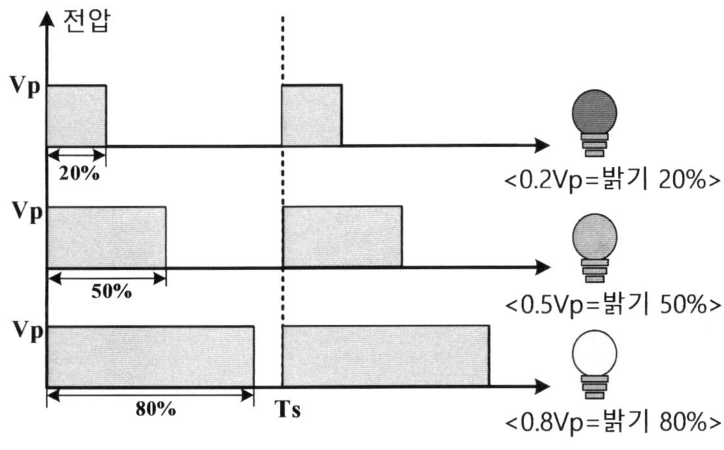

그림 5.1. PWM 파형의 예

일반적인 PWM의 용어 정의를 다음과 같이 할 수 있다.

- PWM 주기(PWM period): 펄스열의 일정한 주기(T_s. Sec)
- PWM 주파수(PWM frequency): 펄스열의 일정한 주기의 역수($\frac{1}{T_s}$, Hz)
- PWM 듀티비(PWM duty ratio): 한 주기 동안 하이 레벨 펄스 폭의 비율($D = T_{on} / T_s$)
- PWM 진폭(PWM Amplitude): 하이 레벨 펄스의 크기(V_p)

5.1.2. ePWM 모듈 및 하위 모듈의 구성

ePWM 모듈의 기본 동작은 사용자가 설정한 주기 및 클럭에 따라 동작하는 카운터, 카운터 값과 비교되는 값이 입력되는 비교 레지스터, 카운터와 비교 레지스터의 값이 일치 하였을 시 사용자 설정에 따라 하이 또는 로우의 펄스폭 출력으로 내보내는 동작으로 구성된다.

TMS320(F28335/C28346)의 ePWM 모듈은 그림 5.2에서 알 수 있듯이 한 모듈 당 기본적으로 2개의 PWM 신호를 출력한다. 또한 각각의 모듈에서 내부 또는 외부 ADC(Analog to Digital Converter)의 변환 시작 신호인 SOC(Start of Conversion)신호를 발생 할 수 있고 인터럽트 신호도 발생할 수 있다. 이러한 ePWM 모듈들은 클락 동기화를 위하여 SYNCI와 SYNCO의 입출력으로 묶여져 있어 이 동기화 신호 발생 시 모듈과 모듈간의 클럭이 동기화 된다. 이 동기화 신호는 eCAP 모듈로 확장되어 사용 가능하다. 28346 내부에는 이러한 ePWM 모듈이 총 9개가 존재하며 한 모듈 당 2Ch의 PWM 신호를 출력가능하다. 즉 28346는 9개의 모듈이 존재하므로 총 18 Ch.의 PWM 신호의 출력이 가능하여 3상 PWM 인버터 및 PWM 컨버터는 FPGA없이 구동가능하다.

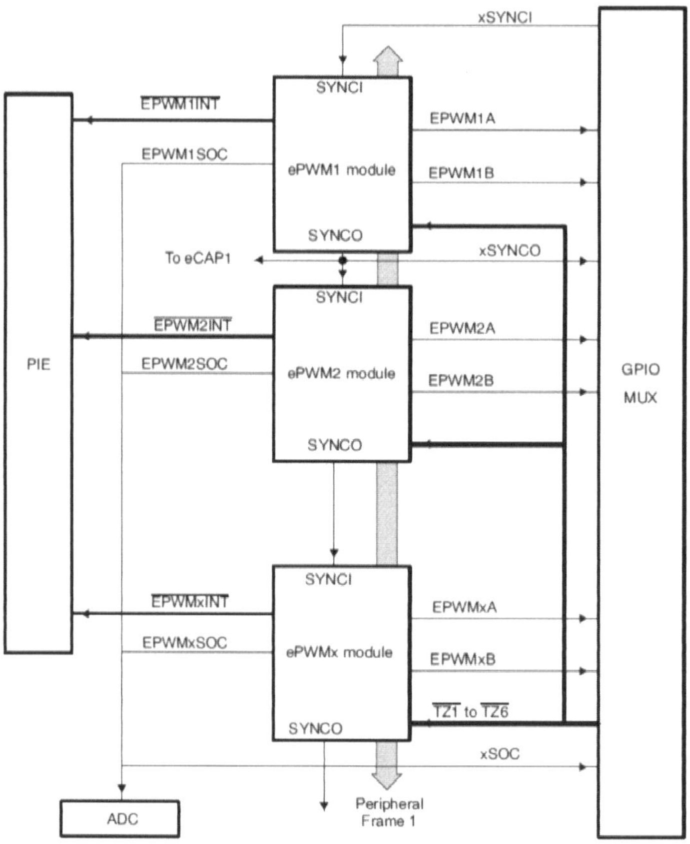

그림 5.2. ePWM 모듈간의 구성도

1) ePWM 모듈의 입출력 신호

① PWM 출력 신호(EPWMxA, EPWMxB)

사용자 설정에 의하여 변조된 펄스 폭 신호가 GPIO 핀을 통해 DSP 외부로 출력

② Trip-zone 신호($\overline{TZ1}$~$\overline{TZ6}$)

외부적인 오류(fault) 조건에 대하여 ePWM 모듈에 알려주고 필요한 조치를 취하기 위한 동작을 결정하는 신호로써 GPIO 핀을 통해 입력

③ Time-base 동기화 신호 입력(EPWMxSYNCI)과 출력(EPWMxSYNCO)

각각의 ePWM 모듈의 카운터를 동기화하며 한 모듈의 동기화 출력은 다음 모듈의 동기화 입력으로 연결되어 있다. 각각의 모듈은 동기화 여부를 설정 가능하다. 3상교류 전동기를 구동하기 위해서는 3개의 모듈이 필요하며 출력전압은 정확히 출력되어야 하기 때문에 모듈 간의 동기화는 중요하다.

④ ADC SOC(start of conversion)신호(EPWMxSOCA, EPWMxSOCB)

각각의 ePWM 모듈은 2개의 SOC신호를 출력하고 각 SOC의 신호는 독립적으로 생성 가능하다. 이는 EPWMxA, B의 출력 대신 외부 ADC의 SOC 신호로써 출력 가능하다.

⑤ Peripheral Bus

Bit의 크기를 가지며 16 bit 또는 32 bit로 구성된 ePWM의 레지스터에 접근 가능하다.

2) ePWM 모듈의 구성

ePWM모듈은 그림 5.3에서 알 수 있듯이 7개의 하위 모듈로 나눌 수 있고 각각의 서브 모듈의 동작은 아래와 같이 간략하게 설명할 수 있다. 그리고 전체 신호흐름도는 그림 5.4를 통해 알 수 있다.

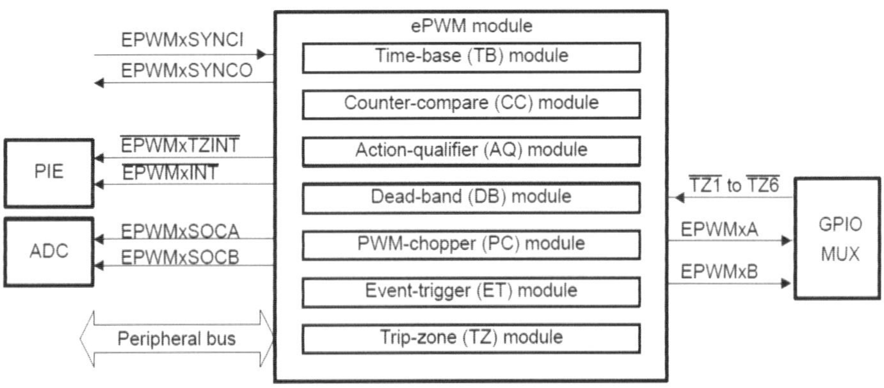

그림 5.3. ePWM 모듈의 구성 및 신호체계

① Time-base(TB) module

ePWM 모듈의 PWM 펄스 출력의 주파수를 결정하는 카운터로 구성되어 있고 각 ePWM 모듈 간 카운터를 동기화 시킬 수 있는 회로도 존재한다.

② Counter-Compare(CC) module

사용자가 설정한 타임-베이스 모듈(TB)의 타이머 값과 신호 발생을 위한 제어 명령을 가지는 레지스터와 비교하여 PWM 이벤트를 발생하는 모듈

③ Action Qualifier(AQ) module

비교레지스터를 통하여 생성된 이벤트를 통해 PWM 펄스의 형태를 정의하는 모듈

④ Dead Band(DB) module

액션-퀄리파이어 모듈(AQ)에서 생성한 PWM 펄스에 인버터 상하 사이 스위칭 소자 단락을 방지하기위한 데드타임 인가, 반전 또는 비 반전 출력을 생성하는 모듈

⑤ PWM chopper(PC) module

ePWM 모듈의 부가적인 기능으로 데드 밴드 모듈(DB)에서 생성된 PWM 펄스를 잘게 나누어 출력을 가능하게 하는 모듈

⑥ Trip Zone(TZ) module

GPIO핀으로 들어오는 외부 이상 신호(fault)를 감지하여 PWM 출력을 차단 및 인터럽트 발생하는 모듈

⑦ Event Trigger and Interrupt(ET) module

PWM모듈에서 발생하는 이벤트를 통해 SOC 및 인터럽트를 생성하는 모듈

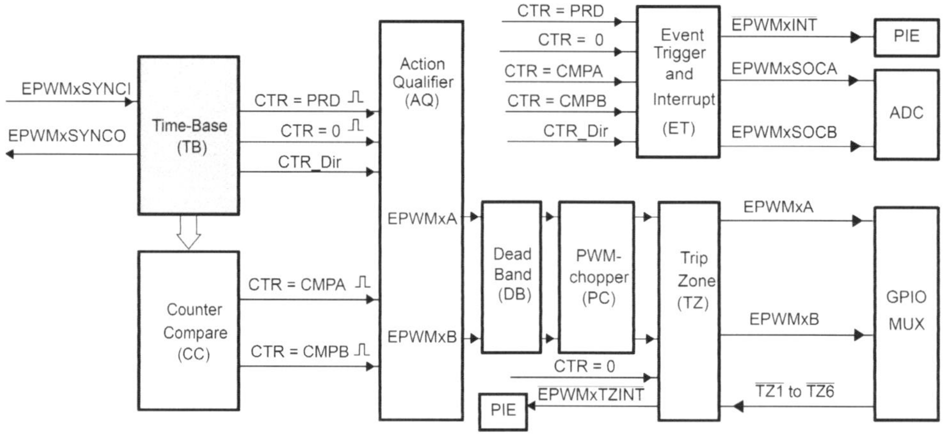

그림 5.4. ePWM 하위 모듈 블록 다이어그램

5.1.3. ePWM 레지스터 구성

ePWM 모듈의 7가지 하위 모듈 레지스터 구성은 표 5.1과 같다. 각 ePWM의 모듈 마다 표 5.1 레지스터 그룹이 중복 적용 된다. 또한 TMS320(F28335/C28346)의 경우는 정교한 PWM이 가능한 HRPWM기능을 위한 레지스터가 확장되어 있다.

표 5.1. ePWM 모듈의 구성 레지스터

Name	Offset(1)	Size(x16)	Shadow	EALLOW	Description
					Time-Base Submodule Registers
TBCTL	0x0000	1	No		Time-Base Control Register
TBSTS	0x0001	1	No		Time-Base Status Register
TBPHSHR	0x0002	1	No		Extension for HRPWM Phase Register(1)
TBPHS	0x0003	1	No		Time-Base Phase Register
TBCTR	0x0004	1	No		Time-Base Counter Register
TBPRD	0x0005	1	Yes		Time-Base Period Register
					Counter-Compare Submodule Registers
CMPCTL	0x0007	1	No		Counter-Compare Control Register
CMPAHR	0x0008	1	Yes		Extension for HRPWM Counter-Compare A Register(1)
CMPA	0x0009	1	Yes		Counter-Compare A Register
CMPB	0x000A	1	Yes		Counter-Compare B Register
					Action-Qualifier Submodule Registers
AQCTLA	0x000B	1	No		Action-Qualifier Control Register for Output A(EPWMxA)
AQCTLB	0x000C	1	No		Action-Qualifier Control Register for Output B(EPWMxB)
AQSFRC	0x000D	1	No		Action-Qualifier Software Force Register
AQCSFRC	0x000E	1	Yes		Action-Qualifier Continuous S/W Force Register Set
					Dead-Band Generator Submodule Registers
DBCTL	0x000F	1	No		Dead-Band Generator Control Register
DBRED	0x0010	1	No		Dead-Band Generator Rising Edge Delay Count Register
DBFED	0x0011	1	No		Dead-Band Generator Falling Edge Delay Count Register
					Trip-Zone Submodule Register
TZSEL	0x0012	1		Yes	Trip-Zone Select Register
TZCTL	0x0014	1		Yes	Trip-Zone Control Register(2)
TZEINT	0x0015	1		Yes	Trip-Zone Enable Interrupt Register(2)
TEFLG	0x0016	1			Trip-Zone Flag Register(2)
TZCLR	0x0017	1		Yes	Trip-Zone Clear Register(2)
TZFRC	0x0018	1		Yes	Trip-Zone Force Register(2)

Name	Offset(1)	Size(x16)	Shadow	EALLOW	Description
					Event-Trigger Submodule Register
ETSEL	0x0019	1			Event-Trigger Selection Register
ETPS	0x001A	1			Event-Trigger Pre-Scale Register
ETFLG	0x001B	1			Event-Trigger Flag Register
ETCLR	0x001C	1			Event-Trigger Clear Register
ETFRC	0x001D	1			Event-Trigger Force Register
					PWM-Chopper Submodule Registers
PCCTL	0x001E	1			PWM-Chopper Control Register
					High-Resolution Pulse Width Modulator(HRPWM) Extension Registers
HRCNFG	0x0020	1		Yes	HRPWM Configuration Register(1) (2)

(1) 이 레지스터는 고해상도 PWM 확장이 포함 된 ePWM 인스턴스에서만 사용할 수 있다. 그렇지 않으면 이 위치가 Reserved 된나.

(2) 이 레지스터는 TMS320x2834x Delfino 고분해능 펄스 폭 변조기(HRPWM) 참조 가이드(SPRUG77)에 설명되어 있다. HRPWM이 포함 된 인스턴스를 확인하려면 장치 별 데이터 설명서를 참조해야 한다.

5.2. Time-Base(TB) Submodule.

5.2.1. (TB 모듈의 기본 동작)

타임-베이스 모듈의 카운터(TBCTR)는 그림 5.5에서 알 수 있듯이 시스템 클럭(SYCLKOUT)을 분주한 클럭(TBCLK)을 기반하여 동작한다. 카운터의 주기는 TBPRD 레지스터에 설정한 값으로 결정 할 수 있으며 동작 모드(TBCTL[CTRMODE])에 따라 업, 다운 혹은 업-다운 동작을 설정 할 수 있다. 또한 카운터는 소프트웨어에서 만들어 준 동기화 신호(TBCTL[SWFSYNC]) 또는 다른 모듈에서 입력된 동기화 신호(EPWMxSYNCI)에 의하여 값이 리셋 되는데 이때 카운터의 시작점을 TBCTL[PHSEN]레지스터의 설정을 통해 0 또는 TBPHS에 입력된 값에서 동기화를 시작할 지를 선택 할 수 있다. 또한 타임-베이스 모듈에서 출력으로 나가는 동기화 신호(EPWMxSYNCO)는 Mux를 통해 동기화 입력(EPWMxSYNCI) 또는 카운터에서 발생한 이벤트(CTR = Zero, CTR = CMPB) 등을 소스 원으로 선택(TBCTL[SYNCOSEL]) 하여 동작 할 수 있다.

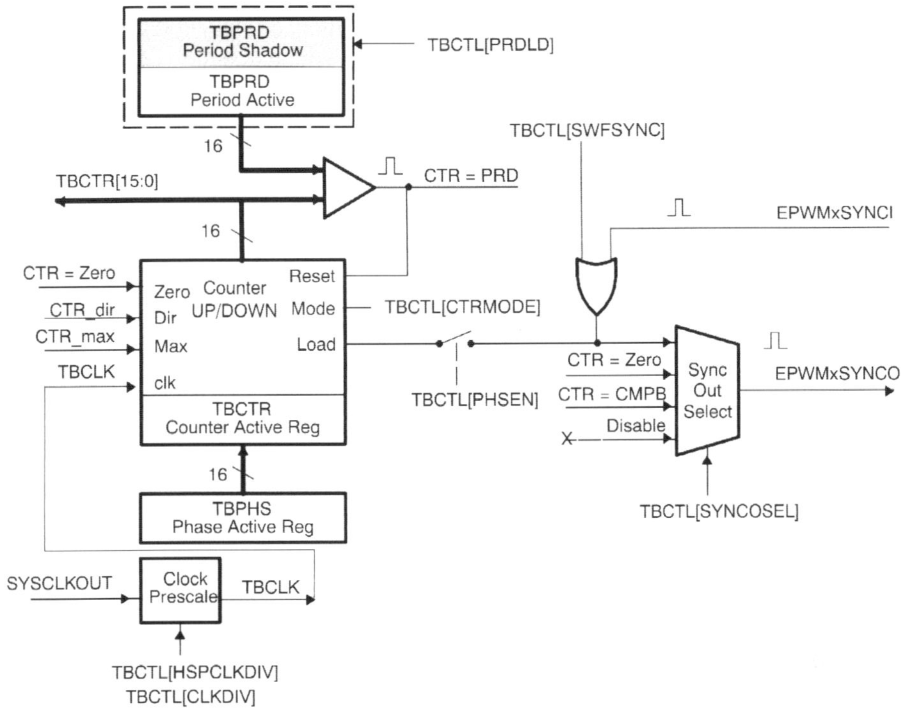

그림 5.5. Time-Base 하위 모듈 신호와 레지스터

5.2.2. PWM 주기 및 주파수 설정

1) 타이머 클럭 분주

타이머의 클럭 분주는 SYSCLKOUT(C28346: 300MHz, F28335: 150MHz)을 각각 3bit로 구성된 레지스터 TBCTL[CLKDIV]와 TBCTL[HSPCLKDIV]에 입력된 값에 따라 분주 된다. 즉 TBCLK = SYSCLKOUT/(HSPLKDIV * CLKDIV)의 계산식을 이용하여 클럭 주파수를 설정할 수 있다.

2) PWM 주기 및 주파수 설정

TBCTR(Time-based counter)은 16bit 카운터이며 카운터의 클럭은 TBCLK로 동작된다. TBCTR은TBCRL[CTRMODE]의 2bit 입력 설정에 따라 업 카운터, 다운 카운터 혹은 업 다운 카운터 모드로 동작 가능하다. 동작 모드에 따른 카운터 동작은 그림 5.6에 예시로 잘 표현되어 있다. TBCTR은 TBCLK의 클럭에 따라 동작하기 때문에 카운터의 주기 및 주파수는 아래와 같이 계산할 수 있다.

① 업 카운터 동작: TBCTR은 0부터 TBPRD까지 증가하고 TBCTR=TBPRD가 되었을 때 TBCTR은 다시 0으로 리셋 된다.

$$T_{PWM} = (TBPRD + 1) * T_{TBCLK}, \quad F_{PWM} = 1/(T_{PWM})$$

② 다운 카운터 동작: TBPRD에서 시작하여 다운 카운터 되고 0이 되었을 때 다시 TBPRD값을 로드 한다.

$$T_{PWM} = (TBPRD + 1) * T_{TBCLK}, \quad F_{PWM} = 1/(T_{PWM})$$

③ 업다운 카운트 동작: 0에서부터 TBPRD까지 업 카운터 동작 후 TBCTR=TBPRD 일 때 다시 0까지 다운 카운터 동작을 한다.

$$T_{PWM} = 2 * TBPRD * T_{TBCLK}, \quad F_{PWM} = 1/(T_{PWM})$$

그림 5.6은 TBPRD=4일 때의 각 모드 별 TBCTR의 동작을 표현하고 있다.

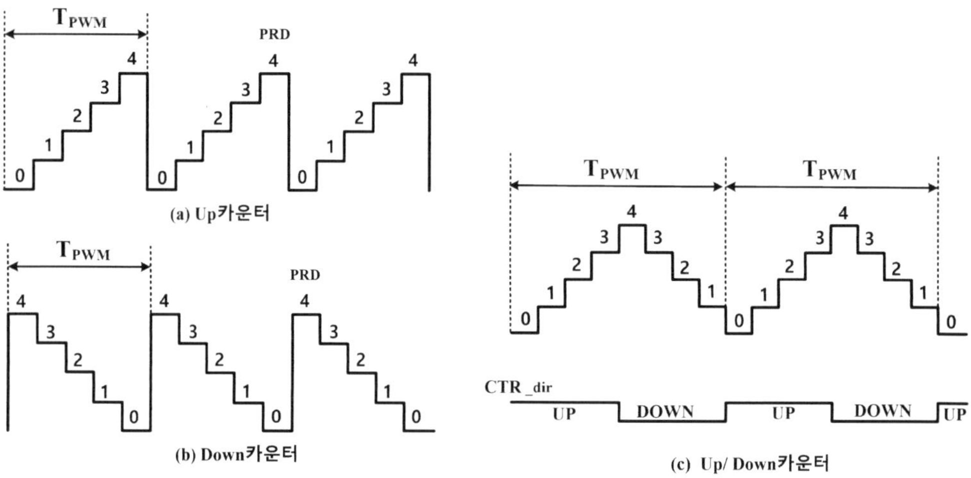

그림 5.6. TBPRD=4 일 때 각 모드별 카운터 동작

5.2.3. TBPRD 레지스터의 쉐도 기능

Time-base period register(TBPRD)은 쉐도 레지스터(Shadow register)를 가진다. 쉐도의 역할은 레지스터의 값의 업데이트를 하드웨어와 맞추어 이루어지게 한다. TBPRD의 경우는 카운터의 주기를 결정하는 레지스터이므로 카운터가 동작 시 TBPRD의 값이 변할 경우 카운터의 동작 점을 잃어버리는 경우가 발생 할 수 있다. 쉐도 레지스터는 이와 같이 카운터가 동작 시 새로운 값이 입력되었을 때 버퍼 또는 일시적으로 값을 지켜주는 역할을 하고 있으며

카운터의 한 주기 동작 이 끝났을 때 Active 레지스터에 값을 로드 해주어 다음 주기는 새로 적용된 주기 값으로 카운터가 동작 할 수 있게 해준다. 이러한 TBPRD의 쉐도 기능은 TBCTL[PRDLD]레지스터를 설정함으로써 활성화 시킬 수 있다. 즉 TBCTL[PRDLD] = 0 일 경우에는 쉐도 기능을 사용함을 의미하며, TBCTL[PRDLD] = 1일 경우에는 TBPRD 주기 변경 시 즉각적으로 변경됨을 의미한다.

5.2.4. Time-Base Counter 동기화

ePWM 모듈의 경우 각각 모듈 마다 타임-베이스 카운터를 가지고 있기 때문에 함께 작동하는 외부 출력에 대하여 카운터 간의 동기화가 필요하다. TMS320(F28335/C28346)의 경우 모듈간의 동기화 관계는 그림 5.7과 같다. 각각의 ePWM 모듈들은 동기화 입력 및 출력을 가지며 한 모듈의 동기화 출력은 다른 모듈의 동기화 입력으로 하드웨어 적으로 연결되어있다. 하지만 오직 ePWM1의 모듈은 외부 GPIO의 신호 입력을 동기화 입력 신호로 받을 수 있으며 ePWM1의 출력은 추가적으로 eCAP 모듈의 타이머 동기화 입력으로 사용된다.

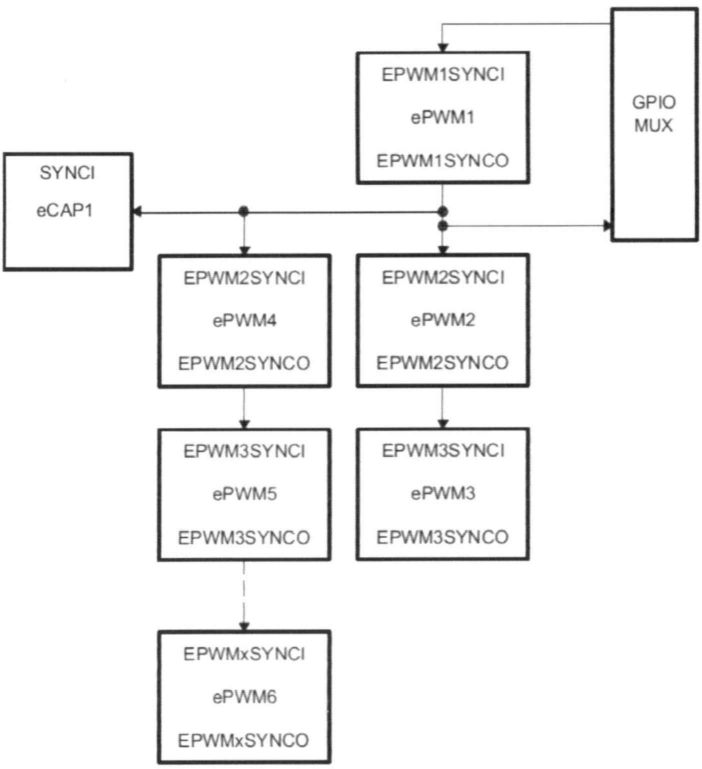

그림 5.7. ePWM모듈의 동기화신호 결선도

타이머 동기화와 관련된 레지스터들은 그림 5.5의 TBCTL[SWFSYNC], TBCTL[PHSEN], TBCTL[SYNCOSEL] 그리고 TBPHS 이다. 동기화는 이전 모듈의 출력에서 입력된 신호 EPWMxSYNCI 또는 소프트웨어에서 사용자가 강제적으로 입력한 신호 TBCTL[SWFSYNC] 중 한 신호가 발생하더라도 이벤트가 일어난다. 이때 TBCTL[PHSEN]의 설정을 통하여 각 모듈의 동기화 사용 여부를 설정할 수 있다. 또한 동기화 사용 시 카운터의 시작점을 TBPHS 레지스터에 입력한 값으로 불러들이게 되는데 이를 통해 모듈간의 임의적인 위상 차 입력을 가능하게 한다. 동기화 출력은 TBCTL[SYNCOSEL] 레지스터를 통하여 4개의 출력 형태를 설정 가능하다.

- TBCTL[SYNCOSEL] = 00: 상위 모듈에서 EPWMxSYNC가 입력 되었을 시 즉시 출력
- TBCTL[SYNCOSEL] = 01: TBCTR = 0x0000 일 때 동기화 신호 출력
- TBCTL[SYNCOSEL] = 10: TBCTR = CMPB 일 때 동기화 신호 출력
- TBCTL[SYNCOSEL] = 11: 동기화 출력 disable

동기화 신호 발생 후 카운터의 동작은 다음과 같다. 그림 5.8 a)는 업 카운터, 그림 5.8 b)는 다운 카운터 동작을 하고있다. 동기화 신호가 발생 하면, 카운터는 TBPHS에 저장된 값을 로드 하여 다시 카운터 동작을 한다. 이때 업 카운터 또는 다운 카운터는 원래의 동작을 수행하게 된다. 그러나 그림 5.9와 같이 업-다운 카운터 모드 일 경우 동기화 신호 이후 업 혹은 다운에 대한 동작의 정의가 필요하게 된다. 동기화 신호 이후 카운터의 방향 설정은 TBCTL[PHSDIR]에서 설정 할 수 있다.

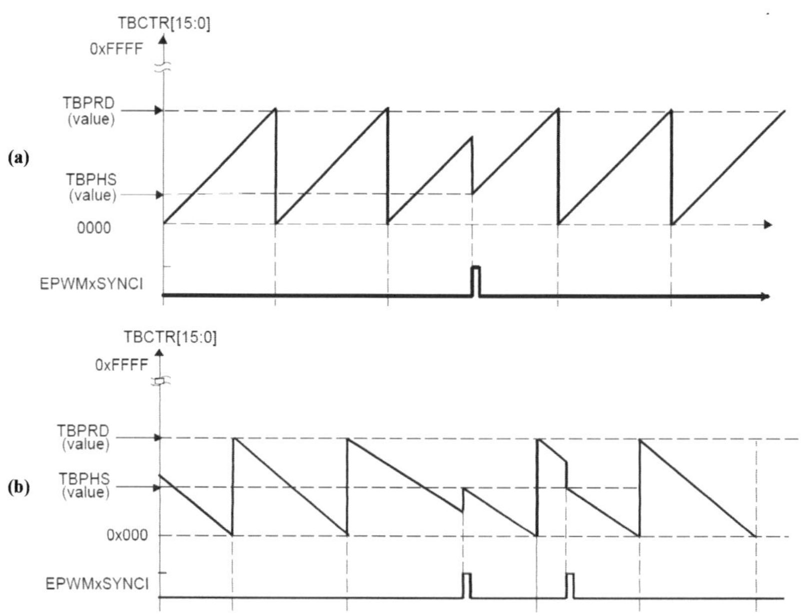

그림 5.8. 동기화 신호 발생 후 카운터 동작. (a)업 카운터 모드 (b) 다운 카운터 모드

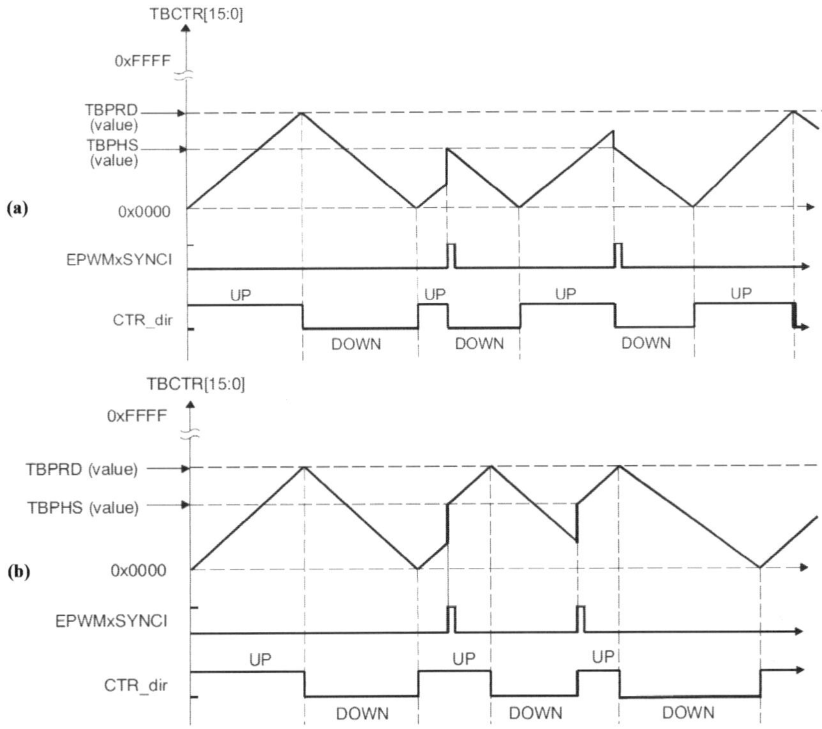

그림 5.9. 동기화 신호 발생 후 업-다운 카운터의 동작. (a)TBCTL [PHSDIR=0] (b)TBCTL [PHSDIR=1]

그림 5.10은 전력전자 응용 중의 하나인 Interleaved DC/DC Converter의 회로이다. 이때 3개의 ePWM 모듈을 이용하여 동기화 및 위상 지연이 있는 PWM 신호를 발생하려고 한다. 3개의 DC/DC 컨버터의 스위치를 제어하기 위하여 ePWM1, ePWM2 그리고 ePWM3 모듈을 사용하였고 ePWM1을 마스터 모듈로 설정하여 세 모듈간의 카운터 동기화를 하였다. ePWM1의 TBCTL[SYNCOSEL] = 01을 설정 함으로써 TBCTR = 0일 때마다 동기화 신호가 ePWM2의 입력으로 인가 된다. ePWM2에선 동기화 이벤트 발생 시 120° 지연된 카운터 동작을 위하여 TBCTL[PHSEN] = 1, TBPHS = TBPRD/3, TBCTL[PHSDIR] = 0으로 설정하여 동기화 이후에 다운 카운터로 동작하게 설정하였다. ePWM2의 동기화 출력은 TBCLR[SYNCOSEL] = 00으로 설정하여 ePWM1에서 동기화 신호가 입력되자 마자 동시에 ePWM3으로 동기화 입력 신호를 줄 수 있게 설정하였다. ePWM3은 120° 앞선 카운터 동작을 위하여 TBCTL[PHSEN] = 1, TBPHS = TBPRD/3, TBCTL[PHSDIR] = 1로 설정하고 동기화 신호 이후 업 카운터 동작을 하게 설정하였다. 이와 같이 레지스터를 설정 하였을 때 ePWM1,2,3의 모듈간의 동기화 결선은 그림 5.11(a)와 같이 연결할 수 있다. 그림 5.11(b)은 실제 컨버터에 인가 되는 PWM 출력을 보여준다. ePWM1 카운터에 맞추어 ePWM2와 ePWM3의 카운터가 동기화 되어 동작하고, ePWM2와 ePWM3은 동기화 후 TBPHS에 입력된 값 300부터 카운터가 동작됨을 알 수 있다. 이때 TBCTL[PHSDIR]의 값 설정에 따라 각 카운터

는 업 또는 다운 동작을 하여 최종적으로 EPWM1과 같은 듀티이지만 120°지연 또는 앞서는 PWM 출력을 발생 시켜 3대의 DC/DC 컨버터 모듈에서 입력 전류 리플이 가장 적은 하드웨어를 구성 할 수 있다.

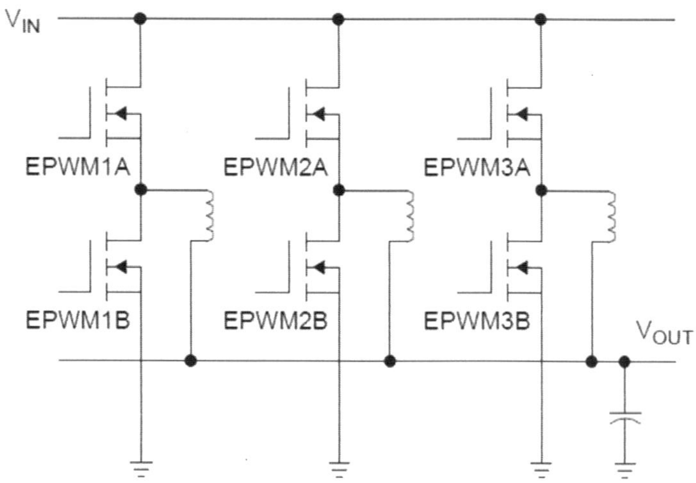

그림 5.10. 3상 Interleaved DC/DC Converter 회로

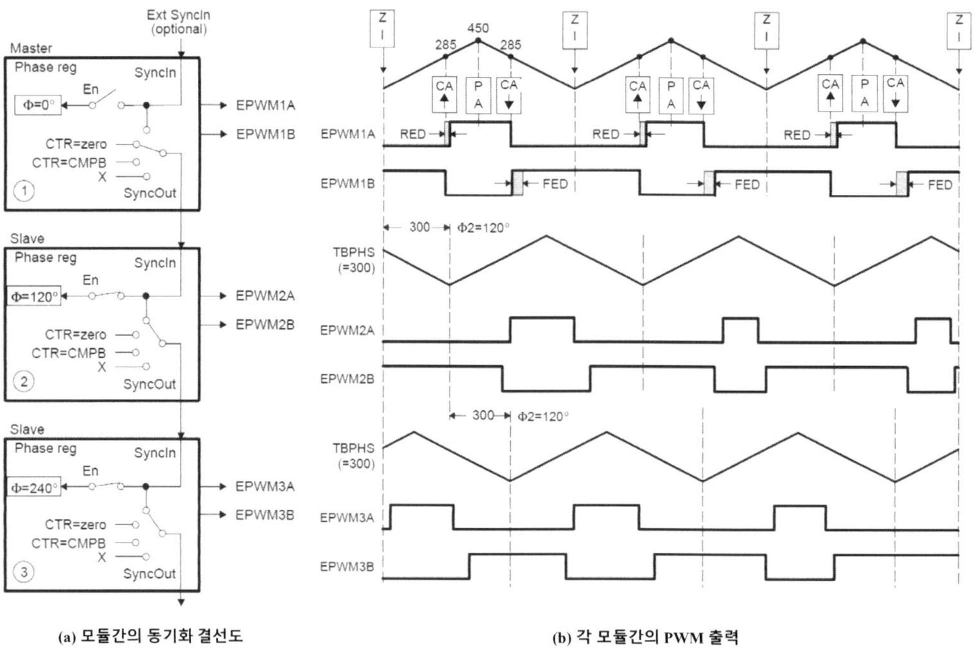

그림 5.11. 3상 Interleaved DC/DC Converter를 위한 동기화 설정

5.2.5. Time-base module register

1) Timer-Base Period Register(TBPRD)

TBPRD는 그림 5.12와 같이 0000h-FFFFh까지 입력 가능한 16bits 레지스터로 구성되어있고 PWM 주파수를 결정할 수 있다. TBCTL[PRDLD]의 레지스터 설정에 따라 shadow 레지스터의 사용여부를 결정할 수 있고 default로는 shadow 기능을 사용하도록 설정되어 있다.

15 — 0
TBPRD
R/W-0

LEGEND: R/W = Read/Write; R = Read only; -n = value after reset

그림 5.12. Time-Base Period Register(TBPRD)

2) Timer-Base Counter Register(TBCTR)

그림 5.13의 TBCTR은 0000h-FFFFh까지 동작하는 16bit 카운터이다. 이 레지스터는 읽기 및 쓰기가 가능한데 이 값을 불러들이면 현재 카운터 값을 알 수 있고 이 레지스터에 값을 입력하면 그 순간 새로 입력된 값으로 동작하게 되며 쉐도 기능은 존재하지 않는다.

15 — 0
TBCTR
R/W-0

LEGEND: R/W = Read/Write; R = Read only; -n = value after reset

그림 5.13. Time-Base Control Register(TBCTL)

3) Timer-Base Control Register(TBCTL)

그림 5.14의 TBCTL은 CLKDIV와 HSPCLKDIV의 레지스터 설정을 할 수 있다. ePWM 모듈의 카운터(TBCTR)의 입력 클럭(TBCLK)의 주파수 설정이 가능하다. 또한 CTRMODE 레지스터 설정을 통해 TBCTR의 동작 모드를 설정할 수 있고, PRDLD 레지스터를 이용하여 TBCTR의 주기 설정(TBPRD)을 할 때 쉐도 기능의 사용 여부를 결정할 수 있다. 또한 Timer control register를 통해 동기화에 관한 설정도 할 수 있다.

15	14	13	12		10	9	8
FREE, SOFT		PHSDIR	CLKDIV			HSPCLKDIV	
R/W-0		R/W-0	R/W-0			R/W-0,0,1	

7	6	5	4	3	2	1	0
HSPCLKDIV	SWFSYNC	SYNCOSEL		PRDLD	PHSEN	CTRMODE	
R/W-0,0,1	R/W-0	R/W-0		R/W-0	R/W-0	R/W-11	

LEGEND: R/W = Read/Write; R = Read only; -n = value after reset

그림 5.14. Time-Base Control Register(TBCTL)

SWFSYNC의 레지스터를 통해 동기화 입력 이벤트를 강제적으로 소프트웨어로 인가 할 수 있으며, PHSEN의 레지스터 설정을 이용하여 동기화 사용 여부를 결정 할 수 있다. 그리고 동기화 출력 이벤트의 결정은 SYNCOSEL의 설정을 통하여 결정할 수 있다.

마지막으로 Free 및 Soft 레지스터 설정을 통해 time-base 카운터가 한번만 동작 할 지 아니면 계속 동작을 할지를 결정 할 수 있다. 각 레지스터의 자세한 사용법은 표 5.2를 참조하자.

표 5.2. Time-Base Control Register(TBCTL) Field Descriptions

<table>
<tr><td colspan="4">Bit 15:14 Free, Soft</td></tr>
<tr><td colspan="4">00: Stop after the next time-base counter increment or decrement</td></tr>
<tr><td colspan="4">01: Stop when counter completes a whole cycle:
1) Up-count mode: stop when TBCTR = TBPRD
TBCTR = TBPRD일 때 정지
2) Down-count mode: stop when TBCTR = 0x0000
TBCTR = 0x0000일 때 정지
3) Up-down-count mode: stop when TBCTR = 0x0000
TBCTR = 0x0000일 때 정지</td></tr>
<tr><td colspan="4">1x: Free run</td></tr>
<tr><td colspan="4">Bit 13 PHSDIR</td></tr>
<tr><td colspan="2">0: Count down after the synchronization event</td><td colspan="2">1: Count up after the synchronization event</td></tr>
<tr><td colspan="2">Bit 12:10 CLKDIV</td><td colspan="2">Bit 9:7 HSPCLKDIV</td></tr>
<tr><td colspan="2">Time-Base Clock Prescale Bits</td><td colspan="2">High Speed Time-base Clock Prescale Bits</td></tr>
<tr><td>000 : /1(default)</td><td>001 : /2</td><td>000 : /1</td><td>001 : /2(default)</td></tr>
<tr><td>010 : /4</td><td>011 : /8</td><td>010 : /4</td><td>011 : /6</td></tr>
<tr><td>100 : /16</td><td>101 : /32</td><td>100 : /8</td><td>101 : /10</td></tr>
<tr><td>110 : /64</td><td>111 : /128</td><td>110 : /12</td><td>111 : /14</td></tr>
<tr><td colspan="4">Bit 6 SWFSYNC</td></tr>
<tr><td colspan="2">0: Writing a 0 has no effect and reads always return a 0.</td><td colspan="2">1: Writing a 1 forces a one-time synchronization pulse to be generated.
SWFSYNC신호는 EPWMxSYNCI가 SYNCOSEL = 00로 선택되었을 때 동작.</td></tr>
<tr><td colspan="4">Bit 5:4 SYNCOSEL</td></tr>
<tr><td colspan="2">00: EPWMxSYNC
동기화 신호 입력 시 즉각 출력</td><td colspan="2">01: CTR=Zero
TBCTR = 0x0000일 때 신호 발생</td></tr>
<tr><td colspan="2">01: CTR = CMPB
TBCTR = CMPB일 때 신호 발생</td><td colspan="2">11: Disable EPWMxSYNCO signal
동기화 신호 발생 안함</td></tr>
<tr><td colspan="4">Bit 3 PRDLD</td></tr>
<tr><td colspan="2">0: TBPRD is loaded from its shadow register when the TBCTR = 0.</td><td colspan="2">1: Load the TBPRD register immediately without using a shadow register.</td></tr>
</table>

Bit 2 PHSEN	
0: Do not load the time-base counter (TBCTR) from the time-base phase register (TBPHS)	1: Load the time-base counter with the phase register when an EPWMxSYNCI input signal occurs or when a software synchronization is forced by the SWFSYNC bit.
Bit 1:0 CTRMODE	
00: Up-count mode	01: Down-count mode
10: Up-down count mode	11: Stop-freeze counter operation (default on reset)

4) Time-Base Phase Register(TBPHS)

그림 5.15의 TBCTL은 0000h-FFFFh까지 입력 가능한 16bits 레지스터로써 TBCTL [PHSEN] = 1 이면 동기화 이후 TBCTR에 TBPHS의 값을 로드 한다. 즉 동기화 시 TBCTR의 초기 지점을 결정하는 레지스터이다.

15 ... 0
TBPHS
R/W-0

LEGEND: R/W = Read/Write; R = Read only; -n = value after reset

그림 5.15. Time-Base Phase Register(TBPHS)

5) Timer-Base Status Register(TBSTS)

그림 5.16의 TBSTS는 카운터(TBCTR)의 동작 상태를 표시하는 레지스터이다. CTRMAX는 TBCTR이 MAX 값이 되었을 때 래치되는 레지스터이다. 카운터가 0xFFFFh에 도달하였을 경우, CTRMAX = 1을 표시하고, 이 레지스터에 다시 1을 입력하면서 CTRMAX의 이벤트를 clear 할 수 있다. CTRDIR는 TBCTR의 동작 방향을 표시하는 레지스터이다. TBCTR이 다운 카운터 동작일 경우 0을 표시하고, 반대로 업 카운터 동작일 경우 1을 표시한다. 마지막으로 SYNCI는 동기화 신호 입력 시 상태를 래치하는 레지스터이다. 외부적인 동기화 신호가 없었을 경우 0을 표시하고 동기화 입력이 발생하면 1을 표시한다. 이 SYNCI 레지스터에 사용자가 1을 입력하면 이 레지스터는 clear된다.

15 ... 8
Reserved
R-0

7 ... 3	2	1	0
Reserved	CTRMAX	SYNCI	CTRDIR
R-0	R/W1C-0	R/W1C-0	R-1

LEGEND: R/W = Read/Write; R = Read only; R/W1C = Read/Write 1 to clear; -n = value after reset

그림 5.16. Timer-Base Status Register(TBSTS)

5.3. Counter-Compare(CC) Submodule

5.3.1. CC 모듈의 기본 동작

카운터-컴페어 서브 모듈(Counter-compare submodule)은 타임 베이스 서브 모듈(TB)의 TBCTR 값을 입력으로 받아온다. 이 값은 실시간 적으로 두 개의 비교 레지스터 CMPA와 CMPB와 비교된다. TBCTR의 값과 비교 레지스터의 값이 같아지면 액션-퀄리파이어 서브 모듈에 이벤트를 발생 시킨다. 또한 비교 레지스터들은 쉐도 기능이 존재하여 PWM 신호 중 새로운 비교 값 입력 시 PWM신호의 변형 또는 glitch등과 같은 원하지 않은 현상의 발생을 방지할 수 있다. 컴페어-서브 모듈의 세부 동작 블록도는 그림 5.17와 같다.

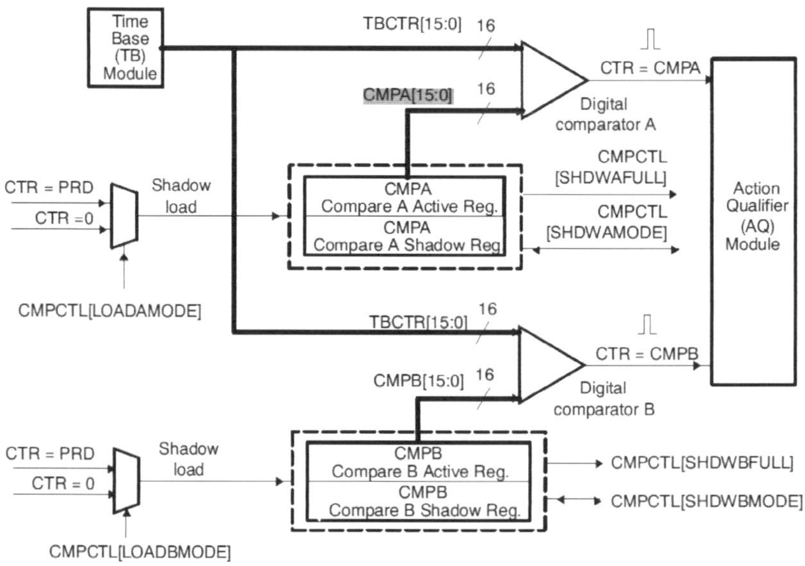

그림 5.17. 카운터-비교 모듈의 블록도

1) Counter-compare 서브 모듈의 출력 신호

카운터-컴페어 서브 모듈(CC)은 CMPA 및 CMPB와 비교되는 2개의 독립적인 이벤트를 발생시킨다. 즉 TBCTR = CMPA 혹은 TBCTR = CMPB 일 때 각각 이벤트가 발생하며 이벤트 발생의 수는 TBCTR의 동작 모드에 따라 다르게 발생한다. TBCTR이 업 또는 다운 카운터 동작일 경우 각각의 이벤트는 한 주기에 1개씩 발생 하지만 업-다운 카운터 동작 일 경우에는 업 동작 혹은 다운 동작 두 지점에서 이벤트가 발생한다. 그러나 CMPA 또는 CMPB의 값이 0x0000 이나 TBPRD 일 경우에는 1개의 이벤트가 발생한다. 카운터 동작 별 카운터-컴페어 서브 모듈의 이벤트 출력의 예는 그림 5.18을 참조하면 동작원리를 쉽게 알 수 있다.

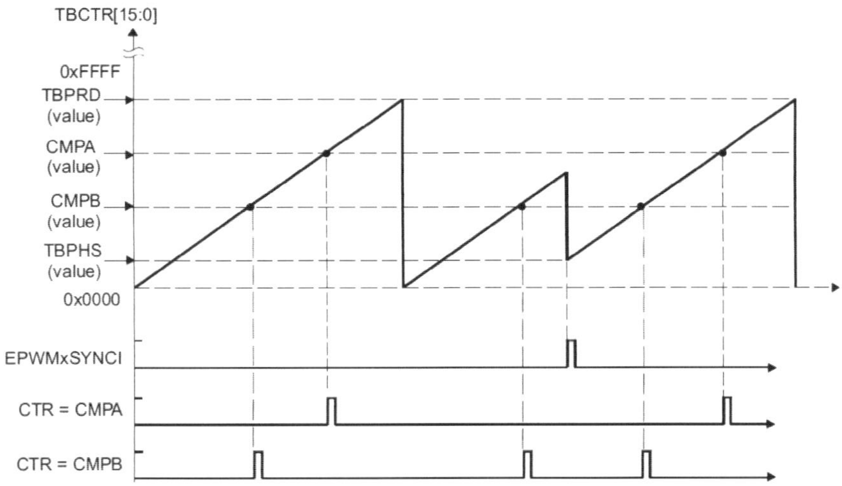

그림 5.18. 타임-베이스 카운터(TBCTR) 업 카운터 모드

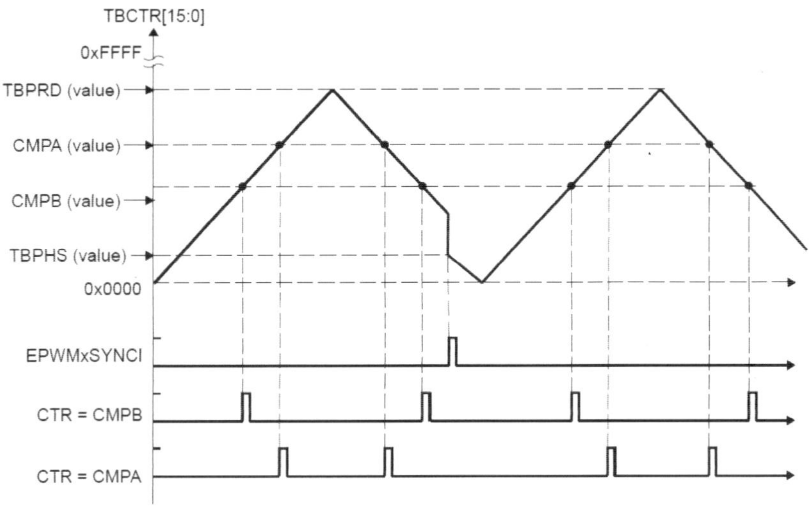

그림 5.19. 타임-베이스 카운터(TBCTR) 업-다운 모드

그림 5.18에서 타임-베이스 카운터(TBCTR)는 업 카운터 모드로 동작하며 0x0000에서 TBPRD에 입력된 값까지 순차적으로 증가하다. 이때 TBCTR = CMPA일 경우와 TBCTR = CMPB일 경우 각각 출력 이벤트가 발생함을 알 수 있다. 또한 동기화 신호가 발생할 때 TBCTR은 TBPHS의 값부터 업 카운터 동작을 다시 시작한다.

그림 5.19는 타임-베이스 카운터(TBCTR)이 업-다운 모드로 동작할 때이다. TBCTR은 0x0000에서 TBPRD까지 증가하였다가 다시 감소하는 카운터 동작을 반복하며 마찬가지로 TBCTR=CMPA와 TBCTR=CMPB 일 때 출력 이벤트를 발생 하였다. 업-다운 카운터 모드 이기 때문에 한 주기 동안 TBCTR=CMPA, TBCTR=CMPB 각각 2번의 이벤트 출력을 하였다.

2) Counter-compare submodule의 쉐도 모드

카운터-컴페어 서브 모듈의 비교 레지스터 CMPA와 CMPB는 쉐도 모드(shadow mode) 기능을 가지고 있다. 이는 타임-베이스 서브 모듈의 TBPRD와 같이 한 주기 내에서 CMPA 또는 CMPB의 값이 새로운 값으로 업데이트 되었을 시 새로운 값을 바로 적용 시키지 않고 사용자가 지정한 지점에서 새로운 값을 업데이트 하는 기능이다. 사용자는 CMPCTL의 레지스터를 설정하여 업데이트 되는 시점을 결정 할 수 있는데 카운터가 주기 값을 가지는 시점(TBCTR=TBPRD), 카운터가 0의 값을 가지는 시점 (TBCTR = 0x0000), 주기 값과 0을 가지는 두 시점(TBCTR=TBPRD and TBCTR=0x0000)으로 설정 가능하고, 쉐도 모드를 사용하지 않을 시에는 즉시 업데이트 된다. 즉, 쉐도 모드를 사용 하지 않을 시에는 카운터의 값이 즉시 업데이트 된다. 즉, CMPA 또는 CMPB 값을 변화 시켰을 시 PWM 출력 duty가 즉시 변하기 때문에 전동기를 구동하는 어플리케이션에서는 한 주기 동안의 제어기 각 상의 값이 일정한 위상각을 가지지 못하여 제어기의 오작동의 원인이 될 수 있다.

따라서 3상 전동기를 구동하여 PWM을 발생시키는 응용 분야에서는 쉐도 모드를 사용하는 것을 권장한다.

5.3.2. Counter-Compare Submodule Registers

1) Counter-Compare A 및 B Register(CMPA, CMPB)

CMPx 레지스터에 입력된 값은 지속적으로 TBCTR의 값과 비교된다. CMPx = TBCTR이 되었을 경우 CMPA 또는 CMPB의 이벤트를 발생하고 이 이벤트는 액션-퀄리파이어 서브 모듈(AQ)로 보내진다. 액션-퀄리파이어 서브 모듈의 AQCTLA 와 AQCTLB 레지스터 설정을 통하여 ePWM 모듈의 최종 출력(EPWMxA, EPWMxB)을 결정 할 수 있다. 또한 CMPA와 CMPB의 레지스터는 쉐도 기능을 가지며, CMPCTL[SHDWAMODE]와 CMPCTL[SHDWBMODE]의 레지스터를 설정하여 사용여부를 결정 할 수 있다. CMPx 레지스터는 그림 5.20과 같이 최대 0xFFFFh의 값까지 입력 가능하다.

15 ... 0
CMPA
R/W-0

LEGEND: R/W = Read/Write; R= Read only; -n = value after reset

15 ... 0
CMPB
R/W-0

LEGEND: R/W = Read/Write; R= Read only; -n = value after reset

그림 5.20. CMPA 및 CMPB 레지스터

2) Counter-Compare Control Register(CMPCTL)

카운터-컴페어 컨트롤 레지스터에서 설정 가능한 동작은 3가지로 구분 할 수 있다. 첫째로 SHDWxMODE 레지스터는 CMPx 레지스터의 쉐도 모드 사용 여부를 결정 할 수 있고, LOADxMODE 레지스터는 쉐도 모드 이용 시 액티브 레지스터로의 입력 값을 불러들이는 시점을 결정 할 수 있다. 마지막으로 SHDWxFULL 레지스터는 쉐도 모드 이용 시 쉐도 레지스터의 상태를 표시하는 레지스터로써 쉐도 레지스터에 값이 입력 되었을 때 1을 표시한다. 카운터-컴페어 모듈은 CMPA와 CMPB가 독립적으로 동작하므로 이를 제어하기 위한 레지스터들도 A 및 B로 각각 존재하며 각각의 레지스터들의 상세 동작은 표 5.3과 5.21에 있다.

표 5.3. CMPCTL 레지스터의 세부 동작

Bit 15:10 Reserved	
Bit 9 SHDWBFULL	
0: CMPB shadow FIFO not full yet	
1: Indicates the CMPB shadow FIFO is full; a CPU write will overwrite current shadow value.	
Bit 8 SHDWAFULL	
0: CMPA shadow FIFO not full yet	
1: Indicates the CMPA shadow FIFO is full; a CPU write will overwrite current shadow value.	
Bit 7 Reserved 비어 있음	
Bit 6 SHDWBMODE	
0: shadow mode. Operates as a double buffer. All writes via the CPU access the shadow register.	
1: Immediate mode. Only the active compare B register is used.	
Bit 5 Reserved	
Bit 4 SHDWAMODE	
0: shadow mode. Operates as a double buffer. All writes via the CPU access the shadow register.	
1: Immediate mode. Only the active compare A register is used.	
Bit 3-2 LOADBMODE	
00: Load on CTR = Zero	01: Load on CTR = PRD
10: Load on CTR = Zero or CTR = PRD	11: Freeze (no loads possible)
Bit 1-0 LOADAMODE1	
00: Load on CTR = Zero	01: Load on CTR = PRD
10: Load on CTR = Zero or CTR = PRD	11: Freeze (no loads possible)

15–10	9	8
Reserved	SHDWBFULL	SHDWAFULL
R-0	R-0	R-0

7	6	5	4	3–2	1–0
Reserved	SHDWBMODE	Reserved	SHDWAMODE	LOADBMODE	LOADAMODE
R-0	R/W-0	R-0	R/W-0	R/W-0	R/W-0

LEGEND: R/W = Read/Write; R = Read only; -n = value after reset

그림 5.21. CMPCTL 레지스터의 구조

5.4. Action-Qualifier(AQ) Submodule

5.4.1. AQ 모듈의 기본 동작

액션-퀄리파이어 모듈은 앞에서 설명한 타임-베이스(TB) 모듈과 카운터-컴페어(CC) 모듈에서 발생한 4개의 이벤트(CTR=PRD, CTR=Zero, CTR=CMPA, CTR=CMPB)에 따라서 동작을 선택하는 기능을 한다. 선택 가능한 동작으로는 Set, Clear, Toggle 그리고 Do nothing이 있으며 위의 이벤트 이외에도 사용자가 소프트웨어적으로 Set, clear 등의 동작을 선택 가능하다. 이렇게 동작이 선택된 신호들은 EPWMxA과 EPWMxB의 신호로 출력된다. 또한 여러 가지의 이벤트가 동시에 입력 되었을 시 우선순위를 결정하여 출력 할 수 있다. 그림 5.22은 액션-퀄리파이어 모듈의 입출력 신호 및 레지스터를 보여준다.

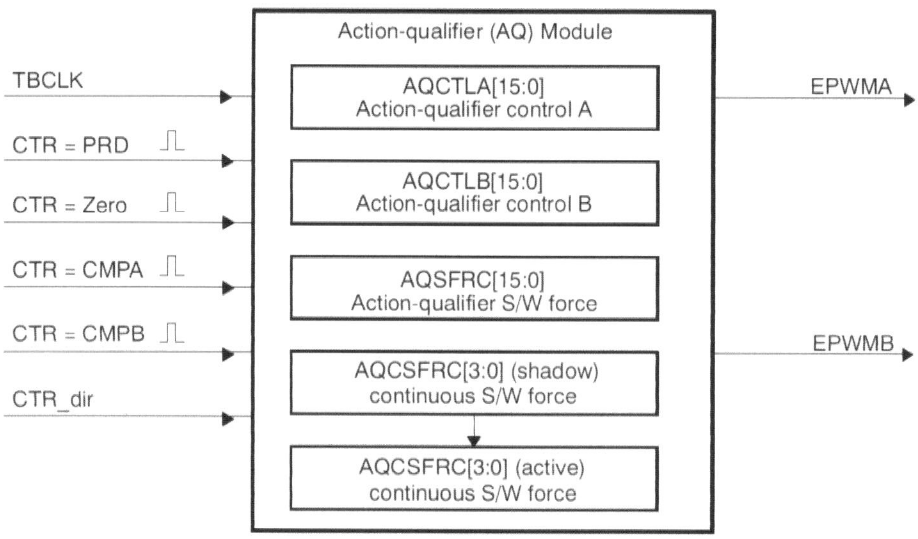

그림 5.22. AQ 모듈의 신호 입출력 관계 및 레지스터

5.4.2. AQ 모듈의 동작 부여

액션-퀄리파이어 모듈에서는 타임-베이스 모듈에서 입력되는 4종류의 이벤트 CTR=PRD, CTR=Zero, CTR=CMPA 그리고 CTR=CMPB와 소프트웨어에서 발생한 이벤트에 대한 동작 설정을 아래와 같이 할 수 있다.

- Set: EPWMxA 혹은 EPWMxB의 출력을 high level(=1)로 출력
- Clear: EPWMxA 혹은 EPWMxB의 출력을 low level(=0)로 출력
- Toggle: EPWMxA 혹은 EPWMxB의 출력이 high일 때는 low를 출력 그리고 low 일 때는 high를 출력
- Do Nothing: EPWMxA 혹은 EPWMxB을 출력 하지 않음

모든 이벤트에 대한 출력 동작은 EPWMxA 또는 EPWMxB 핀을 통해 독립적으로 출력할 수 있다. 즉, 예를 들어 CTR=CMPA 또는 CTR=CMPB 둘 다 EPWMxA로 출력이 가능하다. 이 책에서는 이벤트 별 출력을 명확히 하기 위하여 그림 5.23의 기호를 활용하였다. 즉, 카운터(TBCTR)의 비교 값 Zero, CMPA, CMPB 그리고 TBPRD와 각각 비교 될 때 표기를 Z, CA, CB, 그리고 P로 표기하였으며 소프트웨어로 강제적으로 출력을 발생 시킬 때의 표기를 SW로 정의하였다. 또한 Do nothing, Clear, Set 그리고 Toggle의 출력 형태에 대한 표기를 X, ↓, ↑, 그리고 T로 표현함을 그림 5.23을 통해 알 수 있다. CTR = CMPA와 CTR = CMPB의 이벤트의 경우는 카운터의 동작 모드 및 동작 방향에 따라 다수의 이벤트가 발생 가능하다. 따라서 동작 방향에 따른 정의는 아래와 같다.

- CAU: 업 카운터 동작 중, CTR = CMPA 일 때 이벤트 발생
- CBU: 업 카운터 동작 중, CTR = CMPB 일 때 이벤트 발생
- CAD: 다운 카운터 동작 중, CTR = CMPA 일 때 이벤트 발생
- CBD: 다운 카운터 동작 중, CTR = CMPB 일 때 이벤트 발생

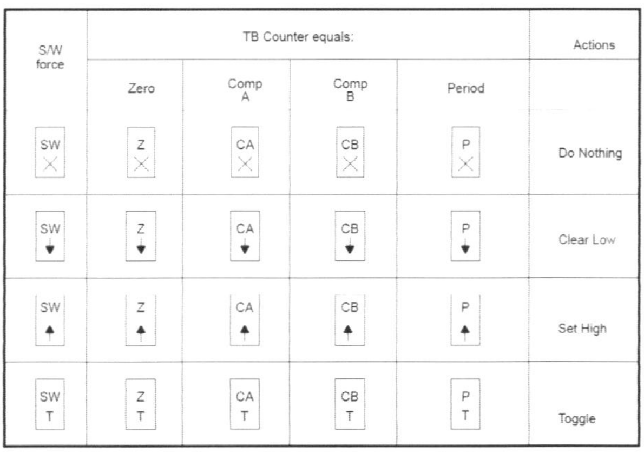

그림 5.23. 출력 가능한 EPWMxA와 EPWMxB의 핀 동작

5.4.3. Action-Qualifier Event Priority

액션-퀄리파이어 모듈에서는 한 개 이상의 이벤트가 동시에 발생하였을 때를 대비하여 하드웨어적으로 우선순위를 할당하였다. 모든 조건에서 소프트웨어로 발생한 이벤트가 가장 우선 순위가 높고 TBCTR가 업-다운 카운터일 때 우선 순위는 표 5.4에 있으며 업 카운터 혹은 다운 카운터 동작일 때의 우선순위는 표 5.5와 같다.

표 5.4. 업-다운 카운터 동작 시 우선 순위

Priority Level	TBCTR is Incrementing TBCTR이 증가할 때	TBCTR is Decrementing TBCTR이 감소할 때
1 (Highest)	Software forced event 소프트웨어가 이벤트를 강제로 실행	Software forced event 소프트웨어가 이벤트를 강제로 실행
2	TBCTR = CBU	TBCTR = CBD
3	TBCTR = CAU	TBCTR = CAD
4	TBCTR = Zero	TBCTR = TBPRD
5	TBCTR = CBD	TBCTR = CBU
6 (Lowest)	TBCTR = CAD	TBCTR = CAU

표 5.5. 업 또는 다운 카운터 동작 시 우선 순위

Priority Level	Up-Count Operation	Down-Count Operation
1 (Highest)	Software forced event 소프트웨어가 이벤트를 강제로 실행	Software forced event 소프트웨어가 이벤트를 강제로 실행
2	TBCTR = CBU	TBCTR = CBD
3	TBCTR = CAU	TBCTR = CAD
4	TBCTR = Zero	TBCTR = TBPRD
5 (Lowest)	TBCTR = CBD	TBCTR = CBU

5.4.4. AQ 모듈 동작 예제

그림 5.24은 TBPRD = 4인 업다운 카운터모드에서 CAU = Set, CAD = Clear으로 설정 후 CMPA에 0~4까지 입력되었을 때의 EPWMxA / EPWMxB 출력을 나타낸다. 이와 같이 레지스터 설정 시 CMPA = 4에서 CMPA = 0까지 동작 시킬 때 EPWMxA의 출력 듀티가 각각 0~100%까지 변함을 확인 할 수 있다. 그러나 여기서 주목 할 점은 액션-퀄리파이어 모듈에서 이벤트를 받아들이고 출력이 나오기 까지 최소 TBCLK의 1클럭이 소요된다는 점이다.

즉 Case 2를 살펴보면 TBCTR = 3일 때 TBCTR=CMPA(CAU)의 조건을 만족하였지만 Set의 출력은 TBCTR = 4일 때 발생하였다. 또한 다시 다운 카운터가 시작되어 TBCTR = 3일 때 TBCTR=CMPA(CAD)의 조건이 발생하였고 Clear의 출력은 TBCTR = 2일 때 발생하였다.

결론적으로 업-다운 카운터 모드 일 때 유효한 출력을 위한 CMPA와 CMPB의 입력 값은 아래와 같이 수식으로 표현 할 수 있다.

- 업 카운터 동작: CMPA/CMPB ≥ 1
- 다운 카운터 동작: CMPA/CMPB ≤ TBPRD - 1

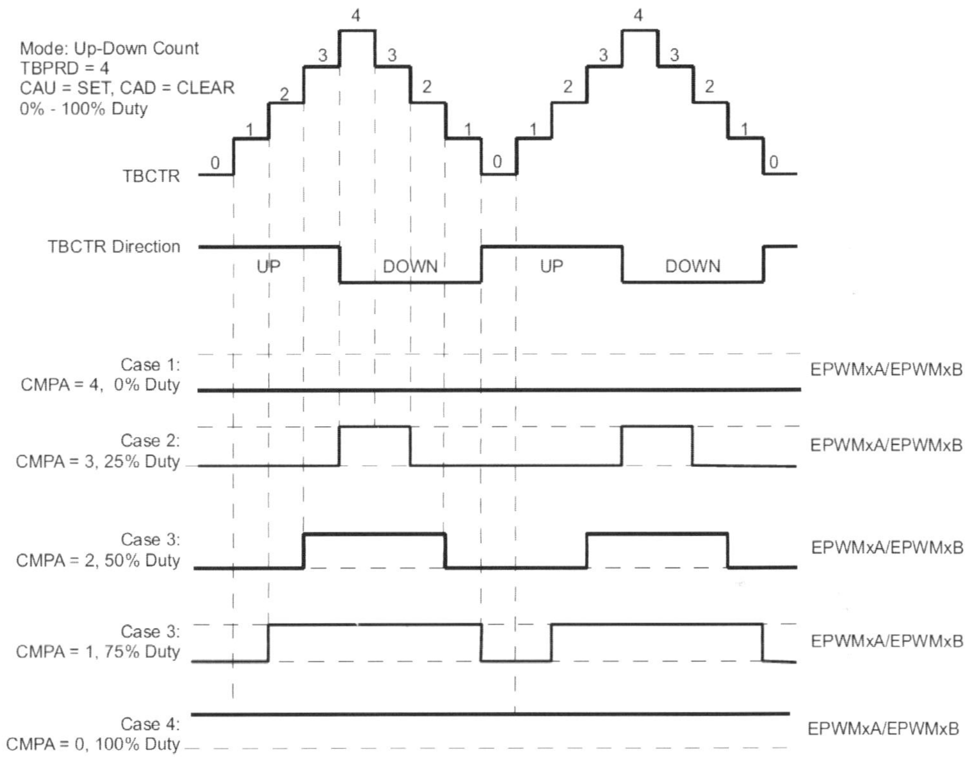

그림 5.24. AQ 모듈 동작의 예시: TBPRD=4, CAU=SET, CAD=CLEAR 일 때 CMPA변화에 따른 PWM 출력

그림 5.25은 액션-퀄리파이어 모듈의 동작에 관한 또 다른 예시이다. EPWMxA와 EPWMxB의출력을 위한 각각의 레지스터 설정은 아래와 같다.

- EPWMxA 출력을 위한 설정
  - TBCTR = Zero일 때 Set: $\frac{Z}{\uparrow}$
  - TBCTR = TBPRD 그리고 TBCTR = CMPB일 때 do nothing: $\frac{P}{X}$
  - TBCTR = CMPA 일 때 Clear: $\frac{CA}{\downarrow}$

- EPWMxB 출력을 위한 설정
  - TBCTR = Zero일 때 Set: $\boxed{\substack{Z \\ \uparrow}}$
  - TBCTR = TBPRD 그리고 TBCTR = CMPA일 때 do nothing: $\boxed{\substack{P \\ X}}$
  - TBCTR = CMPB 일 때 Clear: $\boxed{\substack{CB \\ \downarrow}}$

이러한 설정을 통하여 그림 5.25의 EPWMxA와 EPWMxB 출력 펄스의 폭이 결정된다.

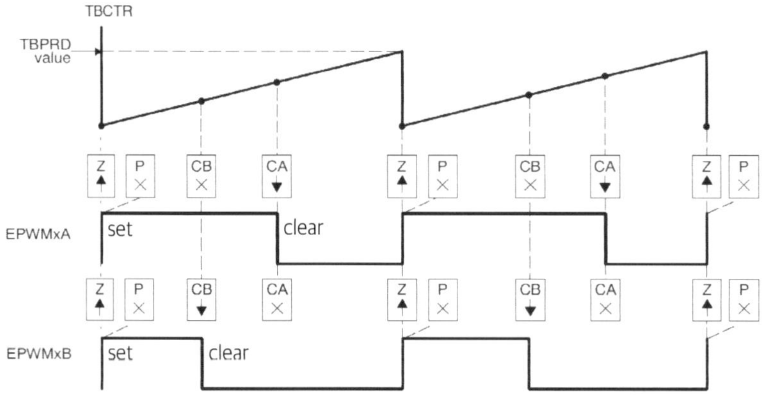

그림 5.25. AQ 모듈의 동작 예시: 업 카운터 동작 시 PWMxA 및 PWMxB의 출력

그림 5.26은 TBCTR을 업-다운 카운터로 설정하였고 EPWMxA와 EPWMxB의 출력을 아래와 같이 설정하였을 시 출력 형태를 보여준다.

- EPWMxA 출력을 위한 설정
  - TBCTR = CAU일 때 Set: $\boxed{\substack{CA \\ \uparrow}}$
  - TBCTR = CAD일 때 clear: $\boxed{\substack{CA \\ \downarrow}}$
- EPWMxB 출력을 위한 설정
  - TBCTR = CBU일 때 Set: $\boxed{\substack{CB \\ \downarrow}}$
  - TBCTR = CBD일 때 clear: $\boxed{\substack{CB \\ \uparrow}}$

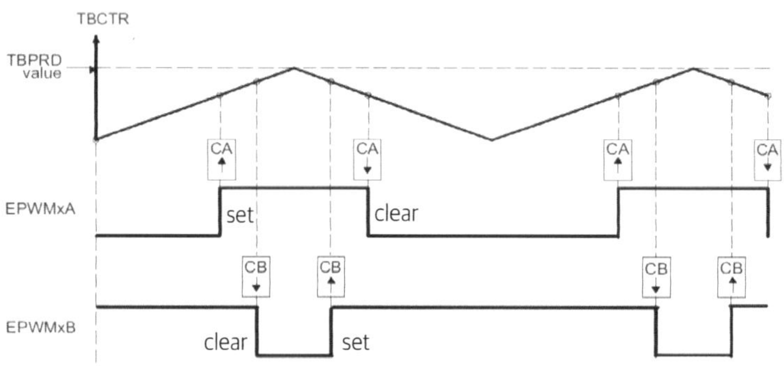

그림 5.26. AQ 모듈의 동작 예시: 업-다운 카운터 동작 시 PWMxA 및 PWMxB의 출력

5.4.5. Action-Qualifier Submodule Registers

1) Action-Qualifier Output a Control Register(AQCTLA)

그림 5.27의 AQCTLA는 EPWMxA의 출력 동작 설정을 위한 제어 레지스터, 타임-베이스 모듈과 카운터-컴페어 모듈에서 입력된 이벤트 TBCTR = PRD, TBCTR = Zero, CAU, CAD, CBU, CBD에 대한 Set, Clear, Toggle, Do nothing의 동작을 설정 할 수 있다. 자세한 레지스터 설정 방법은 표 5.6을 참조하자.

표 5.6. AQCTLA 레지스터의 세부동작

Bit 15-12 Reserved	
Bit 11-10 CBD Action when the counter equals the active CMPB and the counter is decrementing	
00: Do nothing	01: Clear
10: Set	11: Toggle
Bit 9-8 CBU Action when the counter equals the active CMPB and the counter is incrementing	
00: Do nothing	01: Clear
10: Set	11: Toggle
Bit 7-6 CAD Action when the counter equals the active CMPA and the counter is decrementing	
00: Do nothing	01: Clear
10: Set	11: Toggle
Bit 5-4 CAU Action when the counter equals the active CMPA and the counter is incrementing	
00: Do nothing	01: Clear
10: Set	11: Toggle
Bit 3-2 PRD Action when the counter equals the period	
00: Do nothing	01: Clear
10: Set	11: Toggle
Bit 1-0 ZRO Action when the counter equals zero	
00: Do nothing	01: Clear
10: Set	11: Toggle

15-12	11-10	9-8
Reserved	CBD	CBU
R-0	R/W-0	R/W-0

7-6	5-4	3-2	1-0
CAD	CAU	PRD	ZRO
R/W-0	R/W-0	R/W-0	R/W-0

LEGEND: R/W = Read/Write; R = Read only; -n = value after reset

그림 5.27. AQCTL레지스터의 구조

2) Action-Qualifier Output B Control Register(AQCTLB)

EPWMxB의 출력 동작 부여를 위한 제어 레지스터로 동작 및 사용은 그림 5.28의 AQCTLA와 동일하다.

15–12	11–10	9–8
Reserved	CBD	CBU
R-0	R/W-0	R/W-0

7–6	5–4	3–2	1–0
CAD	CAU	PRD	ZRO
R/W-0	R/W-0	R/W-0	R/W-0

LEGEND: R/W = Read/Write; R = Read only; -n = value after reset

그림 5.28. AQCTLB 레지스터의 구조

3) Action-Qualifier Software Force Register(AQSFRC) - AQ의 S/W 강제 레지스터

그림 5.29의 AQSFRC는 소프트웨어적으로 강제 이벤트를 부여 하기 위한 레지스터이다. 소프트웨어적으로 이벤트를 부여하는 방법은 레지스터 입력 시 이벤트를 한번만 발생하는 방법(One-Time Software Forced Event)과 주기마다 계속 발생시키는 방법 2가지로 분류 할 수 있다. AQSFRC는 One-Time Software Forced Event를 위한 레지스터 설정(OTSFA, OTSFB, ACTSFA, ACTSFB)과 지속적 Software Forced Event 발생 시 Load 타임을 결정하는 레지스터(RLDCSF)로 구성된다. OTSFA, OTSFB는 각각 EPWMxA, B의 One-time Software forced 이벤트 발생 여부를 결정 할 수 있고, ACTSFA, ACTSFB는 One-time software 이벤트가 발생 시 EPWMxA 및 B의 출력 동작을 설정 가능하다. 각 레지스터의 세부 동작은 표 5.7을 참조하자.

표 5.7. AQSFRC 레지스터의 세부 동작

Bit 15-8 Reserved	
Bit 7-6 RLDCSF AQCSFRC Active Register Reload From Shadow Options	
00: Load on event counter equals zero	01: Load on event counter equals period
10: Load on event counter equals zero or counter equals period	11: Load immediately
Bit 5 OTSFB One-Time Software Forced Event of Output B	
0: Writing a 0 has no effect. Always reads back a 0. This bit is auto cleared once a write to this register is complete, i.e., a forced event is initiated.). This is a one-shot forced event. It can be overridden by another subsequent event on output B.	
1: Initiates a single s/w forced event	

Bit 4-3 ACTSFB Action when One-Time Software Force B is invoked	
00: Do nothing	01: Clear
10: Set	11: Toggle
Bit 2 OTSFA One-Time Software Forced Event on Output A	
0: Writing a 0 has no effect. Always reads back a 0. This bit is auto cleared once a write to this register is complete. (i.e., a forced event is initiated)	
1: Initiates a single software forced event	
Bit 1-0 ACTSFA Action when One-Time Software Force A is invoked	
00: Do nothing	01: Clear
10: Set	11: Toggle

15–8
Reserved
R-0

7–6	5	4–3	2	1–0
RLDCSF	OTSFB	ACTSFB	OTSFA	ACTSFA
R/W-0	R/W-0	R/W-0	R/W-0	R/W-0

LEGEND: R/W = Read/Write; R = Read only; -n = value after reset

그림 5.29. AQSFRC 레지스터의 구조

4) Action-Qualifier Continuous Software Force Register(AQCSFRC)

소프트웨어에 의해 강제적으로 주기적인 PWM 출력 신호를 발생하기 위한 레지스터이다. CSFA와 CSFB 레지스터를 활용하여 EPWMxA, EPWMxB 출력을 강제적으로 high, low, 또는 disabled로 설정 가능하며 software에 의한 강제 출력 자체를 disable 가능하다. 레지스터의 세부 동작에 대한 설명은 표 5.8을 참조 하자.

표 5.8. AQCSFRC 레지스터의 세부 동작

Bit 15-4 Reserved	
Bit 3-2 CSFB Continuous Software Force on	
00: Forcing disabled, i.e., has no effect	01: Forces a continuous low on output B
10: Forces a continuous high on output B	11: Software forcing is disabled and has no effect
Bit 1-0 CSFA Continuous Software Force on	
00: Forcing disabled, i.e., has no effect	01: Forces a continuous low on output A
10: Forces a continuous high on output A	11: Software forcing is disabled and has no effect

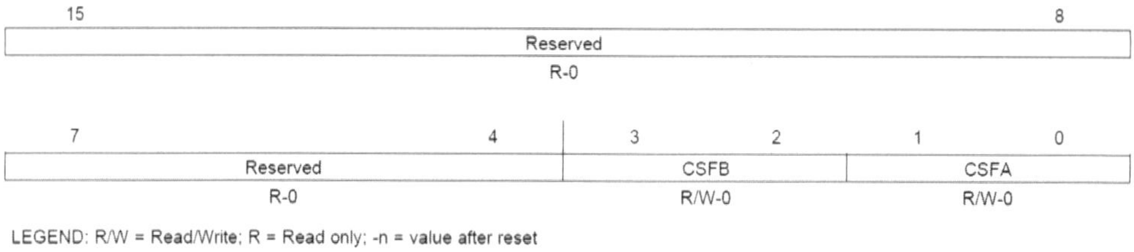

그림 5.30. AQCSFRC 레지스터의 구조

5.5. Dead-Band Generator(DB) Submodule

5.5.1. 데드 타임(Dead time)

데드 타임을 만드는 것은 스위치의 On-Off 시언 시간을 고려하여 PWM의 인가 신호에 지연을 주는 방법이다. 즉 그림 5.31(가)의 상보 동작을 하는 스위치 구조에 EPWMxA와 EPWMxB의 신호를 이용하여 On-Off 동작 명령을 인가하고 있다고 가정하자. 그러나 실제 S1과 S2의 스위치 동작은 이상적이지 않으므로 각각의 On-Off 시간을 가지게 된다. 이 경우 그림 5.31(나)의 (b)에서와 같이 상단과 하단의 스위치가 동시에 켜지는 구간이 발생하고 이때 그림 5.31의 (가)의 회로에서 직류단 상하 스위치 S1과S2가 순간 단락 회로로 구성되어 큰 단락 전류가 흘러 IGBT 회로가 파손될 우려가 생긴다.

따라서 이를 방지하는 방법으로 그림 5.31 (나)의 (b)와 같이 스위치 On-Off 신호에 색칠된 부분만큼의 지연 시간을 부여하여 상하 스위치가 동시에 On 되는 현상을 방지하게 된다. 이때 지연 시간을 데드 타임이라 정의하고 본 절에서는 ePWM 모듈에서 데드 타임을 설정하는 방법에 대하여 배우게 될 것이다. 이러한 데드 타임은 사용되는 스위칭 소자에 따라서 Dead-time을 다르게 사용자가 설정을 하여야 한다.

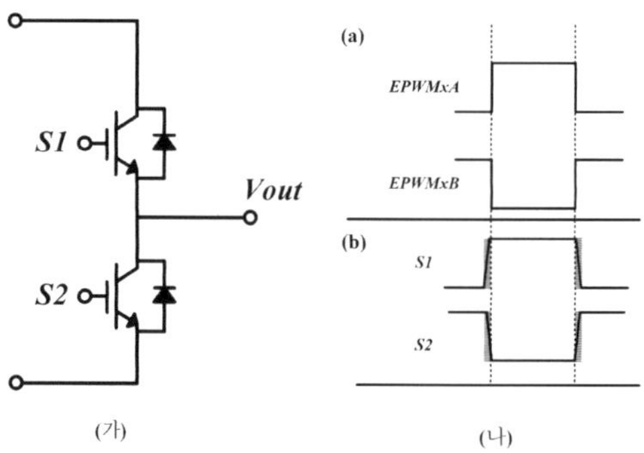

그림 5.31. PWM 인가와 데드타임 발생

5.5.2. DB 모듈의 기본 동작

데드-밴드 서브 모듈은 앞 절의 AQ 모듈에서 발생시킨 출력 EPWMxA와 EPWMxB에 데드 타임을 부여하는 모듈이다. 그림 5.32에서 알 수 있듯이 데드-밴드 서브 모듈은 펄스 신호 성격을 결정하기 위한 3단계 결정 단계를 가지고 있다.

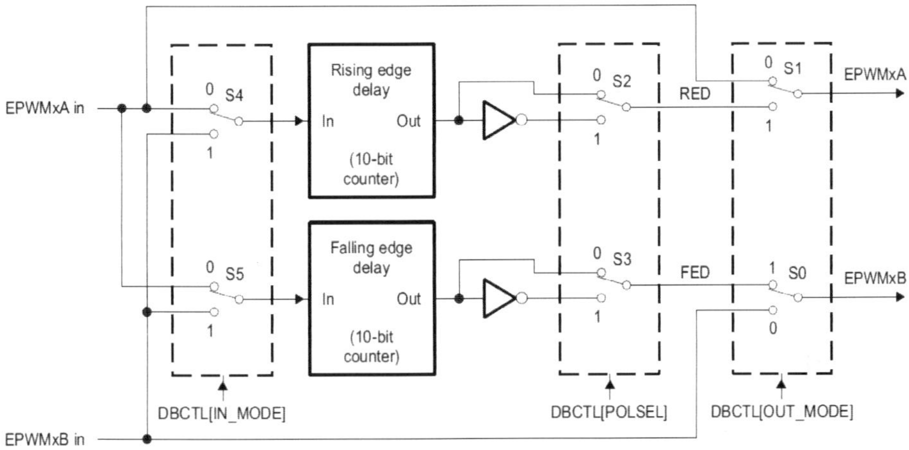

그림 5.32. DB 모듈의 동작 블록 다이어그램

- 첫 번째 단계인 DBCTL[IN_MODE] 레지스터에서 스위치 S4와 S5를 이용해서 액션-퀄리파이어 모듈에서 입력되는 신호 EPWMxA와 EPWMxB를 선택하여 라이징 엣지 지연 혹은 폴링 엣지 지연의 인가 여부를 설정 할 수 있다. DBCTL[IN_MODE] 레지스터 Bit 설정에 따른 동작은 아래와 같다.
  - [S5=0, S4=0]: EPWMxA in을 폴링 엣지 지연, EPWMxA in을 라이징 엣지 지연
  - [S5=0, S4=1]: EPWMxA in을 폴링 엣지 지연, EPWMxB in을 라이징 엣지 지연
  - [S5=1, S4=0]: EPWMxB in을 폴링 엣지 지연, EPWMxA in을 라이징 엣지 지연
  - [S5=1, S4=1]: EPWMxB in을 폴링 엣지 지연, EPWMxB in을 라이징 엣지 지연
- 두번째 단계인 DBCTL[POLSEL] 레지스터는 라이징 엣지 지연 또는 폴링 엣지 지연된 신호를 S2와 S3을 이용하여 반전 혹은 비 반전을 선택하여 다음 단계에 넘겨준다. DBCTL[POLSEL]의 Bit 설정에 따라 PWM 출력 형태를 액티브 하이 또는 액티브 로우로 선택하여 출력 가능하다. Bit 설정에 따른 출력은 아래의 설명과 같다.
  - [S3=0, S2=0]: 폴링 엣지 지연된 신호를 액티브 하이로 출력(비 반전), 라이징 엣지 지연된 신호를 액티브 하이로 출력(비 반전)
  - [S3=0, S2=1]: 폴링 엣지 지연된 신호를 액티브 하이로 출력(비 반전), 라이징 엣지 지연된 신호를 액티브 로우로 출력(반전)

- [S3=1, S2=0]: 폴링 엣지 지연된 신호를 액티브 로우로 출력(반전), 라이징 엣지 지연된 신호를 액티브 하이로 출력(비 반전)
- [S3=1, S2=1]: 폴링 엣지 지연된 신호를 액티브 로우로 출력(반전), 라이징 엣지 지연된 신호를 액티브 로우로 출력(반전)

\- 마지막으로 DBCTL[OUT_MODE] 레지스터는 S1과 S0의 스위치를 이용하여 앞의 단계에서 지연, 반전 등 가공된 신호를 사용할 지, 원 신호 EPWMxA 혹은 EPWMXB을 바이패스 시켜 사용 할지를 선택 할 수 있다. 즉 Dead-Band 인가 혹은 비인가 여부를 결정 할 수 있다.

- [S1=0, S0=0]: EPWMxA을 바이패스로 출력, EPWMxB을 바이패스로 출력
- [S1=0, S0=1]: EPWMxA을 바이패스로 출력, 폴링 엣지 지연된 신호를 출력
- [S1=1, S0=0]: 라이징 엣지 지연된 신호를 출력, EPWMxB을 바이패스로 출력
- [S1=1, S0=1]: 라이징 엣지 지연된 신호를 출력, 폴링 엣지 지연된 신호를 출력

5.5.3. DB 동작 설정 및 출력의 조합

그림 5.32의 DB 모듈은 DBCTL[IN_MODE], DBCTL[POLSEL] 그리고 DBCTL[OUT_MODE] 레지스터 설정의 조합을 통하여 다양한 출력을 발생 시킬 수 있지만 실 사용자가 주로 사용하는 조합들은 표 5.9와 같이 요약 시킬 수 있으며 그에 따른 결과는 그림 5.33과 같이 나타난다.

표 5.9. 데드타임 모듈의 레지스터 설정에 따른 PWM출력 종류

Mode	Mode Description	DBCTL[POLSEL]		DBCTL[OUT_MODE]	
		S3	S2	S1	S0
1	EPWMxA and EPWMxB Passed Through (No Delay)	X	X	0	0
2	Active High Complementary(AHC)	1	0	1	1
3	Active Low Complementary(ALC)	0	1	1	1
4	Active High(AH)	0	0	1	1
5	Active Low(AL)	1	1	1	1
6	EPWMxA Out = EPWMxA In (No Delay) EPWMxB Out = EPMWxA In with Falling Edge Delay	0 or 1	0 or 1	0	1
7	EPWMxA Out = EPWMxA In with Rising Edge Delay EPWMxB Out = EPWMxB In with No Delay	0 or 1	0 or 1	1	1

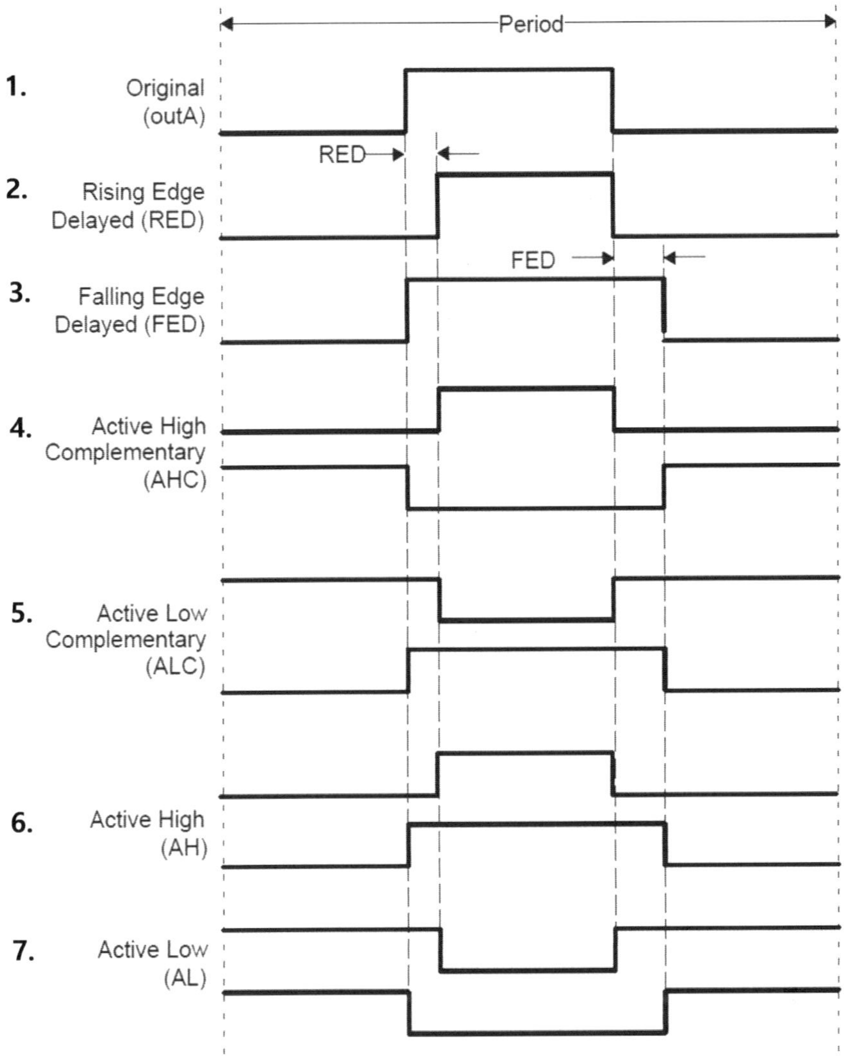

그림 5.33. DB 모듈 레지스터 설정에 따른 PWM 출력 파형

표 5.9와 그림 5.33의 동작들은 그림 5.32의 DBCTL[IN_MODE]레지스터를 [00]으로 고정하고 DBCTL[POL_SEL]과 DBCTL[OUT_MODE]을 조작하였을 때 출력 형태의 변화이다. 즉 EPWMxA를 그림 5.32의 DB 모듈 입력으로 설정하였을 시 출력 가능한 조합들의 모음이다.

- Mode 1: 그림 5.31에서 스위치 설정을 S1 = 0 및 S0 = 0으로 하였을 경우, 즉 DBCTL[OUT_MODE]=00으로 설정하여 AQ 모듈의 입력으로 들어오는 신호를 ePWM 출력으로 바이패스 시키는 모드이다. 이 경우에는 라이징 및 폴링 엣지에 데드-밴드가 적용 되지 않는다.

- Mode 2: 스위치 설정을 S3=1, S2=0, S1=1, S0=1으로 하여 EPWMxA와 B 출력이 액티브 하이의 상보적인 출력을 가지게 한다. 이는 그림 5.33의 4번에 해당한다.
- Mode 3: 스위치 설정을 S3=0, S2=1, S1=1, S0=1으로 하여 EPWMxA와 B 출력이 액티브 로우의 상보적인 출력을 가지게 한다. 이는 그림 5.33의 5번에 해당한다.
- Mode 4: 스위치 S3=0, S2=0, S1=1, S0=1 설정을 통해 EPWMxA의 출력은 EPWMxA in 신호가 라이징 엣지에서 지연되어 출력, EPWMxB 출력은 EPWMxA in의 신호가 폴링 엣지에서 지연되어 출력되게 하는 방식이다. 이는 그림 5.33의 6번에 해당한다.
- Mode 5: 스위치 S3=1, S2=1, S1=1, S0=1 설정을 통해 EPWMxA 출력은 EPWMxA in 신호가 라이징 엣지에서 지연되고 반전되어 출력, EPWMxB 출력은 EPWMxA in 신호가 폴링 엣지 지연되고 반전되어 출력되게 하는 방식이다. 이는 그림 5.33의 7번에 해당한다.
- Mode 6-7: 바이패스와 폴링 엣지 지연 혹은 바이패스와 라이징 엣지 지연을 이용, 이를 통해 그림 5.33의 2또는 3의 형태를 출력 가능하다.

이와 같이 ePWM의 데드-밴드 서브 모듈을 이용하여 PWM 출력을 게이트 드라이버 회로의 필요한 형태 또는 사용자 기호에 맞추어 응용 가능하므로 표 5.9와 그림 5.33의 동작을 잘 숙지 하여 적용하고자 하는 제어 시스템에 따라서 잘 설계하여야 한다.

5.5.4. Dead-Band 인가 시간의 결정

DB 모듈의 라이징 엣지 delay time과 폴링 엣지 delay time은 각각 DBRED와 DBFED 레지스터의 값을 입력함으로써 결정된다. 각 레지스터는 10bit 레지스터로 0 ~ 1,024의 값이 입력 가능하며 설정되는 지연 시간은 아래와 같이 계산된다.

- Rising delay: DBRED × T_{TBCLK}
- Falling delay: DBFED × T_{TBCLK}

표 5.10은 100MHz의 SYSCLKOUT 이용한다고 가정 하였을 때 TBCLK, DBFED 및 DBRED의 레지스터 설정에 따른 지연 시간을 계산한 표이다. 따라서 사용자가 PWM 펄스를 만들기 위해서 Dead-Band 시간의 결정은 표 5.10을 이용하여 해당 레지스터를 설정하면 된다.

표 5.10. DBFED 및 DBRED 설정에 따른 데드타임의 지연

Dead-Band Value	Dead-Band Delay in μS		
DBFED, DBRED	TBCLK=SYSCLKOUT/1	TBCLK=SYSCLKOUT/2	TBCLK=SYSCLKOUT/4
1	0.01μS	0.02μS	0.04μS
5	0.05μS	0.10μS	0.20μS
10	0.10μS	0.20μS	0.40μS
100	1.00μS	2.00μS	4.00μS
200	2.00μS	4.00μS	8.00μS
300	3.00μS	6.00μS	12.00μS
400	4.00μS	8.00μS	16.00μS
500	5.00μS	10.00μS	20.00μS
600	6.00μS	12.00μS	24.00μS
700	7.00μS	14.00μS	28.00μS
800	8.00μS	16.00μS	32.00μS
900	9.00μS	18.00μS	36.00μS
1000	10.00μS	20.00μS	40.00μS

5.5.5. Dead-Band Submodule Register

1) Dead-Band Generator Control Register(DBCTL)

데드-밴드 모듈의 입력 및 출력을 결정하는 레지스터로 앞 절에서 설명하였듯이 DBCTL[IN_MODE], DBCTL[POLSEL] 및 DBCTL[OUT_MODE]의 레지스터 설정을 통하여 다양한 출력을 만들어 낼 수 있다. 각 비트에 해당하는 동작 설정은 표 5.11를 참조하자.

표 5.11. DBCTL 레지스터 세부 동작

Bit 15-6 Reserved	
Bit 5-4 IN_MODE Dead Band Input Mode Control	
Bit 5 controls the S5 switch and bit 4 controls the S4 switch	
00: EPWMxA In is the source for both falling-edge and rising-edge delay	01: EPWMxB In is the source for rising-edge delayed signal. EPWMxA In is the source for falling-edge delayed signal.
10: EPWMxA In is the source for rising-edge delayed signal. EPWMxB In is the source for falling-edge delayed signal.	11: EPWMxB In is the source for both rising-edge delay and falling-edge delayed signal.

<table>
<tr><td colspan="2">Bit 3-2 POLSEL Polarity Select Control</td></tr>
<tr><td colspan="2">Bit 3 controls the S3 switch and bit 2 controls the S2 switch</td></tr>
<tr><td>00: Active high(AH) mode. Neither EPWMxA nor EPWMxB is inverted (default).</td><td>01: Active low complementary(ALC) mode, EPWMxA is inverted.</td></tr>
<tr><td>10: Active high complementary(AHC). EPWMxB is inverted.</td><td>11: Active low(AL) mode. Both EPWMxA and EPWMxB are inverted.</td></tr>
<tr><td colspan="2">Bit 1-0 OUT_MODE Dead-band Output Mode Control</td></tr>
<tr><td colspan="2">Bit 1 controls the S1 switch and bit 0 controls the S0 switch</td></tr>
<tr><td>00: Dead-band generation is bypassed for both output signals. In this mode, both the EPWMxA and EPWMxB output signals from the action-qualifier are passed directly to the PWM-chopper submodule. In this mode, the POLSEL and IN_MODE bits have no effect.</td><td>01: Disable rising-edge delay. The EPWMxA signal from the action-qualifier is passed straight through to the EPWMx Input of the PWM-chopper submodule.</td></tr>
<tr><td>10: The rising-edge delayed signal is seen on output EPWMxA. The input signal for the delay is determined by DBCTL_[IN_MODE].
Disable falling-edge delay. The EPWMxB signal from the action-qualifier is passed straight through to the EPWMxB input of the PWM-chopper submodule.</td><td>11: Dead-band is fully enabled for both rising-edge delay on output EPWMxA and falling-edge delay on output EPWMxB. The input signal for the delay is determined by DBCTL[IN_MODE].</td></tr>
</table>

2) Dead-Band Generator Rising Edge Delay Register(DBRED) and Falling Edge Delay Register(DBFED)

DBRED와 DBFED는 그림 5.34에서 알 수 있듯이 TBCLK의 클럭으로 구동되는 10bit 카운터로 구성되어있다. 이 레지스터들에 사용자가 값을 입력하면 TBCLK × Value의 시간만큼 EPWMxA or B의 신호가 지연되어 출력이 된다.

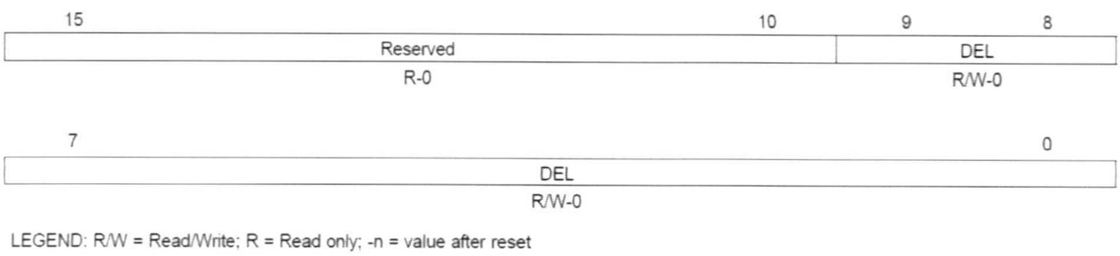

그림 5.34. DBFED 및 DBRED 레지스터 구조

5.6. PWM-Chopper(PC) Submodule

5.6.1. PC 모듈의 기본 동작

PWM-초퍼 모듈은 ePWM 모듈의 부가적인 기능을 수행하는 모듈로 PWM 신호를 더 높은 주파수의 신호로 변조하여 출력한다. 이 기능은 pulse transformer-based gate driver 등과 같이 특수한 게이트 드라이브 회로에서 주로 사용된다.

PWM-초퍼 모듈은 그림 5.35에서 알 수 있듯이 시스템 클럭(SYSCLKOUT)을 8분주한 클럭을 기본 클럭으로 사용한다. PCCTL[CHPFREQ], PCCTL[CHPDUTY] 레지스터를 이용하여 기본 클럭을 추가 분주 가능하고 클럭의 펄스 폭도 조절 가능하다. 이렇게 하여 발생된 클럭 PSCLK와 액션-퀄리파이어 모듈 또는 DB 모듈에서 입력된 PWM 신호와 AND 연산을 통하여 잘게 분주된 PWM 펄스 생성이 가능하다. 또한 One shot 블록이 존재하여 스위치 On 시 충분한 에너지를 줄 수 있는 첫 펄스를 발생 시킬 수 있다. 첫 펄스의 크기는 PCCTL[OSHTWTH] 레지스터를 이용하여 조절이 가능하며 최종적으로 PCCTL[CHPEN]을 통하여 PC 모듈에서 생성된 신호 또는 입력된 EPWMxA, EPWMxB 신호를 바이패스 하여 출력 할 수 있다. PC 모듈의 동작은 그림 5.36과 그림 5.37에서 확인하면 이해가 쉬울 것이다.

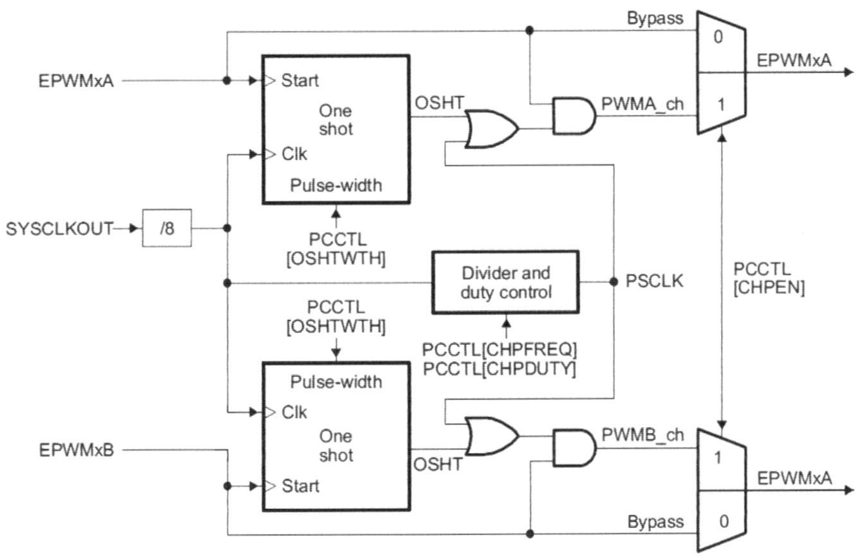

그림 5.35. PC 모듈 동작 블록다이어그램

그림 5.36은 EPWMxA과 EPWMxB의 출력을 짧게 분주하여 생성한 PWM-초퍼 모듈 기본 동작의 예를 보여주고, 그림 5.37은 짧게 분주하였기 때문에 스위치를 On 시키기 위한 에너지를 공급하지 못함을 염두에 두고 One shot 기능을 추가한 PC 모듈의 출력을 보여준다.

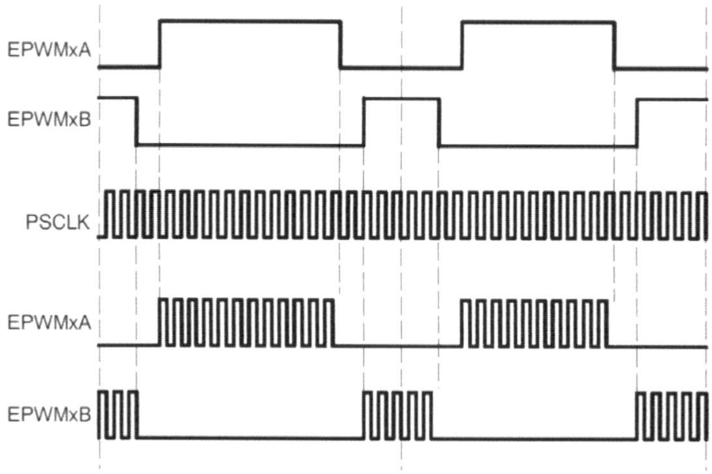

그림 5.36. PC모듈의 Chopping 동작의 예

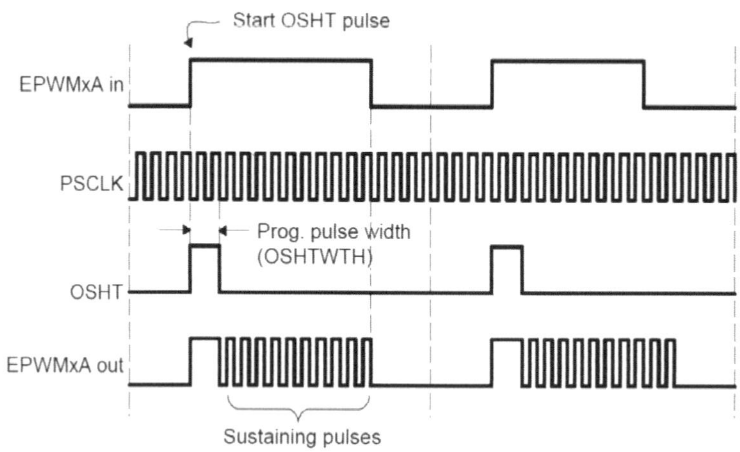

그림 5.37. One-shot 펄스 생성과 ePWM 출력 파형

5.6.2. One Shot pulse 생성

One shot 블록은 그림 5.37에서 알 수 있듯이 EPWMxA과 EPWMxB 신호를 입력 신호로 받아들이고 SYSCLKOUT/8의 클럭을 받아 구동된다. OSHTWTH에 입력 가능한 값은 0~15이며 이는 각각 1~16값을 가진다. 만약 OSHTWTH에 9의 값을 가진다면 EPWMxA신호 입력 시 10 클럭 동안 펄스를 하이로 출력 후 로우로 떨어지게 된다. 그림 5.37과 같이 생성된 OSHT 신호는 PSCLK와 OR 연산 되고 EPWMxA와 AND 연산 되어 최종 EPWMxA out 신호를 발생 시키며 EPWMxB도 같은 방법으로 PWM 신호를 만들어 낼 수 있다.

One shot 펄스의 폭은 아래와 같이 계산 할 수 있고 SYSCLKOUT = 100Mhz로 동작한다고 가정하였을 때 OSHTWTH입력에 따른 펄스 폭은 표 5.12와 같이 정리되었다.

$$T_{1stpulse} = T_{SYSCLKOUT} \times 8 \times OSHTWTH$$

표 5.11. DBCTL 레지스터 세부 동작

OSHTWTHz (hex)	Pulse Width (nS)
0	80
1	160
2	240
3	320
4	400
5	480
6	560
7	640
8	720
9	800
A	880
B	960
C	1040
D	1120
E	1200
F	1280

5.6.3. 듀티 사이클의 제어

PWM-초퍼 모듈은 추가로 PSCLK의 펄스 폭도 조절 가능하다. PCCTL[CHPDUTY] 레지스터에 0~7의 값을 입력 가능하고 이는 각각 PSCLK 한 주기의 1/8~7/8의 펄스 폭을 가진다. 그림 5.38과 같이 PSCLK의 펄스 한 주기를 PSCLK라고 정의하면 PSCLK의 펄스폭은 1/8 Duty(12.5%) ~ 7/8 Duty(87.5%)까지 변화 시킬 수 있음을 확인 할 수 있다.

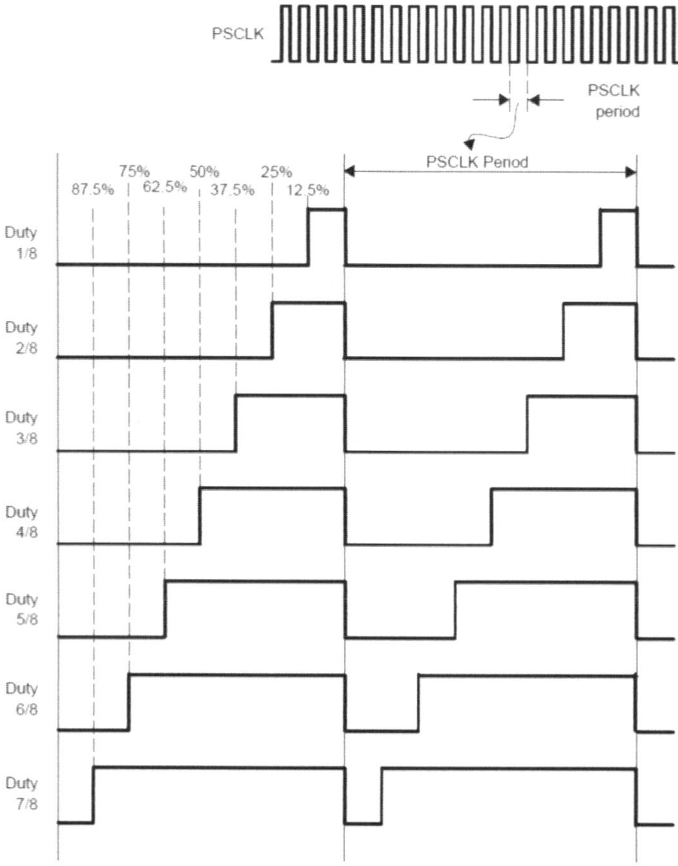

그림 5.38. PSCLK 분주

5.6.4. PWM-Chopper Control Register(PCCTL)

초퍼 서브 모듈은 그림 5.39과 같이 PCCTL 레지스터를 설정 함으로써 제어 가능하다. 초퍼 서브 모듈은 표 5.13과 같이 CHPDUTY, CHPFREQ, OSHTWTH 그리고 CHPEN의 레지스터로 구성된다. 기본적으로 초퍼 서브 모듈은 시스템 클럭의 1/8 기본 구동 클럭으로 사용하는데 CHPREQ에서 이를 레지스터 설정에 따라 1~8까지 분주하여 사용 가능하며 이는 PSCLK로 명명된다. CHPDUTY에서는 PSCLK의 폭을 결정 할 수 있고, PSCLK는 EPWMxA 또는 EPWMxB와 합성하여 잘게 나누어진 PWM 신호를 발생한다. OSHTWTH는 레지스터 설정을 통해 잘게 나누어진 PWM 첫 펄스의 듀티 폭을 설정 하여 변경할 수 있다. 마지막으로 CHPEN은 초퍼 서브 모듈의 사용 여부를 설정 할 수 있다.

표 5.13. PCCTL 레지스터의 세부 동작

Bit 15-11 Reserved	
Bit 10-8 CHPDUTY Chopping Clock Duty Cycle	
000: Duty = 1/8 (12.5%) 001: Duty = 2/8 (25.0%) 010: Duty = 3/8 (37.5%) 011: Duty = 4/8 (50.0%) 100: Duty = 5/8 (62.5%) 101: Duty = 6/8 (75.0%) 110: Duty = 7/8 (87.5%) 111: Reserved	
Bit 7-5 CHPFREQ Chopping Clock Frequency	
000: Divide by 1 (no prescale, = 12.5 MHz at 100 MHz SYSCLKOUT) 001: Divide by 2 (6.25 MHz at 100 MHz SYSCLKOUT) 010: Divide by 3 (4.16 MHz at 100 MHz SYSCLKOUT) 011: Divide by 4 (3.12 MHz at 100 MHz SYSCLKOUT) 100: Divide by 5 (2.50 MHz at 100 MHz SYSCLKOUT) 101: Divide by 6 (2.08 MHz at 100 MHz SYSCLKOUT) 110: Divide by 7 (1.78 MHz at 100 MHz SYSCLKOUT) 111: Divide by 8 (1.56 MHz at 100 MHz SYSCLKOUT)	
Bit 4-1 OSHTWTH One-Shot Pulse Width	
0000: 1 x SYSCLKOUT / 8 wide (= 80 nS at 100 MHz SYSCLKOUT) 0001: 2 x SYSCLKOUT / 8 wide (= 160 nS at 100 MHz SYSCLKOUT) 0010: 3 x SYSCLKOUT / 8 wide (= 240 nS at 100 MHz SYSCLKOUT) 0011: 4 x SYSCLKOUT / 8 wide (= 320 nS at 100 MHz SYSCLKOUT) 0100: 5 x SYSCLKOUT / 8 wide (= 400 nS at 100 MHz SYSCLKOUT) 0101: 6 x SYSCLKOUT / 8 wide (= 480 nS at 100 MHz SYSCLKOUT) 0110: 7 x SYSCLKOUT / 8 wide (= 560 nS at 100 MHz SYSCLKOUT) 0111: 8 x SYSCLKOUT / 8 wide (= 640 nS at 100 MHz SYSCLKOUT) 1000: 9 x SYSCLKOUT / 8 wide (= 720 nS at 100 MHz SYSCLKOUT) 1001: 10 x SYSCLKOUT / 8 wide (= 800 nS at 100 MHz SYSCLKOUT) 1010: 11 x SYSCLKOUT / 8 wide (= 880 nS at 100 MHz SYSCLKOUT) 1011: 12 x SYSCLKOUT / 8 wide (= 960 nS at 100 MHz SYSCLKOUT) 1100: 13 x SYSCLKOUT / 8 wide (= 1040 nS at 100 MHz SYSCLKOUT) 1101: 14 x SYSCLKOUT / 8 wide (= 1120 nS at 100 MHz SYSCLKOUT) 1110: 15 x SYSCLKOUT / 8 wide (= 1200 nS at 100 MHz SYSCLKOUT) 1111: 16 x SYSCLKOUT / 8 wide (= 1280 nS at 100 MHz SYSCLKOUT)	
Bit 0 CHPEN PWM-chopping Enable	
0: Disable (bypass) PWM chopping function	1: Enable chopping function

15 – 11	10 – 8
Reserved	CHPDUTY
R-0	R/W-0

7 – 5	4 – 1	0
CHPFREQ	OSHTWTH	CHPEN
R/W-0	R/W-0	R/W-0

LEGEND: R/W = Read/Write; R = Read only; -n = value after reset

그림 5.39. PCCTL 레지스터 구성

5.7. Trip-Zone(TZ) Submodule

5.7.1. TZ 모듈의 기본 동작

트립-존 모듈은 GPIO핀으로부터 고장 또는 트립과 같은 외부 신호를 받아들여 PWM 출력을 제한하는 기능을 한다. 트립-존 모듈은 그림 5.40과 같이 $\overline{TZ}1$~$\overline{TZ}6$(GPIO21, GPIO24~28)의 GPIO핀을 통하여 입력을 받고 TZSEL 레지스터를 이용하여 각각 핀의 사용 유무를 설정 할 수 있다. 6개의 핀 중 어느 하나의 핀이라도 trip 신호가 입력 되었을 때는 OR 게이트를 통해서 trip 이벤트가 발생한다. 이런 trip zone의 입력 핀은 노이즈에 강한 active low 타입으로 사용하게 권장되어 있다. Trip 이벤트가 발생하면 시스템은 최소한 1 SYSCLKOUT 시간 안에 trip을 감지하여 trip 이벤트를 발생 시킨다. Trip 이벤트가 발생 하였을 시 이벤트를 처리하는 방법은 그림 5.40과 같이 크게 Cycle-By-Cycle 모드와 One-Shot 모드로 나눌 수 있으며 모드의 입력을 위한 핀 구성은 각각 TZSEL[CBC1 to CBC6]과 TZSEL[OSHT1 to OSHT6]으로 설정 할 수 있다.

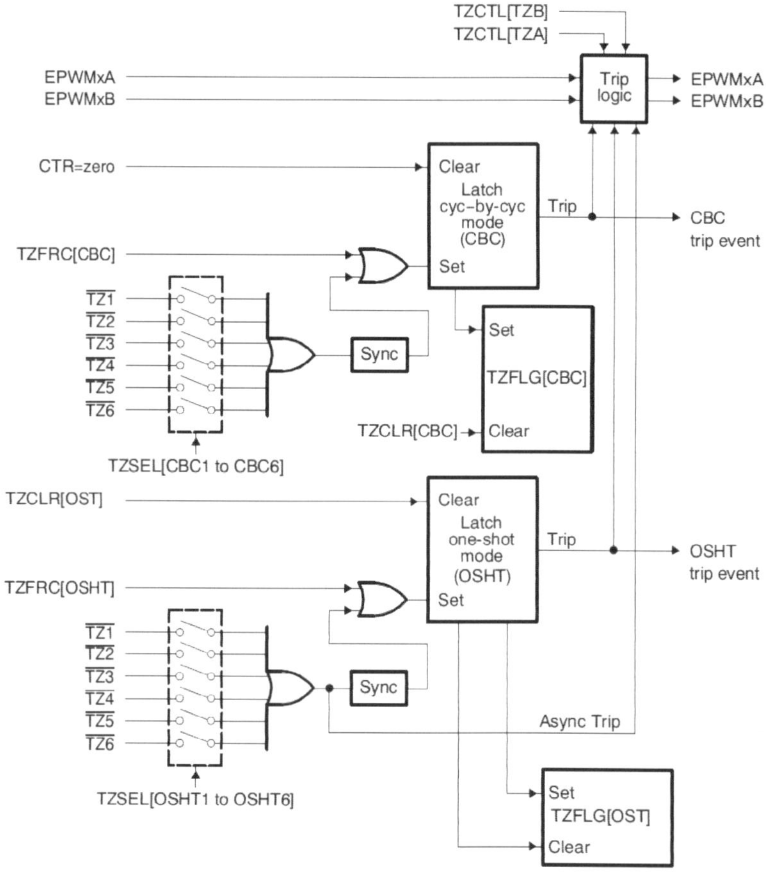

그림 5.40. Trip zone 서브 모듈의 제어 로직

1) Cycle-by-Cycle(CBC)

CBC 모드는 주기적으로 trip 이벤트를 발생하고 clear 시키는 모드로써 주로 over-current, over-speed 그리고 over-voltage와 같은 trip의 발생에 사용 가능하다. 그림 5.39에서 CBC trip 이벤트가 발생하면 즉시 TZCTL 레지스터 설정에 따라 EPWMxA, EPWMxB의 출력을 셋, 클리어, 하이 임피던스 상태로 변화시키거나 또는 유지를 할 수 있다. 또한 CBC trip event flag(TZFLG[CBC])를 set 시키고 인터럽트 사용 여부에 따라 EPWMx_TZINT 인터럽트를 발생시킬 수 있다. 이렇게 발생한 trip 이벤트는 외부 trip 조건이 clear 되었고 ePWM 카운터(CTR)가 CTR = Zero 되었을 때 자동적으로 clear 된다. 하지만 TZFLG[CBC]레지스터는 문제가 해결되고 난 이후에 TZCLR[CBC]레지스터에 1을 입력하여 clear 시켜 주어야 한다.

2) One-Shot(OSHT)

OSHT 모드는 trip 이벤트 발생 후 사용자가 clear 시키지 않는 이상 계속하여 trip 이벤트가 유지되는 모드로써 주로 스위치 소자의 open circuit fault와 short circuit fault 등으로 시스템이 더이상 동작하기 힘든 경우에 사용된다.

그림 5.40의 OSHT모드도 CBC 모드와 마찬가지로 Trip zone으로 OSHT trip 이벤트가 발생하면 TZCTL 레지스터에 의하여 EPWMxA와 EPWMxB의 출력이 결정된다. 또한 OSHT trip 이벤트 flag(TZFLG[OST])가 set 되고 EPWMx_TZINT 인터럽트를 발생시킬 수 있다. OSHT trip 이벤트는 사용자가 수동으로 TZCLR[OST]bit를 설정함으로써 clear 시킬 수 있다.

Trip 이벤트 발생 시 PWM 각 채널 출력의 동작은 TZCTL[TZA]와 TZCTL[TZB] bit를 설정함으로써 가능하다. 각 레지스터 설정에 따른 출력 동작은 표 5.14와 같이 하이 임피던스, 강제 하이 상태, 강제 로우 상태 또는 원 신호 그래도 출력을 선택 할 수 있다.

표 5.14. Trip 이벤트 발생 시 출력 가능한 동작 상태

TZCTL[TZA] and/or TZCTL[TZB]	EPWMxA and/or EPWMxB	Comment
0,0	High-Impedance	Tripped
0,1	Force to High Stage	Tripped
1,0	Force to Low State	Tripped
1,1	No Change	Do Nothing. No change is made to the output

5.7.2. Trip-Zone Interrupt 발생

그림 5.41 은 TZ 모듈에서 trip 이벤트 발생 시 인터럽트를 발생시키기 위한 블록 다이어그램이다. CBC 모드 또는 OSHT 모드를 통하여 trip event가 발생하면 TZFLG[CBC], TZFLG[OST]의 flag가 set이 된다. 이때 TZEINT[CBC]와 TZEINT[OST]레지스터가 1로 설정되어 있으면 OR회로를 통과하여 인터럽트 발생을 허용하게 되어 PIE에 인터럽트 신호를 인가하는 동시 TZFLG[INT]의 인터럽트 발생 flag를 set 시킨다. TZLFLG[INT]가 set이 되면 더 이상의 trip 이벤트가 발생하더라도 인터럽트를 발생하지 못하며 TZLFLG[INT]가 TZCLR[INT]에 의하여 clear 되어야만 이 후의 인터럽트를 발생 할 수 있다. 따라서 TZFLG[INT]가 clear 되었을 시 TZFLG[CBC]또는 TZFLG[OST]가 set 되어 있다면 또 다른 인터럽트가 발생하게 된다.

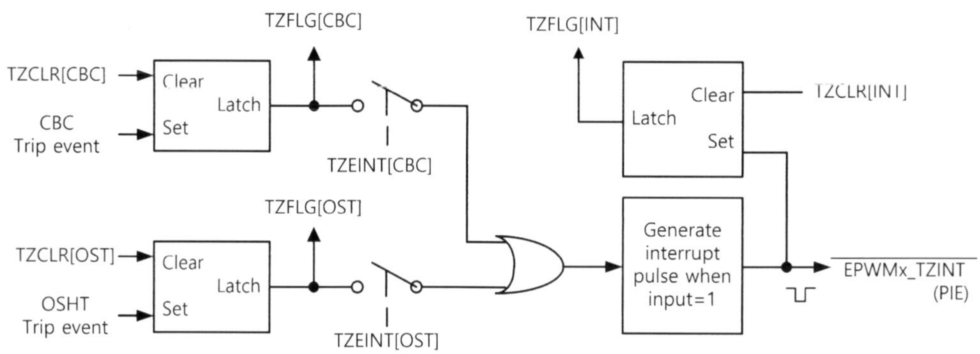

그림 5.41. Trip zone 서브 모듈의 인터럽트 발생 블록 다이어그램

5.7.3. Trip-Zone Submodule Control and Status Register

1) Trip-Zone Select Register(TZSEL)

TZSEL(Trip-zone select register)은 그림 5.40에서 알 수 있듯이 6Ch의 GPIO Pin으로부터 입력되는 trip신호를 $\overline{TZ1}$~$\overline{TZ6}$의 trip zone 신호로 입력 여부를 결정 할 수 있다. 그리고 각각 CBC(cycle-by-cycle)모드 또는 OSHT(One-Shot)모드의 입력으로 설정 할 수 있으며 그림 5.42에서 TZSEL 레지스터 각각 해당하는 bit에 0을 입력 시 disable, 1을 입력 시 enable 시킬 수 있다.

15	14	13	12	11	10	9	8
Reserved		OSHT6	OSHT5	OSHT4	OSHT3	OSHT2	OSHT1
R-0		R/W-0	R/W-0	R/W-0	R/W-0	R/W-0	R/W-0

7	6	5	4	3	2	1	0
Reserved		CBC6	CBC5	CBC4	CBC3	CBC2	CBC1
R-0		R/W-0	R/W-0	R/W-0	R/W-0	R/W-0	R/W-0

LEGEND: R/W = Read/Write; R = Read only; -n = value after reset

그림 5.42. TZSEL 레지스터의 구성

2) Trip-Zone Control Register(TZCTL)

TZCTL은 trip event가 발생하였을 시 EPWMxA과 EPWMxB 출력으로 동작을 각각 설정할 수 있다. 설정 가능한 동작은 표 5.15와 같고 레지스터 구조는 그림 5.43와 같다.

표 5.15. TZCTL 레지스터의 세부 동작

Bit 15-4 Reserved 비어 있음	
Bit 3-2 TZB When a trip event occurs the following action is take on output EPWMxB 트립 이벤트가 발생할 때 출력 EPWMxB에서 다음 동작이 발생함.	
00: High Impedance (EPWMxB = High-impedance state) 하이 임피던스 (EPWMxB = 하이임피던스 상태)	01: Force EPWMxB to a high state EPWMxB를 강제로 하이 상태로 출력
10: Force EPWMxB to a low state EPWMxB를 강제로 로우 상태로 출력	11: Do nothing. No action is taken on EPWMxB 아무것도 하지 않음. EPWMxB에 어떤 행동도 하지 않음.
Bit 1-0 TZA When a trip event occurs the following action is take on output EPWMxA 트립 이벤트가 발생할 때 출력 EPWMxA에서 다음 동작이 발생함	
00: High Impedance (EPWMxA = High-impedance state) 하이 임피던스 (EPWMxA = 하이임피던스 상태)	01: Force EPWMxA to a high state EPWMxA를 강제로 하이 상태로 출력
10: Force EPWMxA to a low state EPWMxA를 강제로 로우 상태로 출력	11: Do nothing. No action is taken on EPWMxA 아무것도 하지 않음. EPWMxA에 어떤 행동도 하지 않음.

15 - 8
Reserved
R-0

7 - 4	3 - 2	1 - 0
Reserved	TZB	TZA
R-0	R/W-0	R/W-0

LEGEND: R/W = Read/Write; R = Read only; -n = value after reset

그림 5.43. TZCTL 레지스터의 구성

3) Trip-Zone Enable Interrupt Register(TZEINT)

그림 5.44의 TZEINT는 각각의 CBC trip event 또는 OST trip event 발생 시 인터럽트 발생 여부를 결정할 수 있다. TZEINT[CBC] 레지스터에 0을 입력 하면 인터럽트 발생을 disable 할 수 있고 1을 입력하면 EPWMx_TZINT PIE 인터럽트를 발생 할 수 있다. 마찬가지로 TZEINT[OST] 레지스터에 0을 입력 하면 인터럽트 발생을 disable하고, 1을 입력 하면 EPWMxTZINT PIE를 발생 할 수 있다.

15–8
Reserved
R -0

7–3	2	1	0
Reserved	OST	CBC	Reserved
R-0	R/W-0	R/W-0	R-0

LEGEND: R/W = Read/Write; R = Read only; -n = value after reset

그림 5.44. TZEINT 레지스터의 구성

4) Trip-Zone Flag Register(TZFLG)

Trip-zone의 플래그 레지스터는 그림 5.41에서 TZFLG[INT], TZFLG[CBC] 그리고 TZFLG[OST]가 해당된다. 그림 5.45의 TZFLG[INT]는 EPWMx_TZINT가 발생 하였을 시 1로 셋 되고 TZCLR[INT]를 통하여 0으로 클리어 시킬 수 있다. TZFLG[CBC]는 CBC 모드에서 trip 이벤트가 발생하면 1로 셋 되고 사용자가 TZCLR[CBC]를 사용하여 0으로 클리어 시킬 수 있다. 마지막으로 TZFLG[OST]는 OST 모드에서 trip 이벤트 발생 시 1로 셋이 되며 사용자가 TZCLR[OST]를 사용하여 0으로 클리어 시킬 수 있다.

15–8
Reserved
R-0

7–3	2	1	0
Reserved	OST	CBC	INT
R-0	R-0	R-0	R-0

LEGEND: R/W = Read/Write; R = Read only; -n = value after reset

그림 5.45. TZFLG 레지스터의 구성

5) Trip-Zone Clear Register(TZCLR)

그림 5.46 의 TZCLR 레지스터는 Trip-zone의 래치(latch)들을 clear 시켜주는 역할을 한다. 각각의 TZFLG[CBC]. TZFLG[OST], TZFLG[INT]의 flag를 clear 가능하며 0을 입력할 때는 아무런 영향이 없고, 1을 입력 하면 clear 하게 된다.

15				8
Reserved				
R-0				

7	3	2	1	0
Reserved		OST	CBC	INT
R-0		R/W-0	R/W-0	R/W-0

LEGEND: R/W = Read/Write; R = Read only; -n = value after reset

그림 5.46. TZCLR 레지스터의 구성

6) Trip-Zone Force Register(TZFRC)

TZFRC는 Trip zone의 트립 이벤트를 소프트웨어적으로 인가하기 위한 레지스터이다. 그림 5.40의 TZFRC[CBC]와 TZFRC[OSHT]에 해당한다. TZFRC[OST]에 1을 입력하면 OSHT trip 이벤트를 발생 시키고 TZFLG[OST] 레지스터를 set 시킨다. 또한 TZFRC[CBC]에 1을 입력하면 주기적으로 발생 가능한 CBC trip 이벤트를 발생시키고 TZFLG[CBC] 레지스터를 set 시킨다. 이와 관련된 그림 5.47의 TZFRC레지스터의 1과 2비트를 설정하면 된다.

15				8
Reserved				
R-0				

7	3	2	1	0
Reserved		OST	CBC	Reserved
R-0		R/W-0	R/W-0	R- 0

LEGEND: R/W = Read/Write; R = Read only; -n = value after reset

그림 5.47. TZFCR 레지스터의 구성

5.8. Event-Trigger(ET) Submodule

5.8.1. ET 모듈의 기본 동작

이벤트-트리거 모듈은 타임-베이스이나 카운터-컴페어 모듈에서 발생하는 각각의 이벤트에 대하여 인터럽트 또는 SOC(start of conversion) 의 신호를 발생하는 모듈이다. 발생된 인터럽트는 PIE 구조에 의하여 CPU에 전달되고, 발생된 SOC 신호는 내부 ADC 또는 외부에 장착된 ADC의 SOC신호로 활용 할 수 있다. 이벤트 모듈의 동작 설정을 위한 레지스터 구성은 그림 5.48과 같이 5개의 레지스터로 구성되고 이는 카운터에서 발생하는 6개의 이벤트 신호를 받아서 인터럽트 또는 SOC를 발생하게 된다.

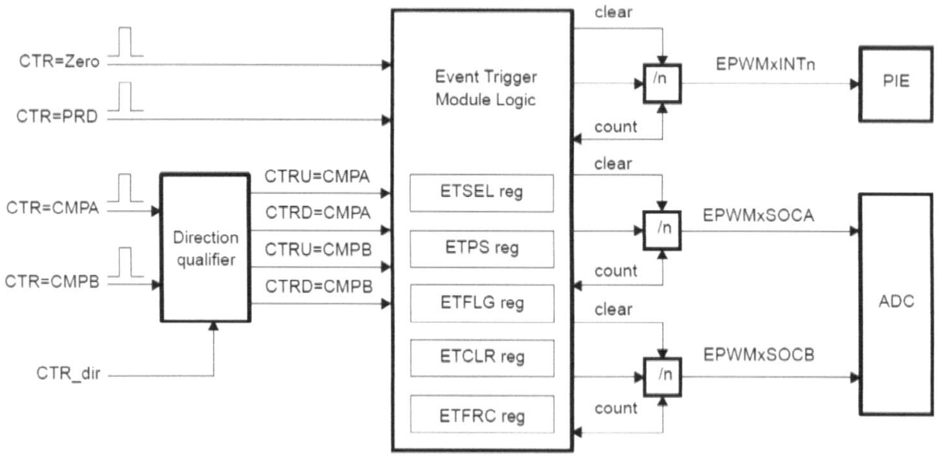

그림 5.48. ET 모듈의 동작 블록 다이어그램

이벤트-트리거 모듈의 동작 블록 다이어그램은 그림 5.49과 같다. 우선 타임-베이스 모듈과 카운터-컴페어 모듈에서 입력되는 event는 아래의 6가지이다.

- CTR = Zero
- CTR = PRD
- CTRU = CMPA (CAU)
- CTRD = CMPA (CAD)
- CTRU = CMPB (CBU)
- CTRD = CMPB (CBD)

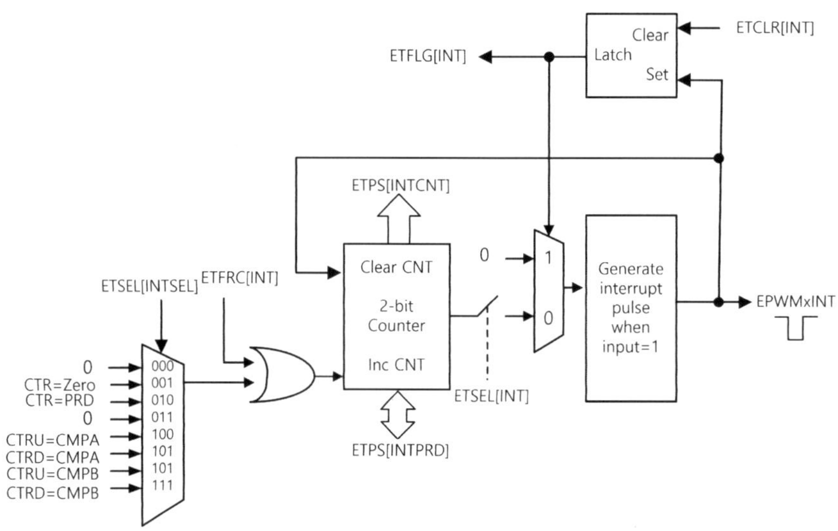

그림 5.49. ET모듈의 인터럽트 생성 블록 다이어그램

ETSEL[INTSEL]의 설정을 통하여 6가지 event 중 하나를 입력으로 선택 할 수 있고 이는 소프트웨어적으로 발생한 event(ETFRC[INT])와 OR로 연결되어 2-bit 카운터에 입력되게 된다. 2-bit 카운터(ETPS[INTCNT])는 최대 0부터 3까지 동작하는 카운터이며 주기의 설정은 ETPS[INTPRD]를 통하여 할 수 있다. ETPS[INTCNT]의 카운터가 ETPS[INTPRD]와 같게 되면 카운터의 출력이 set이 된다. ETPS[INTPRD]의 설정에 따른 event 입력과 출력의 관계는 아래와 같다.

- ETPS[INTPRD] = 00: 인터럽트를 발생 안 함.
- ETPS[INTPRD] = 01: event 발생 시 마다 출력을 set
- ETPS[INTPRD] = 10: 2번째 event 입력 시 출력을 set.
- EPTS[INTPRD] = 11: 3번째 event 입력 시 출력을 set.

ETPS[ITNCNT]의 출력이 set이 되었을 경우 인터럽트 발생은 인터럽트 발생 여부를 설정하는 레지스터 ETSEL[INT]와 인터럽트(EPWMxINT) 발생 시 latch되는 flag 레지스터 ETFLG[INT]의 상태에 따라 인터럽트 출력이 결정되게 된다.

- ETSEL[INTEN] = 1과 ETFLG[INT] = 0이면 EPWMxINT가 발생하고 ETFLG[INT]는 1로set이된다. 또한 ETPS[INTCNT] = 0으로 clear 된다.
- ETSET[INTEN] = 0 또는 ETFLG[INT] = 1이면 EPWMxINT는 발생하지 않고 ETPS[INTCNT] = ETPS[INTPRD]의 상태로 정지된다.

EPWMxINT가 발생 하였고 ETFLG[INT]가 set이 되면 ETPS[INTCNT]의 출력은 ETFLG[INT]가 clear 될 때까지 하이를 유지한다. 이때 ETFLG[INT]를 clear 하기 위해서는 ETCLR[INT]에 1을 입력해야만 한다. 위와 같은 동작은 한 인터럽트 수행 중에 추가적인 인터럽트 발생을 막기 위하여 사용하고 있다. 만약 ePWM 레지스터가 적절하게 초기화 되지 않아 비정상적인 인터럽트가 발생 하였고 ETFLG[INT]가 셋이 되었을 가능성이 있다면 아래의 절차대로 ePWM을 초기화해야 한다.

- 글로벌 인터럽트를 해제(CPU INTM flag)
- ePWM 인터럽트를 해제
- 주변 레지스터들의 초기화
- ETFLG[INT] 플래그를 클리어
- ePWM 인터럽트 재 시작
- 글로벌 인터럽트 재 시작

5.8.2. SOC Event Trigger

SOC ET 모듈은 EPWMxINT 인터럽트 발생 이외에 ADC의 SOC 신호 발생이 가능하다. ePWM 한 모듈 당 EPWMxSOCA, EPWMxSOCB 두 개의 SOC 신호를 발생 가능 하다. 각각의 모듈에서 출력된 EPWMxSOCA와 EPWMxSOCB 신호는 각각 그림 5.50와 같이 OR을 통해 3Ch씩 묶어서 외부로 발생 시킨다. 이때 EXTSOC POLSEL 레지스터를 이용하여 극성을 선택할 수 있다.

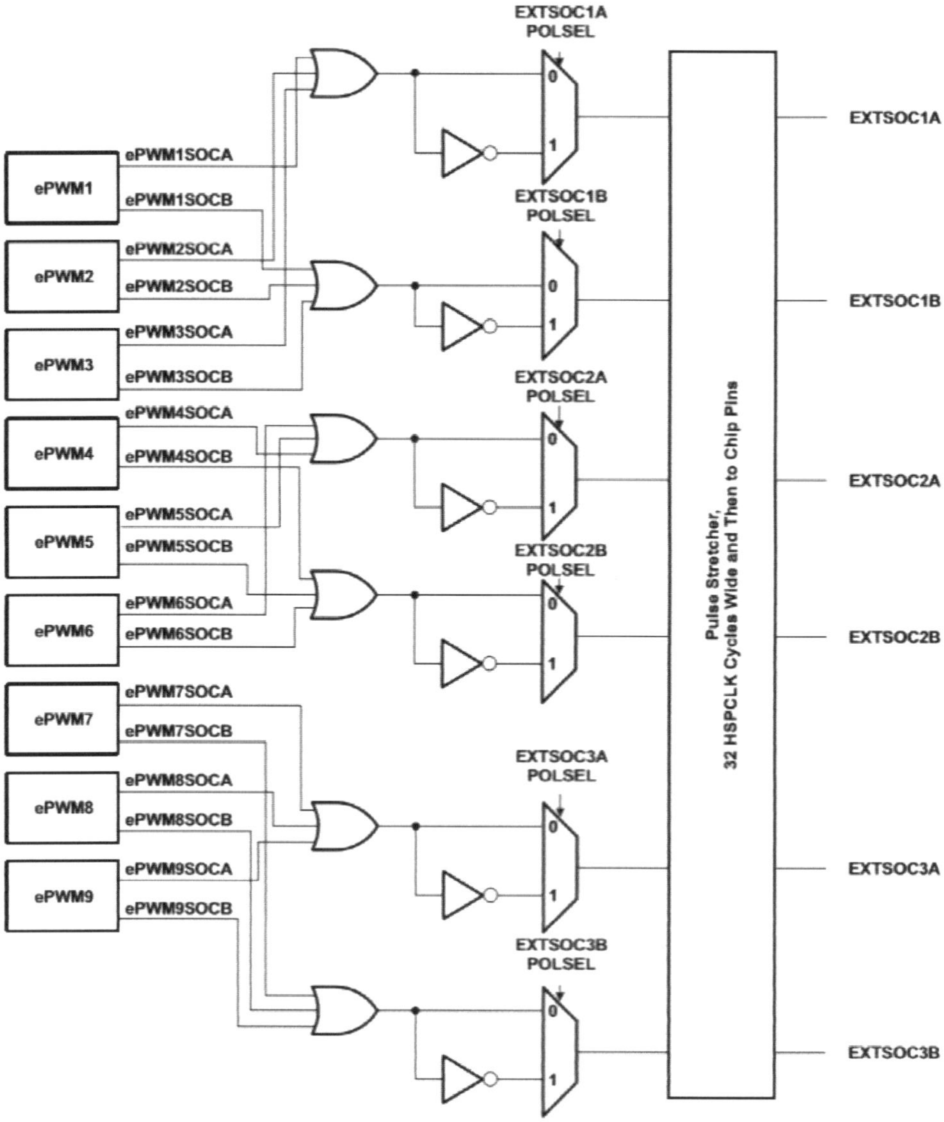

그림 5.50. 이벤트 트리거 서브 모듈의 SOC와 인터럽트 신호의 내부 결선도

SOC 신호 발생을 위한 레지스터는 그림 5.51와 같고 동작 구조는 인터럽트 이벤트 발생 레지스터(그림 5.49)와 동일함을 알 수 있다. ETSEL[SOCASEL] 레지스터를 통하여 PWM 모듈에서 발생 가능한 6가지 이벤트를 SOC(start of conversion)의 소스 원으로 선택 가능하다. 또한 ETFRC[SOCA]를 이용하여 소프트웨어적으로 강제 SOC신호를 발생 시킬 수 있다. ETPS[SOCACNT]와 ETPS[SOCAPRD]를 이용하여 입력 대비 SOC 발생 빈도수를 설정 할 수 있고, ETSEL[SOCAEN]을 이용하여 최종적으로 SOC 발생 여부를 결정 할 수 있다. SOC가 발생한다면 ETFLG[SOCA]가 set이 되며 ETCLR[SOCA]를 이용하여 clear 가능하다. 이 SOC 발생 모듈은 각각의 SOCA와 SOCB를 발생하기 위한 2개의 모듈로 구성되어 있다.

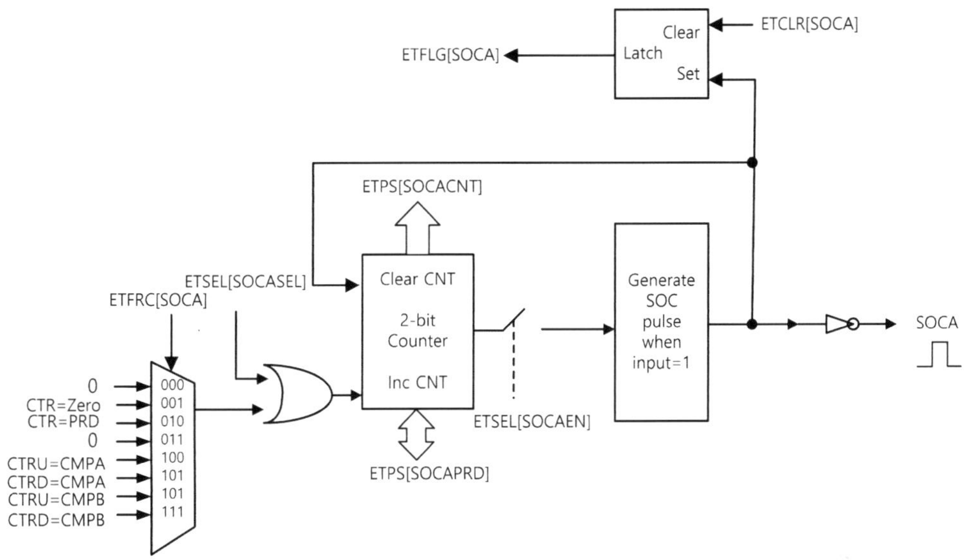

그림 5.51. ET 모듈의 SOC 생성 블록 다이어그램

5.8.3. Event-Trigger Submodule Register

1) Event-Trigger Selection Register(ETSEL)

Event 발생 조건 선정 및 event가 입력 되었을 때 출력으로 EPWMx_INT, EPWMxSOCA 그리고EPWMxSOCB event의 발생 여부를 결정 할 수 있다. 이 EVENT 발생을 위한 ETSEL 레지스터 설정을 위한 구체적인 내용은 표 5.16 및 그림 5.52에 나타나져 있다.

표 5.16. ETSEL 레지스터의 세부 동작

Bit 15 SOCBEN Enable the ADC start of Conversion B (EPWMxSOCB) pulse	
0 : Disable EPWMxSOCB	1 : Enable EPWMxSOCB
Bit 14-12 SOCBSEL EPWMxSOCB Selection Options	
000: Reserved	001: Enable event TBCTR = 0x0000
010: Enable event TBCTR = TBPRD	011: Reserved
100: Enable event TBCTR = CMPA(CAU)	101: Enable event TBCTR = CMPA(CAD)
110: Enable event TBCTR = CMPB(CBU)	111: Enable event TBCTR = CMPA(CBD)
Bit 11 SOCAEN Enable the ADC star of Conversion A (EPWMxSOCA) pulse	
0 : Disable EPWMxSOCA	1 : Enable EPWMxSOCA
Bit 10-8 SOCASEL EPWMxSOCA Selection Options	
000: Reserved	001: Enable event TBCTR = 0x0000
010: Enable event TBCTR = TBPRD	011: Reserved
100: Enable event TBCTR = CMPA(CAU)	101: Enable event TBCTR = CMPA(CAD)
110: Enable event TBCTR = CMPB(CBU)	111: Enable event TBCTR = CMPA(CBD)
Bit 7-4 Reserved	
Bit 3 INTEN Enable ePWM Interrupt (EPWMxINT) Generation	
0 : Disable EPWMxINT generation	1 : Enable EPWMxINT generation
Bit 2-0 INTSEL ePWM Interrupt (EPWMxINT) Selection Option	
000: Reserved	001: Enable event TBCTR = 0x0000
010: Enable event TBCTR = TBPRD	011: Reserved
100: Enable event TBCTR = CMPA(CAU)	101: Enable event TBCTR = CMPA(CAD)
110: Enable event TBCTR = CMPB(CBU)	111: Enable event TBCTR = CMPA(CBD)

15	14 12	11	10 8
SOCBEN	SOCBSEL	SOCAEN	SOCASEL
R/W-0	R/W-0	R/W-0	R/W-0

7 4	3	2 0
Reserved	INTEN	INTSEL
R-0	R/W-0	R/W-0

LEGEND: R/W = Read/Write; R = Read only; -n = value after reset

그림 5.52. ETSEL 레지스터의 구성

2) Event-Trigger Prescale Register(ETPS)

그림 5.53의 ETPS 레지스터는 event 입력의 수를 세는 카운터 레지스터(INTCNT, SOCACNT, SOCBCNT)와 카운터의 주기(INTPR, SOCAPRD, SOCBPRD)를 설정 가능한 레지스터로 구성된다. 각 카운터는 설정된 주기의 최대값에 도달하였을 때 출력 event가 발생하며 각각 ETFLG[INT], ETFLG[SOCA], ETFLG[SOCB] 레지스터를 set 시킨다. INTCNT의 경우는 ETFLG[INT]가 1로 set 되어 있으면 추가적인 출력 event를 발생하지 못하고 ETFLG[INT]를 clear 시켜야만 카운터가 0으로 reset 된다. 반면 SOCACNT와 SOCBCNT의 경우에는 ETFLG[SOCA]와 ETFLG[SOC]상태와 상관 없이 SOC 출력 event가 발생하면 자동적으로 0으로 reset된다. 이와 관련된 레지스터 설정을 위한 자세한 내용은 표 5.17에 있다.

표 5.17. ETPS 레지스터의 세부 동작

Bit 15-14 SOCBCNT ePWM ADC start of conversion B event (EPWMxSOCB) counter register	
00: No events have occurred.	01: 1 event has occurred.
10: 2 event has occurred.	11: 3 event has occurred.
Bit 13-12 SOCBPRD ePWM ADC start of conversion B event (EPWMxSOCB) Period Select	
00: Disable the SOCB event counter. No EPWMxSOCB pulse will be generated	01: Generate the EPWMxSOCB pulse on the first event: ETPS[SOCBCNT] = 0, 1.
10: Generate the EPWMxSOCB pulse on the second event: ETPS[SOCBCNT] = 1, 0.	11: Generate the EPWMxSOCB pulse on the third event: ETPS[SOCBCNT] = 1, 1.
Bit 11-10 SOCACNT ePWM ADC start of conversion A event (EPWMxSOCA) counter register	
00: No events have occurred.	01: 1 event has occurred.
10: 2 event has occurred.	11: 3 event has occurred.
Bit 9-8 SOCAPRD ePWM ADC start of conversion A event (EPWMxSOCA) Period Select	
00: Disable the SOCA event counter. No EPWMxSOCA pulse will be generated	01: Generate the EPWMxSOCA pulse on the first event: ETPS[SOCACNT] = 0, 1.
10: Generate the EPWMxSOCA pulse on the second event: ETPS[SOCACNT] = 1, 0.	11: Generate the EPWMxSOCA pulse on the third event: ETPS[SOCACNT] = 1, 1.
Bit 7-4 Reserved	
Bit 3-2 INTCNT ePWM Interrupt Event (EPWMxINT) Counter register	
00: No events have occurred.	01: 1 event has occurred.
10: 2 event has occurred.	11: 3 event has occurred.
Bit 1-0 INTPRD ePWM Interrupt (EPWMxINT) Period Select.	
00: Disable the interrupt event counter. No interrupt will be generated and ETFRC[INT] is ignored.	01: Generate an interrupt on the first event :INTCNT = 01
10: Generate interrupt on the second event :ETPS[INTCNT] = 1,0	11: Generate interrupt on the third event :ETPS[INTCNT] = 1,1

15–14	13–12	11–10	9–8
SOCBCNT	SOCBPRD	SOCACNT	SOCAPRD
R-0	R/W-0	R-0	R/W-0

7–4	3–2	1–0
Reserved	INTCNT	INTPRD
R-0	R-0	R/W-0

LEGEND: R/W = Read/Write; R = Read only; -n = value after reset

그림 5.53. ETPS 레지스터의 구성

3) Event-Trigger Flag Register(ETFLG)

그림 5.54의 ETFLG 레지스터는 ETFLG[SOCA], ETFLG[SOCB] 그리고 ETFLG[INT]으로 구성된다. EPWMxSOCA, EPWMxSOCB 그리고 EPWMx_INT의 이벤트가 발생하였을 때 각각 ETFLG[SOCA], ETFLG[SOCB], ETFLG[INT]의 레지스터가 set이 되며 이벤트 발생을 표시한다. 레지스터 동작의 상세한 설명은 표 5.18에 보여진다.

표 5.18. ETFLG 레지스터의 동작 설명

Bit 15-4 Reserved	
Bit 3 **SOCB** Latched ePWM ADC Start-of-Conversion B(EPWMxSOCB) Status Flag	
0: no EPWMxSOCB event occurred	1: Indicates that a start of conversion pulse was generated on EPWMxSOCB. The EPWMxSOCB output will continue to be generated even if the flag bit is set.
Bit 2 **SOCA** Latched ePWM ADC Start-of-Conversion A(EPWMxSOCA) Status Flag	
0: no EPWMxSOCA event occurred	1: Indicates that a start of conversion pulse was generated on EPWMxSOCA. The EPWMxSOCA output will continue to be generated even if the flag bit is set.
Bit 1 Reserved	
Bit 0 **INT** Latched ePWM Interrupt (EPWMxINT) Status Flag	
0: no event occurred	1: Indicates that an ePWMx interrupt (EPWMxINT) was generated. No further interrupts will be generated until the flag bit is cleared.

15 – 8
Reserved
R-0

7 – 4	3	2	1	0
Reserved	SOCB	SOCA	Reserved	INT
R-0	R-0	R-0	R-0	R-0

LEGEND: R/W = Read/Write; R = Read only; -n = value after reset

그림 5.54. ETFLG 레지스터의 구성

4) Event-Trigger Clear Register(ETCLR)

그림 5.55의 ETCLR 레지스터는 앞의 ETFLG의 상태 레지스터들을 clear 시켜주는 역할을 한다. ETCLR[SOCA], ETCLR[SOCB], ETCLR[INT]의 레지스터에 0을 입력하면 아무 현상이 일어나지 않고 1을 입력 할 때 각각의 ETFLG[SOCA], ETFLG[SOCB], ETFLG[INT]의 레지스터를 0으로 clear 시키며 자세한 내용은 표 5.19를 참조하면 된다.

표 5.19. Event-Trigger Clear 레지스터 동작 설명

Bit 15-4 Reserved	
Bit 3 SOCB ePWM ADC Start-of Conversion B (EPWMxSOCB) Flag Clear Bit	
0: Writing a 0 has no effect.	1: Clear the ETFLG[SOCB] flag bit
Bit 2 SOCB ePWM ADC Start-of Conversion A (EPWMxSOCA) Flag Clear Bit	
0: Writing a 0 has no effect.	1: Clear the ETFLG[SOCA] flag bit
Bit 1 Reserved	
Bit 0 INT ePWM Interrupt (EPWMxINT) Flag Clear Bit	
0: no event occurred	1: Clear the ETFLG[INT] flag bit

15 – 8
Reserved
R = 0

7 – 4	3	2	1	0
Reserved	SOCB	SOCA	Reserved	INT
R-0	R/W-0	R/W-0	R-0	R/W-0

LEGEND: R/W = Read/Write; R = Read only; -n = value after reset

그림 5.55. ETCLR 레지스터의 구성

5) Event-Trigger Force Register(ETFRC)

그림 5.56의 ETFRC 레지스터는 사용자가 소프트웨어적으로 강제 SOC 신호 또는 Interrupt를 발생 시킬 때 사용하는 레지스터이다. 레지스터 구성은 ETFRC[SOCA], ETFRC[SOCB], ETFRC[INT]로 각각의 동작 설명은 표 5.20를 참조하자.

표 5.20. ETFRC 레지스터 동작 설명

<table>
<tr><td colspan="2">Bit 15-4 Reserved</td></tr>
<tr><td colspan="2">Bit 3 SOCB SOCB Force Bit. The SOCB pulse will only be generated if the event is enabled in the ETSEL register. The ETFLG[SOCB] flag bit will be set regardless.</td></tr>
<tr><td>0: Writing a 0 has no effect.</td><td>1: Generates a pulse on EPWMxSOCB and sets the ETFLG[SOCB]</td></tr>
<tr><td colspan="2">Bit 2 SOCA SOCA Force Bit. The SOCB pulse will only be generated if the event is enabled in the ETSEL register. The ETFLG[SOCA] flag bit will be set regardless.</td></tr>
<tr><td>0: Writing a 0 has no effect.</td><td>1: Generates a pulse on EPWMxSOCA and sets the ETFLG[SOCA]</td></tr>
<tr><td colspan="2">Bit 1 Reserved</td></tr>
<tr><td colspan="2">Bit 0 INT INT Force Bit. The interrupt will only be generated if the event is enabled in the ETSEL register. The INT flag bit will be set regardless.</td></tr>
<tr><td>0: no event occurred</td><td>1: Genertes an interrupt on EPWMxINT and set the INT flag bit.</td></tr>
</table>

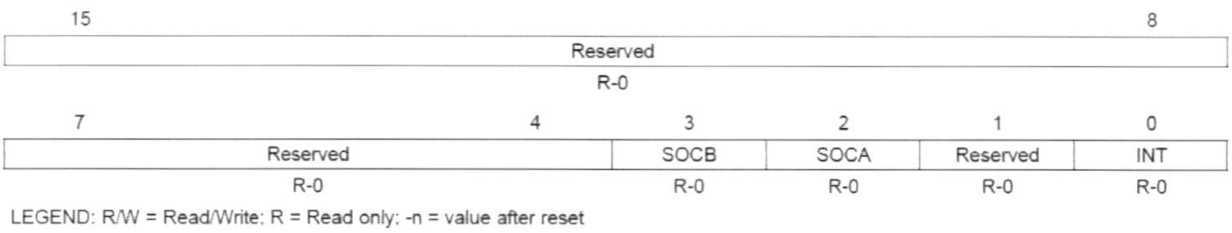

그림 5.56. ETFRC 레지스터 동작 구성

5.9. 실습 연습문제

그림의 실험용 세트의 전동기 구동용 스위치는 active high 신호에 의해 on 동작을 하지만 line driver 회로(74F540D)에 의해 도중에 반전이 한번 일어난다. 따라서 상단락을 방지하기 위해서는 active low의 PWM 출력과 dead time 설정이 필요하다. 하기 조건 상에서 그림과 같은 PWM 출력을 위한 ePWM 모듈의 레지스터를 설정하시오

< 조건 >

시스템 클럭 : 300 MHz

TBCLK 주기 : 10kHz, Up/Down counter mode

PWM 출력 형태 : 상보 스위치 및 active low

Dead time : 3.3us

GPIO 설정

- GPIO0 → ePWM1A
- GPIO1 → ePWM1B

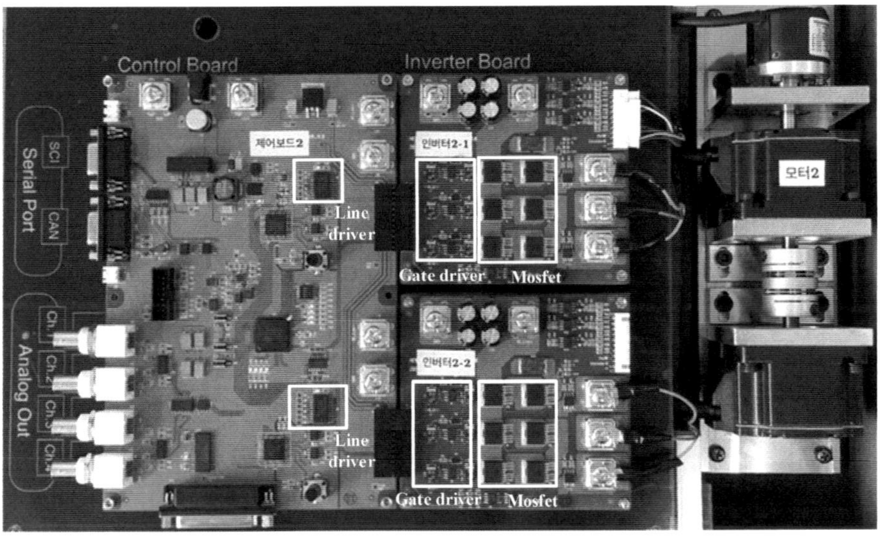

< ePWM 출력과 인버터 주변 회로 >

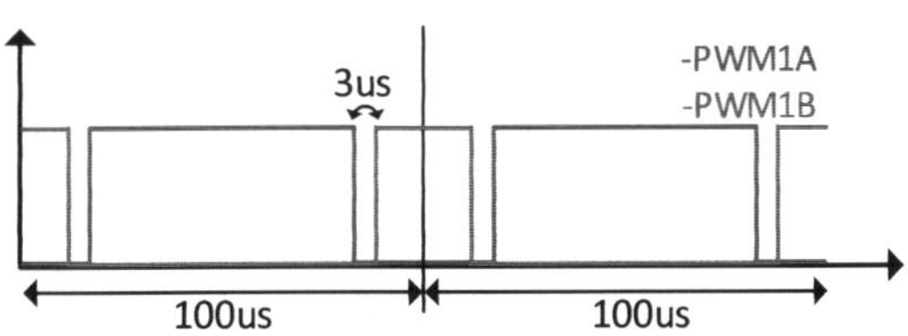

< 상보 PWM 출력 예시 >

| 참조문헌 |

[1] SPRUFZ6B, "TMS320x2833x, Delfino ePWM Module", p.14.
[2] SPRUFZ6B, "TMS320x2833x, Delfino ePWM Module", pp.22~26.
[3] SPRUFZ6B, "TMS320x2833x, Delfino ePWM Module", pp.30~37.
[4] SPRUFZ6B, "TMS320x2833x, Delfino ePWM Module", pp.40~47.
[5] SPRUFZ6B, "TMS320x2833x, Delfino ePWM Module", pp.50~63.
[6] SPRUFZ6B, "TMS320x2833x, Delfino ePWM Module", pp.67~68.
[7] SPRUFZ6B, "TMS320x2833x, Delfino ePWM Module", p.86.
[8] SPRUFZ6B, "TMS320x2833x, Delfino ePWM Module", pp.91~114.
[9] SPRUG77A, "TMS320x2834x, Delfino HRPWM Module", pp.8~17.
[10] SPRUG77A, "TMS320x2834x, Delfino HRPWM Module", pp.23~24.

제 6장
eQEP

6.1. eQEP

6.1.1. eQEP(Enhanced Quadrature Encoder Pulse)란?

eQEP는 회전기기에 부착된 증분형 엔코더(Incremental Type Encoder)의 디지털 출력 신호를 이용하여 회전축의 위치, 방향 및 속도 정보를 획득하기 위한 DSP의 기능 중 하나이다. 이러한 정보는 회전기기의 위치 및 속도 제어 시스템에서 필수적이며, eQEP를 이용하여 얻어진 정확한 위치 및 속도 정보를 이용하여 회전기기의 고성능 위치 및 속도 제어가 가능하다.

6.1.2. 로터리 엔코더(Rotary Encoder)

로터리 엔코더는 일반적으로 전동기나 엔진 등 회전기기의 회전각 또는 회전속도를 측정할 때 사용되는 대표적인 광학식 센서이다. 기본적으로 빛을 주고 받는 광 소자(photo-elements)와 그 사이에서 축(shaft)과 함께 회전하는 디스크로 구성되며, 회전 디스크 가장자리의 슬롯(slot)을 통해 빛의 통과와 차단이 교번하면서 펄스 파형을 생성한다. 슬롯의 수, 형태 그리고 광 소자 구성에 따라 엔코더의 성능과 종류가 달라진다.

로터리 엔코더의 종류에는 증분형(Incremental type)과 절대형(Absolute type)이 있다. 증분형 엔코더는 회전축이 회전할 때마다 전기적인 펄스 신호가 발생하며 어떤 기점으로부터 상대적인 위치만을 측정할 수 있다. 무전원 상태에서 위치 이동이 발생하면 초기 위치를 다시 검출해야 하는 단점이 있으나, 비교적 간단한 구조이며 가격이 저렴하다.

절대형 엔코더는 회전축의 회전위치에 따라 지정된 디지털 코드가 몇 비트의 펄스 신호로 출력되어 축의 절대위치를 검출 할 수 있다. 무전원 상태에서 위치 이동이 발생하더라도 원점 복귀가 불필요하지만, 복잡한 구조이며 가격이 비싸다. 이 책에서는 일반적으로 많이 이용되는 증분형 엔코더를 이용한 위치 및 속도정보 측정방법에 대하여 설명한다.

그림 6.1은 일반적인 증분형 엔코더의 회전 디스크 형상과 A상, B상 그리고 Z상의 출력 파형을 보여준다. 회전하는 디스크의 슬롯으로 인해 90°(1/4주기)의 위상 차를 가지는 A상과 B상의 출력은 On/Off의 폭이 동일한 펄스 형태를 가진다. 이러한 직교하는(Quadrature) 두

상의 신호는 eQEP 기능으로 인해, 보다 정밀한 위치 및 속도 측정을 위한 4체배된 클럭 신호의 생성과 회전 방향의 검출에 사용된다. 그리고 Z상(index) 신호는 한 회전당 한번 출력되는 펄스 신호이며, 절대적인 시작 위치(각도 0°)를 지정하는 데 사용된다.

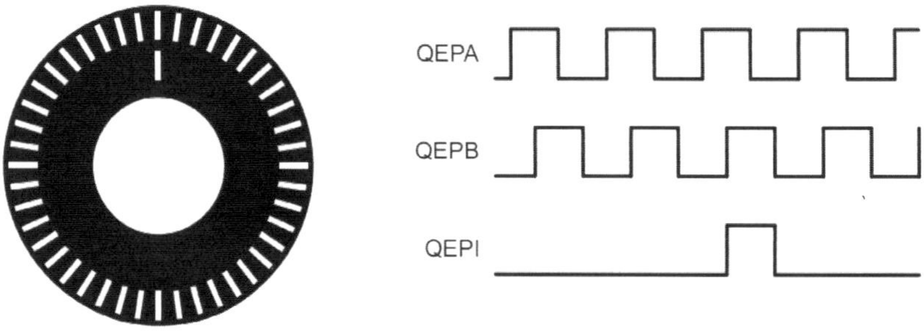

그림 6.1. 증분형 엔코더의 디스크 형상과 출력 파형

6.1.3. 방향 및 위치 검출

90°(1/4주기)의 위상 차로 직교하는 A상과 B상 신호 간의 위상 관계를 이용하면 회전방향을 간단하게 검출 할 수 있다. 펄스 파형의 상승구간을 기준으로, 정방향으로 회전 시 A상이 B상 보다 위상이 1/4주기 앞서고, 역방향으로 회전 시 반대로 B상이 A상 보다 위상이 1/4주기 앞서게 된다. 즉, 어느 상 출력펄스의 위상이 앞서는지를 보면 회전방향을 알 수 있다. 회전의 정/역방향의 기준은 사용자가 정하기 나름이지만, 일반적으로 A상이 B상 보다 앞서는 회전방향을 시계방향으로 두고 이를 정방향으로 정한다. 이후의 내용도 이러한 정방향 기준으로 설명 할 것이다.

그림 6.2는 회전방향에 따른 A상과 B상 펄스 신호의 파형을 나타낸다.

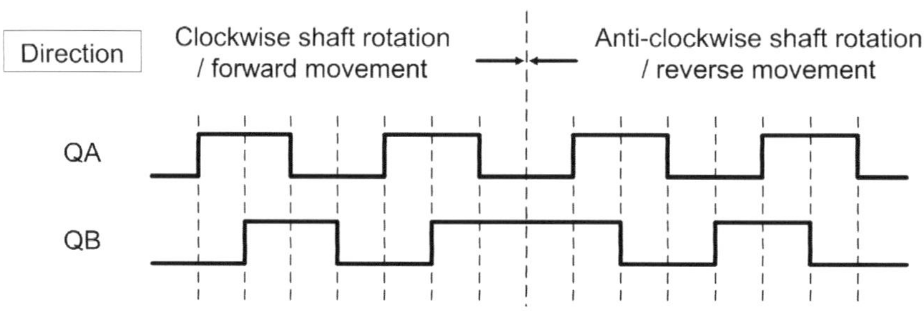

그림 6.2. 정/역방향 회전에 따른 엔코더 출력 신호

한 회전당 회전 디스크 슬롯의 수(line per revolution) 만큼 펄스가 출력되기 때문에, 반대로 하나의 출력 펄스에 대한 회전각을 간단하게 계산할 수 있다. 예를 들어, 회전 디스크의 슬롯이 360개인 엔코더의 경우, 한 회전당 360개의 펄스가 출력되고, 이는 하나의 출력 펄스가 1°(degree)의 회전각을 의미한다는 것을 알 수 있다. 즉, 엔코더의 분해능(resolution)에 따라 미리 계산된 값을 가지고 출력 펄스 개수에 따라 회전한 각과 상대적 위치를 계산 할 수 있다.

여기서 분해능이란, 한 바퀴 회전당 출력되는 펄스의 개수로 인해 회전각을 얼마나 정밀하게 측정할 수 있는지를 수치적으로 나타낸 값이며, 이는 엔코더의 성능지표가 된다. 분해능이 클수록 측정 오차는 작아지고 더 정확한 위치 및 속도 측정이 가능해 진다.

직교하는 A상과 B상의 90° 위상차는 회전 방향의 검출뿐 만 아니라 체배(multiplication)의 역할로도 사용된다. A상과 B상의 각 펄스 신호의 상승 및 하강 엣지(edge)는 한 주기에 일정한 간격으로 4번 발생한다. 엣지마다 펄스를 발생시키는 클럭 신호를 생성하면 한 주기에 일정한 간격으로 4번의 펄스가 발생하는, 4체배된 클럭 신호를 생성할 수 있다. 그림 6.3은 직교하는 A상과 B상의 펄스 파형 QA와 QB, 4체배된 클럭 파형 QCLK(Quadrature-Clock), 그리고 검출된 방향 신호 파형 QDIR(Quadrature-Direction)을 나타낸다.

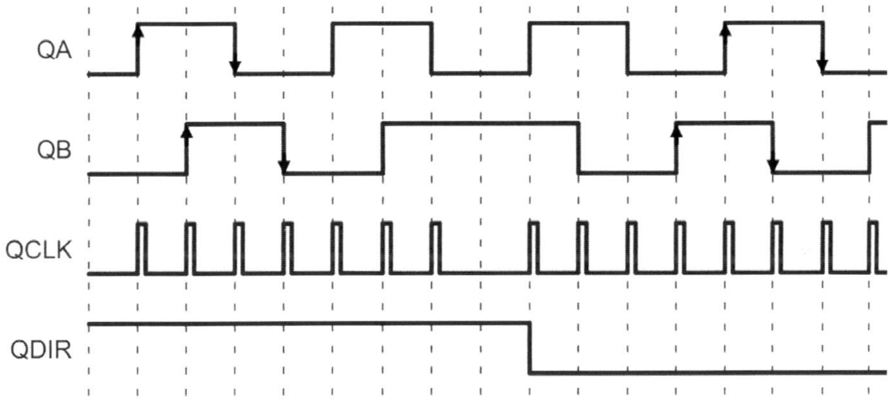

그림 6.3. 직교하는 두 상의 신호를 이용한 4체배된 클럭 생성 및 방향 검출

4체배된 클럭 신호는 엔코더의 분해능을 4배 증가시키는 효과를 가져온다. 앞선 예를 이용하여, 분해능이 360인 엔코더의 경우, A상과 B상의 펄스 신호는 각각 1회전당 360개의 펄스가 출력되는데, 4체배를 이용하면 1회전당 1440개의 펄스를 발생시키는 클럭 신호 생성이 가능하다. 이는 하나의 출력 펄스가 0.25°(degree)의 회전각을 의미하므로, 동일한 엔코더의 사용 조건에서 4체배 회로를 이용하면 보다 정확한 위치 및 속도 측정이 가능하다.

6.1.4. 속도 측정

회전기기의 속도를 계산하는 기본적인 원리는 얼마의 시간 동안 얼마나 회전했는가를 계산하는 것이다. 앞서 분해능에 따라 미리 계산된 값을 가지고 출력 펄스 개수에 따라 회전한 각과 상대적 위치 변화량을 계산할 수 있었다. 이를 이용하여 일정 시간에 대한 회전각(위치) 변화량을 계산하면 회전기기의 속도를 구할 수 있다.

엔코더를 이용하여 속도를 계산하는 가장 일반적인 방법은 크게 세 가지이다. 첫 번째 방법은 일정한 시간 변화에 대한 회전각(위치)의 변화량 즉, 어떤 단위 시간 내에 몇 개의 클럭이 입력되었는가를 측정하여 계산하는 방법(M-method)이다. 두 번째 방법은 일정한 회전각(위치) 변화에 대한 시간의 변화량, 즉, 클럭 펄스와 클럭 펄스 간의 시간간격을 측정하여 계산하는 방법(T-method)이다. 그리고 첫번째 방법과 두번째 방법을 혼용하여 구현하는 방법이 있다.

1) M method

M method은 일정한 샘플링 시간 $T_{sampling[s]}$ 동안 입력되는 펄스의 개수 M을 카운트하여, 그에 해당하는 회전각(위치)의 변화량 ΔX[rad]를 구하고, ΔX를 $T_{sampling}$로 나누어 줌으로써 회전기기의 각속도 ω[rad/s]를 계산하는 방법이다.

아래 그림 6.4는 M method을 이용한 속도측정 방법에 대한 그림과 수식이다. 회전각(위치)의 변화량 ΔX는 이전 샘플링에서의 위치 X(k-1)와 현재 위치 X(k)의 차이며, 이는 입력된 펄스개수 M에 의해 간단히 계산된다. 회전기기의 1회전당 입력되는 총 펄스 수(PPR, Pulse Per Revolution)에 대한 M개의 펄스는, 1회전당 전체 회전각 2π에 대한 회전각(위치) 변화량 ΔX와 같다.

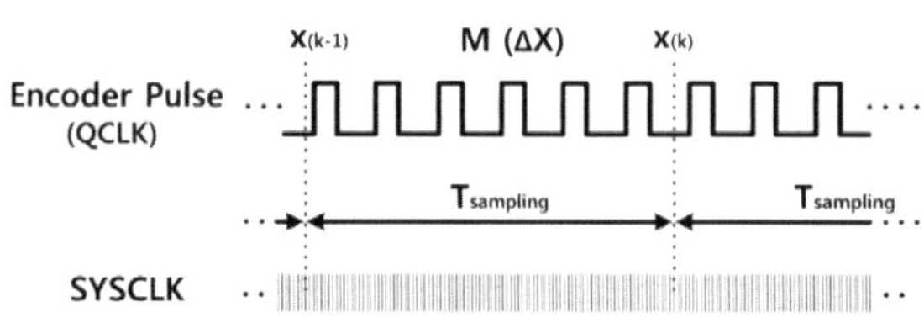

$$\Delta X = M \times \frac{2\pi}{PPR} \text{ [rad]}$$

$$\omega_{(k)} \approx \frac{X(k) - X(k-1)}{T} = \frac{\Delta X}{T} \text{ [rad/s]}$$

$$N_{(k)} \approx \omega_{(k)} \times \frac{60}{2\pi} = \frac{M}{PPR} \times \frac{60}{T} \text{ [RPM]}$$

그림 6.4. M method를 이용한 속도측정

따라서, ‘PPR : M = 2π : ΔX’ 를 이용하여 샘플링 시간 $T_{sampling[s]}$ 동안의 회전각(위치)의 변화량 ΔX[rad]를 구할 수 있다. 여기서 PPR(Pulse Per Revolution)이란, 회전기기의 1회전당 생성되는 펄스의 개수를 말하며, 체배를 사용한다면 ‘분해능x체배’ 된 최종적인 값이 PPR이 된다.

그러나 M method의 경우, 회전기기의 저속(low-speed) 회전 영역에서 속도측정 오차가 발생할 수 있는 단점이 있다. 일정한 회전 속도로 인해 펄스 간 간격이 동일하더라도, 클럭 간 간격에서 어떻게 샘플링 되는가에 따라 입력되는 클럭의 수가 달라지기 때문에 오차가 발생하게 된다. 고속 회전의 경우에는 입력되는 펄스의 수가 매우 많기 때문에 1, 2개의 클럭 차이에 대한 오차는 문제가 되지 않지만, 저속 회전의 경우에는 일정한 샘플링 시간 내에 입력되는 펄스의 수가 매우 작아지고 그로 인해 1, 2개의 클럭 차이는 큰 속도측정 오차를 가져오게 된다.

예를 들어, 아래 그림 6.5와 같은 저속 회전의 경우에서, 일정한 속도에 의한 일정한 주기의 펄스가 입력됨에도 불구하고, 이전(k-1) 샘플링에서는 M이 2인 반면에 현재(k) 샘플링에서는 M이 3으로 측정되어 저속에서 심한 속도측정 오차가 발생하게 된다. 저속일수록 오차가 크게 발생하며, 특히 낮은 PPR로 샘플링 시간 동안에 펄스가 입력되지 않는다면 속도를 측정할 수 없다.

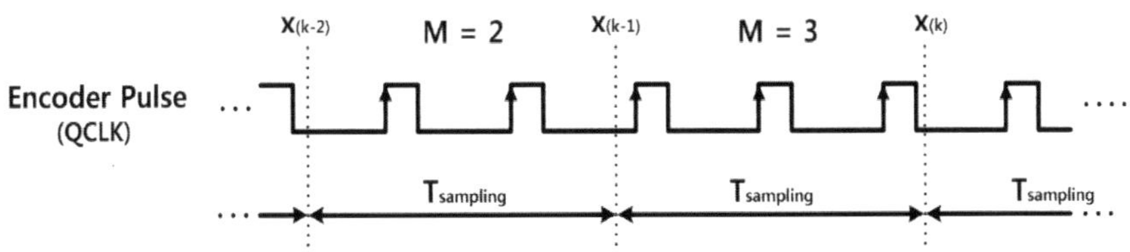

그림 6.5. M method의 저속영역 속도측정 오차

2) T method

T method는 일정한 회전각(위치) 변화 즉, 입력되는 펄스와 펄스간의 일정한 회전각 X[rad] 동안 소요시간 ΔT[s]를 측정하고, X를 ΔT로 나누어 줌으로써 회전기기의 각속도 ω [rad/s]를 계산하는 방법이다.

아래 그림 6.6은 T method를 이용한 속도측정 방법에 대한 그림과 수식이다. 일정한 회전각 X[rad]는 회전기기의 1회전(2π)당 출력되는 총 펄스 수 PPR 중 1개 펄스에 해당하는 (M=1) 회전각치)이다. 따라서, ‘PPR : 1 = 2π : X’ 를 이용하여 계산하면 일정한 회전각 X[rad]를 구할 수 있다. X[rad] 만큼 회전하는데 소요된 시간 ΔT는 이전 위치(클럭)에서의 시간 T(k-1)와 현재 시간 T(k)의 차이며, 프로세서 내부의 시스템 클럭 펄스를 카운트하거나 Time base unit 등의 내부 시간측정 모듈을 이용하여 ΔT의 측정이 가능하다.

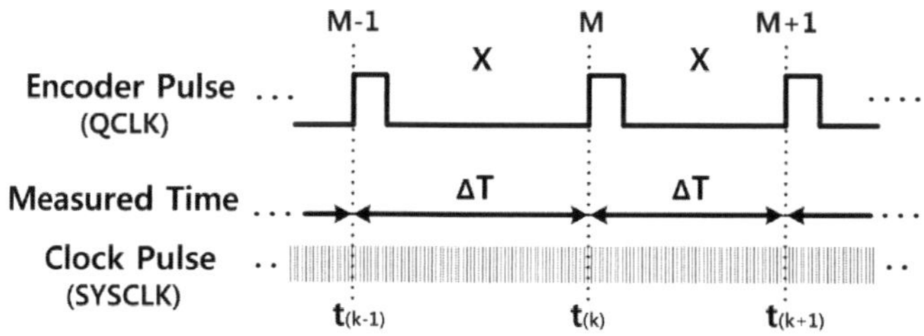

$$X = \frac{2\pi}{PPR}\ [rad]$$

$$\omega_{(k)} \approx \frac{X}{t_{(k)} - t_{(k-1)}} = \frac{X}{\Delta T}\ [rad/s]$$

$$N_{(k)} \approx \omega_{(k)} \times \frac{60}{2\pi} = \frac{1}{PPR} \times \frac{60}{\Delta T}\ [RPM]$$

그림 6.6. T method를 이용한 속도측정

이러한 T method는 펄스 간의 소요시간을 측정하기 때문에 회전기기의 저속 회전 영역에서 정확한 속도측정이 가능하며, 앞서 설명한 M method의 저속 회전 영역에서의 속도측정 오차 문제를 해결 할 수 있다. 그러나, T method는 M method와 반대로 고속회전 영역에서 속도측정 오차를 발생 시킬 수 있는 단점이 있다. 소요 시간 ΔT의 측정은 프로세서 내부의 시스템 클럭 펄스를 이용한 타이머 혹은 시간기반 모듈을 이용하게 되는데, 고속의 회전 시 ΔT의 간격은 매우 짧아지고 시스템 클럭 펄스의 정밀도(주파수)의 한계로 정확한 시간측정이 어려워 질 수 있으며 저속에서는 시간 간격 ΔT를 측정하는 내부 카운터의 비트가 큰 값을 가져야 하는 단점도 있다.

그림 6.7는 T method 고속 회전의 경우에서 발생하는 속도 측정 오차의 예를 보여준다. 일정한 속도에 의한 일정한 주기의 펄스가 입력됨에도 불구하고, 클럭 펄스의 정밀도 부족으로 정확한 시간 측정이 어려워져 심한 속도측정 오차가 발생하게 된다. 고속일수록 오차가 크게 발생하며, 엔코더의 높은 분해능이나 프로세서 내부의 시스템 클럭 펄스의 낮은 주파수의 경우에도 이와 같은 오차가 발생 할 수 있다.

따라서, M method가 저속 회전 영역에서 입력되는 엔코더의 클럭 펄스의 수가 작아서 오차가 발생 했다면, T method는 고속 회전 영역에서 시간 측정에 필요한 시스템 클럭 펄스의 수가 작아서 마찬가지로 오차가 발생할 수 있다.

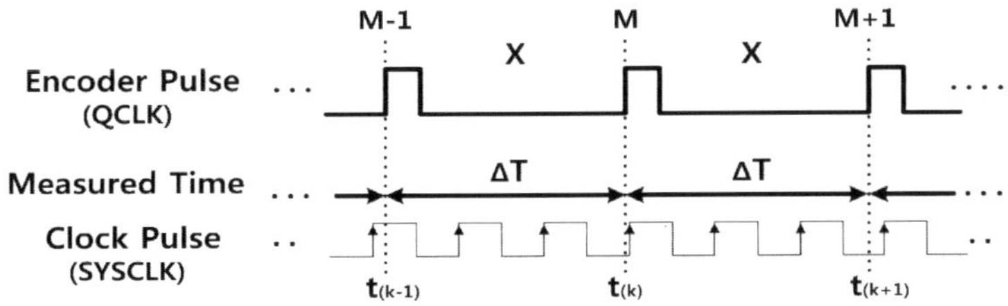

그림 6.7. T method의 고속영역 속도측정 오차

3) M-T method

M-T method는 기존의 M method과 T method를 합친 방식으로, 앞서 설명한 M method와 T method 각각의 단점을 보완하기 위한 대표적인 속도측정 방법이다.

그림 6.8은 M-T method 를 이용한 속도측정 방법에 대한 그림과 수식이다. 샘플링 시간 $T_{sampling[s]}$ 동안의 입력되는 펄스 개수 M을 카운트하고(M method), 다음 펄스가 입력될 때까지의 소요시간 ΔT[s]를 측정하여(T method), M_{total}(M+1)에 해당하는 전체 위치 변화량 X[rad] 를 전체 시간 $T_{total}(T_{sampling}+\Delta T)$[s]으로 나누어 줌으로써 회전기기의 각속도 ω[rad/s]를 계산하는 방법이다.

M method와 T method에 비해 정확한 속도측정이 가능하며, 속도측정 오차를 크게 줄일 수 있다. 그러나, 구현이 어렵고, 계산량이 많은 단점이 있다.

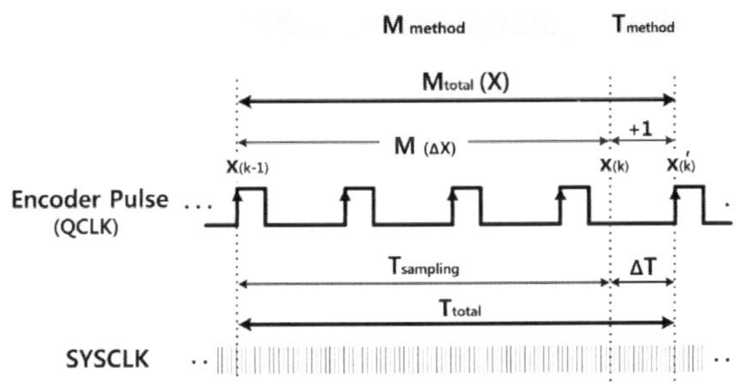

$$M_{total} = M(\Delta X) + 1$$

$$X = M_{total} \times \frac{2\pi}{PPR} \text{ [rad]}$$

$$T_{total} = T_{sampling} + \Delta T \text{ [s]}$$

$$\omega(k) \approx \frac{X}{T_{total}} = \frac{M_{total} \times \frac{2\pi}{PPR}}{T_{sampling} + \Delta T} \text{ [rad/s]}$$

$$N(k) \approx \omega(k) \times \frac{60}{2\pi} = \frac{60}{PPR} \times \frac{M_{total}}{T_{sampling} + \Delta T} \text{ [RPM]}$$

그림 6.8. M-T method를 이용한 속도측정

6.2. eQEP 모듈의 구성 및 기능

6.2.1. eQEP 모듈의 전체 구성

x28 MCU의 eQEP 모듈은 총 3개이며, 각 eQEP 모듈은 회전기기에 연결된 엔코더의 출력 신호를 입력 받아서 속도를 측정한다. eQEP 모듈 1개의 전체 구성은 그림 6.9과 같으며, 내부의 주요 기능 유닛들은 다음과 같다.

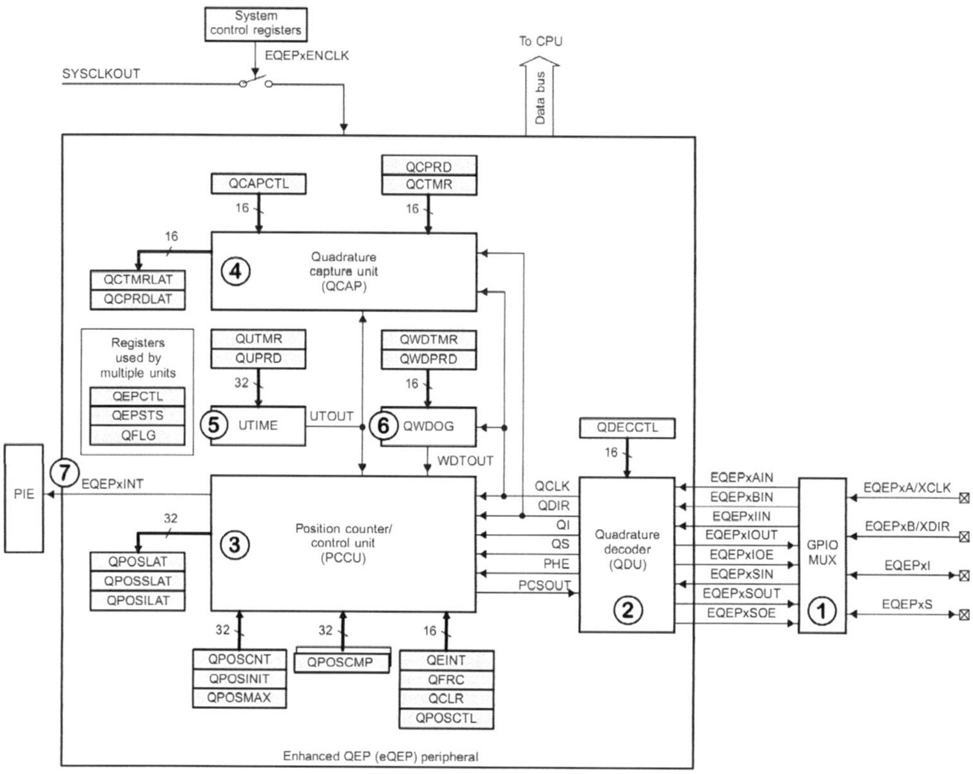

그림 6.9. eQEP 모듈의 기능 구성도

① 4개의 입력단 (EQEPxA/XCLK, EQEPxB/XDIR, EQEPxI, EQEPxS)

② 디코더 유닛 QDU (Quadrature Decoder Unit)

③ 카운터 유닛 PCCU (Position Counter and Control Unit)

④ 캡처(시간측정) 유닛 QCAP (Quadrature Edge-capture Unit)

⑤ 단위 시간측정 유닛 UTIME (Unit Time Base)

⑥ 와치독 타이머 QWDOG (QEP Watchdog Timer)

⑦ 인터럽트 장치 등

그림 6.9의 가장 우측에 보여지는 4개의 입력단(EQEPxA/XCLK와 EQEPxB/XDIR, EQEPxI, EQEPxS)은 GPIO MUX를 통해 eQEP의 기능 핀으로 선택된다. 여기서 x는 eQEP 모듈 총 3개 중 몇 번째 모듈인지를 의미하는 번호를 나타낸다. 입력된 신호들은 먼저 디코더 유닛 QDU를 통해 모드에 따른 입력신호의 체배나 방향검출, 반전이나 상 교환 등 원하는 형태로 변환된다. 디코딩 된 입력 신호는 위치 및 속도측정을 위해 카운터 유닛 PCCU와 캡처 유닛 QCAP로 입력된다.

카운터 유닛 PCCU는 클럭 펄스 신호를 카운트하고, 카운트 된 값과 방향 신호, 인덱스, 스트로브 신호 등을 통해 회전기기의 위치 및 속도를 측정하는 데 사용된다. 이러한 카운터 유닛 PCCU는 일반적으로 고속에서의 M-method 속도측정에 유용하다. 또한, 캡처 유닛 QCAP은 펄스간의 시간을 측정하여 속도를 측정하고, 이는 일반적으로 저속에서의 T-method 속도측정에 유용하다.

그 밖에 프로세서 내부의 시간적 기준을 위해 타이머 역할을 하는 UTIME은 PCCU와 QCAP의 단위(샘플링) 시간 및 측정 시간을 위해 사용되며, 입력되는 신호를 이용하여 QEP 모듈의 비정상적인 동작을 감지하기 위한 와치독 타이머 QWDOG와 인터럽트 발생을 위한 인터럽트 회로가 구성된다. 또한, 그림 6.9에서 음영 처리된 eQEP 전용 레지스터들을 통해 eQEP 모듈의 각 기능 유닛들의 제어 및 설정이 가능하며, 레지스터 설정을 통해 여러 운전 정보를 얻을 수 있다.

6.2.2. eQEP 모듈의 입력

eQEP 모듈의 입력단은 일반적으로 증분형 엔코더의 출력 신호와 직접 연결되며, GPIO MUX를 통해 eQEP의 기능 핀으로 선택된 QEPA/XCLK와 QEPB/XDIR, QEPI 그리고 QEPS 4개이다. 각 입력신호에 대한 설명은 다음과 같다. (eQEP 모듈 번호 'x' 생략/EQEPxA와 QEPA 동일)

1) QEPA/XCLK와 QEPB/XDIR 입력

QEPA/XCLK와 QEPB/XDIR의 두 입력은 QEPA와 QEPB 혹은 XCLK와 XDIR로 입력 되는 신호이다. 여기서, QEPA와 QEPB 신호는 서로 90도의 위상 차를 가지는 일반적인 증분형 엔코더의 A상과 B상의 출력 펄스 신호를 말하며, XCLK와 XDIR 신호는 클럭 펄스 신호와 방향 정보를 가지는 형태의 신호를 말한다. 어떤 형태의 신호가 입력되는가에 따라서 모듈 내부의 동작모드도 달라진다. 즉, eQEP 모듈의 입력신호가 QEPA와 QEPB일 경우, 두 신호는 서로 90°의 위상 차를 가지는 두 상의 펄스 신호이기 때문에, 엣지 검출을 통한 4체배 된 클럭 펄스의 생성 과정과 위상 차를 이용한 회전 방향의 검출 과정이 필요하다.

그림 6.10에서 보여지듯이, QDU의 Quadrature-Clock 모드를 이용하면 입력신호 QEPA와 QEPB 신호를 이용한 4체배된 펄스 신호 QCLK와 방향 신호 QDIR 신호를 생성 가능하다.

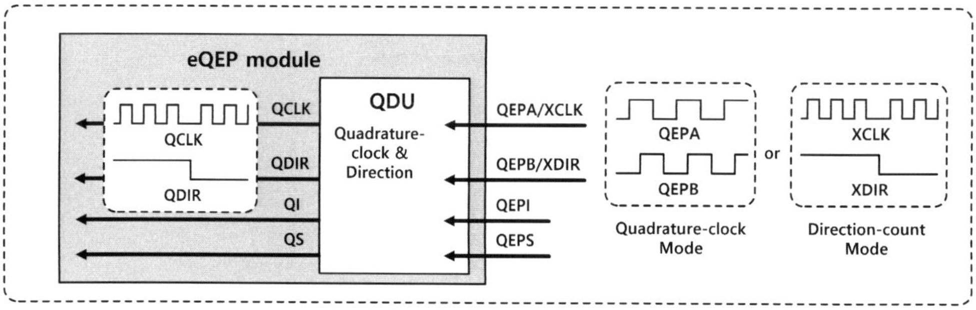

그림 6.10. 입력신호 QEPA/XCLK와 QEPB/XDIR의 흐름도

그러나 eQEP 모듈의 입력신호가 XCLK와 XDIR일 경우 두 신호는 이미 그 형태가 클럭 펄스 신호와 방향 신호이기 때문에, QDU에서 별도의 체배된 클럭 펄스 생성이나 회전방향 검출이 불필요하다. QDU의 Direction-Count 모드를 이용하면 두 입력신호를 별도의 처리과정 없이 바로 QCLK와 QDIR 신호로 이용할 수 있다.

엔코더의 종류나 출력형태, 외부소스에 의한 입력형대에 따라 eQEP 모듈의 QEPA/XCLK와 QEPB/XDIR 두 입력 신호의 형태는 달라질 수 있다. 두 입력의 형태나 용도에 따라 올바른 모드를 사용해야 하며, 모드에 대한 자세한 내용은 뒤에서 설명할 것이다.

2) QEPI : Index or Zero Marker 입력

QEPI는 증분형 엔코더의 Index(Z상) 출력신호와 연결되는 인덱스 입력신호이다. 회전에 따른 직교펄스 출력으로 인해 계속적으로 증가하는 위치정보에서, 인덱스 입력신호는 엔코더에서의 0도의 위치인 절대적 위치를 지정하는 데 사용된다. QEPI 입력신호를 통해 인덱스 이벤트 발생시 eQEP 모듈 내의 위치 카운터를 초기화하여 0° 혹은 절대 위치각으로 설정 및 저장할 수 있다.

3) QEPS : Strobe Input 입력

QEPS는 센서나 리미트 스위치에서 출력되는 스트로브(Strobe) 신호와 연결되는 입력신호이다. 스트로브 신호는 일반적으로 회전기기의 회전축이 임의의 지정된 위치에 도달했음을 알리기 위해 센서나 리미트 스위치에서 출력되는 신호이다. QEPS 입력신호를 통해 Strobe 이벤트 발생 시 eQEP 모듈 내의 위치 카운터를 초기화하거나 저장할 수 있다.

6.2.3. Quadrature Decoder Unit(QDU)

QDU는 QEP 입력신호에 대한 디코딩(Decoding) 작업을 처리하는 장치로써, 입력된 신호의 형태나 사용 목적에 따른 동작모드 선택과 동작모드에 따른 입력신호의 체배나 방향검출, 반전(inverse)이나 교환(swap) 그리고 에러 검출 등의 기능을 가진다. QDU를 통해 디코딩된 신호들은 속도측정을 위한 장치의 입력으로 보내진다.

그림 6.11은 QDU의 전체 구성을 나타내며, 크게 A상과 B상 입력신호를 이용한 QCLK과 QDIR 신호의 생성 부분과 Index와 Strobe 신호의 처리 부분, PCS(Position Compare Sync) 출력신호의 처리 부분으로 구성된다.

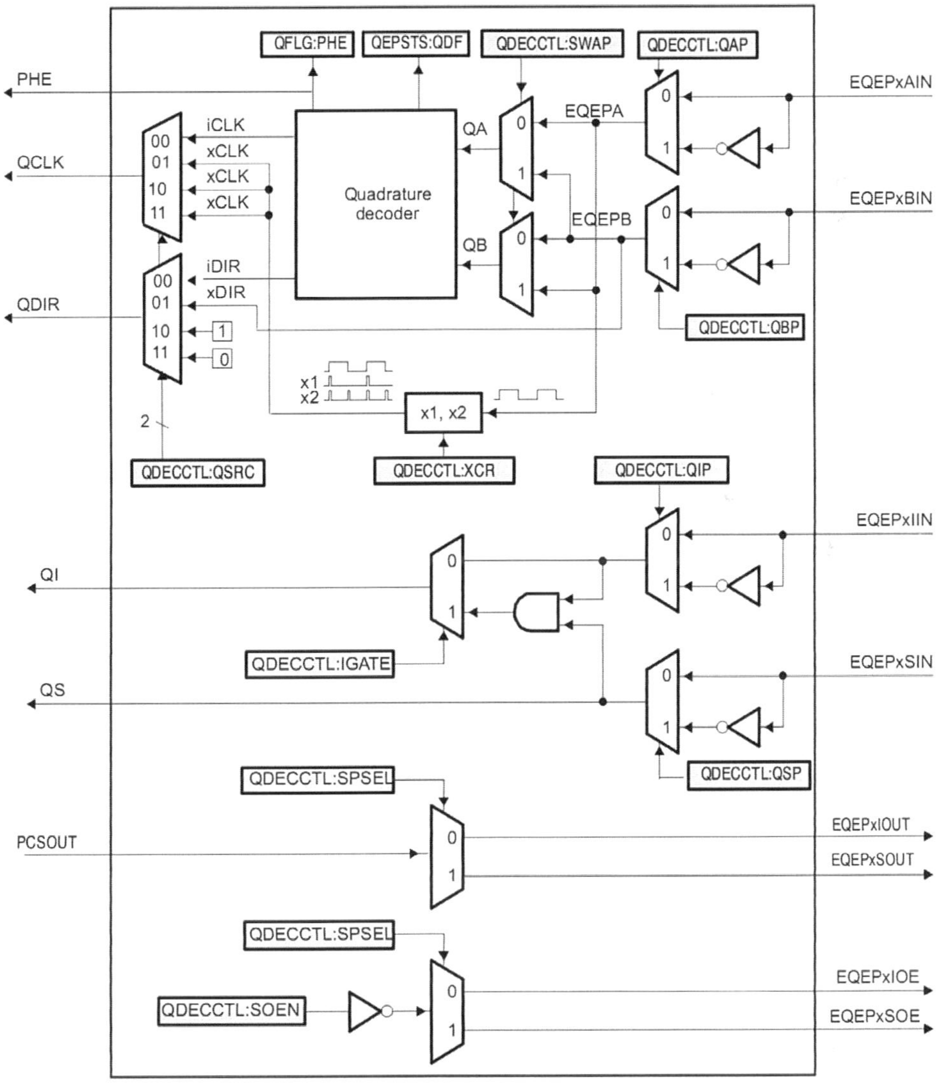

그림 6.11. Quadrature Decoder Unit(QDU)의 구성도

QDU에서 가장 중요한 기능은 두 입력 신호 EQEPxAIN와 EQEPxBIN를 이용하여 회전에 따른 클럭 펄스 신호 QCLK과 회전 방향 정보를 가지는 신호 QDIR을 생성하는 것이다. 이는 그림 6.11의 상단 부분에 해당하며, 생성된 QCLK과 QDIR 신호는 이후 회전기기의 위치 및 속도 측정을 위한 카운터 혹은 캡처 유닛의 입력신호로 사용된다. 그 외 기능은 단지 Index 신호와 Strobe 신호를 반전하거나 조건에 따라 입력하며, PCS 신호의 출력을 제어하는 정도이다.

여기서, QDU의 두 입력 신호 EQEPxAIN와 EQEPxBIN는 총 3개의 eQEP 모듈 중 x번째 모듈 내부의 QDU로 입력되는 두 입력신호를 의미하며, GPIO MUX를 통과하여 QDU로 입력되는 외부 입력신호 QEPA/XCLK 혹은 QEPB/XDIR를 의미한다.

EQEPxAIN와 EQEPxBIN로 입력되는 신호의 형태가 직교하는 QEPA와 QEPB일 경우에 사용하는 Quadrature Count 모드와 입력되는 신호의 형태가 클럭 신호 XCLK와 방향 신호 XDIR인 경우에 사용하는 Direction Count 모드, 그리고 클럭 신호(EQEPxAIN) 하나만 이용하여 단순히 업 혹은 다운 카운트만 하기 위한 Up/Down Count 모드 등 총 4가지의 입력모드가 있으며, Mux를 통해 모드 선택이 가능하다.

그림 6.12은 그림 6.11의 전체 QDU 모듈에서 QCLK과 QDIR 신호 생성을 위한 EQEPxAIN와 EQEPxBIN 입력신호의 처리부분만 정리한 그림이다. 모드에 따라 QCLK과 QDIR 신호의 생성 루트를 확인 할 수 있다.

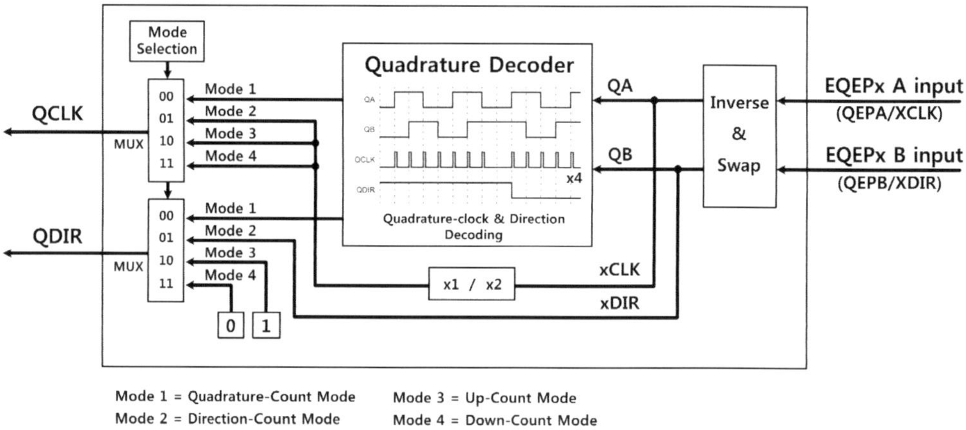

그림 6.12. QDU의 카운트 모드에 따른 QCLK과 QDIR 신호

1) Quadrature Count Mode

두 입력신호 EQEPxAIN과 EQEPxBIN의 형태가 직교하는 펄스 신호 QEPA와 QEPB일 때 사용하는 모드이다. 대부분의 증분형 엔코더의 출력 형태가 QEPA와 QEPB의 형태이기 때문에 일반적으로 가장 많이 사용하는 모드이며, 4체배된 클럭 펄스 및 회전방향 신호의 생성을 위해 Quadrature Decoder 장치를 사용하는 모드이다.

그림 6.12에서 Quadrature Count 모드의 루트를 살펴보면, 그림 우측으로부터 직교하는 두 상의 외부 입력신호 QEPA와 QEPB가 입력되는 경우이며, 두 입력 신호는 각각 반전하거나 두 상의 신호를 교환 할 수 있다. 이러한 과정을 거쳐 Quadrature Decoder로 입력되는 신호를 각각 QA와 QB라 하는데, 보통은 입력신호의 반전이나 상 교환 없이 QEPA와 QEPB가 그대로 QA와 QB가 된다. Quadrature Decoder로 입력된 두 신호는, 엣지검출을 통해 4체배된 클럭 펄스 QCLK와 방향신호 QDIR로 디코딩 된다. 디코딩된 Quadrature Decoder의 두 출력 신호는 최종적으로 Mode Selection(MUX)에서 Quadrature Count 모드('00')를 선택 함으로써 출력 신호 QCLK, QDIR가 된다.

4체배 클럭펄스 QCLK은 Quadrature Decoder가 두 입력신호 QA와 QB의 엣지를 모두 검출하여 엣지가 검출될 때마다 펄스 신호를 출력함으로써, 한 주기에 일정한 간격으로 4번의 펄스가 발생하는 4체배된 클럭 신호 QCLK를 생성할 수 있으며, 속도측정 정밀도를 향상 시킬 수 있다.

방향신호 QDIR은 두 입력 신호 QA와 QB에서 발생하는 엣지들의 발생 순서를 이용하여 생성 할 수 있다. 그림 6.13는 회전방향에 따른 두 입력 펄스 신호 QA와 QB, 두 신호에서 검출되는 4종류의 엣지에 대한 시퀀스를 나타낸다. 여기서, QA↑/↓는 A상 신호의 상승/하강 엣지를 의미하며, QB도 동일하다. 그림 6.13와 같이, QA와 QB 신호의 4개의 엣지는 회전방향에 따라 발생하는 순서가 다르다. QA가 QB보다 위상이 앞서는 정방향(시계방향)의 경우에는 QA의 엣지가 QB의 동일한 엣지보다 위상이 앞서서 발생하지만, QB가 QA보다 위상이 앞서는 역방향(반시계방향)의 경우에는 반대로 QB의 엣지가 QA의 동일한 엣지보다 먼저 발생한다. 또한, 방향이 전환될 경우에는 한 상의 엣지가 종류만 바뀌고 그림 6.13와 같이 연속적으로 발생한다.

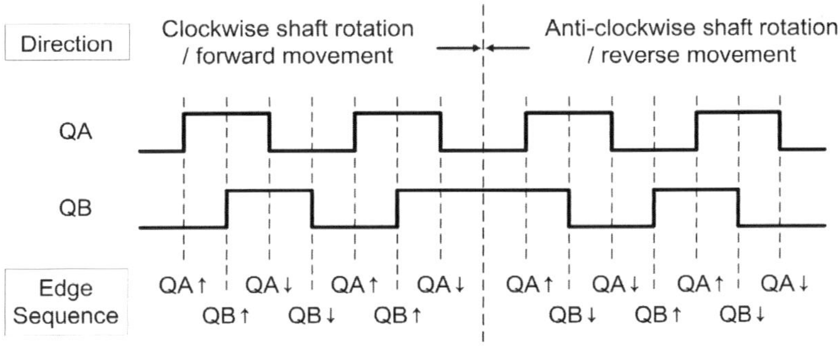

그림 6.13. 회전방향에 따른 엣지 시퀀스

이러한 사실을 기반으로 회전방향에 따른 엣지 발생순서를 정리해 보면 다음과 같다.

- 정방향(시계방향)일 경우 : … → QA↑ → QB↑ → QA↓ → QB↓ → …
- 역방향(반시계방향)일 경우 : … → QA↑ → QB↓ → QA↓ → QB↑ → …
- 방향 전환 시 : QA↑ → QA↓ / QA↓ → QA↑ / QB↑ → QB↓ / QB↓ → QB↑

회전방향에 따른 엣지의 발생순서를 역으로 이용하면 검출된 엣지의 시퀀스를 보고 방향을 결정할 수 있다. 엣지의 발생순서에 따른 회전방향을 진리표(Truth Table)로 정리해 두고, 이전 검출 된 엣지의 종류와 그 다음 검출된 엣지의 종류를 확인하여 진리표에 맞게 방향을 결정하면 된다. 이러한 방향 결정은 D 플립플롭 소자 입력에 QA와 QB 신호를 입력하여 방향을 쉽게 알 수 있는 방법도 있다. 아래의 표 6.1은 엣지 발생순서에 따른 회전방향의 진리표이며, 그림 6.14는 Quadrature Decoder의 입력 신호 QA와 QB의 파형과 Quadrature Decoder를 통해 최종적으로 생성된 QCLK와 QDIR 출력 신호의 파형을 나타낸다.

표 6.1. Quadrature Decoder Truth Table

이전 엣지	현재 엣지	회전 방향	방향신호(QDIR)
QA ↑	QB ↑	정방향	High
	QB ↓	역방향	Low
	QA ↓	방향 전환	Toggle
QA ↓	QB ↓	정방향	High
	QB ↑	역방향	Low
	QA ↑	방향 전환	Toggle
QB ↑	QA ↑	역방향	Low
	QA ↓	정방향	High
	QB ↓	방향 전환	Toggle
QB ↓	QA ↓	정방향	Low
	QA ↑	역방향	High
	QB ↑	방향 전환	Toggle

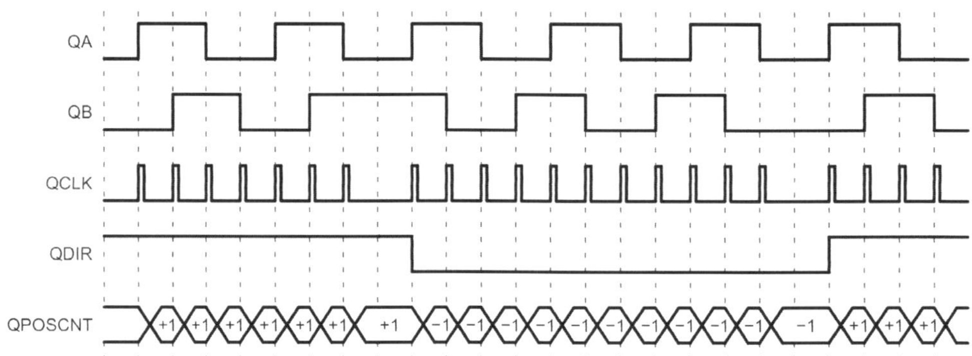

그림 6.14. Quadrature Decoder를 이용한 QCLK과 QDIR 신호의 디코딩

이러한 Quadrature Count 모드를 선택하고 사용하기 위해서는, QDU 제어 관련 레지스터인 QDECCTL(eQEP Decoder Control)의 값을 변경해야 한다. QDECCTL 레지스터의 QSRC 비트(15:14)는 QDU의 4가지 모드 선택을 위한 비트이며, QDU의 출력단 MUX의 선택신호 값이다. 이 값을 '00'으로 설정하여 Quadrature Count 모드를 선택할 수 있다. 여기서, (15:14)는 레지스터의 비트번호이며 15번에서 14번 비트까지 2비트로 할당되어 있다. 아래 그림 6.15은 QDECCTL 레지스터를 나타낸다.

15	14	13	12	11	10	9	8
QSRC		SOEN	SPSEL	XCR	SWAP	IGATE	QAP
R/W-0		R/W-0	R/W-0	R/W-0	R/W-0	R/W-0	R/W-0

7	6	5	4				0
QBP	QIP	QSP	Reserved				
R/W-0	R/W-0	R/W-0	R-0				

그림 6.15. QEP Decoder Control(QDECCTL) Register

또한, Quadrature Decoder를 통해 두 입력신호의 위상 에러 검출이 가능하다. 정상적인 동작상태에서 QA(QEPA)와 QB(QEPB) 신호는 90도의 위상차를 가지지만, 만약 두 신호간의 위상 차이에 문제가 발생하는 경우에는 QFLG 레지스터의 PHE(phase error flag) 비트에서 위상오차의 발생유무를 확인 가능하다.

그 밖에도 QDU의 두 입력 신호 QEPA와 QEPB를 서로 바꿀 수 있다(SWAP). 일반적인 경우에는 QDU의 입력 신호 QEPA와 QEPB는 각각 Quadrature Decoder의 입력신호 QA와 QB가 되지만, 교환 기능을 사용하면 QEPA와 QEPB는 서로 바뀌어 QB와 QA 신호가 된다. 이러한 교환 기능은 QDECCTL 레지스터의 SWAP 비트(10)를 Set 시키면 사용 가능하며, 이는 전동기 운전시 회전방향을 반전시키는 효과를 가져온다.

카운트 모드와 관계없이 QDU로 입력되는 4개의 입력 신호 EQEPxAIN, EQEPxBIN, EQEPxIIN, 그리고 EQEPxSIN은 각각 개별적으로 극성(Polarity) 반전이 가능하다. 이러한 반전 기능은 QDECCTL 레지스터의 Polarity Selection 비트[8:5] 값을 이용하며, 4개의 입력 신호에 해당하는 4비트(QAP(8)와 QBP(7), QIP(6), QSP(5))를 독립적으로 설정하여 사용 가능하다.

2) Direction Count Mode

Direction Count 모드는 QDU로 입력되는 두 신호 EQEPxAIN과 EQEPxBIN의 형태가 XCLK과 XDIR일 때 사용하는 모드이다. 90도의 위상 차를 가지는 두 상의 펄스 신호(QEPA와 QEPB)를 출력하는 일반적인 엔코더와 달리, 클럭 펄스 신호(XCLK)와 방향 신호(XDIR)를 출력하는 엔코더를 사용하거나, 외부에서 별도의 디코딩 회로나 전용 드라이브를 통해 이미 클럭 펄스 신호(XCLK)와 방향 신호(XDIR)의 형태로 디코딩 된 신호가 입력될 경우에 사용된다. 이러한 경우, 입력된 신호의 형태가 이미 클럭 신호 QCLK과 방향 신호 QDIR 형태이기 때문에, Quadrature Count 모드와 같이 엣지 검출을 통한 4체배된 클럭 신호와 방향 신호의 생성과정이 불필요하며, Quadrature Decoder를 이용하지 않는 새로운 루트가 필요하다. 그러므로 Direction Count 모드는 GPIO MUX를 통해 QDU로 입력된 EQEPxAIN과 EQEPxBIN의 형태가 클럭 신호와 방향 신호 형태(XCLK과 XDIR)일 때 사용되며, 별도의 처리과정 없이 바로 두 신호를 QCLK과 QDIR 신호로 사용하여 속도측정에 이용할 수 있다.

그림 6.12에서 Direction Count 모드의 루트를 살펴보면, 그림 우측으로부터 클럭 신호와 방향 신호인 XCLK와 XDIR가 입력되는 경우이며, MUX에서 Quadrature Count 모드를 선택(Mode Selection = '01') 함으로써 Quadrature Decoder를 거치지 않고 두 입력 신호를 그대로 그림 좌측의 QCLK과 QDIR 신호로 사용할 수 있다. 앞서 설명한 Quadrature Count 모드와 마찬가지로, 모드와 관계없이 두 입력 신호는 각각 반전 할 수 있으며, 입력 신호 XCLK은 필요하다면 2체배할 수 있는 기능이 있다. 입력 펄스 신호의 상승과 하강 엣지를 검출하여 엣지가 검출될 때마다 펄스 신호를 출력함으로써, 2체배된 클럭 신호의 생성이 가능하다.

이러한 Direction Count 모드를 선택하고 사용하기 위해서는, 앞서 설명한 Quadrature Count 모드와 마찬가지로 그림 6.15의 QDECCTL 레지스터의 QSRC 비트(15:14) 값을 이용하면 되는데, 이 값을 '01'으로 두어 Direction Count 모드를 선택할 수 있다. 또한 입력된 클럭 신호 XCLK의 2체배 기능은 QDECCTL 레지스터의 XCR 비트(11)를 통해 선택 가능하다.

3) Quadrature Up Count Mode & Down Count Mode

Up Count와 Down Count 모드는 단순히 들어오는 각각의 입력펄스를 카운트하기 위한 모드로, QDU로 입력되는 두 신호 중 EQEPxAIN의 펄스 신호만 이용한다. EQEPxAIN 신호는 (QEPA 혹은 XCLK)는 항상 클럭 신호이기 때문에, Direction Count 모드와 QEPA 혹은 XCLK 신호의 루트가 동일하며 QCLK 신호로 사용된다. 그러나, QDIR 신호는 업 혹은 다운 카운트의 결정을 위한 값으로 사용되며, 사용자의 설정에 따라 Up 혹은 Down Count 모드에 따라 1 혹은 0의 일정한 값을 가진다.

Up 혹은 Down Count 모드는 앞서 설명한 두 모드와 마찬가지로 QDECCTL 레지스터의 QSRC 비트(15:14) 값을 이용하여 모드 선택하며 (10 혹은 11), 입력된 클럭 신호 XCLK는 Direction Count 모드와 루트가 동일하기 때문에 2체배 기능을 사용하려면 QDECCTL 레지스터의 XCR 비트(11)를 통해 선택적으로 사용 가능하다.

이처럼 입력 신호 EQEPxAIN과 EQEPxBIN 신호의 형태나 사용목적에 따라 사용하는 모드의 선택이 필요하고, 세부적인 기능 또한 사용자가 선택하여 사용 가능하다. 또한 QDU의 4개의 입력 신호 중 나머지 두 입력 신호인 Index(Z상) 입력 신호 EQEPxIIN과 스트로브 입력 신호 EQEPxSIN 또한 디코딩이 가능한데, 각각 개별적인 반전과 QDECCTL 레지스터의 IGATE 비트(9)를 이용하여 스트로브 신호가 입력되었을 때만 Z상 신호가 입력될 수 있도록 설정 가능하다.

4) Position-Compare Sync Output

QDU를 통해 외부로 출력하는 신호인 PCS(Position-Compare Sync) 출력 신호는 이후 설명할 카운트 유닛(PCCU)에서 출력되는 신호로써, 카운트 값이 특정한 값과 같아졌을 때 외부로 출력되는 동기 신호이다. 이는 4개의 입력 신호와 반대로 GPIO MUX를 통해 외부로 출력되는 신호이며, Index(Z상) 입력 신호와 Strobe 입력 신호 중 하나를 대신하여 외부로 신호를 출력하는 신호로 사용 가능하다. QDECCTL 레지스터의 SPSEL 비트(12)를 통해 PCS 출력 신호를 Index 입력 신호와 Strobe 입력 신호 중 어떤 입력 신호 핀으로 출력할지 선택 가능하며, SOEN 비트(13)을 통해 PCS 신호와 별도로 외부로 Enable 신호를 출력할 수 있다. PCS(Position-Compare Sync) 출력 신호에 대한 자세한 설명은 뒤에서 할 것이다.

6.2.4. Position Counter and Control Unit(PCCU)

PCCU는 QDU로부터 입력된 신호들을 이용하여 클럭 펄스를 업 혹은 다운 카운트하는 장치로, 그림 6.9의 eQEP 전체 구성 중 하단(③)에 해당하는 부분으로 그림 6.16과 같이 구성되어 있다. 클럭 펄스 신호 QCLK을 QDIR 신호에 따라 업 혹은 다운 카운트를 하게 되고, PCCU 내부의 카운트 동작모드에 따라 카운트 값을 리셋 할 수 있다. 카운트된 값은 PCCU의 저장모드에 따라 저장이 가능하며, 조건에 따른 카운트 초기화도 가능하다. 또한, 동기 신호의 출력을 위해 카운트 된 값과 특정 값의 비교 출력 기능도 가진다. 이러한 PCCU의 동작 및 제어는 QEPCTL 레지스터와 QPOSCTL 레지스터를 이용하여 구현 가능하다.

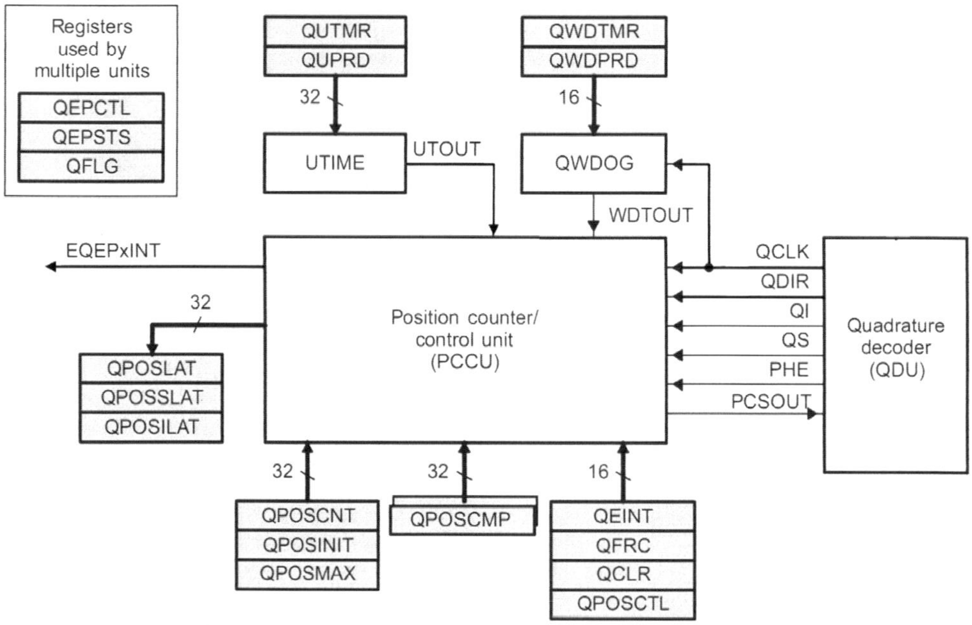

그림 6.16. Position Counter and Control Unit(PCCU)의 구성

1) Position Counter Operating Modes

PCCU가 QCLK 펄스를 카운트 함에 있어서, 업 혹은 다운 카운트에 대한 결정은 QDIR 값을 이용한다. QDIR 값이 1일 경우(정방향 혹은 업 카운트 모드)에는 업 카운트를, QDIR 값이 0일 경우(역방향 혹은 다운 카운트 모드)에는 다운 카운트하게 된다. 이러한 카운트 값은 계속적으로 카운트 될 수 없고 반드시 카운트 값의 리셋이 필요하다. 저장되는 레지스터의 비트 수에 따른 제한으로 인해 오버 및 언더 플로우가 발생하기 때문에, 카운트 값은 항상 어떤 일정한 기준에 의해 계속적으로 리셋 되어야 한다.

먼저, 리셋이 되는 값은 업 혹은 다운 카운트에 따라 다르다. 업 카운트(정방향)의 경우에는 카운트 값이 정해진 최대값까지 증가하다가 오버 플로우를 방지하기 위해 0으로 리셋 되며, 다운 카운트(역방향)의 경우에는 카운트 값이 0까지 감소하다가 언더 플로우를 방지하기 위해 최대값으로 리셋 된다. 여기서 최대값은 사용자가 미리 QPOSMAX 레지스터에 저장해 놓은 값이며, 리셋되는 주기를 정해주는 클럭 펄스 개수이다. (0을 포함하여 레지스터에 값 저장)

카운트 값의 리셋 조건으로, 카운트 유닛 PCCU는 4가지 종류의 리셋 모드를 선택 할 수 있다. Index(Z상) 신호에 의한 Index Event가 발생할 때 마다 카운트 값을 리셋 하는 모드와, 어떠한 이벤트 없이 최대값을 범위로 카운트 값을 리셋하는 모드, 그리고 앞의 두 방법을 섞어서 처음 Index Event 발생에서만 카운트 값을 리셋하고 그 후로는 최대값에 따라 리셋하는 모드, 마지막으로 단위시간을 정해놓고 단위시간마다 리셋하는 모드이다. 이러한 리셋 모드를 PCCU의 카운트 모드라고 하며, 선택된 카운트 모드의 조건에 따라 카운트 값은 0 혹은 최대값(업/다운 카운트)으로 리셋 된다.

- Position Counter Reset on Index Event
- Position Counter Reset on Maximum Position
- Position Counter Reset on the first Index Event
- Position Counter Reset on Unit Time Out Event

① Position Counter Reset on Index Event

첫번째 카운트 모드는 Index(Z상) 입력신호에 의해 생성되는 Index Event가 발생할 때마다 카운트 값이 리셋 되는 동작모드이다. Index 입력 신호에 의해 발생하는 Index Event Maker 신호로 인해 카운트 값이 리셋 되기 때문에, 엔코더의 한 바퀴 회전 당 한번의 리셋을 실행하는 모드이며, 카운트되는 값의 범위는 Index Event 간의 클럭 개수 즉, 한 바퀴 회전 당 입력되는 QCLK의 총 개수가 된다. 이러한 모드는 Index 신호를 기준으로 카운트 되기 때문에, 0도의 회전자 위치로부터 절대적 위치 측정에 용이하며, 방향전환이 발생해도 정확한 위치 측정이 가능한 장점이 있다. 그러나, 기동 시 처음 Index 신호가 들어올 때까지는 Index 기준의 절대적 위치를 알 수 없고 상대적 위치 측정만 가능하다.

Index Event Maker 신호는 Index 입력 신호의 발생을 알리는 동기 펄스신호이다. Index Event Maker 신호의 발생 시점은 정/역방향에 따라 약간의 차이가 있다. 정방향의 경우 Index Event Maker 신호는 Index 신호 발생 중 QEPB 신호의 하강 엣지에서 발생하지만, 역방향의 경우에는 Index 신호 발생 중 QEPB 신호의 상승 엣지에서 발생한다. 이렇게 정/역방향에서 상승/하강 엣지의 대칭적으로 Index Event Maker 신호가 발생해야 방향전환에도 정확한 리셋이 가능하기 때문이다.

그림 6.17은 Index Event 발생시 리셋되는 카운트 동작모드에서, 엔코더의 분해능이 1000(한 바퀴당 1000개의 펄스 출력)일 때의 카운트 동작 예를 보여준다. 4체배된 QCLK 신호는 한 바퀴 회전에 총 4000개의 클럭 펄스가 발생하기 때문에, 최대값(QPOSMAX)은 0값을 고려하여 3999(0xF9F)의 값을 가진다.

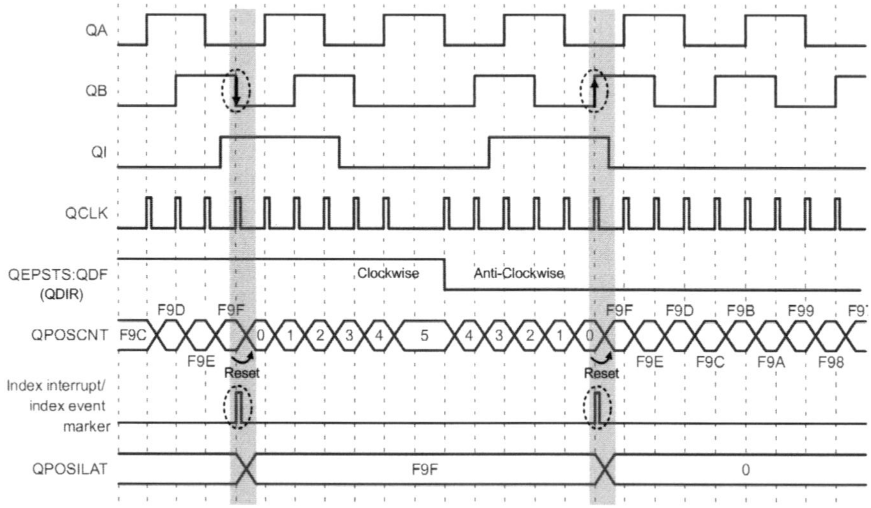

그림 6.17. Position Counter Reset by Index Pulse(1000 Line Encoder / QPOSMAX = 3999)

정회전(QDF=1) 구간에서 카운트 값(QPOSCNT)은 0에서 Maximum 값인 3999 (0xF9F)까지 증가한다. 이때 Z상(Index) 입력인 QI 신호가 입력되고, QB 신호가 하강엣지일 때 Index Event Marker 신호가 발생한다. 카운트 값(0xF9F)은 (QPOSILAT 레지스터에 저장 후) 업 카운트이므로 0으로 리셋 된다. 회전 방향이 전환되어 역회전(QDF=0)일 경우, 카운트 값은 0까지 다운 카운트 되고 마찬가지로 QI 신호와 QEPB 신호의 상승 엣지에서 Index Event Marker 신호가 발생하여 이때의 카운트 값(0)은 (QPOSILAT 레지스터에 저장 후) 다운 카운트이므로 Maximum(QPOSMAX) 값인 3999(0xF9F)으로 리셋 된다. 이러한 카운트 모드는 QEPCTL 레지스터의 PCRM 비트[13:12] 값을 '00'로 입력하여 선택 가능하다. 또한, 처음 발생한 Index Event Maker 신호는 QEPSTS 레지스터의 FIMF(First Index Event Maker Flag) 비트 값을 통해 확인할 수 있으며, First Index Event Maker 신호가 발생 할 때의 회전방향 정보는 QEPSTS 레지스터의 FIDF(First Index Event Direction Flag) 비트 값을 통해 확인 가능하다.

② Position Counter Reset on Maximum Position

두번째 카운트 모드는, Index 이벤트와 관계없이 QPOSMAX레지스터에 저장된 최대값을 주기로 리셋되는 카운트 모드이다. QDIR=1인 경우 (정방향 혹은 업 카운트), 카운트 값이 최대 값과 같아지면 OV(오버 플로우)가 발생하고, 그 이후 카운터 값은 0으로 리셋 된다. 반대로, QDIR=0인 경우(역방향 혹은 다운 카운트), 카운트 값이 0이 되면 UF(언더 플로우)가 발생하고, 카운트 값이 최대값으로 리셋 된다.

아래 그림 6.18은 최대값에서 리셋되는 카운트모드에서, 최대값(QPOSMAX)이 4인 경우의 카운트 동작 예를 보여준다. 최대값이 4이기 때문에, 5번째 클럭 마다 리셋을 한다.(0 포함) 정방향(QDIR=1)의 업 카운트에서는 QCLK에 의한 카운트 값(QPOSCNT)이 0에서 3까지 증가되다가 4가 되면 OV가 발생하여 카운트 값이 0으로 리셋되는 것을 확인 할 수 있다. 반대로, 역방향(QDIR=0)의 다운 카운트에서는 카운트 값(QPOSCNT)이 4에서 1로 감소되다가 0이 되면 UF가 발생하여 카운트 값이 최대값(4)으로 리셋됨을 확인 할 수 있다. 이는 엔코더 라인이나 Index Event 발생 여부와는 관계없이 최대값(QPOSMAX)만큼 업/다운 카운트되는 동작을 보여준다. 이러한 카운트 모드는 QEPCTL 레지스터의 PCRM 비트[13:12] 값을 '01'로 입력함으로써 사용 가능하다.

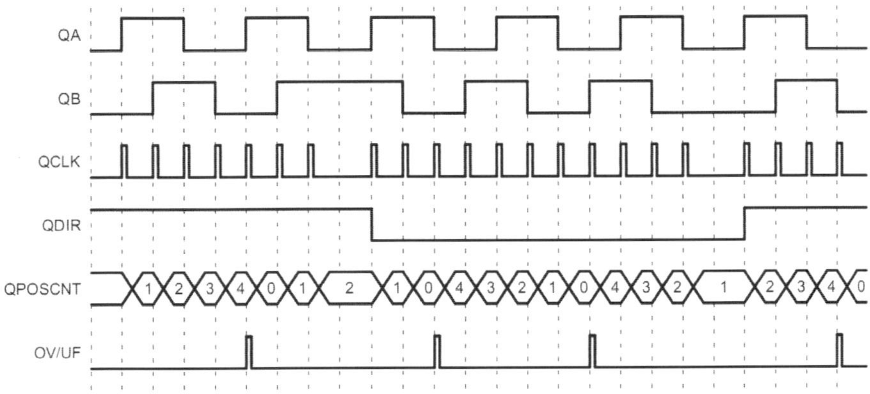

그림 6.18. position Counter Reset by Maximum Point (QPOSMAX = 4)

③ Position Counter Reset on the First Index Event

세번째 카운트 모드는, 첫 Index Event에 카운트 값(QPOSCNT)을 리셋하고 그 후로는 최대값(QPOSMAX)을 주기로 카운트 값을 리셋하는 모드이다. 이러한 모드는 앞서 설명한 두 모드가 합쳐진 동작 모드라고 볼 수 있다. 처음 First Index Event에 리셋하는 동작까지는 첫 번째 카운트 모드의 동작과 동일하고, 그 후에 최대값마다 리셋하는 동작은 두 번째 카운트 모드의 동작과 동일하기 때문이다.

이러한 모드는 QEPCTL 레지스터의 PCRM 비트[13:12] 값을 '10'로 입력함으로써 사용 가능하다. 또한, QEPSTS 레지스터의 FIMF(First Index Maker Flag) 비트를 통해 처음 Index Even의 확인이 가능하며, 그때 방향정보는 동일 레지스터의 FIDF(Direction on the First Index Maker) 비트를 통해 확인 가능하다.

④ Position Counter Reset on Unit Time out Event

마지막으로 네번째 카운트 모드는, 정해진 시간 단위로 리셋되는 모드이다. Unit Time 장치를 이용하여 일정한 시간 간격으로 unit time out event 신호(UTOUT)를 발생 시키고, 이 신호로 인해 카운트 값(QPOSCNT)은 QPOSLAT 레지스터에 값이 저장 된 후, 정/역방향 혹은 업/다운 카운트에 따라 최대값(QPOMAX) 혹은 0 값으로 리셋 된다. 단위 시간마다 카운트 값이 리셋 되는 이러한 모드는, QEPCTL 레지스터의 PCRM 비트[13:12] 값을 '11'로 입력함으로써 선택 가능하며, 단위 시간에 따른 회전량을 바로 측정할 수 있으므로, 전동기와 같은 회전체의 회전 주파수 측정에 유용하다.

2) Position Counter Latch

위치 카운트 값(QPOSCNT)은 QPOSLAT, QPOSILAT, 그리고 QPOSSLAT 레지스터에 독립적으로 저장 가능하다. 앞서 설명한 Unit Time의 단위 시간마다 출력되는 UTOUT 신호에 의해 QPOSLAT 레지스터에 카운트 값을 저장할 수 있으며, Index 입력 신호(QI)에 의해 카운트 값을QPOSILAT 레지스터에 저장하거나, 마지막으로 스트로브 입력 신호(QS)에 의해 카운트 값을 QPOSSLAT 레지스터에 저장할 수 있다.

① Index Event Latch

Index 입력 신호(QI)가 발생하년 위치 카운터 값(QPOSCNT)을 QPOSILAT 레지스터에 저장할 수 있다. 이러한 기능은 Index 입력신호에 의한 정보를 얻지 못하는 카운트 모드(Maximum point카운트 모드, 혹은 First Index Event 카운트 모드(QEPCTL[PCRM]='01'/'10'))에서 Index 입력신호에 의한 카운트 값 정보를 얻을 때 유용하다. 즉, Index 이벤트 사이의 카운트 수가 올바른 개수인지 기구적 에러 확인에도 유용하다.

카운트 값(QPOSCNT)을 QPOSILAT 레지스터에 저장하는 시점을 QEPCTL 레지스터의 IEL 비트[5:4] 값에 의해 결정할 수 있다. IEL 비트의 값을 '01', '10' 혹은 '11'로 선택함으로써 Index 입력 신호의 상승엣지, 하강엣지 혹은 Index Event Maker에서 카운트 값을 저장할 수 있다. 앞선 그림 6.17은 QEPCTL[IEL] 값이 '11'인 경우에, Index Event Maker에 의해 카운트 값이 저장되는 예를 보여준다.

② Strobe Event Latch

스트로브 신호가 입력될 때마다 위치 카운터 값(QPOSCNT)을 QPOSSLAT 레지스터에 저장할 수 있다. 저장되는 시점은 QEPCTL 레지스터의 SEL 비트(6) 값을 통해 결정할 수 있는데, SEL 비트 값이 '0'이면 회전방향과 관계없이 Strobe 입력신호의 상승엣지에서 카운트 값이 저장된다. 그러나, SEL 비트가 '1'이면 정/역방향에 따라 Strobe 신호의 상승/하강 엣지에서 카운트 값이 저장된다. 또한, 카운트 값이 QPOSSLAT 레지스터에 저장되면 래치 인터럽트 플래그 레지스터인 QFLG 레지스터의 SEL 비트(9)가 Set 된다.

아래 그림 6.19은 스트로브 이벤트 발생으로 인한 카운트 값 저장의 예를 보여준다. SEL 비트 값이 '1' 일 때, 정/역방향에 따라 QS 신호의 상승/하강 엣지에 카운트 값이 저장됨을 확인 할 수 있다.

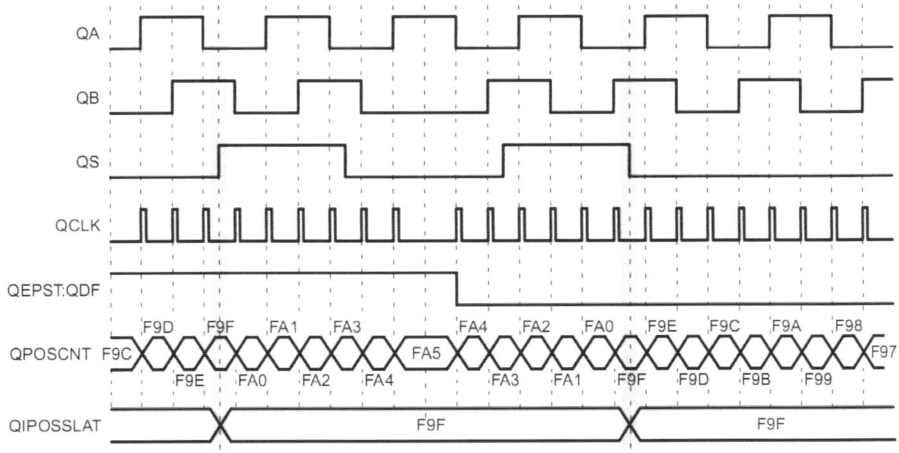

그림 6.19. Strobe Event Latch(QEPCTL[SEL] = 1)

3) Position Counter Initialization

QPOSINIT 레지스터에 저장된 특정 초기값으로 위치 카운터 값(QPOSCNT)을 초기화 할 수 있다. 리셋 동작과는 달리, 카운트 값이 QPOSINIT 레지스터에 저장된 초기값으로 바뀌는 동작이며, 다음 3가지 이벤트에 의해 위치 카운터 값의 초기화가 가능하다.

① Index Event Initialization(IEI)

Index 입력신호가 발생하면 위치 카운터 값을 QPOSINIT 레지스터 값으로 초기화 할 수 있으며, QEPCTL 레지스터의 IEI 비트[9:8] 값을 '10' 혹은 '11'로 입력하면 된다. '10' 혹은 '11'의 값에 따라 Index 입력신호의 상승엣지 혹은 하강엣지에서 초기화 되며, '00' 혹은 '01'의 값일 경우에는 초기화 동작이 되지 않는다.

② Strobe Event Initialization(SEI)

Strobe 입력신호가 발생하면 위치 카운터 값을 QPOSINIT 레지스터 값으로 초기화 할 수 있으며, QEPCTL 레지스터의 SEI 비트[11:10] 값을 '10' 혹은 '11'로 입력하면 된다. '10'의 경우에는 Strobe 입력신호의 상승엣지에서만 초기화 되고, '11'의 경우에는 정/역방향에 따라 Strobe 입력신호의 Rising/Falling edge에서 초기화 된다. '00' 혹은 '01'의 값일 경우에는 초기화 동작이 되지 않는다.

③ Software Initialization(SWI)

어떠한 이벤트 없이 사용자가 소프트웨어적으로 초기화할 수 있으며, QEPCTL 레지스터의 SWI 비트(7) 값을 '1'로 입력하면 된다. 초기화 후, SWI 비트는 자동적으로 Clear되지 않기 때문에, Set 상태를 유지하더라도 다시 '1'을 입력하면 초기화 된다. SWI 비트가 '0'인 경우에는 초기화 동작이 되지 않는다.

4) eQEP Position-Compare Unit

위치 비교(Position Compare) 유닛은 카운트 값(QPOSCNT)이 위치 비교 값(QPOSCMP)과 같아지면 인터럽트 신호나 동기 출력 신호를 생성하는 장치이다. 업 혹은 다운 카운트 되는 값이 특정 값과 같아지는 것은 회전 축이 특정한 위치에 도달 했음을 의미하며, 외부로 펄스 신호(PCSOUT)를 출력함으로써 이러한 정보를 외부로 전달 할 수 있다.

아래 그림 6.20는 Position Compare 유닛의 블록 구성도를 나타낸다. 다운 카운트 값(QPOSCNT)과 위치 비교 값(QPOSCMP)을 비교하여, 그 값이 같은 경우에는 PCEVENT 발생과 함께 Pulse stretcher를 통해 외부로 펄스 출력(PCSOUT)이 가능하다. 여기서, 그림 좌측 상단의 QPOSCTL 레지스터의 PCSHDW 비트(15)는 Shadow 모드의 사용여부를 결정하며, PCLOAD 비트(14)는 Shadow 모드 사용할 때 Shadow 레지스터의 값을 Active 비교 레지스터인 QPOSCMP로 위치 비교 값을 불러오기 위한 비트이다. 또한, Active 비교 레지스터인 QPOSCMP로 위치 비교 값을 불러온 뒤, 위치 비교 동작의 준비가 끝나면 QFLG 레지스터의 PCR 비트가 활성화 된다.

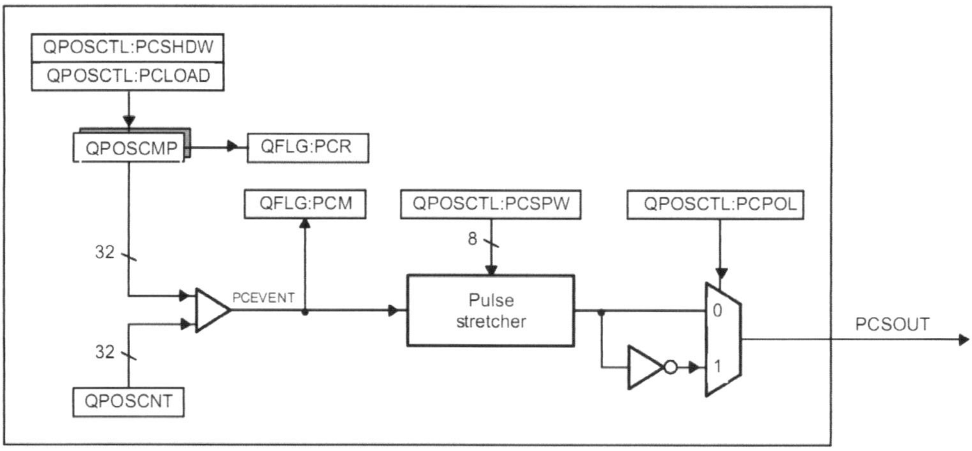

그림 6.20. eQEP Position-compare Unit

카운트 값(QPOSCNT)과 위치 비교 값(QPOSCMP)이 같은 경우에 발생하는 PCEVENT를 통해 Pulse stretcher는 펄스 신호를 출력하는데, 이때 펄스 ON time의 펄스 폭은 QPOSCTL 레지스터의 PCSPW 비트[11:0] 값을 통해 결정되며, PCPOL 비트(13) 값을 통해 출력된 펄스 신호의 극성 반전도 가능하다.

예를 들어 그림 6.21과 같이, 위치 비교 값(QPOSCMP)이 2인 경우, 카운트 값(QPOSCNT)이 업 카운트에서 1에서 2로 바뀔 때와 다운 카운트에서 3에서 2로 바뀔 때 PCEVENT 신호가 발생한다. 그에 따라, PCSPW 값의 On time을 가지는 펄스 신호(PCSOUT)를 출력하고, 펄스 신호는 PCPOL 값에 따라 Active High/Low(극성 변경)의 선택도 가능하다.

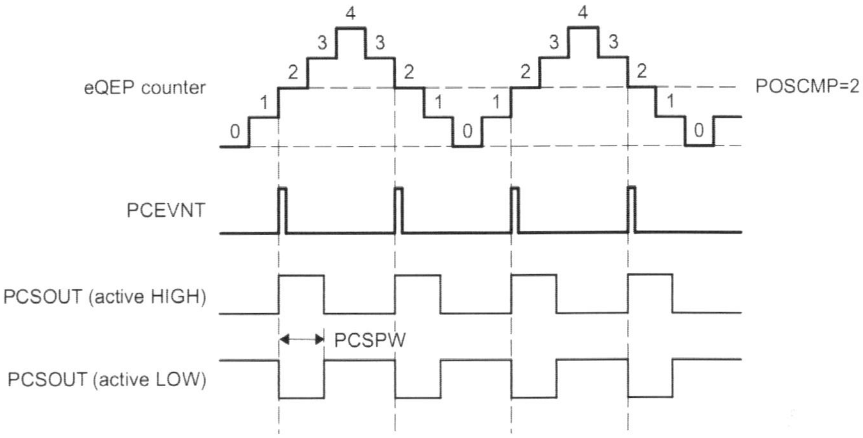

그림 6.21. eQEP Position-compare Event Generation Points

Position Compare 유닛 내부의 Pulse stretcher 로직은 카운트 값과 비교 값이 동일 할 때, 위치 비교 동기 펄스 신호(PCSOUT)를 출력하게 되는데, 값 비교를 통한 펄스 신호의 출력 도중에 위치 비교 값이 새롭게 변화하게 되는 경우에는, 그림 6.22와 같이, Pulse stretcher 로직은 값이 바뀐 시점부터 PCSPW 값의 폭만큼 ON time을 가지는 새로운 펄스 신호를 출력한다.

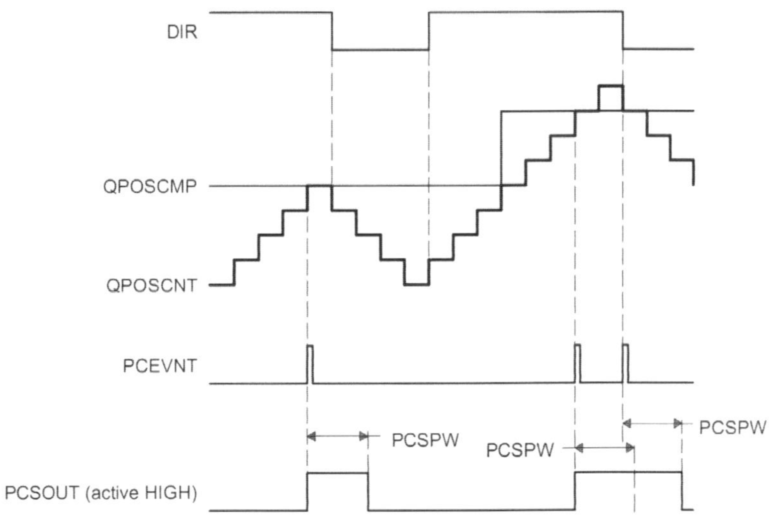

그림 6.22. eQEP Position-compare Sync Output Pulse Stretcher

6.2.5. eQEP Edge Capture Unit(ECAP)

eQEP 모듈의 Edge Capture Unit(ECAP)은 클럭 펄스 간의 시간을 측정하는 장치로, T method를 이용한 속도측정의 구현이 가능하다. QDU에서 출력된 QCLK 신호를 이벤트로 두고, 시스템 클럭을 카운트하는 타이머를 이용하여 이벤트 간의 시간을 측정함으로써, 클럭 간의 일정한 단위 위치 X에 대한 시간 변화량 ΔT를 측정하는 원리이다. 이는 저속 회전 영역에서 속도측정 오차가 발생할 수 있는 M method와 달리, 저속회전 영역에서 속도의 정밀한 측정에 유용하다.

그림 6.23는 eCAP 유닛의 구성도이며, 그림 6.9의 eQEP 전체 구성 중 상단(④)에 해당한다. 그림 우측의 QCLK 펄스 신호의 입력에 따라 단위 위치 이벤트인 UPEVNT가 발생되고, 다음 UPEVNT 발생까지의 시간 변화량 ΔT는 캡쳐 타이머 QCTMR가 분주된 시스템 클럭(SYSCLKOUT)인 CAPCLK을 카운트하여 측정된다. 캡쳐 타이머 QCTMR의 값은 CAPCLK에 의해 카운트되다가 다음 단위위치 이벤트 UPEVNT가 발생할 때 QCPRD 레지스터에 저장된 후, 리셋 되고 나시 카운드 된다. 또한, UTIIME의 설정에 의해 일정 시간마다 발생하는 UTOUT 신호를 이용하여 타이머 QCTMR과 QCPRD의 현재 값을 QCTMRLAT와 QCPRDLAT 레지스터에 일정 시간마다 저장하여 확인 가능하다.

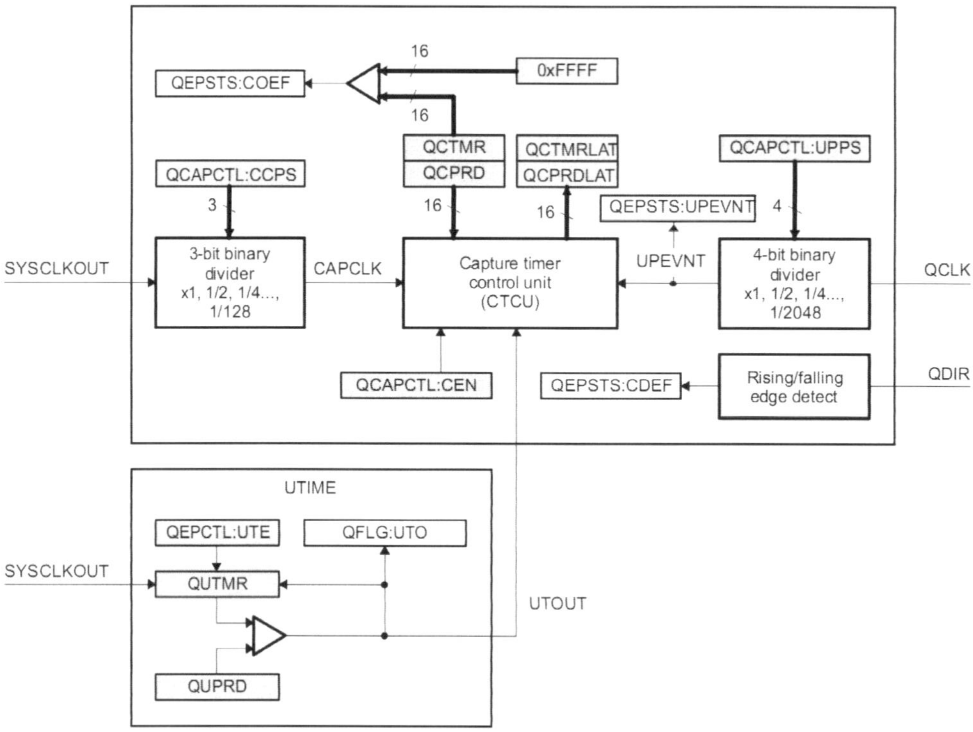

그림 6.23. eQEP Edge Capture Unit

이러한 T-method의 속도측정 방식은 고속 회전 영역에서 입력되는 QCLK 펄스 신호의 주기가 매우 짧아져서 펄스 신호간의 시간 측정에 필요한 시스템 클럭 펄스의 수가 작아지므로 오차를 발생할 수 있다. 또한, 타이머의 크기(비트)가 16비트이기 때문에, 이벤트 간의 카운트 값이 65,535(16비트)를 넘어 오버플로우가 발생할 수 있는 문제가 있다. 그러나, 입력되는 QCLK 신호와 SYSCLKOUT 신호 각각의 분주를 이용하여 이러한 단점을 보완 할 수 있다.

단위 위치 이벤트 신호인 UPEVNT는 입력되는 QCLK 펄스 신호를 분주하여 생성되는데, 분주를 통해 여러 QCLK 펄스 간격의 UPEVNT 시간을 측정하면 고속 회전 영역에서 발생하는 속도측정 오차를 줄일 수 있다. 또한, 타이머 QCTMR의 카운트를 위한 클럭 신호인 CAPCLK은 시스템 클럭 SYSCLKOUT을 분주하여 생성되는데, 분주를 통해 CAPCLK의 주파수를 감소시키면 타이머의 오버플로우 문제를 방지 할 수 있다. 이벤트 신호 UPEVNT의 분주비는 QCAPCTL 레지스터의 UPPS 비트[3:0] 값을 입력하여 선택 가능하고, 타이머 클럭 CAPCLK의 분주비는 QCAPCTL 레지스터의 CCPS 비트[6:4] 값을 이용하여 결정할 수 있다. 아래 그림 6.24는 QCLK 신호를 2분주하여 UPEVNT 신호를 생성하는 예를 보여준다.

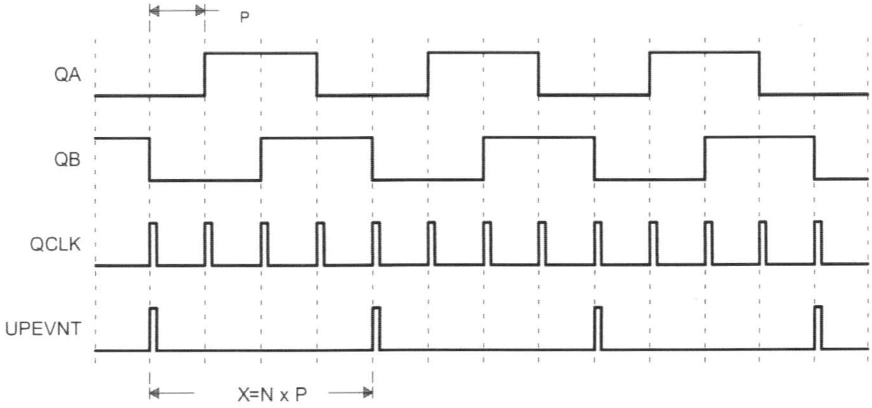

그림 6.24. 16 Unit Position Event (QCAPCTL[UPPS] = 0010)

또한, 속도측정 중에 회전방향이 전환하면 하나의 QCLK 펄스 신호가 입력되지 않기 때문에, 속도측정 오차가 발생할 수 있다. 이를 방지하기 위해, 계속적으로 방향신호인 QDIR 신호의 엣지를 검출해야 하며, QEPSTS 레지스터의 CDEF 플래그를 통해 UPEVNT 간에 방향 전환 발생여부를 확인 할 수 있다.

단위 위치 이벤트 UPEVNT의 발생여부는 QEPSTS 레지스터의 UPEVNT 비트(7)를 통해 확인 가능하며, 이를 통해 QCPRD 레지스터에 새로운 QCTMR 값이 저장되었는지 확인 가능하다. 또한, 캡처 타이머 QCTMR의 오버 플로우 발생여부와 단위 위치 이벤트간의 방향 전환 여부는 각각 QEPSTS 레지스터의 COEF 플래그(3)와 CDEF 플래그(2)를 통해 확인 가능하다.

캡처 타이머 QCTMR과 캡처 주기 레지스터 QCPRD의 값이 각각 QCTMRLAT 레지스터와 QCPRDLAT 레지스터에 저장되는 시점은 QEPCTL 레지스터의 QCLM 비트(2) 값에 따라 다르다. QCLM 비트의 값을 Set 할 경우에는 UTIME의 UTOUT 신호에 의해 저장 되지만, Clear 할 경우에는 CPU가 position counter의 값을 읽을 때 저장된다.

아래 그림 6.25는 속도측정을 위한 전체 동작 타이밍을 보여준다. 정방향(QDIR=1)으로 회전 중이며 방향전환이 없는 경우, 엔코더로부터 직교하는 QEPA와 QEPB 펄스 신호가 입력될 때, QDU를 통해 4체배된 QCLK 펄스 신호가 생성된다. 카운트 유닛 PCCU에서는 QCLK 펄스 신호를 카운트하여 QPOSCNT 값이 업 카운트되어 증가하며, UTIME에 의해 샘플링 시간마다 UTOUT 신호가 발생한다. 여기서, UTOUT 신호간의 샘플링 시간 T는 UTIME의 타이머 주기 값에 의해 결정되며, 샘플링 시간 동안의 위치 변화량 ΔX은 QPOSCNT의 카운트 값 변화량을 통해 계산 가능하므로, 이를 이용하여 M-method를 이용한 회전속도 측정이 가능하다.

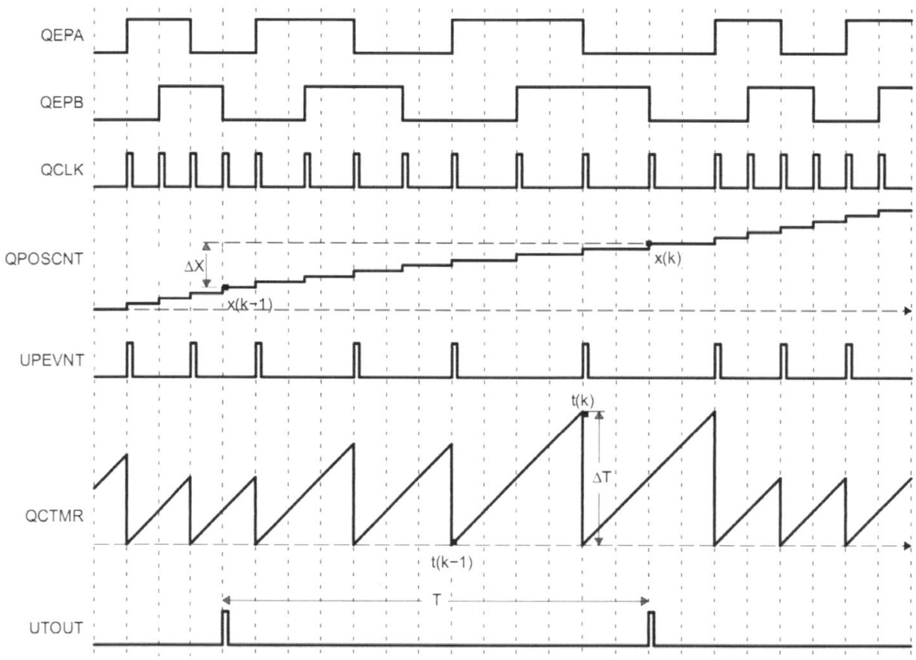

그림 6.25. eQEP Edge Capture Unit - Timing Details

캡처 유닛 ECAP에서는 QCLK 신호를 2분주하여 UPEVNT 신호를 생성하고, UPEVNT 신호 간에 캡처 타이머 QCTMR의 값은 시스템 클럭에 의해 카운트 된다. 여기서, UPEVNT 신호 간의 단위 위치 X는 분주비를 통해 결정되며, 단위 위치 간의 시간 변화량 ΔT는 타이머 QCTMR의 값을 통해 계산 가능하다. 이를 이용하여 T-method를 이용한 회전속도 측정이 가능하다.

6.2.6. eQEP Watchdog(QWDOG)

eQEP 모듈의 정상적인 동작여부를 확인하는 과정은 위치 및 속도 제어 시스템에서 매우 중요하다. eQEP 모듈은 입력 신호의 정상동작을 확인하기 위해 클럭 신호의 입력을 감시하는 16비트의 와치독 타이머가 구성되어 있다. 일정시간 동안 QCLK 신호의 입력 여부를 확인하여 알려주는 역할을 한다.

아래 그림 6.26은 eQEP 와치독 타이머의 블록도를 나타낸다. 와치독 타이머는 64분주된 시스템 클럭(SYSCLKOUT)을 통해 일정한 카운트 동작을 하게 되는데, 정상적인 동작상태의 경우에는 와치독 타이머의 카운트 값(QWDTMR)이 입력되는 QCLK 신호에 의해 계속적으로 리셋 된다. 그러나 만약, 비정상상태가 되어 QCLK 신호가 입력되지 않으면, 타이머의 카운트 값은 리셋 되지 않고 계속적으로 카운트 되고 결국에는 타임아웃 값(QWDPRD)의 값과 동일해져서 비정상동작을 알리는 인터럽트 플래그(WTO)가 Set 됨과 동시에 WDTOUT 신호를 출력한다. 이를 통해 시스템의 비정상적 동작에 대한 확인이 가능하다. 와치독 타이머의 활성화 여부는 QEPCTL 레지스터의 WDE 비트(0)를 통해 결정할 수 있으며, QWDPRD 레지스터를 통해 타임 아웃 값을 입력할 수 있다. 또한, QFLG 레지스터의 WTO 플래그 비트(4)를 통해 정상 동작상태 여부를 확인 할 수 있다.

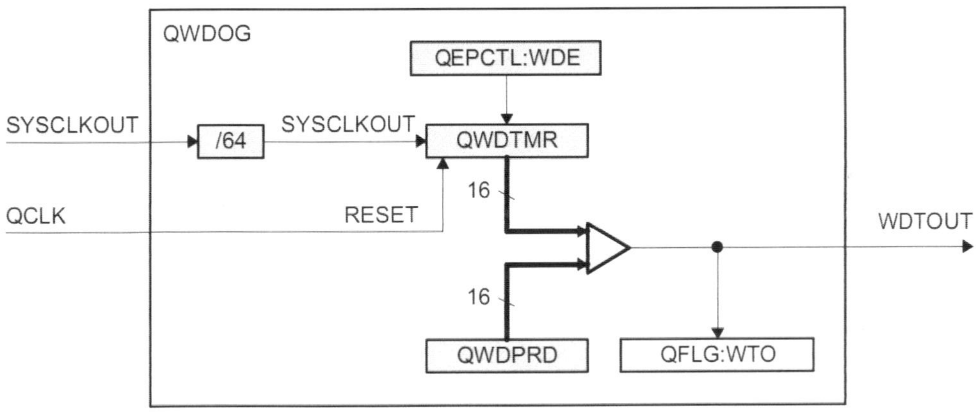

그림 6.26. eQEP Watchdog Timer

6.2.7. Unit Timer(UTIME)

eQEP 모듈은 속도 계산을 위해 단위시간을 측정하는 32비트의 타이머가 구성되어 있다. 그림 6.27은 unit Time 장치의 구성도를 나타낸다. 32비트 타이머(QUTMR)는 시스템 클럭(SYSCLKOUT)에 의해 카운트 되며, 카운트 된 값(QUTMR)과 단위시간의 값(QUPRD)과 동일해 질 때 마다 단위시간 신호(UTOUT)를 출력한다. 신호의 출력과 동시에 타이머를 리셋함으로써 일정한 주기의 단위시간 마다 신호 출력이 가능하다.

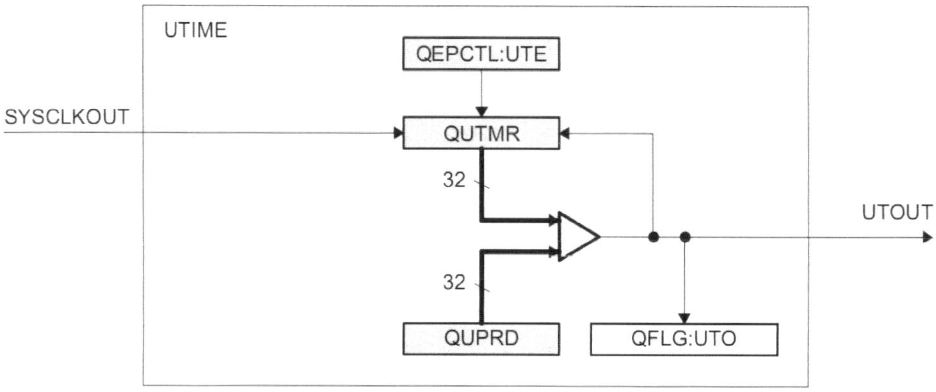

그림 6.27. eQEP Unit Time Base

단위시간 신호의 발생은 QFLG 레지스터의 UTO 비트(11)를 통해 확인 가능하며, QEPCTL 레지스터의 UTE 비트(1)를 통해 UTIME의 사용이 가능하다. 또한, 단위시간은 QUPRD 레지스터의 값을 통해 결정 가능하다.

6.2.8.QEP Interrupt

eQEP 모듈 내부에는 11개의 인터럽트 이벤트(PCE, PHE, QDC, WTO, PCU, PCO, PCR, PCM, SEL, IEL, UTO)가 발생한다. 인터럽트 제어 레지스터(QEINT)를 통해 각 인터럽트 이벤트 소스를 개별적으로 활성화 혹은 비활성화의 선택이 가능하다. 인터럽트 플래그 레지스터(QFLG)는 eQEP 모듈의 각 인터럽트 이벤트 신호가 저장되고, 전역 인터럽트 플래그 비트(INT)도 구성되어 있다. QEINT를 통해 인터럽트의 개별적인 활성화를 하더라도 PIE를 통한 인터럽트 활성화가 되어야 인터럽트 펄스 발생이 가능하다.

다른 인터럽트 펄스가 발생하기 전에, 인터럽트 서비스 루틴은 인터럽트 클리어 레지스터(QCLR)를 통해 전역 인터럽트 플래그 비트와 서비스된 이벤트를 클리어 해줘야 한다. 또한, 인터럽트 강제 레지스터(QFRC)를 통해 강제로 인터럽트 이벤트의 발생이 가능하며, 이는 테스트 목적으로 유용하다. 그림 6.28은 eQEP 모듈의 인터럽트 신호의 발생 과정을 나타낸다.

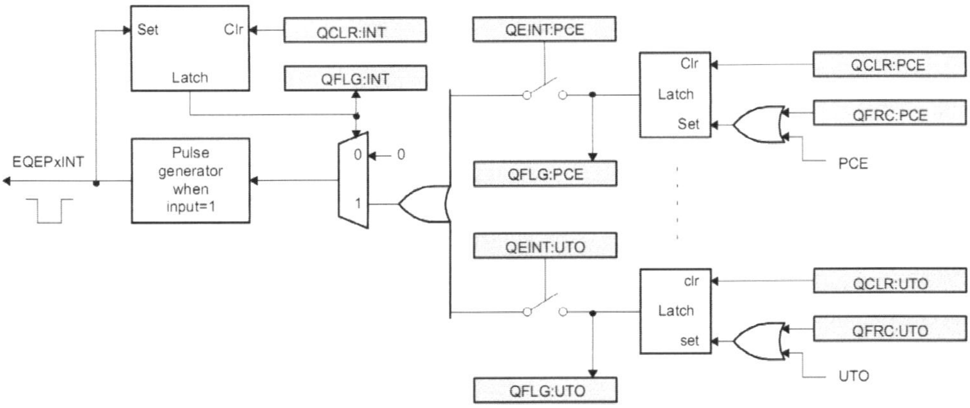

그림 6.28. EQEP Interrupt Generation

6.3.eQEP 레지스터

6.3.1. QDU 관련 레지스터

1) eQEP Decoder Control(QDECCTL) Register

표 6.2와 그림 6.29는 Quadrature Decoder Unit(QDU)의 제어 레지스터(모드선택 및 입력신호의 체배와 반전, 교환, 출력신호 제어 등의 설정이 가능) 이다.

15–14	13	12	11	10	9	8
QSRC	SOEN	SPSEL	XCR	SWAP	IGATE	QAP
R/W-0	R/W-0	R/W-0	R/W-0	R/W-0	R/W-0	R/W-0

7	6	5	4–0
QBP	QIP	QSP	Reserved
R/W-0	R/W-0	R/W-0	R-0

LEGEND: R/W = Read/Write; R = Read only; -*n* = value after reset

그림 6.29. QDECCTL Register Field

표 6.2. eQEP Decoder Control(QDECCTL) Register Field Descriptions

Bits	Name	Value	Description
15-14	QSRC		Position-counter source selection
		00	Quadrature count mode (QCLK = iCLK, QDIR = iDIR)
		01	Direction-count mode (QCLK = xCLK, QDIR = xDIR)
		10	UP count mode for frequency measurement (QCLK = xCLK, QDIR = 1)
		11	DOWN count mode for frequency measurement (QCLK = xCLK, QDIR = 0)
13	SOEN		Sync output-enable
		0	Disable position-compare sync output
		1	Enable position-compare sync output
12	SPSEL		Sync output pin selection
		0	Index pin is used for sync output
		1	Strobe pin is used for sync output
11	XCR		External dock rate
		0	2x resolution: Count the rising/falling edge
		1	1x resolution: Count the rising edge only
10	SWAP		Swap quadrature clock inputs. This swaps the input to the quadrature decoder, reversing the counting direction.
		0	Quadrature-clock inputs are not swapped
		1	Quadrature-clock inputs are swapped
9	IGATE		Index pulse gating option
		0	Disable gating of Index pulse
		1	Gate the index pin with strobe
8	QAP		QEPA input polarity
		0	No effect
		1	Negates QEPA input
7	QBP		QEPB input polarity
		0	No effect
		1	Negates QEPB input
6	QIP		QEPI input polarity
		0	No effect
		1	Negates QEPI input
5	QSP		QEPS input polarity
		0	No effect
		1	Negates QEPS input
4-0	Reserved		Always write as 0

6.3.2. PCCU 관련 레지스터

1) eQEP Control(QEPCTL) Register

표 6.3과 그림 6.30은 Position Counter and Control Unit(PCCU)의 제어 레지스터(에뮬레이션 동작 제어 및 리셋 모드, 카운터 초기화, 카운트 값 저장 설정, 유닛 타이머와 와치독의 활성화 등의 설정이 가능)

15 14	13 12	11 10	9 8	7	6	5 4	3	2	1	0
FREE, SOFT	PCRM	SEI	IEI	SWI	SEL	IEL	QPEN	QCLM	UTE	WDE
R/W-0	R/W-0	R/W-0	R/W-0	R/W-0	R/W-0	R/W-0	R/W-0	R/W-0	R/W-0	R/W-0

LEGEND: R/W = Read/Write; R = Read only; -*n* = value after reset

그림 6.30. QEPCTL Register Field

표 6.3. eQEP Control(QEPCTL) Register Field Descriptions

Bits	Name	Value	Description
15-14	FREE, SOFT		Emulation Control Bits
			QPOSCNT behavior
		00 01 1x	Position counter stops immediately on emulation suspend Position counter continues to count until the rollover Position counter is unaffected by emulation suspend
			QWDTMR behavior
		00 01 1x	Watchdog counter stops immediately Watchdog counter counts until WD period match roll over Watchdog counter is unaffected by emulation suspend
			QUTMR behavior
		00 01 1x	Unit timer stops immediately Unit timer counts until period rollover Unit timer is unaffected by emulation suspend
			QCTMR behavior
		00 01 1x	Capture Timer stops immediately Capture Timer counts until next unit period event Capture Timer is unaffected by emulation suspend
13-12	PCRM		Position counter reset mode
		00	Position counter reset on an index event
		01	Position counter reset on the maximum position
		10	Position counter reset on the first index event
		11	Position counter reset on a unit time event
11-10	SEI		Strobe event initialization of position counter
		00	Does nothing (action disabled)
		01	Does nothing (action disabled)
		10	Initializes the position counter on rising edge of the QEPS signal
		11	Clockwise Direction: Initializes the position counter on the rising edge of QEPS strobe Counter Clockwise Direction: Initializes the position counter on the falling edge of QEPS strobe
9-8	IEI		Index event initialization of position counter
		00	Do nothing (action disabled)
		01	Do nothing (action disabled)
		10	Initializes the position counter on the rising edge of the QEPI signal (QPOSCNT = QPOSINIT)
		11	Initializes the position counter on the falling edge of QEPI signal (QPOSCNT = QPOSINIT)
7	SWI		Software initialization of position counter
		0	Do nothing (action disabled)
		1	Initialize position counter (QPOSCNT=QPOSINIT). This bit is not cleared automatically
6	SEL		Strobe event latch of position counter
		0	The position counter is latched on the rising edge of QEPS strobe (QPOSSLAT = POSCCNT). Latching on the falling edge can be done by inverting the strobe input using the QSP bit in the QDECCTL register.
		1	Clockwise Direction: Position counter is latched on rising edge of QEPS strobe Counter Clockwise Direction: Position counter is latched on falling edge of QEPS strobe
5-4	IEL		Index event latch of position counter (software index marker)
		00	Reserved
		01	Latches position counter on rising edge of the index signal
		10	Latches position counter on falling edge of the index signal
		11	Software index marker. Latches the position counter and quadrature direction flag on index event marker. The position counter is latched to the QPOSILAT register and the direction flag is latched in the QEPSTS[QDLF] bit. This mode is useful for software index marking.
3	QPEN		Quadrature position counter enable/software reset
		0	Reset the eQEP peripheral internal operating flags/read-only registers. Control/configuration registers are not disturbed by a software reset.
		1	eQEP position counter is enabled
2	QCLM		eQEP capture latch mode
		0	Latch on position counter read by CPU. Capture timer and capture period values are latched into QCTMRLAT and QCPRDLAT registers when CPU reads the QPOSCNT register.
		1	Latch on unit time out. Position counter, capture timer and capture period values are latched into QPOSLAT, QCTMRLAT and QCPRDLAT registers on unit time out.
1	UTE		eQEP unit timer enable
		0	Disable eQEP unit timer
		1	Enable unit timer
0	WDE		eQEP watchdog enable
		0	Disable the eQEP watchdog timer
		1	Enable the eQEP watchdog timer

2) eQEP Position-compare Control(QPOSCTL) Register

표 6.4와 그림 6.31은 Position-Compare의 제어 레지스터(Shadow 모드 사용 및 위치 비교 값 불러오기, On 펄스폭, 출력 펄스의 극성 등의 설정이 가능)이다.

15	14	13	12	11 – 8
PCSHDW	PCLOAD	PCPOL	PCE	PCSPW
R/W-0	R/W-0	R/W-0	R/W-0	R/W-0

7 – 0
PCSPW
R/W-0

LEGEND: R/W = Read/Write; R = Read only; -*n* = value after reset

그림 6.31. QPOSCTL Register Field

표 6.4. eQEP Position-compare Control(QPOSCTL) Register Field Descriptions

Bit	Name		Description
15	PCSHDW		Position-compare shadow enable
		0	Shadow disabled, load Immediate
		1	Shadow enabled
14	PCLOAD		Position-compare shadow load mode
		0	Load on QPOSCNT = 0
		1	Load when QPOSCNT = QPOSCMP
13	PCPOL		Polarity of sync output
		0	Active HIGH pulse output
		1	Active LOW pulse output
12	PCE		Position-compare enable/disable
		0	Disable position compare unit
		1	Enable position compare unit
11-0	PCSPW		Select-position-compare sync output pulse width
		0x000	1 * 4 * SYSCLKOUT cycles
		0x001	2 * 4 * SYSCLKOUT cycles
		0xFFF	4096 * 4 * SYSCLKOUT cycles

3) eQEP Position Counter(QPOSCNT) Register

그림 6.32는 입력되는 모든 QCLK 펄스를 설정에 따라 업/다운 카운트하는 32비트 위치 카운터 레지스터이다.

31 – 0
QPOSCNT
R/W-0

LEGEND: R/W = Read/Write; R = Read only; -*n* = value after reset

그림 6.32. QPOSCNT Register Field

4) eQEP Position Counter Initialization(QPOSINIT) Register

그림 6.33은 외부 strobe 혹은 index 이벤트에 의해 카운터가 초기화되는, 위치 카운트의 초기값이 저장되는 레지스터이다.

31	0
QPOSINIT	
R/W-0	

그림 6.33. QPOSINIT Register Field

5) eQEP Maximum Position Count Register(QPOSMAX) Register

그림 6.34는 Maximum position 카운트 값이 저장되는 레지스터이다.

31	0
QPOSMAX	
R/W-0	

그림 6.34. QPOSMAX Register Field

6) eQEP Position-compare(QPOSCMP) Register

그림 6.35는 동기 출력 신호(PCSOUT)의 생성을 위해 위치 카운터의 카운트 값(QPOSCNT)과 비교되는 위치 비교 값이 저장되는 레지스터이다.

31	0
QPOSCMP	
R/W-0	

그림 6.35. QPOSCMP Register Field

7) eQEP Index Position Latch(QPOSILAT) Register

그림 6.36은 Index 이벤트 신호(QEPCTL [IEL])에 의해 위치 카운트 값(QPOSCNT)이 저장되는 레지스터이다.

31	0
QPOSILAT	
R-0	

그림 6.36. QPOSILAT Register Field

8) eQEP Strobe Position Latch(QPOSSLAT) Register

그림 6.37은 Strobe 이벤트 신호(QEPCTL [SEL])에 의해 위치 카운트 값(QPOSCNT)이 저장되는 레지스터이다.

31	0
QPOSSLAT	
R-0	

그림 6.37. QPOSSLAT Register Field

9) eQEP Position Counter Latch(QPOSLAT) Register

그림 6.38은 단위시간 이벤트 신호(UTOUT)에 의해 위치 카운트 값(QPOSCNT)이 저장되는 레지스터이다.

31	0
QPOSLAT	
R-0	

그림 6.38. QPOSLAT Register Field

6.3.3. ECAP 관련 레지스터

1) eQEP Capture Control(QCAPCTL) Register

표 6.5와 그림 6.39는 Edge Capture(ECAP)의 제어 레지스터(캡처 유닛의 활성화 및 캡처 타이머의 분주비, 단위위치 이벤트의 분주비 등의 설정이 가능)이다.

15	14 - 7	6 - 4	3 - 0
CEN	Reserved	CCPS	UPPS
R/W-0	R-0	R/W-0	R/W-0

LEGEND: R/W = Read/Write; R = Read only; -*n* = value after reset

그림 6.39. QCAPCTL Register Field

표 6.5. eQEP Capture Control(QCAPCTL) Register Field Descriptions

Bits	Name	Description	
15	CEN		Enable eQEP capture
		0	eQEP capture unit is disabled
		1	eQEP capture unit is enabled
14-7	Reserved		Always write as 0
6-4	CCPS		eQEP capture timer clock prescaler
		000	CAPCLK = SYSCLKOUT/1
		001	CAPCLK = SYSCLKOUT/2
		010	CAPCLK = SYSCLKOUT/4
		011	CAPCLK = SYSCLKOUT/8
		100	CAPCLK = SYSCLKOUT/16
		101	CAPCLK = SYSCLKOUT/32
		110	CAPCLK = SYSCLKOUT/64
		111	CAPCLK = SYSCLKOUT/128
3-0	UPPS		Unit position event prescaler
		0000	UPEVNT = QCLK/1
		0001	UPEVNT = QCLK/2
		0010	UPEVNT = QCLK/4
		0011	UPEVNT = QCLK/8
		0100	UPEVNT = QCLK/16
		0101	UPEVNT = QCLK/32
		0110	UPEVNT = QCLK/64
		0111	UPEVNT = QCLK/128
		1000	UPEVNT = QCLK/256
		1001	UPEVNT = QCLK/512
		1010	UPEVNT = QCLK/1024
		1011	UPEVNT = QCLK/2048
		11xx	Reserved

2) eQEP Capture Timer(QCTMR) Register

그림 6.40은 시스템 클럭에 의해 카운트 되는 캡처 타이머 레지스터(단위 위치 이벤트 입력 시 리셋 후, 다시 카운트)이다.

15 ... 0
QCTMR
R/W

LEGEND: R/W = Read/Write; R = Read only; -*n* = value after reset

그림 6.40. QCTMR Register Field

3) eQEP Capture Period(QCPRD) Register

그림 6.41은 단위 위치 이벤트의 입력마다 캡처 타이머의 카운트 값이 저장되는 타이머 주기 레지스터이다.

15 ... 0
QCPRD
R/W

LEGEND: R/W = Read/Write; R = Read only; -*n* = value after reset

그림 6.41. QCPRD Register Field

4) eQEP Capture Timer Latch(QCTMRLAT) Register

그림 6.42는 (unit timeout event 발생 때 혹은 eQEP position counter가 읽어질 때) 캡처 타이머의 카운트 값이 저장되는 레지스터이다.

15 ... 0
QCTMRLAT
R

LEGEND: R/W = Read/Write; R = Read only; -*n* = value after reset

그림 6.42. QCTMRLAT Register Field

5) eQEP Capture Period Latch(QCPRDLAT) Register

그림 6.43은 (unit timeout event 발생 때 혹은 eQEP position counter가 읽어질 때) 캡처 타이머의 주기 레지스터의 값이 저장되는 레지스터이다.

15 ... 0
QCPRDLAT
R/W

LEGEND: R/W = Read/Write; R = Read only; -*n* = value after reset

그림 6.43. QCPRDLAT Register Field

6.3.4. Unit Timer 관련 레지스터

1) eQEP Unit Timer(QUTMR) Register

그림 6.44는 시스템 클럭에 의해 카운트 되는 유닛 타이머 레지스터 (단위시간 주기 값과 비교하여 값이 같을 경우, 단위시간 이벤트 발생)이다.

31 ... 0
QUTMR
R/W-0

그림 6.44. QUTMR Register Field

2) eQEP Register Unit Period(QUPRD) Register

그림 6.45는 단위시간 이벤트의 발생을 위한, 단위시간 주기 값이 저장되는 레지스터이다.

31 ... 0
QUPRD
R/W-0

그림 6.45. QUPRD Register Field

6.3.5. Watchdog Timer 관련 레지스터

1) eQEP Watchdog Timer(QWDTMR) Register

그림 6.46은 시스템 클럭에 의해 카운트 되는 와치독 타이머 레지스터 (와치독 주기 값과 비교하여 값이 같을 경우, 와치독 타임아웃 인터럽트 발생)이다.

15 ... 0
QWDTMR
R/W-0

그림 6.46. QWDTMR Register Field

2) eQEP Watchdog Period(QWDPRD) Register

그림 6.47은 단위시간 이벤트의 발생을 위한, 단위시간 주기 값이 저장되는 레지스터이다.

15 ... 0
QWDPRD
R/W-0

그림 6.47. QWDPRD Register Field

6.3.6. eQEP 상태 레지스터

1) eQEP Status(QEPSTS) Register

표 6.6과 그림 6.48은 각 플래그를 통해 상태를 확인하는 레지스터이다.

15							8
Reserved							
R-0							

7	6	5	4	3	2	1	0
UPEVNT	FIDF	QDF	QDLF	COEF	CDEF	FIMF	PCEF
R-0	R-0	R-0	R-0	R/W-1	R/W-1	R/W-1	R-0

LEGEND: R/W = Read/Write; R = Read only; -*n* = value after reset

그림 6.48. QEPSTS Register Field

표 6.6. eQEP Status(QEPSTS) Register Field Descriptions

Bit	Field	Value	Description
15-8	Reserved		Always write as 0
7	UPEVNT		Unit position event flag
		0	No unit position event detected
		1	Unit position event detected. Write 1 to clear.
6	FDF		Direction on the first index marker Status of the direction is latched on the first index event marker.
		0	Counter-clockwise rotation (or reverse movement) on the first index event
		1	Clockwise rotation (or forward movement) on the first index event
5	QDF		Quadrature direction flag
		0	Counter-clockwise rotation (or reverse movement)
		1	Clockwise rotation (or forward movement)
4	QDLF		eQEP direction latch flag Status of direction is latched on every index event marker.
		0	Counter-clockwise rotation (or reverse movement) on index event marker
		1	Clockwise rotation (or forward movement) on index event marker
3	COEF		Capture overflow error flag
		0	Sticky bit, cleared by writing 1
		1	Overflow occurred in eQEP Capture timer (QEPCTMR)
2	CDEF		Capture direction error flag
		0	Sticky bit, cleared by writing 1
		1	Direction change occurred between the capture position event.
1	FIMF		First index marker flag
		0	Sticky bit, cleared by writing 1
		1	Set by first occurrence of index pulse
0	PCEF		Position counter error flag. This bit is not sticky and it is updated for every index event.
		0	No error occurred during the last index transition.
		1	Position counter error

6.3.7. 인터럽트 관련 레지스터

1) eQEP Interrupt Enable(QEINT) Register

표 6.7과 그림 6.49는 eQEP의 개별적 인터럽트의 활성화를 위한 레지스터이다.

15-12	11	10	9	8
Reserved	UTO	IEL	SEL	PCM
R-0	R/W-0	R/W-0	R/W-0	R/W-0

7	6	5	4	3	2	1	0
PCR	PCO	PCU	WTO	QDC	QPE	PCE	Reserved
R/W-0	R/W-0	R/W-0	R/W-0	R/W-0	R/W-0	R/W-0	R-0

LEGEND: R/W = Read/Write; R = Read only; -*n* = value after reset

그림 6.49. QEINT Register Field

표 6.7. eQEP Interrupt Enable(QEINT) Register Field Descriptions

Bits	Name	Value	Description
15-12	Reserved	0	Always write as 0
11	UTO		Unit time out interrupt enable
		0	Interrupt is disabled
		1	Interrupt is enabled
10	IEL		Index event latch interrupt enable
		0	Interrupt is disabled
		1	Interrupt is enabled
9	SEL		Strobe event latch interrupt enable
		0	Interrupt is disabled
		1	Interrupt is enabled
8	PCM		Position-compare match interrupt enable
		0	Interrupt is disabled
		1	Interrupt is enabled
7	PCR		Position-compare ready interrupt enable
		0	Interrupt is disabled
		1	Interrupt is enabled
6	PCO		Position counter overflow interrupt enable
		0	Interrupt is disabled
		1	Interrupt is enabled
5	PCU		Position counter underflow interrupt enable
		0	Interrupt is disabled
		1	Interrupt is enabled
4	WTO		Watchdog time out interrupt enable
		0	Interrupt is disabled
		1	Interrupt is enabled
3	QDC		Quadrature direction change interrupt enable
		0	Interrupt is disabled
		1	Interrupt is enabled
2	QPE		Quadrature phase error interrupt enable
		0	Interrupt is disabled
		1	Interrupt is enabled
1	PCE		Position counter error interrupt enable
		0	Interrupt is disabled
		1	Interrupt is enabled
0	Reserved		Reserved

2) eQEP Interrupt Flag(QFLG) Register

표 6.8과 그림 6.50은 eQEP의 개별적 인터럽트의 발생 여부를 확인하기 위한 인터럽트 플래그 레지스터이다.

15–12	11	10	9	8
Reserved	UTO	IEL	SEL	PCM
R-0	R-0	R-0	R-0	R-0

7	6	5	4	3	2	1	0
PCR	PCO	PCU	WTO	QDC	PHE	PCE	INT
R-0	R-0	R-0	R-0	R-0	R-0	R-0	R-0

LEGEND: R/W = Read/Write; R = Read only; -*n* = value after reset

그림 6.50. QFLG Register Field

표 6.8. eQEP Interrupt Flag(QFLG) Register Field Descriptions

Bits	Name	Value	Description
15-12	Reserved		Always write as 0
11	UTO		Unit time out interrupt flag
		0	No interrupt generated
		1	Set by eQEP unit timer period match
10	IEL		Index event latch interrupt flag
		0	No interrupt generated
		1	This bit is set after latching the QPOSCNT to QPOSILAT
9	SEL		Strobe event latch interrupt flag
		0	No interrupt generated
		1	This bit is set after latching the QPOSCNT to QPOSSLAT
8	PCM		eQEP compare match event interrupt flag
		0	No interrupt generated
		1	This bit is set on position-compare match
7	PCR		Position-compare ready interrupt flag
		0	No interrupt generated
		1	This bit is set after transferring the shadow register value to the active position compare register.
6	PCO		Position counter overflow interrupt flag
		0	No interrupt generated
		1	This bit is set on position counter overflow.
5	PCU		Position counter underflow interrupt flag
		0	No interrupt generated
		1	This bit is set on position counter underflow.
4	WTO		Watchdog timeout interrupt flag
		0	No interrupt generated
		1	Set by watch dog timeout
3	QDC		Quadrature direction change interrupt flag
		0	No interrupt generated
		1	This bit is set during change of direction
2	PHE		Quadrature phase error interrupt flag
		0	No interrupt generated
		1	Set on simultaneous transition of QEPA and QEPB
1	PCE		Position counter error interrupt flag
		0	No interrupt generated
		1	Position counter error
0	INT		Global interrupt status flag
		0	No interrupt generated
		1	Interrupt was generated

3) eQEP Interrupt Clear(QCLR) Register

표 6.9와 그림 6.51은 인터럽트 플래그 레지스터의 각 플래그를 Clear 하기 위한 인터럽트 클리어 레지스터이다.

15	14	13	12	11	10	9	8
Reserved				UTO	IEL	SEL	PCM
R-0				R/W-0	R/W-0	R/W-0	R/W-0

7	6	5	4	3	2	1	0
PCR	PCO	PCU	WTO	QDC	PHE	PCE	INT
R/W-0	R/W-0	R/W-0	R/W-0	R/W-0	R/W-0	R/W-0	R/W-0

LEGEND: R/W = Read/Write; R = Read only; -*n* = value after reset

그림 6.51. QCLR Register Field

표 6.9. eQEP Interrupt Clear(QCLR) Register Field Descriptions

Bit	Field	Value	Description
15-12	Reserved		Always write as 0s
11	UTO		Clear unit time out interrupt flag
		0	No effect
		1	Clears the interrupt flag
10	IEL		Clear index event latch interrupt flag
		0	No effect
		1	Clears the interrupt flag
9	SEL		Clear strobe event latch interrupt flag
		0	No effect
		1	Clears the interrupt flag
8	PCM		Clear eQEP compare match event interrupt flag
		0	No effect
		1	Clears the interrupt flag
7	PCR		Clear position-compare ready interrupt flag
		0	No effect
		1	Clears the interrupt flag
6	PCO		Clear position counter overflow interrupt flag
		0	No effect
		1	Clears the interrupt flag
5	PCU		Clear position counter underflow interrupt flag
		0	No effect
		1	Clears the interrupt flag
4	WTO		Clear watchdog timeout interrupt flag
		0	No effect
		1	Clears the interrupt flag
3	QDC		Clear quadrature direction change interrupt flag
		0	No effect
		1	Clears the interrupt flag
2	PHE		Clear quadrature phase error interrupt flag
		0	No effect
		1	Clears the interrupt flag
1	PCE		Clear position counter error interrupt flag
		0	No effect
		1	Clears the interrupt flag
0	INT		Global interrupt clear flag
		0	No effect
		1	Clears the interrupt flag and enables further interrupts to be generated if an event flags is set to 1.

4) eQEP Interrupt Force(QFRC) Register

표 6.10과 그림 6.52는 각 인터럽트의 강제 발생을 위한 인터럽트 Force 레지스터이다.

15-12	11	10	9	8
Reserved	UTO	IEL	SEL	PCM
R-0	R/W-0	R/W-0	R/W-0	R/W-0

7	6	5	4	3	2	1	0
PCR	PCO	PCU	WTO	QDC	PHE	PCE	Reserved
R/W-0	R/W-0	R/W-0	R/W-0	R/W-0	R/W-0	R/W-0	R-0

LEGEND: R/W = Read/Write; R = Read only; -*n* = value after reset

그림 6.52. QFRC Register Field

표 6.10. eQEP Interrupt Force(QFRC) Register Field Descriptions

Bit	Field	Value	Description
15-12	Reserved		Always write as 0s
11	UTO		Force unit time out interrupt
		0	No effect
		1	Force the interrupt
10	IEL		Force index event latch interrupt
		0	No effect
		1	Force the interrupt
9	SEL		Force strobe event latch interrupt
		0	No effect
		1	Force the interrupt
8	PCM		Force position-compare match interrupt
		0	No effect
		1	Force the interrupt
7	PCR		Force position-compare ready interrupt
		0	No effect
		1	Force the interrupt
6	PCO		Force position counter overflow interrupt
		0	No effect
		1	Force the interrupt
5	PCU		Force position counter underflow interrupt
		0	No effect
		1	Force the interrupt
4	WTO		Force watchdog time out interrupt
		0	No effect
		1	Force the interrupt
3	QDC		Force quadrature direction change interrupt
		0	No effect
		1	Force the interrupt
2	PHE		Force quadrature phase error interrupt
		0	No effect
		1	Force the interrupt
1	PCE		Force position counter error interrupt
		0	No effect
		1	Force the interrupt
0	Reserved	0 1	Always write as 0

<코드 예제_M method>

```
void M_Method(void)
{
    if (Flag_Out_Loop)
    {
     M data sampling
     M_data = PST_data - PST_data_old;
     PST_data_old = PST_data;

     Direction data sampling
     DIR_data = (Uint16)EQep2Regs.QEPSTS.bit.QDF;

     // Speed Calculation
     if ((DIR_data == 0x1) && (M_data < 0))
         RPM_m = (M_data + ENC_PPR) * INV_ENC_PPR * Inv_OuterLoop_Sampling_Time
* 60;
     else if ((DIR_data == 0x0) && (M_data > 0))
         RPM_m = (M_data - ENC_PPR) * INV_ENC_PPR * Inv_OuterLoop_Sampling_Time
* 60;
     else
         RPM_m = M_data * INV_ENC_PPR * Inv_OuterLoop_Sampling_Time * 60;

     // LPF
     RPM_m_RM_low = La_rpm * RPM_m_RM_low + Lb_rpm * (RPM_m_RM + RPM_m_RM_old);
     RPM_m_RM_old = RPM_m_RM;

     // Additional Calculation
     Wm_RM_low = RPM_m_RM_low * PI2 * INV_60;
     We_low = Wm_low * Pole_Pairs;
    }

    return;

}
```

<코드 예제_T method>

```
void T_Method(void)
{
    ++QEPcnt;
    //Capture over flow 발생시
    if(EQep1Regs.QEPSTS.bit.COEF)    // COEF : Capture over flow error flag
    {
        EQep1Regs.QEPSTS.bit.COEF = 1;   // Sticky bit, cleared by writing 1
        T_overflow++;
    }
    //UPEVENT 발생했을 경우
    if(EQep1Regs.QEPSTS.bit.UPEVNT)
    {
        EQep1Regs.QEPSTS.bit.UPEVNT = 1;    //Unit position event detected.
Write 1 to clear
        T_delta = T_overflow*65536.0F+(float)EQep1Regs.QCPRD; //(펄스 간격동안
QCTMR 총 카운트 수) overflow count 0xFFFF + QCPRD
        if(T_delta < 1)
        {
            INV_T_delta = 0;
        }
        else
        {
            INV_T_delta = 1/T_delta;
        }
        T    =    INV_Hall_PPR    *    1125000000.0F    *    INV_T_delta;
//60*CCPS/(Mc*PPR)

        RPM_t = T;
        // LPF
        RPM_t_low = La_rpm * RPM_t_low + Lb_rpm * (RPM_t + RPM_t_old);
        RPM_t_old = RPM_t;
        Wm_t_low = RPM_t_low * PI2 * INV_60;
        T_overflow = 0;
        QEPcnt = 0;
    }
    else
    {
        if(QEPcnt > 5000)
        {
            QEPcnt = 0;
            RPM_t_low = 0;
            T_LM = 0;
            Wm_t_low = 0;
        }
    }

    return;
}
```

6.4. 실습 연습문제

다음의 조건에 따라 코드를 작성하고, 엔코더의 A상, B상, Z상의 출력 파형을 오실로스코프를 통해 확인해 보시오. 엔코더의 출력 신호들이 잘 측정된다면, DSP 상에서 QCLK와 QDIR 신호를 확인해 보시오. QCLK와 QDIR이 어떻게 동작하는지 알았다면, QPOMAX를 설정하고 index event가 발생했을 때 어떻게 되는지 확인해 보시오. 엔코더에서 출력된 신호를 가지고 eQEP의 QDE와 PCCU 모듈의 동작을 알아보시오. 이 신호들을 가지고 M-method를 구현해 보시오.

< 실습용 실험 세트 >

< 조건 >

시스템 클럭 : 300 MHz

Sampling time : 1kHz → Flag_out_loop를 사용

| 참조문헌 |

[1] SPRUG74, “TMS320x2834x Delfino eQEP Module Reference Guide”, pp.9~44.

제 7장
ADC 및 DAC

7.1. ADC의 정의

7.1.1. ADC(Analog to Digital Converter)란?

그림 7.1은 아날로그 신호와 디지털 신호의 형태를 나타낸다. ADC는 아날로그 신호를 받아 그에 상응하는 디지털 신호로 바꾸는 기능을 한다. 예를 들어 어떤 아날로그 신호를 3bit 2진 코드로 바꾸는 ADC라면 아날로그 0은 000, 1은 001로 하여 7은 111의 2진 디지털 신호로 바꾸는 것이다.

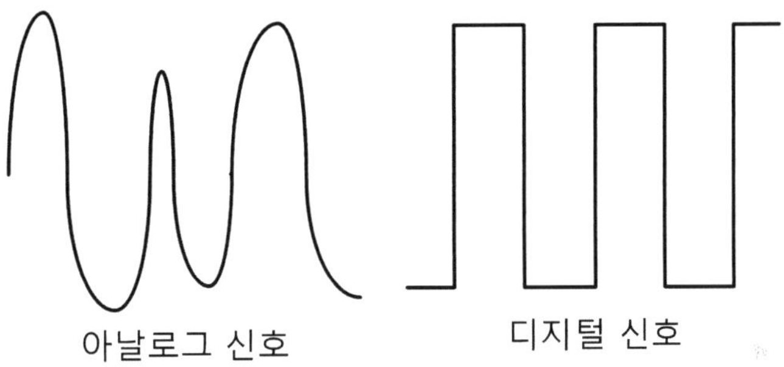

그림 7.1. 아날로그 신호와 디지털 신호의 형태

7.1.2. 분해능

ADC의 성능을 결정하는 요소 중 하나인 분해능은 ADC가 나타낼 수 있는 디지털의 bit 수로 표현할 수 있는 수이다. 1bit를 출력하는 ADC는 입력전압을 2가지로, 2bit를 출력하는 ADC는 입력전압을 4가지로, 12bit를 출력하는 ADC는 입력전압을 4096가지로 표현할 수 있고 이 표현의 가지수가 분해능이 된다. 즉 출력하는 bit가 많은 ADC일수록 표현할 수 있는 수가 많아지는 것이고 더 정밀하게 표현할 수 있다. 만약 -10~10V의 범위를 입력으로 받는다면 1bit를 출력하는 ADC는 -10V를 0으로 10V를 1로 표현을 하겠지만 12bit를 출력하는 ADC에서는 그림 7.2처럼 -10V와 10V 사이의 구간을 $2^{12} = 4096$으로 나누어 정밀하게 표현할 수 있다.

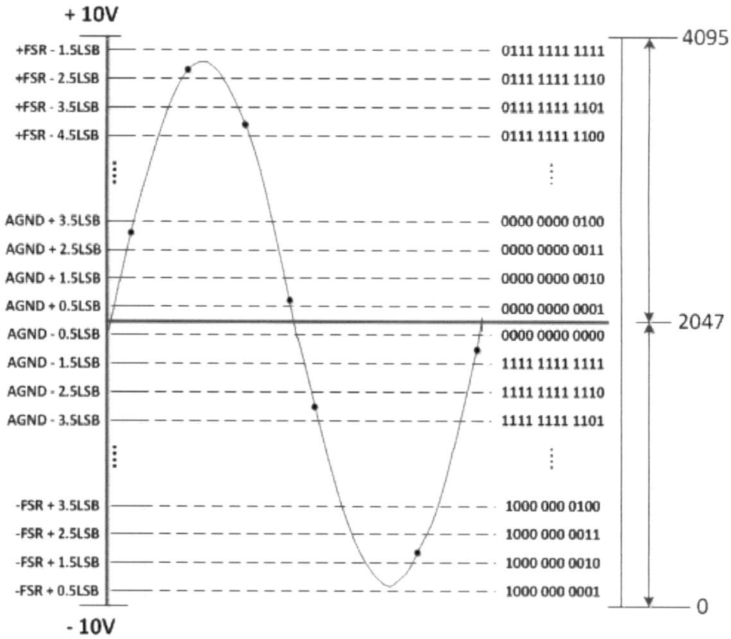

그림 7.2. 입력이 -10~10V인 12bit ADC의 분해능

본 예제의 LSB(Least Significant Bit)는 표현할 수 있는 최소 단위를 나타낸다. 즉, 총 20V의 범위를 4096가지로 나눈 것이 된다.

$$LSB = \frac{20}{4096} = 4.88(mV)$$

또한 FSR은 Full Scale Range로써 아날로그 입력의 범위를 나타낸다. 그림 7.2에서는 20이 된다. AGND는 아날로그 그라운드로 0V를 의미한다.

7.1.3. Track And Hold

ADC 변환 과정에서는 Track and Hold라는 회로가 필요하다. 아날로그 신호는 시간에 대해 연속적이기 때문에 이산적인 디지털 신호로 변환하는 과정에서 입력되는 아날로그 신호가 변할 수 있어 정확한 하나의 값으로 변환하지 못하는 문제가 될 수 있기 때문이다. Track and Hold 회로는 그림 7.3와 같이 구성된다. 회로의 동작은 변환이 시작되면 스위치가 켜지고 입력 전압을 커패시터에 저장한다. 그리고 신호를 변환할 때 스위치가 꺼지고 충전되었던 전압을 ADC의 입력전압으로 사용하게 된다. 그 결과 Track and Hold 회로를 거친 신호는 그림 7.4와 같은 형태가 된다. 이것은 마치 변환을 할 때 디지털 신호가 아날로그 신호를 따라가며 신호를 잠시 잡아두는 형태로 Track and Hold라고 한다.

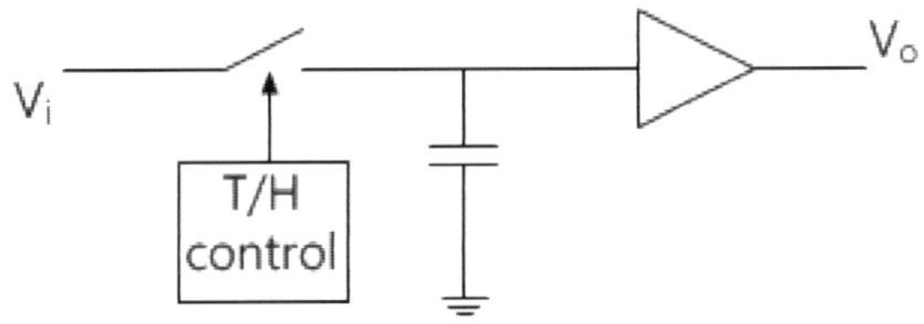

그림 7.3. Track and Hold 회로

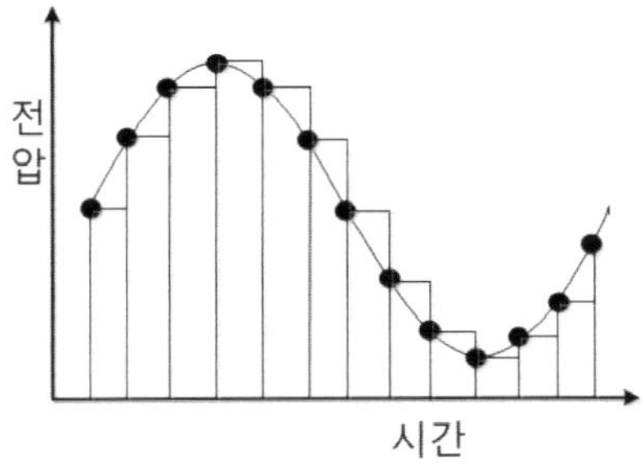

그림 7.4. Track and Hold 결과 신호

7.1.4. ADC의 종류

앞서 예시로 들었던 2진 코드로 바꾸는 방식에는 여러가지 방법이 있다. 현재 상용화 되는 ADC는 어떤 방식으로 아날로그 신호를 디지털 신호로 바꾸는지 알아보자.

1) 계수비교형

계수비교형 ADC는 ADC의 방식 중 가장 단순한 회로로 구성된다. 계수비교형의 원리는 내부 DAC에서 발생시킨 전압을 증가시켜 가며 아날로그 입력 전압과 비교를 하여 일치하는 전압을 찾는 것이며 기본적인 블록 다이어그램은 그림 7.5와 같이 회로가 단순하다.

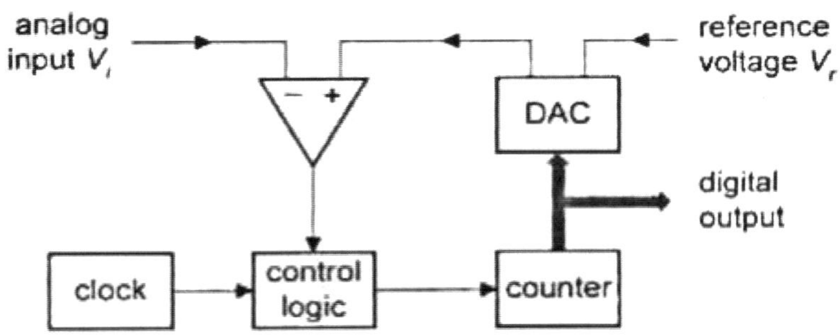

그림 7.5. 계수비교형 ADC의 블록 다이어그램

동작을 자세하게 살펴보면 처음 변환을 시작할 때 내부에서 디지털 값(V_r)을 발생시킨다. 발생시킨 디지털 값을 DAC를 통해 아날로그로 바꾼다. 변환된 아날로그 값을 입력되는 아날로그 값(V_i)과 비교를 한다. 만약 V_i가 V_r보다 크다면 control logic을 통해 카운터를 증가시킨다. 그 뒤 카운터로 증가된 값을 다시 DAC를 통해 아날로그 값으로 만들고 DAC로 변환되는 값이 V_i보다 커질 때까지 반복하게 된다. 그리고 DAC로 변환되는 값이 입력되는 값보다 커질 때의 값이 ADC의 출력 값, 즉 아날로그를 디지털로 변경한 값이 된다.

그림 7.6은 변환 과정에서 카운터의 동작을 보여준다. 입력보다 디지털 출력이 작을 경우 카운터를 증가시키고 디지털 출력이 입력보다 커지는 경우의 디지털 값을 출력한다. 다음 변환에서는 또 다시 카운터를 동작시켜 반복한다.

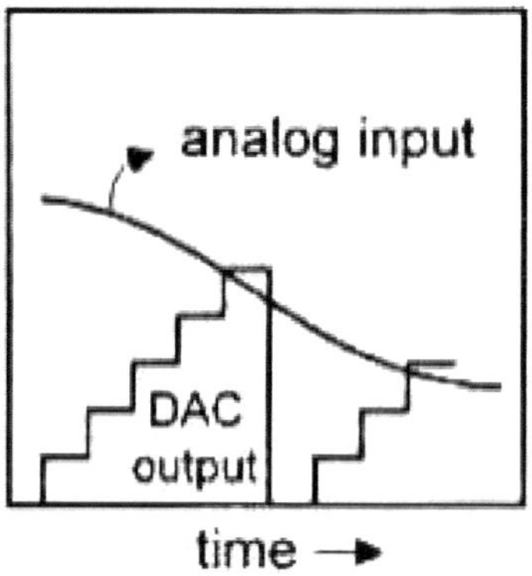

그림 7.6. 아날로그 입력을 디지털 출력으로 변환하는 과정

계수비교형은 회로가 단순하다는 장점이 있으나 만약 ADC가 받을 수 있는 최대의 값이 입력된다면 카운터가 최대까지 동작해야 하므로 긴 변환시간이 필요하게 되는 단점이 있다. 예를 들어 15의 아날로그 정보를 4bit 카운터가 있는 계수비교형 ADC가 입력 받았을 경우, 0000부터 1111까지 상대적으로 오랜 시간을 카운터가 동작을 해야 디지털 값으로 변환된다. 이러한 부분을 고려할 경우 MCU에서 설정할 변환 시간은 카운터가 최대까지 동작하는 시간으로 설정하여야 하고 신호변환시간이 길어져 전체적인 제어기의 성능 저하로 연결될 수 있는 단점이 있다.

2) 축차비교형

축차비교형 ADC는 계수비교형 ADC와 비교해서 아날로그 신호에 해당하는 디지털 신호를 추정하는 방식에 큰 차이가 있다. 계수비교형은 단순히 카운터를 사용해 변환을 하였다면 축차비교형은 최상위 bit부터 최하위 bit까지 순서대로 추정하는 SAR(Successive approximation Register) 방식을 사용한다.

그림 7.7의 축차비교형 ADC의 블록 다이어그램을 보면 계수비교형 ADC와 비슷하지만 SAR이 카운터 대신으로 있는 것을 볼 수 있다. SAR 방식은 최상위 bit부터 값을 확인하여 출력 범위의 중간부분부터 비교를 하여 찾는 방식이기 때문이다. 출력 범위의 중간부분부터 아날로그 값에 해당하는 디지털 값을 찾아가게 되면 어떤 경우에서든 비슷한 변환시간이 필요하며 비교적 효율적으로 빠른 변환을 할 수 있게 된다.

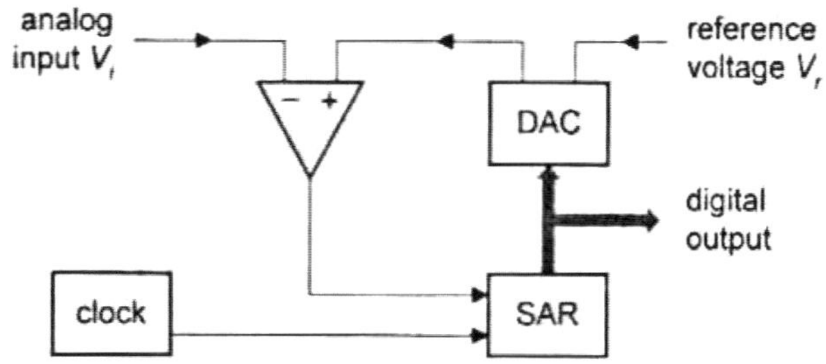

그림 7.7. 축차비교형 ADC의 블록 다이어그램

그림 7.8은 아날로그 입력을 SAR방식으로 3bit 디지털 출력을 추정하는 방식을 나타낸다. 가장 먼저 최상위 bit만을 1로 하여 대소관계를 비교한다. 즉 100에 해당하는 디지털 값(V_r)과 입력되는 아날로그 값(V_i)을 비교하여 V_i가 V_r보다 크다면 V_i는 100보다 크게 되고 110에 해당하는 아날로그 값(V_r)과 다시 비교를 하게 된다. 만약 110에 해당하는 값보다도 입력되는 값이 크다면 111과 비교를 한다. 111은 ADC가 표현할 수 있는 최대의 값이고 입력되는 아날로그의 최대값이 이보다 큰 값이라도 111이 된다. 즉, 입력되는 값이 최대의 값 이상일 경우 111이 되고 그렇지 않을 경우는 110을 출력하게 된다.

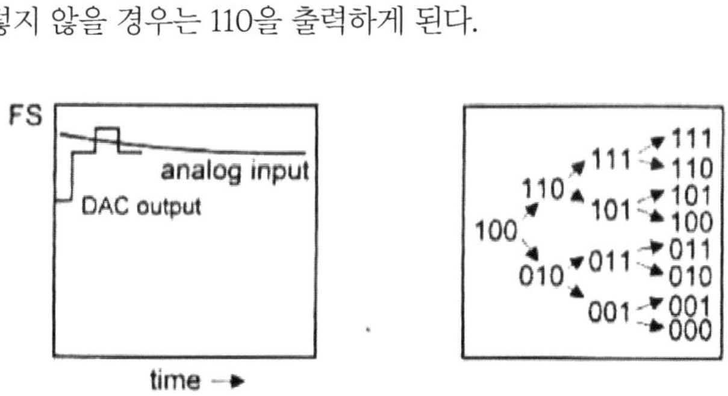

그림 7.8. SAR 추정 방식

3) 병렬 비교형

병렬 비교형 ADC는 이름에서 알 수 있듯이 여러 값을 병렬로 한번에 비교하는 방식이다. 병렬비교형 ADC는 앞서 알아본 계수비교형, 축차비교형과 구조적으로 큰 차이가 있다. 그림 7.9에 나타난 것과 같이 병렬 비교형 ADC는 하나의 레퍼런스 전압 V_r이 다수의 동일한 저항으로 분배가 된다. 그 결과 그림에서 저항 사이의 노드 중 상단 부분이 가장 큰 전압, 하단 부분이 가장 작은 전압이 걸린다. 이렇게 만들어진 노드 전압은 입력되는 아날로그 신호 V_i와 다수의 비교기로 동시에 비교된다. V_i와 같은 크기의 노드 전압이 입력되는 비교기만 1을 출력하고 인코더를 통해 디지털 신호로 바꾸게 된다. 여기서 레퍼런스 전압은 ADC에 입력될 수 있는 최대 전압으로 설정되고 그에 따라 인코더의 출력 bit도 결정된다. 만약 최대 입력이 8V이면 레퍼런스 전압 또한 8V가 되고 8V를 나타내기 위한 인코더의 bit는 1000으로 4bit가 된다.

병렬비교형의 전체적 이해를 돕기 위해 동일한 저항이 4개이고 $Vi = 4\,V$, $V_r = 8\,V$인 경우의 ADC 동작을 살펴보자. 저항의 가장 윗부분은 8V가 되고 아래로 내려가면서 2V씩 떨어져 6V, 4V, 2V가 각 노드의 전압이 된다. 입력되는 아날로그 전압은 4V이므로 4개의 비교기 중 레퍼런스 전압으로 4V가 입력되는 3번째의 비교기만이 1을 출력하고 나머지 비교기는 0을 출력한다. 결국 인코더의 입력은 0010이 되고 인코더의 출력은 4에 해당하는 0100이 된다. 인코더에서 출력된 디지털신호 0100은 정보 보호를 위해 래치에 저장을 한다.

병렬비교형 ADC는 값을 찾아가는 방식이 아닌 한번에 비교를 하여 맞는 정보를 바로 알아내는 방식으로 앞서 본 두 가지 ADC보다 변환시간이 빠르다. 그러나 분해능을 높이기 위해서는 많은 저항과 비교기가 필요하게 된다. 따라서 높은 분해능을 가진 병렬비교형 ADC는 회로가 비교적 복잡하고 가격이 비싸다.

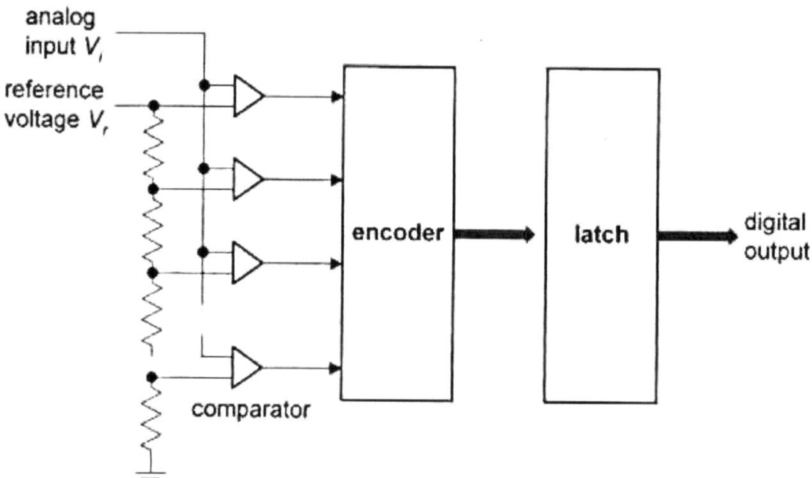

그림 7.9. 병렬비교형 ADC의 블록 다이어그램

7.2. ADC AD7864

MCU를 사용하여 모터 제어를 하기 위해서는 ADC가 필요하다는 것을 알았다. 본 교재에서 사용하게 하는 TMS320c28346은 내부 ADC가 존재하지 않기 때문에 외부 ADC를 사용해야 한다. 본 교재에서서는 AD7864를 적용한다.

AD7864는 SAR방식을 사용하는 축차비교형 ADC이다. 기본적으로 1.65㎲의 변환 시간을 가지는 12bit의 ADC로 4개의 채널을 입력으로 가지고 4개의 Track/Hold 회로를 가진다. 또한 아날로그 입력 부분의 차이에 따라 AD7864-1, AD7864-2, AD7864-3의 3가지 종류로 나뉘며, AD7864-1은 아날로그 입력의 범위가 $\pm 10\,V$, $\pm 5\,V$, AD7864-2는 $0\,V \sim 5\,V$, 그리고 AD7864-3은 $\pm 2.5\,V$가 된다.

7.2.1. AD7864의 구조

그림 7.10은 AD7864의 간단한 구조로, 외각에 있는 부분들은 AD7864의 핀들을 나타낸다. AD7864 내부에는 지정된 레퍼런스 전압과 그 전압에 맞게 입력되는 아날로그 신호를 바꾸는 SIGNAL SCALING 로직, ADC에 필수적인 TRACK/HOLD 회로, 4가지 채널 중 변환할 채널을 선택하기 위한 CONVERSION CONTROL LOGIC과 MUX, 실직적으로 변환 동작을 수행하는 12-BIT ADC 로직, 내부적으로 지원하는 클럭, 그리고 변환된 데이터를 저장하기 위한 레지스터와 소프트웨어적으로 설정된 값을 저장하기 위한 래치로 구성된다. 지금부터는 각 부분들의 기능에 대해 자세히 살펴보자.

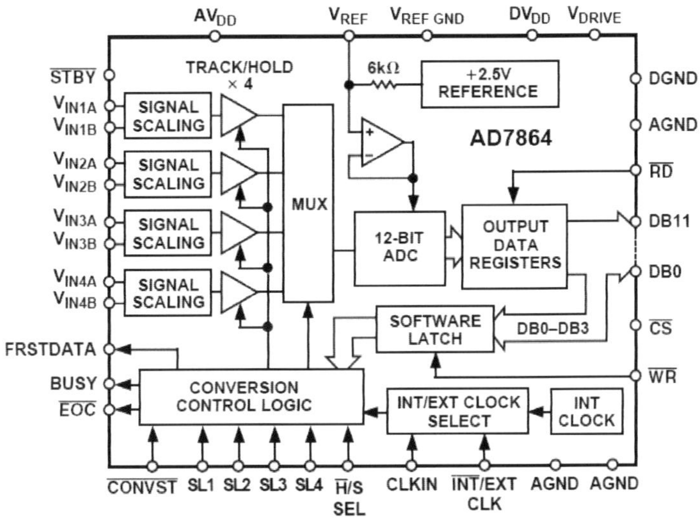

그림 7.10. AD7864의 구조

7.2.2. AD7864 연결핀

그림 7.10의 상단에 있는 핀들은 AD7864를 구동하기 위한 전압과 관련된 핀들이다. 그 중 V_{REF}는 레퍼런스 전압을 위한 핀으로, 레퍼런스 전압은 AD 변환을 할 때 기준으로 사용하는 전압을 의미한다. 이 핀을 0.1㎌의 디커플링 커패시터를 통해 아날로그 신호의 접지를 위한 AGND 핀에 연결하면 2.5V의 레퍼런스 전압을 사용할 수 있다. 또한 외부 소스에 연결하여 레퍼런스 전압의 크기를 변경할 수 있다. V_{REF}핀 옆의 $V_{REF\ GND}$핀은 레퍼런스 전압을 위한 버퍼를 접지하기 위한 핀이다. 이 핀은 AGND에 연결하여 사용한다. AV_{DD}와 DV_{DD}는 각각 아날로그와 디지털신호 구동 전압을 위한 핀이다. 외부적으로 AD_{DD}핀과 DV_{DD}핀을 같이 묶어서 5V전압으로 연결한다. V_{DRIVE}핀은 출력 전압을 생성하기 위한 핀이다. 즉 $DB0 \sim DB11$, $BUSY$, $\overline{EOC}$, $FRSTDATA$핀에서 나오는 출력 전압은 V_{DREVE}로 결정된다. 보통 V_{DREVE}는 DV_{DD}와 연결되지만 우리가 사용할 MCU와의 연동을 위해서는 MCU에 맞는 3V전압을 연결한다.

AD7864 동작의 제어관련으로 $\overline{RD}$, $\overline{CS}$, $\overline{WR}$, $\overline{CONVST}$, $\overline{H}/S$, SEL, SL1~SL4 핀이 있다. $\overline{CS}$는 칩을 선택하는 핀으로 low 신호가 할당되면, AD7864는 쓰기 혹은 읽기 동작을 하게 된다. $\overline{RD}$는 AD7864와 연결되어 있는 장치의 읽기를 위한 핀이다. $\overline{WR}$는 4개의 아날로그 입력 채널 중 데이터 변환을 할 채널을 소프트웨어적으로 선택할 때 필요한 정보를 외부에서 AD7864로 쓰는데 사용된다. $\overline{CS}$ 핀과 마찬가지로 $\overline{RD}$ 핀과 $\overline{WR}$ 핀도 low 신호일 때 동작한다. 그리고 소프트웨어적으로 채널을 선택할 경우에 출력 신호로 소개된 $DB0$~$DB3$을 통해 신호가 전달되기 때문에 읽기 동작과 쓰기 동작을 동시에 할 수 없고 $\overline{WR}$ 핀과 $\overline{RD}$ 핀에 할당되는 신호는 상보적으로 할당되어야 한다. $\overline{CONVST}$는 Conversion Start로 외부에서 ADC에 변환을 요청할 때 사용하는 핀이다. 전류 정보를 위한 샘플링 시간 간격으로 이 핀에 상승엣지가 입력되고 AD7864 내의 Track/Hold 회로들은 Hold 동작을 하게 되고 채널을 선택하여 변환을 시작한다. SL1~SL4는 하드웨어적으로 채널을 설정하는 핀으로 이 핀들을 통해 채널의 변환 순서도 결정할 수 있다. $\overline{H}/S\ SEL$은 변환할 채널 선택을 하드웨어적으로 설정할 것인지 소프트웨어적으로 설정할 것인지 정하는 핀으로, 이 핀에 low 값이 할당된다면 하드웨어적으로 데이터를 변환할 채널을 선택한다. 즉 SL1~SL4핀에 입력되는 신호를 사용하여 어떤 채널의 입력 아날로그 신호를 디지털 신호로 변환할 것인지 결정한다. 만약 $\overline{H}/S\ SEL$ 핀에 high 값이 입력된다면 변환될 채널은 DB0~DB3의 신호를 통해 소프트웨어적으로 설정된다.

AD7864의 입력과 출력에 관련된 핀은 $V_{IN1A} \sim V_{IN4B}$, $CLKIN$, $DB0 \sim DB11$, $FSTDATA$, $BUSY$ 그리고 $\overline{EOC}$이 있다. 아날로그 입력으로 들어가는 4채널의 핀이 바로 V_{IN1A}, V_{IN1B}~ V_{IN4A}, V_{IN4B}이다. 총 8개로 구성된 아날로그 입력 핀은 AD7864의 종류에 따라 사용법이 다르다. 사용법에 대한 내용은 7.2.4에서 자세하게 설명하겠다. CLKIN핀은

AD7864에서 내부적으로 지원하는 클럭을 사용하지 않고 외부의 클럭을 사용하기 위해 클럭을 받는 핀이다. 이 핀은 $\overline{INT}/EXT\ CLK$ 핀이 high 값이 입력되면 활성화 된다. DB0~ DB11은 변환된 디지털 신호를 출력하는 핀이다. 총 12개로 구성되어 12 bit의 디지털 신호를 출력한다. 또한 하위 3bit, DB0~DB3은 앞서 설명했던 것처럼 소프트웨어적으로 변환할 채널을 선택할 경우 입력 핀으로 사용될 수 있다. FSTDATA는 First Data로 데이터 변환 후 처음으로 변환된 데이터가 저장된 레지스터를 가리키는 핀이다. 이 핀을 통해 4개의 채널에 해당되는 변환이 끝났다는 것을 알 수 있다. BUSY는 현재 ADC가 아날로그 신호를 디지털 신호로 변환이 진행되고 있다는 것을 나타내는 핀이다. 마지막으로 $\overline{EOC}$는 End Of Conversion으로 진행되고 있던 데이터 변환이 끝났다는 것을 알리는 핀이다.

7.2.3. AD7864 기능과 동작

디지털 회로의 동작은 기본적으로 클럭 주파수에 맞추어 동작을 한다. 따라서 모든 디지털 회로는 클럭이 필요하고 클럭은 보통 외부회로에서 받아 같은 동기로 사용을 하거나 회로 내부에 존재하는 클럭을 사용하게 된다. AD7864에서는 내부 클럭을 지원하여 내부 클럭을 사용할 수 있고 외부 클럭을 받아서 사용할 수도 있다. 그림 7.11은 클럭과 관련된 AD7864의 로직 다이어그램과 핀을 나타낸다. 내부적으로 지원을 하는 클럭을 사용하려면 $\overline{INT}/EXT\ CLK$핀에 logic low신호를 인가하면 된다. 이 클럭을 사용할 경우 ADC의 변환시간은 1.65μs가 된다. 그러나 내부 클럭은 결국 AD7864 자체의 클럭이기 때문에 AD7864와 연결하여 사용할 외부 회로와는 클럭의 동기가 맞지 않고 필요한 경우 동기를 맞추어서 사용을 하여야 한다. 만약 $\overline{INT}/EXT\ CLK$ 핀에 logic high신호를 인가하면, 이 경우에는 외부 회로에서 AD7864의 CLKIN핀으로 보내주는 클럭을 사용할 수 있다. 이 경우에는 연결하여 사용할 외부 회로와 클럭의 주기를 맞출 수 있다. 다만 AD7864에서 허용하는 외부 클럭의 최대 클럭 주파수는 5MHz이고 변환시간은 약 2.6μs가 되어 내부 클럭을 사용하는 것보다 변환이 느려진다. 따라서 사용자는 필요한 ADC의 변환속도와 동기를 고려하여 사용할 클럭의 종류를 선택하여야 한다.

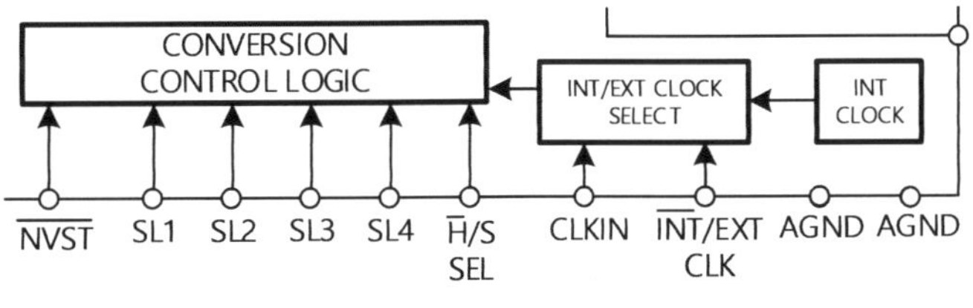

그림 7.11. AD7864의 클럭과 관련된 로직(클럭 관련부분으로 수정)

ADC의 주기능과 관련된 동작으로는 우선 아날로그 입력이 각 채널 별로 V_{INxA}와 V_{INxB}로 입력된다. 여기서 x는 1, 2, 3, 4 중 하나이며, 이는 4개의 채널을 나타낸다. 입력 아날로그 신호는 스케일링 회로를 통해 레퍼런스 전압에 맞추어진다. 기본 레퍼런스 전압이 2.5V이므로 입력의 최대값은 2.5V, 최소값은 0으로 맞추어진다. 스케일링 된 입력 신호는 Track/Hold 회로에 입력된다. 하지만 4개의 채널이 모두 한번에 변환되는 것은 아니다. 앞에 AD7864 연결 핀에서 간단히 설명하였듯이 하드웨어나 소프트웨어적으로 변환할 채널을 선택할 수 있다.

그림 7.12를 통해 채널 선택 핀이 연결되는 logic 회로를 살펴보자. 채널 선택은 4개의 신호로 이루어진다. 따라서 하드웨어나 소프트웨어적인 채널 선택에 관한 신호는 그림의 SL1~SL4, D0~D3와 같이 각각 4개의 신호로 나타난다. 여기서 소프트웨어적인 선택은 D0~D3가 디지털 출력이 되기도 하는 신호이므로 $\overline{CS}$신호가 logic low이고 $\overline{WR}$신호가 logic low일 경우, 즉 외부에서 AD7864에 쓰기 동작을 하는 경우에만 사용하도록 구성된다. 그리고 $\overline{H}/S$를 SL1~SL4, D0~D3가 입력되는 멀티플렉서의 선택 신호로 사용함으로써 SL1~SL4를 채널 선택에 사용할 것인지, D0~D3를 채널 선택에 사용할 것인지를 결정한다. $\overline{H}/S$신호가 logic low일 경우 SL1~SL4를 사용하는 하드웨어적 채널 선택이 되고, $\overline{H}/S$신호가 logic high일 경우 D0~D3를 사용하는 소프트웨어적 채널 선택이 된다. 멀티플렉서를 거친 신호는 데이터 유지를 위해 래치에 저장된다. 마지막으로 선택된 채널은 그림 7.12의 Sequencer를 통해 순서대로 선택된 채널에 해당하는 Track/Hold를 동작시키고 Track/Hold의 출력이 입력되는 MUX를 동작시켜 최종적으로 선택한 채널을 순서대로 변환하게 된다. 예를 들어 $\overline{H}/S$ 핀에 logic high신호가 입력되고 소프트웨어적으로 D0=1, D1=1, D2=0, D3=1로 설정할 경우 $\overline{CS}$신호와 $\overline{WR}$신호가 logic low일 때 1101이 래치에 저장된다. 그리고 1101에 따라 시퀀서에서는 A, B, D 채널을 순서대로 변환하도록 Track/Hold와 MUX에 신호를 준다. 이렇게 입력되는 아날로그 신호는 그림 7.10의 12-BIT ADC 로직에서 디지털 신호로 변환된다. ADC의 변환은 SAR방식을 사용한다. 그러나 아날로그 신호에서 디지털 신호로 변환하는 과정에는 문제가 있다. 아날로그는 입력 범위에 대해 무수히 많은 값이 존재하는 반면 디지털은 비트 수에 따라 입력범위에 값이 이산적으로 존재하기 때문이다. 예를 들어 0~5V의 신호가 있으면 아날로그는 0~5V를 무수히 많은 값으로 나눈 신호이고 5bit 디지털 신호이면 $2^5 = 32$가지의 값만이 존재하는 신호이다. 이에 따라 AD7864에서는 12bit 디지털 신호로 표현할 수 없는 값에 대해서는, 즉 두 디지털 값 사이의 아날로그 값에 대해서는 두 디지털 값 중 작은 값을 출력함으로써 문제를 해결한다. 이에 대한 예는 그림 7.13에 나타나 있다.

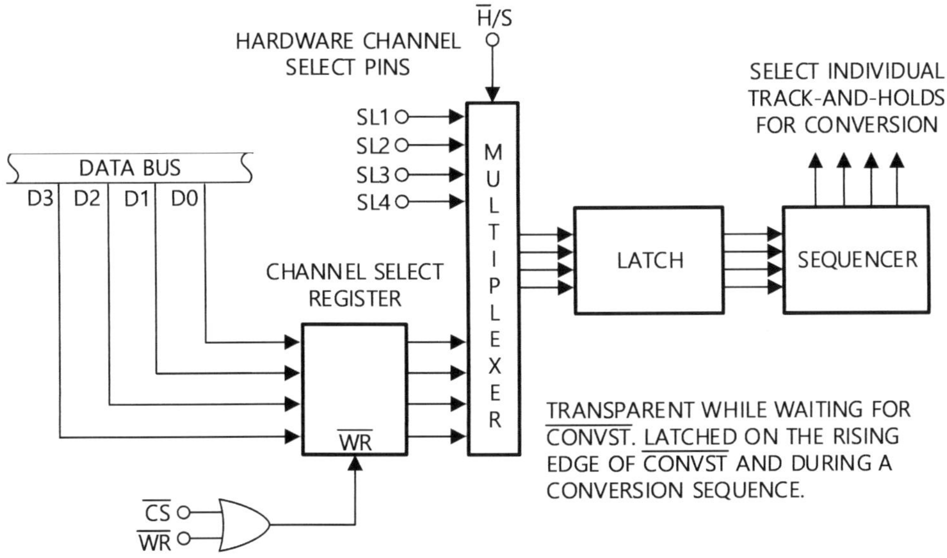

그림 7.12. 채널선택 관련 입력과 레지스터

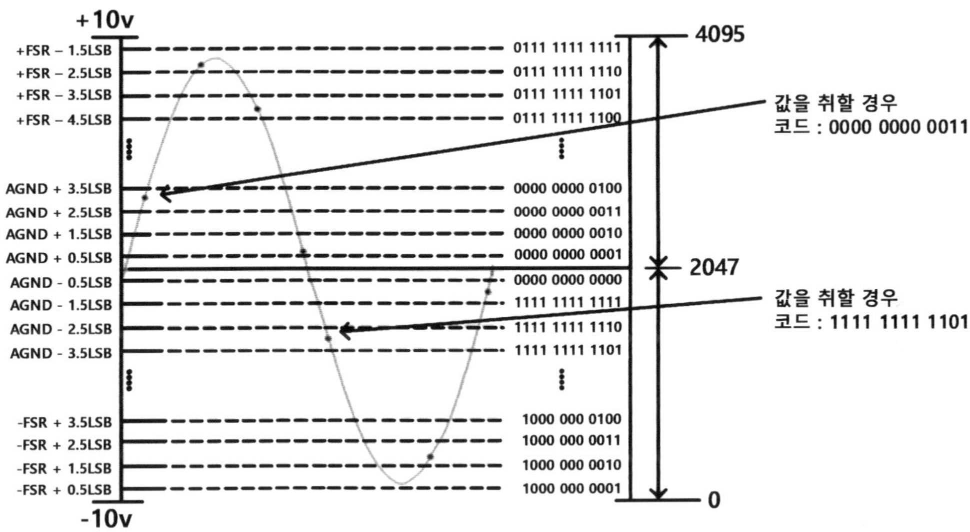

그림 7.13. 입력범위 -10V~+10V의 디지털 값 변이

그림을 설명하기에 앞서 FSR, LSB에 대해 설명하면 우선 FSR은 Full Scale Range로써 아날로그의 입력 범위의 크기를 나타낸다. 즉 -10V~+10V이면 FSR은 20이 된다. 또한 LSB는 Least Significant Bit로써 최하위 비트의 1이 의미하는 아날로그 신호의 크기, 즉 12bit의 디지털 값을 가지고 FSR이 20이면 $LSB = \frac{FSR}{2^{12}} = \frac{20}{4096} = 4.88[mV]$이다. 1LSB가 4.88mV이므로 결과적으로 두 디지털 값 사이에는 4.88mV의 차이가 나는 것이다.

그림 7.13에서 알 수 있듯이 디지털 신호의 0000 0000 0000 0000은 -2.44mV부터 +2.44mV구간의 아날로그 신호를 나타낸다. 즉, -2.44mV~+2.44mV의 구간은 디지털 신호로 0으로 여기고 이 구간을 기준으로 디지털 신호는 양과 음으로 나뉜다. 디지털 신호에서 양과 음의 표현은 최상위 bit로 나타낸다. 최상위 비트가 0인 경우 양을 의미하고, 1인 경우 음을 의미한다. 최상위 bit가 0인 양의 값을 우선 살펴보자. 만약 아날로그 입력이 AGND+2.5LSB와 AGND+3.5LSB 사이의 값일 경우 AD7864는 두 디지털 값 중 작은 값인 AGND+2.5LSB를 출력한다. 다시 말해서 12.2mV와 17.08mV 사이의 아날로그 입력에 대해서는 0000 0000 0011과 0000 0000 0100중 0000 0000 0011으로 변환하는 것이다. 이번에는 음의 아날로그 값에 대해서도 알아보자. 음의 아날로그 값은 디지털 신호로 표현할 경우 최상위 비트를 1로 나타내고 하위 비트는 보수의 형태로 나타낸다. 즉 -1에 해당하는 값을 2의 보수를 사용하여 12bit로 표현할 경우 11111 1111 1111 1111이 된다. 음의 아날로그 값에 대해서도 그림 7.13에 표현된 것처럼 구간을 이루는 두 디지털 값 중 작을 값을 출력으로 한다. 즉, AGND-2.5LSB(-12.2mV)와 AGND-3.5LSB(-17.08mV) 사이의 값일 경우 1111 1111 1101으로 변환한다.

변환된 디지털 신호는 그림 7.10의 OUTPUT DATA REGISTERS에 저장된다. 이 출력 데이터 레지스터는 4개의 채널에서 변환된 4개의 디지털 신호를 저장하기 위해 그림 7.14처럼 4개의 레지스터로 구성된다. 가장 먼저 변환이 완료된 데이터는 1번 레지스터에 저장되고, 그 뒤는 2번, 3번, 4번 레지스터에 차례대로 저장된다. 그러나 선택되지 않은 채널이 있을 경우 4개의 레지스터를 사용하지 않을 수 있다. 만약 채널을 1, 2, 4를 선택한 경우, AD 변환 또한 1, 2, 4 채널에 대해서만 실행되고 채널 1의 변환이 끝나면 1번 레지스터에, 채널 2의 변환이 끝나면 2번 레지스터에, 채널 3의 변환이 끝나면 3번 레지스터에 저장되어 총 3개의 레지스터만을 사용한다. 또한 1번 레지스터의 enable 신호는 FRTDATA의 신호로 사용하여 첫 번째 데이터 변환이 완료되었다는 것을 알려준다.

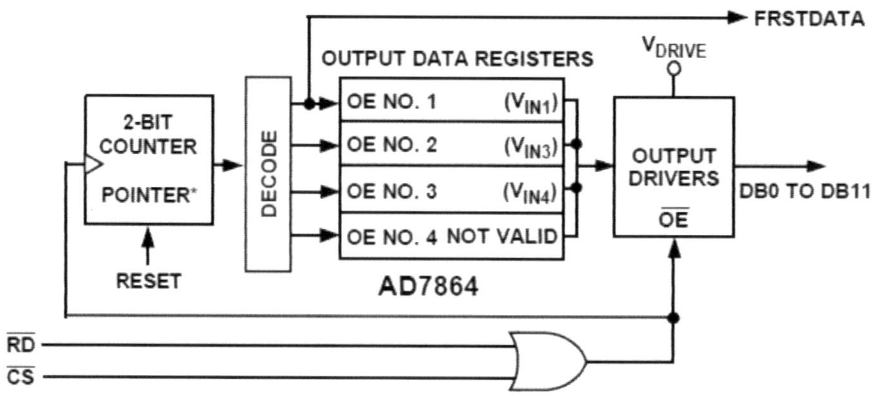

그림 7.14. 출력 데이터 레지스터

변환 후 데이터가 레지스터에 저장이 되면 AD7864와 연결된 장치에서 레지스터의 데이터를 읽는다. 데이터를 읽는 방식은 읽는 시점에 따라 2가지 방식으로 나뉜다. 첫 번째 방식은 변환을 하면서 데이터를 읽는 것이다. 한번의 $\overline{CONVST}$신호가 입력되면 4개의 채널을 한번씩 변환을 하는데 1개의 채널에 대한 변환이 완료 될 때마다 데이터를 읽는 방식이다. 그림 7.15은 채널 1, 채널 2, 채널 3, 채널 4 순서대로 변환을 하면서 데이터를 읽는 방식에 대한 타이밍도이다. 또한 채널은 소프트웨어적으로 선택을 한 경우이다. 먼저 $\overline{H}/S\ SEL$을 0으로 설정하여 소프트웨어적으로 변환 할 채널을 설정한다. 그 뒤 $\overline{CONVST}$신호의 rising edge에서 변환이 시작된다. 변환이 시작되면 BUSY 신호로 AD7864가 동작중임을 알려주고 첫 번째 채널의 변환이 끝나면 첫 번째 $\overline{EOC}$의 logic low신호가 출력되고 FRSTDATA신호가 logic high로 출력된다. 그리고 다음 $\overline{EOC}$신호가 출력되기 전에 $\overline{CS}$와 $\overline{RD}$에 logic low 신호를 입력하여 한 채널의 변환된 정보를 읽을 수 있게 된다. 채널 2에 대한 정보 또한 두 번째 $\overline{EOC}$신호가 출력되고 $\overline{CS}$와 $\overline{RD}$에 logic low 신호를 입력하여 읽을 수 있다. 마찬가지로 나머지 채널에 대한 정보 또한 동일한 방식으로 얻을 수 있다.

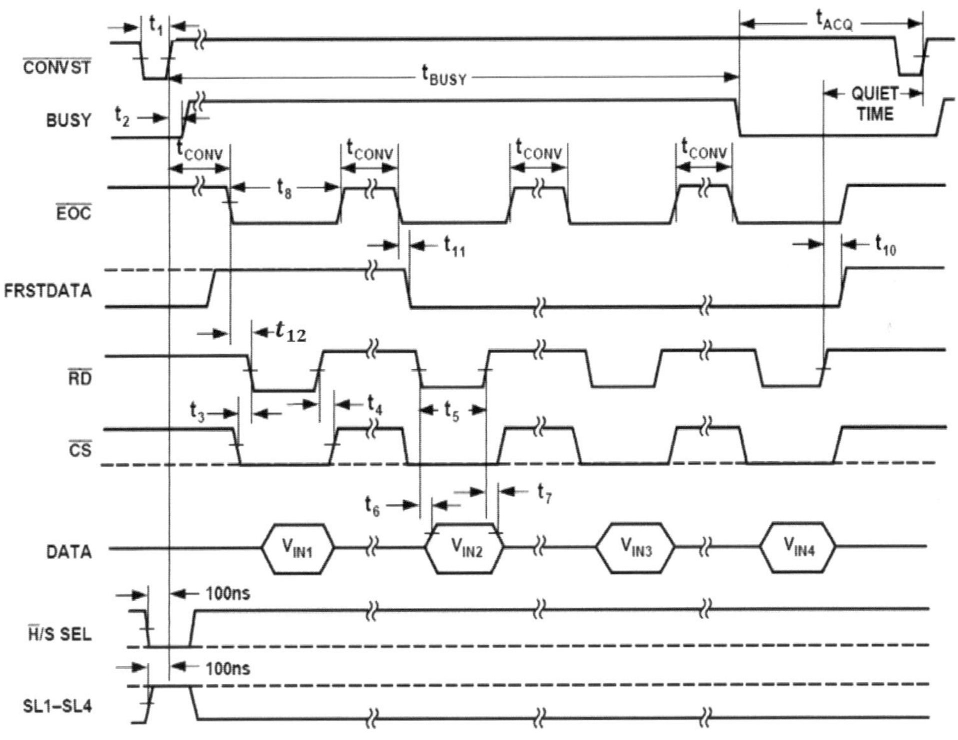

그림 7.15. 변환 중 데이터 읽기에 대한 타이밍도

레지스터의 데이터를 읽는 두 번째 방식은 4개의 채널을 모두 변환한 뒤 데이터를 읽는 방식이다. 그림 7.16에서 나타난 것처럼 $\overline{CONVST}$한번의 신호가 입력되고 변환이 시작된 뒤 4번의 $\overline{EOC}$신호가 출력되고 난 뒤 $\overline{CS}$와 $\overline{RD}$에 logic low 신호를 연속적으로 4번 입력하여 변환된 데이터를 한 번에 읽을 수 있다.

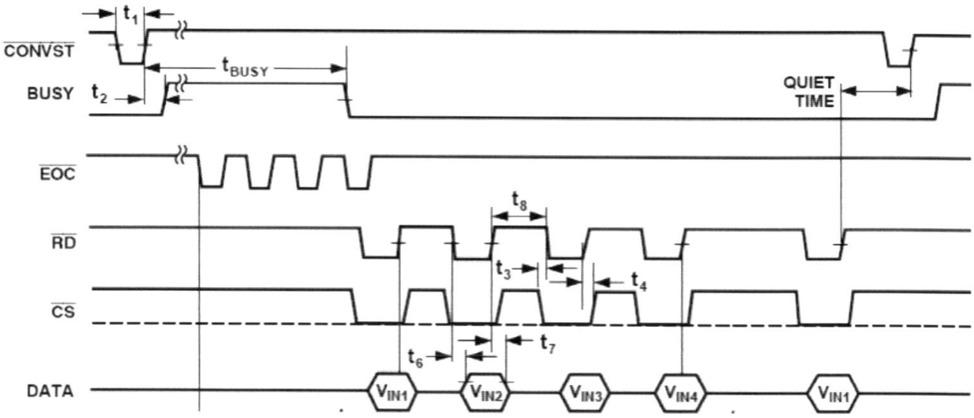

그림 7.16. 변환 후 데이터 읽기에 대한 타이밍도

7.2.4. AD7864의 종류

AD7864는 기본적으로 2.5V의 레퍼런스 전압을 이용한다. 따라서 아날로그 입력 전압의 범위가 0~2.5V로 스케일링 되어 사용된다. 예를 들어 입력 전압의 범위가 -5V~+5V일 경우, 스케일링 회로를 통과하면 입력 -5V는 0V에 맞춰지고 입력 +5V는 2.5V가 되어 데이터 변환이 진행된다. AD7864는 스케일링 회로의 형태에 따라 AD7864-1, AD7864-2, AD7864-3이 있다.

1) AD7864-1

AD7864-1의 스케일링 회로는 그림 7.17과 같다. R1, R4는 각각 6kΩ, 12kΩ으로 구성된다. 입력 V_{INxA}와 V_{INxB}측에 연결된 저항, R2와 R3의 크기는 24kΩ로 같다. 따라서 입력핀을 연결할 경우 A와 B핀은 극성에 상관없이 바꾸어서 연결을 할 수 있다. 또한 AD7864-1에 입력될 수 있는 아날로그 전압의 범위는 -5V~+5V, -10V~+10V가 될 수 있다.

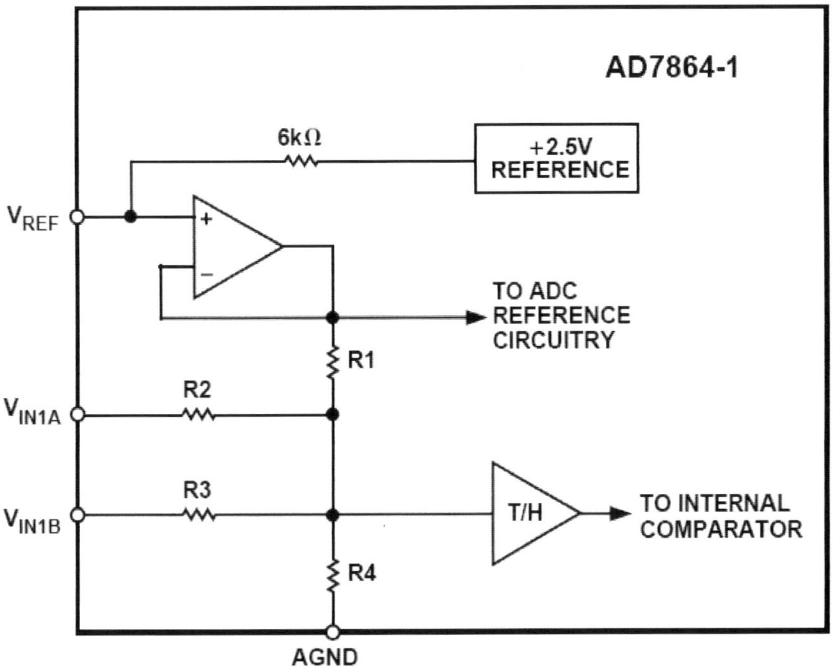

그림 7.17. AD7864-1의 스케일링 회로

아날로그 입력의 범위를 -5V~+5V로 사용할 경우, V_{INxA}와 V_{INxB}를 외부적으로 연결시켜 아날로그 입력을 동시에 넣어준다. 그 결과 그림 7.18와 같은 회로가 된다. 이 회로를 통해 입력전압이 Track/Hold 입력 노드에서 0~+2.5V로 바뀌는 것을 확인해 보자. 먼저 R2와 R3는 입력에서 볼 때 병렬로 연결된 것과 같으므로 한 개의 12kΩ과 같다. 스케일링 되기 전의 전압을 V_i, 레퍼런스 전압을 V_{REF}, Track/Hold 입력 노드 전압을 x라 하고 키르히호프의 법칙을 적용하면 다음과 같다.

$$\frac{V_i - x}{12} + \frac{V_{REF} - x}{6} = \frac{x}{12}$$

$$V_i - x + 2V_{REF} - 2x = x$$

$$4x = V_i + 2V_{REF}$$

$$x = \frac{V_i + 2V_{REF}}{4}$$

V_{REF}는 2.5이므로 $V_i = -5\,V$일 경우 $x = 0\,V$가, $V_i = +5\,V$일 경우 $x = +2.5\,V$가 되는 것을 알 수 있다.

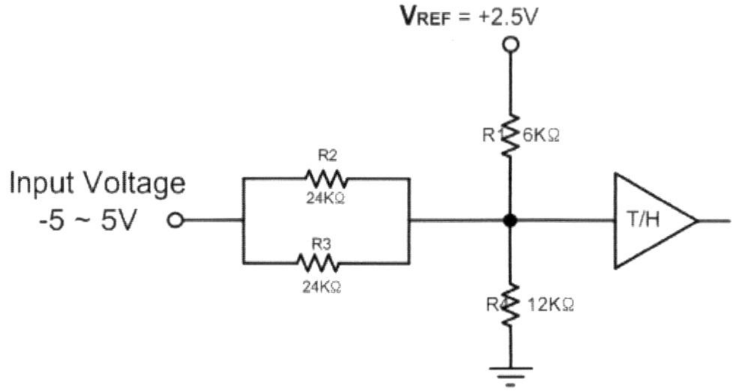

그림 7.18. AD7864-1의 -5V~+5V입력으로 사용할 경우의 간략화된 스케일링 회로

AD7864-1의 아날로그 입력을 -10V~+10V로 사용할 경우는 V_{INxA}혹은 V_{INxB} 중 하나의 핀은 AGND에 연결시켜 접지를 한다. 따라서 아날로그 입력은 남은 하나의 핀에만 넣어주게 되고 그림 7.19과 같은 회로가 된다.

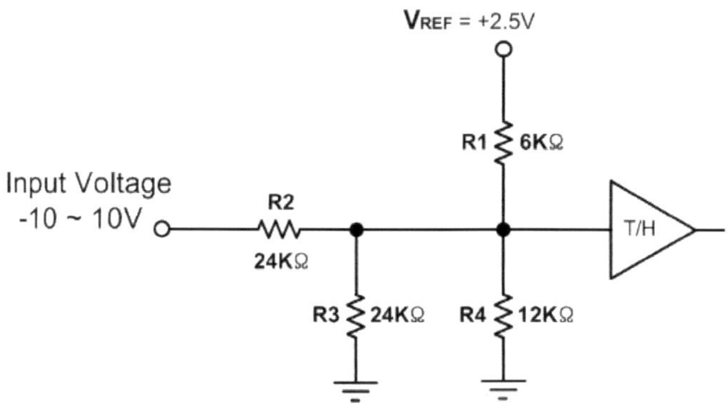

그림 7.19. AD7864-1의 -10V~+10V입력으로 사용할 경우의 간략화된 스케일링 회로

-10V~+10V입력의 경우 또한 Track/Hold 입력 노드에서 레퍼런스 전압에 맞게 0~2.5V로 스케일링 되어야 한다. R3와 R4는 입력에서 볼 때 병렬 연결된 저항이고 합성저항은 8kΩ이 된다. 이번에도 키르히호프의 법칙을 이용하여 Track/Hold 입력 노드의 전압을 구하면 다음과 같다.

$$\frac{V_i - x}{24} + \frac{V_{REF} - x}{6} = \frac{x}{8}$$

$$V_i - x + 4\,V_{REF} - 4x = 3x$$

$$8x = V_i + 4\,V_{REF}$$

$$x = \frac{V_i + 4\,V_{REF}}{8}$$

결과적으로 $V_{REF} = 2.5\,V$이므로 $V_i = -10\,V$인 경우 $x = 0\,V$가 되고, $V_i = +10\,V$인 경우 $x = +2.5\,V$가 되는 것을 알 수 있다.

2) AD7864-2

AD7864-2는 AD7864-1과는 그림 7.20에서 볼 수 있듯이 스케일링 회로에서 구조적으로 차이가 있다. Track/Hold 입력 노드는 레퍼런스 회로, 아날로그 그라운드와 연결이 되지 않는다. 따라서 R1, R2 저항으로 스케일링 회로가 구성되고 저항의 크기 또한 각각 6kΩ이다. 이 회로의 아날로그 입력 범위는 0~+2.5V와 0~+5V가 될 수 있다.

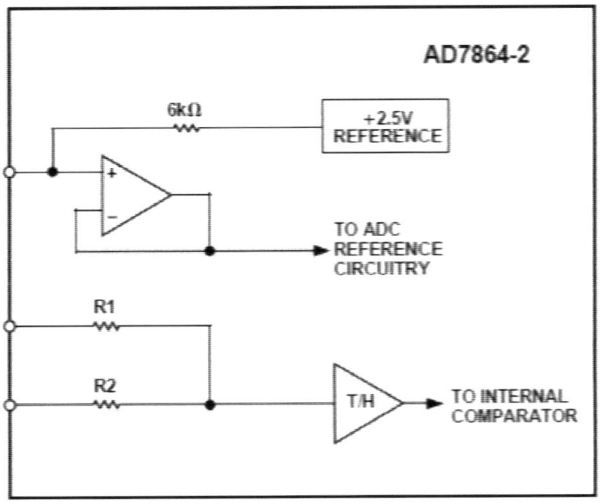

그림 7.20. AD7864-2의 스케일링 회로

아날로그 입력범위에 따른 사용 방법은 AD7864-1과 같다. 입력 범위를 0~+2.5V로 사용할 경우 두 입력핀 V_{INxA}와 V_{INxB}핀을 외부적으로 연결시키고 입력을 넣어준다. 그 결과 그림 7.21와 같은 회로가 만들어지고 Track/Hold 입력 노드 전압은 아날로그 입력 전압이 그대로 인가되어 0~+2.5V로 레퍼런스 전압에 맞는 범위가 된다.

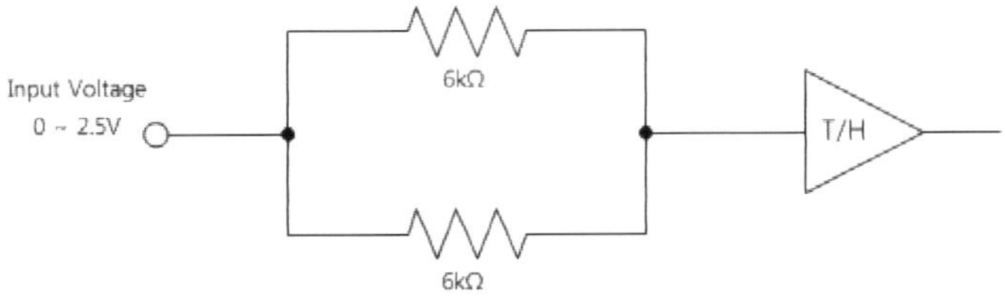

그림 7.21. AD7864-2를 -0~+2.5V입력으로 사용할 경우의 간략화된 스케일링 회로

입력 범위를 0~+5V로 사용할 경우 두 입력핀 V_{INxA} 혹은 V_{INxB} 중 하나의 핀은 AGND에 연결하고 나머지 하나의 핀을 아날로그 입력핀으로 사용한다. 이 경우 간략화 된 회로는 그림 7.22과 같다. 이 회로는 아날로그 입력단을 기준으로 두 6kΩ의 저항이 직렬로 연결된 회로가 되고 Track/Hold 입력 노드의 전압은 0~+2.5V가 된다.

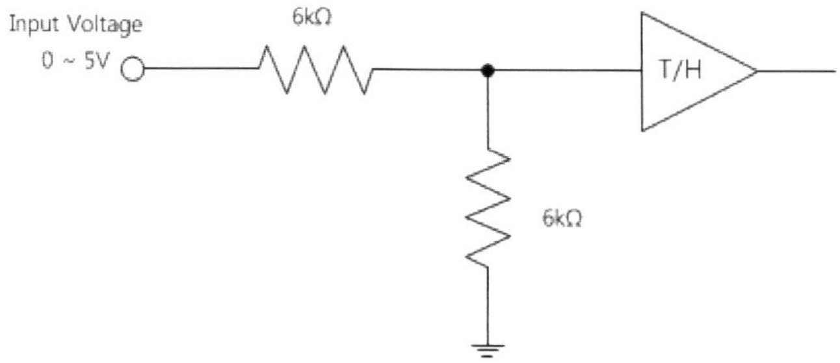

그림 7.22. AD7864-2를 -0~+5V입력으로 사용할 경우의 간략화된 스케일링 회로

3) AD7864-3

AD7864-3의 스케일링 회로는 그림 7.23과 같다. AD7864-3은 그림에서 나타난 것처럼 V_{INxB} 입력핀을 사용하지 않는다. 또한 Track/Hold 입력 노드는 레퍼런스 회로와 연결이 되어있고 아날로그 그라운드와는 연결되어 있지 않다. 저항 R1과 R2는 각각 6kΩ으로 구성되어 있고 아날로그 입력의 범위는 -2.5V~+2.5V 한 가지 범위로 사용한다. 레퍼런스 회로 측을 간략화하면 그림 7.24처럼 나타난다. 이번에도 Track/Hold 입력 노드의 전압이 레퍼런스 전압에 맞게 스케일링 되는 것을 확인해 보자. 노드 전압의 명칭은 AD7864-1의 경우와 동일하다.

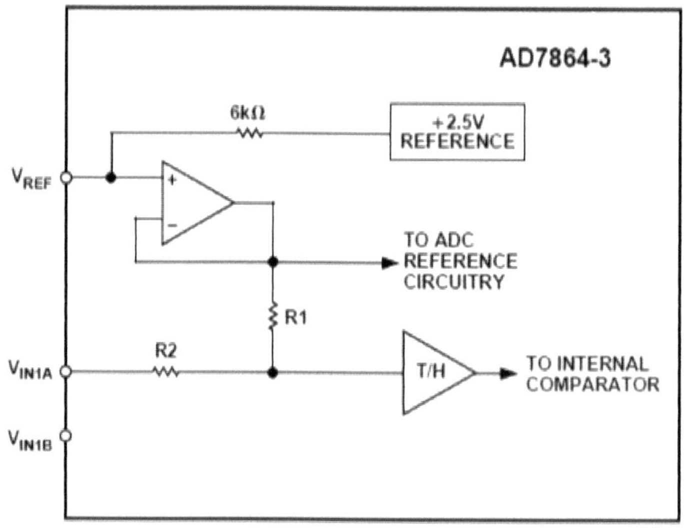

그림 7.23. AD7864-3의 스케일링 회로

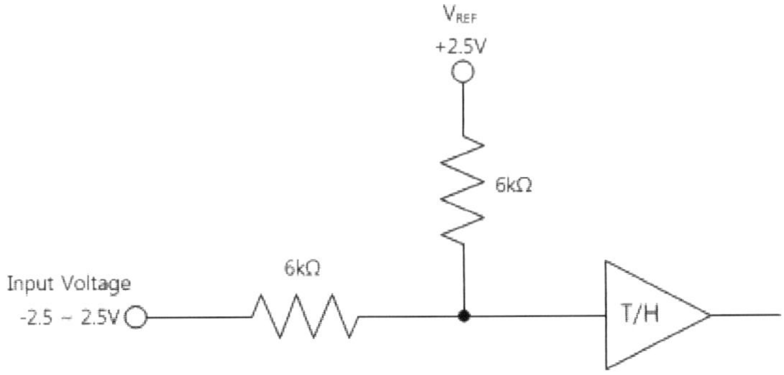

그림 7.24. AD7864-3의 간략화된 스케일링 회로

$$\frac{V_i - x}{6} = \frac{x - V_{REF}}{6}$$

$$V_i - x = x - V_{REF}$$

$$x = \frac{V_i + V_{REF}}{2}$$

이번에도 $V_{REF} = -2.5V$이므로 $V_i = -2.5V$일 경우 $x = 0$이 되고, $V_{REF} = 2.5V$일 경우 $V_i = 2.5V$가 되는 것을 알 수 있다.

7.3. XINTF와 AD7864의 인터페이스

가장 먼저 AD7864를 XINTF에 연결하기 위해 MCU의 어떤 핀을 사용할 것인지 정해야 한다. AD7864는 12비트 출력을 가지므로 XINTF는 16비트 모드로 설정하고 데이터 핀은 12개만 연결하면 가장 효율적으로 사용할 수 있다. 따라서 XD0~XD11핀을 사용하고 쓰기 활성화 핀은 $\overline{XWE0}$만을 AD7864의 $\overline{WR}$핀과 연결하고 $\overline{XRD}$핀은 AD7864의 $\overline{RD}$핀과 연결한다. 또한 AD7864는 $\overline{CS}$와 $\overline{RD}$신호에 따라 출력 레지스터에 저장된 데이터를 순서대로 출력하므로 XINTF의 주소 bus에 해당하는 핀은 연결하지 않는다. 마지막으로 MCU가 원하는 시간에 전류센서의 데이터를 받아오기 위해 AD7864의 $\overline{CS}$, $\overline{CONVST}$핀을 연결하면 그림 7.25와 같은 형태가 된다.

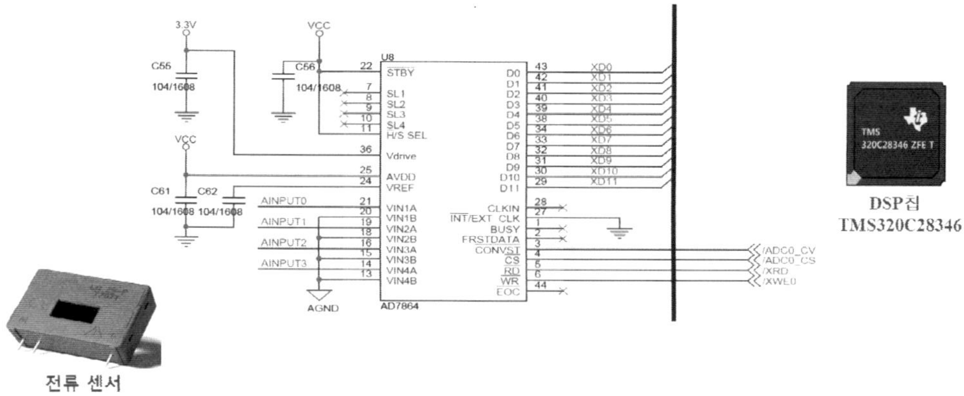

그림 7.25. AD7864와 MCU의 핀 연결

위와 같이 연결한 핀은 MCU에서 기능에 맞게 동작하도록 설정하여야 한다. 설정 하기에 앞서 MCU 핀의 기능에 따른 종류에 대해 간단히 설명하겠다. 먼저 다용도 목적으로 사용할 수 있는 GPIO핀이 있다. 이 핀들은 GPIO의 MUX를 설정함에 따라 다른 기능으로 사용할 수도 있고 정해진 목적을 위한 핀이 아닌 GPIO의 이름 그대로 일반 목적으로 사용할 수도 있다. 이와 달리 특정 목적을 위해서만 사용하는 전용핀이 있다. 이 핀들은 이미 정해진 기능이 있기 때문에 다른 용도로는 사용하지 못한다. 우리가 연결한 핀에 대해서는 $\overline{RD}$핀만이 전용핀으로 사용을 하고 나머지 핀에 대해서는 GPIO핀으로 설정해서 사용한다.

그렇다면 우리가 사용할 GPIO핀을 실제로 설정해보자. 우선 12개의 데이터에 관한 핀의 설정이다. XINTF의 XD11~XD0까지의 신호를 위한 핀으로 사용하도록 그림 7.26의 코드처럼 GPIO68 ~ GPIO79까지 12개의 핀에 대한 GPIOC-1 MUX를 3으로 설정한다.

```
//------------------------------------------------------------------------------------------//
//---------------------------------------- GPIOC-1 -----------------------------------------//
//------------------------------------------------------------------------------------------//
    // GPIOC-1 MUX
   GpioCtrlRegs.GPCMUX1.bit.GPIO68 = 3;    // 0(GPIO68),   1(GPIO68),      2(XD11[I/O]),   3(XD11[I/O])          ; XD11
   GpioCtrlRegs.GPCMUX1.bit.GPIO69 = 3;    // 0(GPIO69),   1(GPIO69),      2(XD10[I/O]),   3(XD10[I/O])          ; XD10
   GpioCtrlRegs.GPCMUX1.bit.GPIO70 = 3;    // 0(GPIO70),   1(GPIO70),      2(XD9[I/O]),    3(XD9[I/O])           ; XD9
   GpioCtrlRegs.GPCMUX1.bit.GPIO71 = 3;    // 0(GPIO71),   1(GPIO71),      2(XD8[I/O]),    3(XD8[I/O])           ; XD8
   GpioCtrlRegs.GPCMUX1.bit.GPIO72 = 3;    // 0(GPIO72),   1(GPIO72),      2(XD7[I/O]),    3(XD7[I/O])           ; XD7
   GpioCtrlRegs.GPCMUX1.bit.GPIO73 = 3;    // 0(GPIO73),   1(GPIO73),      2(XD6[I/O]),    3(XD6[I/O])           ; XD6
   GpioCtrlRegs.GPCMUX1.bit.GPIO74 = 3;    // 0(GPIO74),   1(GPIO74),      2(XD5[I/O]),    3(XD5[I/O])           ; XD5
   GpioCtrlRegs.GPCMUX1.bit.GPIO75 = 3;    // 0(GPIO75),   1(GPIO75),      2(XD4[I/O]),    3(XD4[I/O])           ; XD4
   GpioCtrlRegs.GPCMUX1.bit.GPIO76 = 3;    // 0(GPIO76),   1(GPIO76),      2(XD3[I/O]),    3(XD3[I/O])           ; XD3
   GpioCtrlRegs.GPCMUX1.bit.GPIO77 = 3;    // 0(GPIO77),   1(GPIO77),      2(XD2[I/O]),    3(XD2[I/O])           ; XD2
   GpioCtrlRegs.GPCMUX1.bit.GPIO78 = 3;    // 0(GPIO78),   1(GPIO78),      2(XD1[I/O]),    3(XD1[I/O])           ; XD1
   GpioCtrlRegs.GPCMUX1.bit.GPIO79 = 3;    // 0(GPIO79),   1(GPIO79),      2(XD0[I/O]),    3(XD0[I/O])           ; XD0
```

그림 7.26. 데이터 연결 관련 GPIO 핀 설정

그리고 Conversion start($\overline{CONVST}$)와 Chip select($\overline{CS}$)핀을 구성하기 위해 그림 7.27처럼 GPIO32와 GPIO40의 GPIOB-1 MUX를 0으로 설정하여 일반 목적용 핀으로 사용할 수 있게 한다. 그리고 GPIO38번 핀의 GPIOB- MUX를 3으로 설정하여 write enable($\overline{XWE0}$)의 기능으로 사용할 수 있게 한다. Conversion start, Chip select, write enable은 MCU에서 AD7864로 보내는 신호이기 때문에 GPBDIR를 통해 출력핀이 되도록 설정한다.

```
//--------------------------------------------------------------------------------------------//
//------------------------------------------ GPIOB-1 -----------------------------------------//
//--------------------------------------------------------------------------------------------//
    // GPIOB-1 MUX
    GpioCtrlRegs.GPBMUX1.bit.GPIO32 = 0;    // 0(GPIO32),   1(SDAA[I/OC]),  2(EPWMSYNCI[I]),3(ADCSOCA0[O])        ;GPIO32(ADC1_CV)
    GpioCtrlRegs.GPBMUX1.bit.GPIO33 = 0;    // 0(GPIO33),   1(SCLA[I/OC]),  2(EPWMSYNCO[O]),3(ADCSOCB0[O])        ;GPIO33(ADC2_CV)

    GpioCtrlRegs.GPBMUX1.bit.GPIO38 = 3;    // 0(GPIO38),   1(Reserved),    2(/XWE0[O]),    3(/XWE0[O])           ;/XWE0

    GpioCtrlRegs.GPBMUX1.bit.GPIO40 = 0;    // 0(GPIO40),   1(Reserved),    2(XA0/XWE1[O]), 3(XA0/XWE1[O])        ;GPIO40(/ADC1_CS)
    GpioCtrlRegs.GPBMUX1.bit.GPIO41 = 0;    // 0(GPIO41),   1(Reserved),    2(XA1[O]),      3(XA1[O])             ;GPIO41(/ADC2_CS)


    // GPIOB-1 Input/Output of GPIO         ; 0(Input), 1(Output)
    GpioCtrlRegs.GPBDIR.bit.GPIO32 = 1;
    GpioCtrlRegs.GPBDIR.bit.GPIO33 = 1;

    GpioCtrlRegs.GPBDIR.bit.GPIO38 = 1;

    GpioCtrlRegs.GPBDIR.bit.GPIO40 = 1;
    GpioCtrlRegs.GPBDIR.bit.GPIO41 = 1;
```

그림 7.27. AD7864동작 관련 GPIO 핀 설정 (ADC가 두 개 연결)

핀 설정이 끝나면 레지스터를 설정한다. 그림 7.28은 XINTF clock 주파수를 결정하는 회로이다. 우선 그림 7.29에 나타난 것처럼 XINTF의 클럭에 대한 레지스터를 설정하자. XTIMCLK은 시스템 클럭 주파수의 $\frac{1}{2}$이 되도록 XINTCNF2 레지스터의 XTIMCLK 비트를 1로 설정한다. 또 XINTCNF2레지스터의 CLKMODE를 1로 BY4CLKMODE는 0으로 설정하여 XCLKOUT은 시스템 클럭 주파수의 $\frac{1}{4}$이 되도록 설정한다. 그리고 XINTCNF2레지스터의 CLKOFF비트를 0으로 설정하여 XCLKOUT이 출력되게 설정한다. 마지막으로 PCLKCR3 레지스터에서 XINTFENCLK 비트를 1로 설정하여 XTIMCLK이 XINTF의 레지스터에 적용되도록 설정한다.

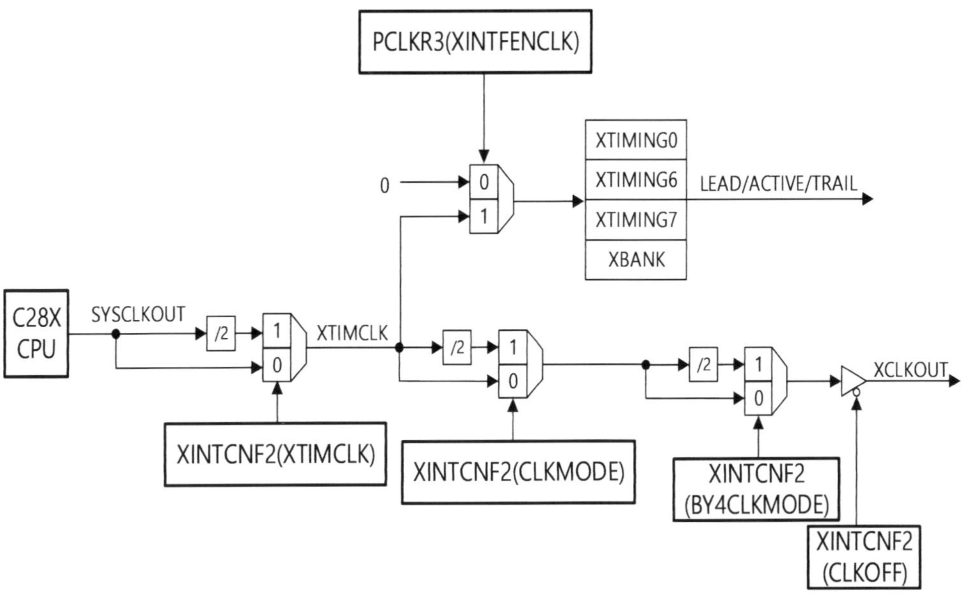

그림 7.28. XINTF clock 주파수 결정하는 회로

```
void Init_PeripheralClocks(void)
{
    EALLOW;

    // External Clock Out
    XintfRegs.XINTCNF2.bit.XTIMCLK = 1;          // XTIMCLK = SYSCLKOUT/x. 0(/1), 1(/2)
    XintfRegs.XINTCNF2.bit.CLKMODE = 1;          // XCLKTMP = XTIMCLK/x. 0(/1), 1(/2)
    XintfRegs.XINTCNF2.bit.BY4CLKMODE = 0;       // XCLKOUT = XCLKTMP/x. 0(/1), 1(/2)
    XintfRegs.XINTCNF2.bit.CLKOFF = 0;           // XCLKOUT OFF. 0(ON), 1(OFF)


    // XINF
    SysCtrlRegs.PCLKCR3.bit.XINTFENCLK = 1;      // For ADC Parallel Communication      ; 1(Enable)

    EDIS;

    return;
}
```

그림 7.29. XINTF clock 관련 레지스터 설정

그리고 XINTF zone의 그림 7.30과 같이 타이밍에 대한 설정을 한다. 전류 센서의 정보는 한 개의 zone을 사용해서 받을 수 있기 때문에 사용할 zone(여기서는 zone 6)에 대한 설정만 하기로 한다. 우선 XTIMING6 레지스터에서 쓰기와 읽기 타이밍은 각각 Lead, Trail구간은 3, Active구간은 7로 설정한다. 또한 X2TIMING 비트를 1로 설정함으로써 앞서 설정한 Lead, Trail, Active구간에 대한 시간을 2배로 늘린다. 이렇게 설정함으로써 XINTF와 AD7864간 연결에 약 40ns의 시간이 걸리게 된다. 그리고 USEREADY 비트를 0으로 설정하여 XREADY신호는 샘플링 하지 않고 외부에서 각 구간에 대한 시간을 변경할 수 없게 한다. 마지막으로 XSIZE 비트를 3으로 설정하여 데이터 버스를 16비트로 사용하도록 설정한다.

```
//-----------------------------------------------------------------------------------------------//
//------------------------------------------Zone  6------------------------------------------//
//-----------------------------------------------------------------------------------------------//
    // Zone write timing
    XintfRegs.XTIMING6.bit.XWRLEAD = 3;
    XintfRegs.XTIMING6.bit.XWRACTIVE = 7;
    XintfRegs.XTIMING6.bit.XWRTRAIL = 3;

    // Zone read timing
    XintfRegs.XTIMING6.bit.XRDLEAD = 3;
    XintfRegs.XTIMING6.bit.XRDACTIVE = 7;
    XintfRegs.XTIMING6.bit.XRDTRAIL = 3;

    // double all Zone read/write lead/active/trail timing
    XintfRegs.XTIMING6.bit.X2TIMING = 1;

    // Zone will sample XREADY signal
    XintfRegs.XTIMING6.bit.USEREADY = 0;
    XintfRegs.XTIMING6.bit.READYMODE = 1;  // sample asynchronous

    // Bus Bit
    XintfRegs.XTIMING6.bit.XSIZE = 3;
```

그림 7.30. XINTF zone 6 관련 레지스터 설정

레지스터의 설정이 끝나면 ADC와 데이터 통신을 하기 위한 소스 코드를 작성한다. 우선 편리한 설정을 위해 conversion start과 chip select에 해당하는 핀의 set과 clear에 대한 설정을 그림 7.31과 같이 만들어 놓았다. 그림과 같이 정의를 하면 ADC1_CV_ON을 사용했을 경우 GPIO32핀이 clear된다. 즉 logic low 신호가 출력되고 그 뒤 바로 ADC1_CV_OFF를 사용하여 GPIO32핀을 set, 즉 logic high 출력을 하면 rising edge가 형성되어 AD 변환이 시작된다. ADC1_CS_ON을 사용하면 GPIO40핀이 clear되어 칩 선택을 활성화 하고 ADC1_CS_OFF를 사용하면 GPIO40핀이 set되어 칩 선택을 비활성화 한다.

```
#ifndef DEFINE_ADC_H_
#define DEFINE_ADC_H_

#ifdef __cplusplus
extern "C" {
#endif

#define ADC_RD_ADDR                  ((volatile int *)(0x100100))
#define ADC_WR_ADDR                  ((volatile int *)(0x100200))

#define ADC1_CV_ON                   GpioDataRegs.GPBCLEAR.bit.GPIO32 = 1
#define ADC2_CV_ON                   GpioDataRegs.GPBCLEAR.bit.GPIO33 = 1

#define ADC1_CV_OFF                  GpioDataRegs.GPBSET.bit.GPIO32   = 1
#define ADC2_CV_OFF                  GpioDataRegs.GPBSET.bit.GPIO33   = 1

#define ADC1_CS_ON                   GpioDataRegs.GPBCLEAR.bit.GPIO40 = 1
#define ADC2_CS_ON                   GpioDataRegs.GPBCLEAR.bit.GPIO41 = 1

#define ADC1_CS_OFF                  GpioDataRegs.GPBSET.bit.GPIO40   = 1
#define ADC2_CS_OFF                  GpioDataRegs.GPBSET.bit.GPIO41   = 1

#ifdef __cplusplus
}
#endif

#endif /* DEFINE_ADC_H_ */
```

그림 7.31. GPIO핀 설정에 대한 define

이제 정의한 정보를 이용하여 MCU의 샘플링 타임에 맞게 변환된 데이터를 받아오기 위한 함수를 만든다. 그림 7.32의 ADC함수는 AD7864에 $\overline{CONVST}$ 신호를 주어 변환 동작이 시작되게 하는 함수이다. 바로 아래 ADC_Read함수는 변환된 데이터를 읽어오기 위한 동작이다. 읽어오는 과정에서 XINTF zone6의 메모리를 사용하게 된다. ADC_Read함수를 살펴보면 먼저 chip select를 활성화하여 정보를 받아오기 위해 ADC_CS_ON명령어를 사용한다. 그 뒤 값을 읽기까지 잠시 대기한 뒤 각 채널에 대한 정보를 ADC_CH1_CONV~ ADC_CH4_CONV 4개의 변수에 저장을 한다. 그리고 나서 ADC_CS_OFF를 하여 chip select를 비활성화 하게 되면 AD7864와 XINTF간의 데이터 교환은 완료된다.

```
void ADC(void)
{
    // Conversion Start
    ADC1_CV_ON;
    ADC2_CV_ON;

    ADC1_CV_OFF;
    ADC2_CV_OFF;

    return;
}

void ADC_Read(void)
{
    // ADC1 Data Read
    ADC1_CS_ON;                             // ADC1 Chip Selection.

    DELAY_US(0.05);

    ADC_CH1_CONV = *ADC_RD_ADDR;            // ADC1 Data1 Read.
    ADC_CH2_CONV = *ADC_RD_ADDR;            // ADC1 Data2 Read.
    ADC_CH3_CONV = *ADC_RD_ADDR;            // ADC1 Data3 Read.
    ADC_CH4_CONV = *ADC_RD_ADDR;            // ADC1 Data4 Read.

    ADC1_CS_OFF;                            // Selection Release of ADC1 Chip.

    // ADC2 Data Read
    ADC2_CS_ON;                             // ADC2 Chip Selection.

    DELAY_US(0.05);

    ADC_CH5_CONV = *ADC_RD_ADDR;            // ADC2 Data1 Read.
    ADC_CH6_CONV = *ADC_RD_ADDR;            // ADC2 Data2 Read.
    ADC_CH7_CONV = *ADC_RD_ADDR;            // ADC2 Data3 Read.
    ADC_CH8_CONV = *ADC_RD_ADDR;            // ADC2 Data4 Read.

    ADC2_CS_OFF;                            // Selection Release of ADC2 Chip.

    return;
}
```

그림 7.32. ADC 함수

7.4. DAC 개요

7.4.1. DAC(Digital to Analog Converter)란?

디지털 신호는 0과 1로 이루어진 신호를 말한다. 넓게 말하면 불연속적인 신호다. 이에 반해 아날로그 신호는 연속 신호를 말한다. 우리가 살아가는 일상생활의 신호인 시간, 소리, 빛 등은 아날로그 신호이고 우리가 회로를 통해 처리할 수 있는 것은 디지털 신호이기 때문에 두 신호를 서로 변환할 수 있어야 한다. 그림 7.33과 같이 디지털 신호를 아날로그 신호로 변환하는 장치를 디지털-아날로그 변환기인 DAC(Digital to Analog Converter)라 한다.

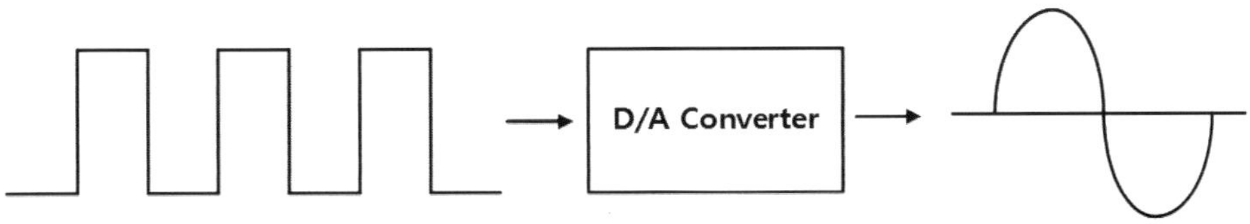

그림 7.33. 디지털 신호와 아날로그 신호의 변환

DAC를 통해 출력된 아날로그 신호는 그대로 사용되기도 하지만 경우에 따라서 필요한 전력 용량을 가지도록 증폭하여 사용하기도 한다. 그리고 DAC의 출력신호는 계단 파형으로 구성되어 있어 많은 고조파를 포함하는 특징이 있으며, 출력을 위한 디지털 데이터가 변화하는 과도기간에 아날로그 출력 신호에 glitch를 포함하는 경우도 있다. 이 때 Low-Pass Filter를 사용하여 Glitch를 제거할 수 있지만 근본적인 대책이 필요하다.

DAC는 이진수로 표현되면 정해진 비트를 미리 결정하는데 비트수가 많으면 신호의 표현상 분해능이 높아지나 처리회로가 복잡해진다. 이와 관련된 용어로서 분해능(Resolution)이 있는데 이것은 출력 가능한 Output 레벨의 수를 뜻한다.

7.4.2. DAC 동작원리

DAC의 동작원리는 일반적으로 연산증폭기를 사용한다. 그림 7.34와 같이 연산 증폭기의 저항비를 조절하면 n비트의 DAC를 구성할 수 있지만 사용해야 하는 저항이 비트에 비례하여 매우 크고 다양해지므로 비효율적이다. 그래서 그림 7.35과 같이 DAC의 기본적인 구조는 R-2R ladder 회로망을 활용하여 사용한다.

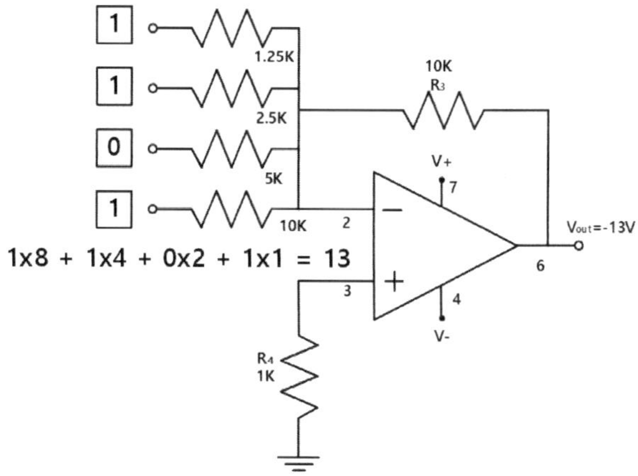

그림 7.34. 연산증폭기

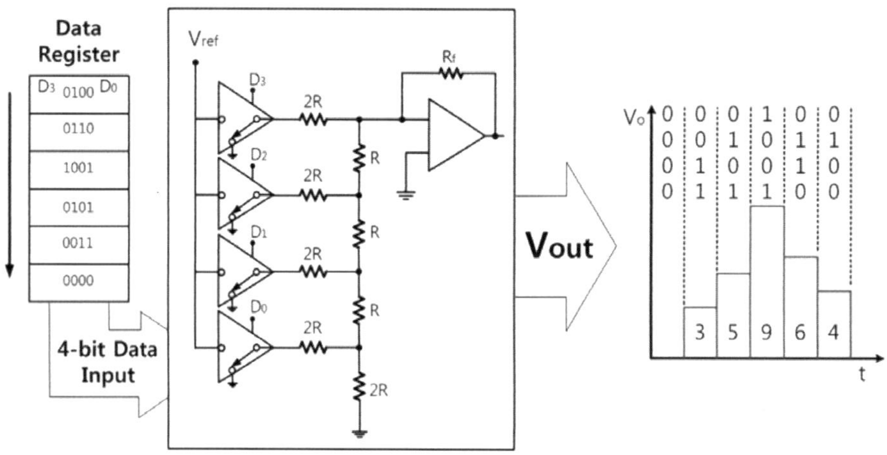

그림 7.35. Digital to Analog Converter(R-2R ladder)

7.5. DAC8803

TMS320c28346에는 내부에 DAC가 존재하지 않기 때문에 외부 DAC를 사용해야 한다.

7.5.1. DAC8803 구조 및 연결핀

그림 7.36는 DAC8803의 구조이다. 두 개의 직렬 버퍼(Input 레지스터/DAC 레지스터)로 구성된 직렬 데이터 인터페이스 구조는 클럭(CLK), 칩 선택($\overline{CS}$) 및 직렬 데이터 입력(SDI)을 사용하여 고속, 3 선식, SPI 통신 및 마이크로컨트롤러와의 호환이 가능하다. 게다가

직렬 데이터 출력 핀(SDO)을 사용하면, 여러 패키지의 직렬 연결 사용이 가능하다. $\overline{LDAC}$ 입력은 이전에 로드된 입력 레지스터의 모든 DAC 출력을 동시에 업데이트 할 수 있다.

그림 7.36에서 V_{REF}A~D는 입력 기준 전압으로 DA변환을 할 때 기준으로 사용하는 전압을 의미하며, 이것을 이용하여 DAC A~D의 풀 스케일 출력 전압을 만든다. 그림 7.36의 오른쪽은 출력 측을 의미하는데 A_{GND}A~D는 DAC A~D의 아날로그 그라운드이며, I_{OUT} A~D는 출력 전류를 의미한다. R_{FB}A~D는 외부 증폭기를 연결해서 DACA~D의 출력 전압을 만들기 위한 피드백 저항이다.

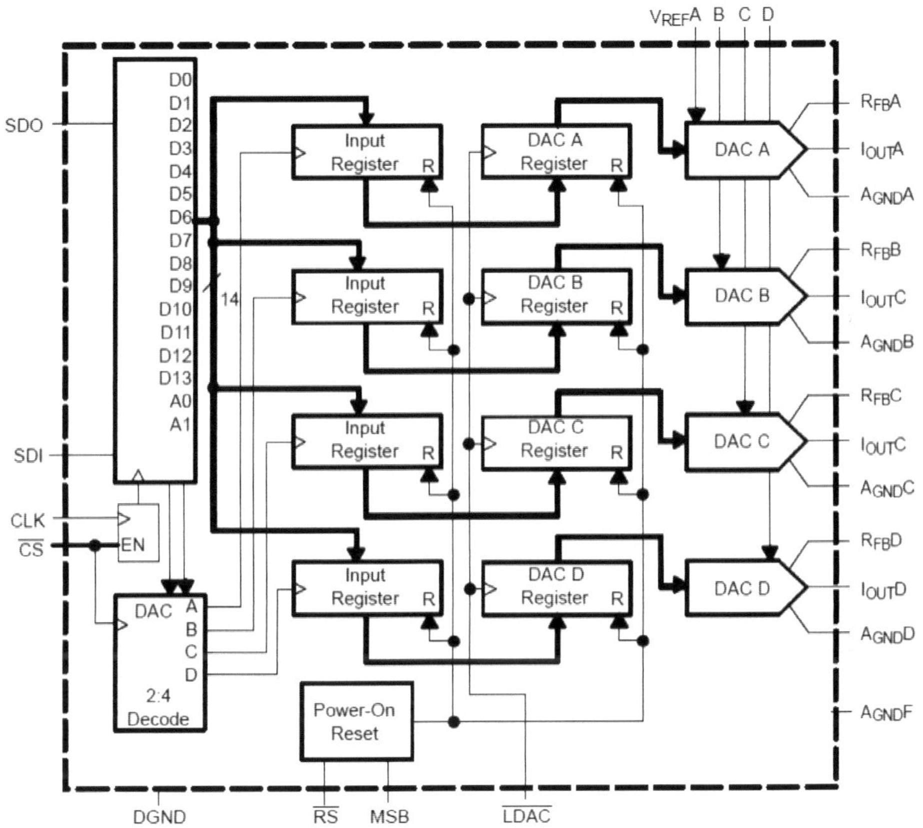

그림 7.36. DAC8803의 구조

그림 7.36의 SDI는 직렬 데이터 입력 부분으로 시프트 레지스터에 데이터가 직접적으로 로드된다. SDO는 직렬 데이터 출력부분으로 시프트 레지스터에서 직접적으로 입력 데이터를 로드하고 SDI에서 데이터가 입력된 후 17 clock 후에 SDO에 데이터가 나타난다. $\overline{CS}$ 핀은 칩 선택을 하는 것으로 low신호일 때 동작하며, high일 때는 시프트 레지스터에 로드가 불가능하다. $\overline{CS}$와 LDAC가 high일 때, 시프트 레지스터에서 input 레지스터로 데이터가 전송되고, 이는 LDAC의 동작에 영향을 주지는 않는다. CLK는 입력 clock이며, 상승 에시일 때 데이터

가 시프트 레지스터로 이동한다.

그림 7.36의 $\overline{RS}$는 리셋 핀으로 low일 때 동작한다. input 레지스터와 DAC 레지스터는 MSB 핀의 전압에 의해 모두 제로 코드로 만들거나 하프 스케일 코드로 결정되며, MSB가 1일 때 레지스터의 데이터는 2000h가 된다. $\overline{LDAC}$는 low일 때 동작하고 input 레지스터에서 DAC 레지스터로 데이터를 전송한다. 비동기적으로 동작한다.

7.5.2. DAC8803 동작

DAC8803은 3개($\overline{CS}$, SDI, CLK)의 핀을 이용하여 SPI 직렬 데이터 인터페이스를 한다. 표 7.1에서 보여지는 바와 같이 DAC8803은 16bit 형식의 직렬 데이터로 시프트 레지스터에서 input 레지스터로 이동 후 DAC 레지스터를 지나 DAC를 통과하여 최종적으로 출력된다. 이 때 MSB bit가 먼저 로드된다. 표 7.2는 표 7.1의 A1, A0가 의미하는 Address decode를 나타낸다. 그림 7.37은 DAC8803을 디지털 제어 핀의 등가 로직을 보여준다.

표 7.1. 입력 레지스터 데이터 형식(MSB에 데이터가 먼저 로드됨)

Bit	B15 (MSB)	B14	B13	B12	B11	B10	B9	B8	B7	B6	B5	B4	B3	B2	B1	B0 (LSB)
Data	A1	A0	D13	D12	D11	D10	D9	D8	D7	D6	D5	D34	D3	D2	D1	D0

표 7.2. Address Decode

A1	A0	DAC DECODE
0	0	DAC A
0	1	DAC B
1	0	DAC C
1	1	DAC D

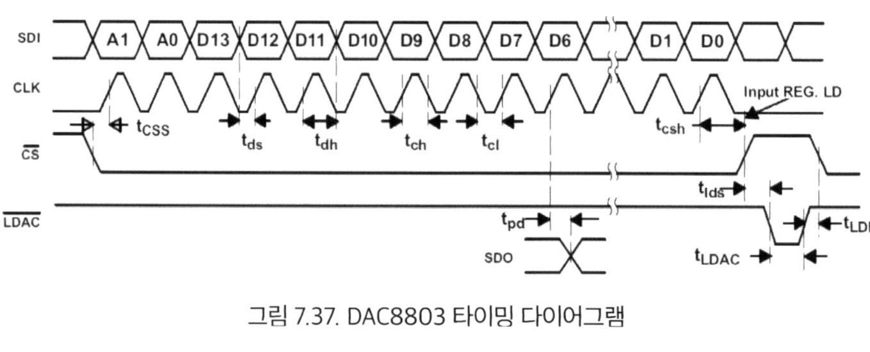

그림 7.37. DAC8803 타이밍 다이어그램

대부분의 마이크로컨트롤러는 데이터를 1byte인 8bit씩 출력하는데 DAC8803는 두 개의 오른쪽 정렬된 데이터 즉 2byte인 16bit를 출력한다. 그림 7.35에서 보듯이 3개($\overline{CS}$, SDI, CLK)의 SPI 직렬 데이터 인터페이스를 사용하여 DAC8803이 동작한다. 결론적으로 DAC8803에 입력된 직렬 데이터는 16bit 형식으로 시프트 레지스터에서 input 레지스터로 이동 후 DAC 레지스터를 지나 DAC를 통과하여 최종적으로 출력되는 과정을 거친다. 이 때 데이터의 MSB bit가 먼저 로드되며 표 7.1은 DAC8803에 대한 16개의 데이터 비트를 나타낸 것이다.

그림 7.37 $\overline{CS}$가 low일 때 데이터는 SDI에 이동 대기를 한다. 이 때 CLK의 상승 에지 상태가 되면 비로소 대기하던 데이터가 시프트 레지스터로 이동된다. 이때 첫 번째 및 두 번째 byte 전송 사이에 $\overline{CS}$를 low로 유지하면 총 16bit의 직렬레지스터가 성공적으로 업데이트 되며 CLK에 의해서 데이터의 대기 시간을 조절할 수 있다. $\overline{CS}$가 high가 될 때 입력 레지스터에서 시프트 레지스터로 16bit의 데이터들이 이동한다. 이렇게 시프트 레지스터로 이동된 데이터는 표 7.2에서처럼 데이터의 address bit인 A1 및 A0이 Decoding에 의해 채널이 정해진다. 그리고 $\overline{CS}$와 $\overline{LDAC}$가 high일 때 데이터가 시프트 레지스터에서 input 레지스터로 이동된다. 이때 데이터는 address bit를 제외한 나머지 14bit가 이동된다. 그림 7.38은 DAC 8803을 위한 디지털 제어 등가 로직 인터페이스를 보여준다.

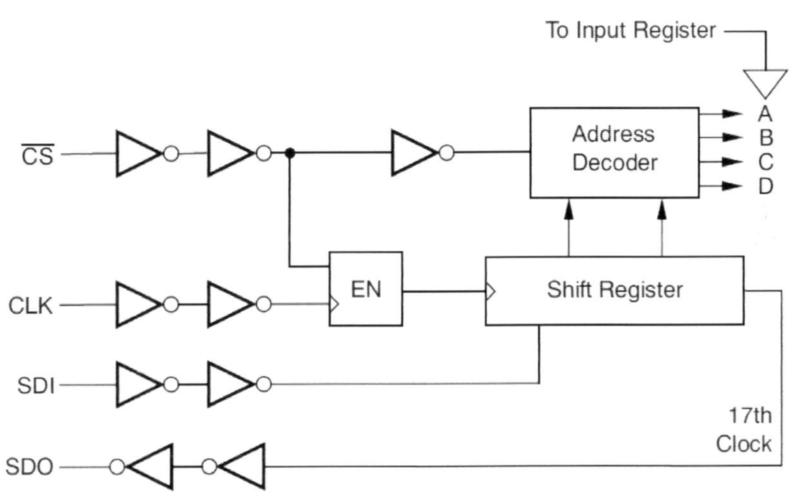

그림 7.38. DAC 8803 등가 로직 인터페이스

앞서 7.5.2 에서 언급한 바와 같이 DAC 부분은 그림 7.39과 같이 4개의 R-2R ladder로 되어있다. 각각의 DAC는 외부 I-to-V 컨버터 증폭기와 함께 사용하기 위해 피드백 저항 ($R_{FB}X$)과 연결되어 있다. $R_{FB}X$ 핀은 외부 증폭기의 출력에 연결되고 DAC의 출력인 $I_{OUT}X$ 단자는 외부 증폭기의 반전 입력에 연결된다.

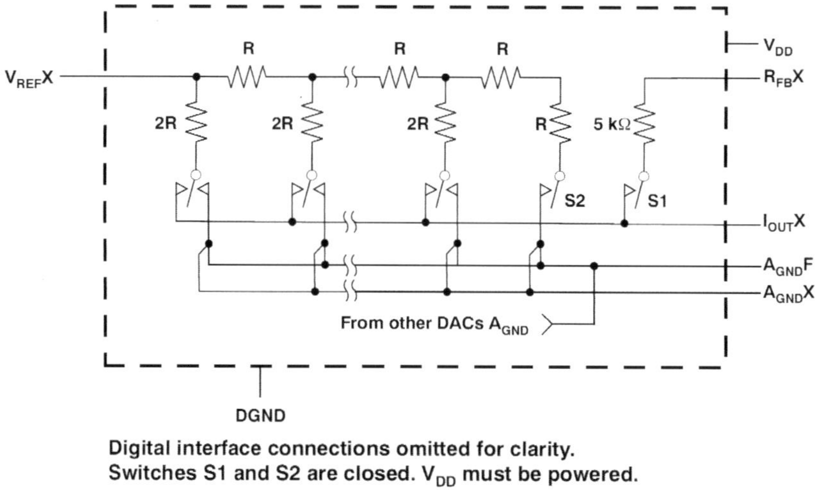

그림 7.39. 등가 DAC 채널

DAC는 음 또는 양의 기준 전압으로 작동하도록 설계되었다. V_{DD} 전원 핀은 로직에 의해 DAC 스위치를 온/오프 시에만 사용된다. 스위치는 내부 5kΩ 피드백 저항과 직렬로 연결되어 있다는 것에 유의해야한다. 사용자가 R_{FB} 값을 측정하려고 시도하는 경우 연속성을 유지하기 위해 V_{DD}에 전원을 공급해야 한다. 외부에 앰프와 연결하여 최종 DAC 출력 전압을 얻을 수 있는데 그 값은 V_{REF}와 디지털 데이터에 의해 다음의 식에 따라 결정된다.

$$V_{OUT} = -V_{REF} \times \frac{D}{2^{14}(=16384)}$$

이때 출력 극성은 DC 기준 전압에 의한 V_{REF}의 극성과 반대가 된다.

또한, DAC는 AC 기준 입력 신호에 의해 동작되도록 설계되었다. DAC8803은 -15V~+15V 범위의 입력 기준 전압을 이용하며, 기준 입력 전압은 공칭 입력 저항이 5kΩ, ±20%로 일정하다. 반면에, DAC 출력인 I_{OUT}A, B, C, D 값은 코드, 출력 저항 및 커패시턴스에 의해 생성된다.

외부 증폭기를 선택하려면 DAC 8803의 증폭기의 반전 입력 노드에 발생하는 임피던스의 변동을 고려해야 한다. DAC ladder 저항과 병렬로 연결된 피드백 저항은 출력 전압 노이즈에 영향을 준다. R-2R ladder 구조를 위해, 기준 입력 전압의 단계적인 변화에 임계 감쇠 출력을 얻기 위해 외부 피드백 보상 컨패시터가 필요할 수 있다.

DAC8803은 단상 출력을 생성하는데 사용한다. I_{OUT}의 극성은 V_{REF}의 입력 기준 전압의 역수이다. DAC8803은 그림 7.40에서처럼 외부 증폭기를 하나 더 연결하여 4상한 양극성 출력을 얻을 수 있고 그 값은 다음과 같은 식에 의해 구할 수 있다.

$$V_{OUT} = \left(\frac{D}{2^{13}(=8192)} - 1\right) \times V_{REF}$$

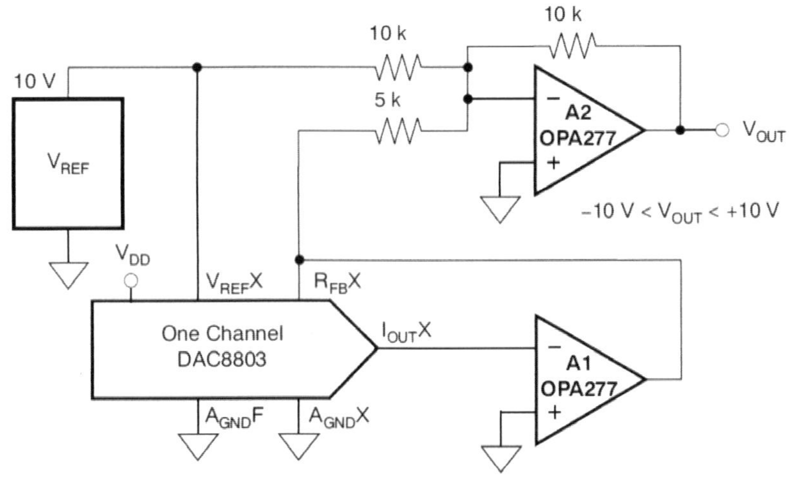

Digital interface connections omitted for clarity.

그림 7.40. 4상한 응용 회로

7.5.3. DSP와 DAC8803의 인터페이스

DSP와 외부 DAC인 DAC8803을 연동하기 위해 SPI 통신을 이용한다. 먼저 GPIO핀의 설정이 필요하며, SPI 통신 신호를 위해 그림 7.41의 코드처럼 GPIO 48 ~ 51까지의 핀 설정이 필요하다. DSP는 SPI 통신의 Master로 사용하기 때문에, GPIO 48, 50, 51은 3으로 설정하고 GPIO 49는 $\overline{LDAC}$에 연결하여 사용하기 위해 0으로 설정한다.

```
//-------------------------------------------------------------------------------------------//
//                                        GPIOB-2                                            //
//-------------------------------------------------------------------------------------------//
    // GPIOB 2 MUX
    GpioCtrlRegs.GPBMUX2.bit.GPIO48 = 3;    // 0(GPIO48),   1(ECAP5[I/O]),   2(XD31[I/O]),   3(SPISIMOD[I/O])      ;SPISIMOD(DAC)
    GpioCtrlRegs.GPBMUX2.bit.GPIO49 = 0;    // 0(GPIO49),   1(ECAP6[I/O]),   2(XD30[I/O]),   3(SPISOMID[I/O])      ;GPIO49(DAC)    : /DAC_LD
    GpioCtrlRegs.GPBMUX2.bit.GPIO50 = 3;    // 0(GPIO50),   1(EQEP1A[I]),    2(XD29[I/O]),   3(SPICLKD[I/O])       ;SPICLKD(DAC)
    GpioCtrlRegs.GPBMUX2.bit.GPIO51 = 3;    // 0(GPIO51),   1(EQEP1B[I]),    2(XD28[I/O]),   3(SPISTED[I/O])       ;SPISTED(DAC)
    GpioCtrlRegs.GPBMUX2.bit.GPIO52 = 0;    // 0(GPIO52),   1(EQEP1S[I/O]), 2(XD27[I/O]),   3(Reserved)
    GpioCtrlRegs.GPBMUX2.bit.GPIO53 = 0;    // 0(GPIO53),   1(EPQE1I[I/O]), 2(XD26[I/O]),   3(Reserved)
    GpioCtrlRegs.GPBMUX2.bit.GPIO54 = 3;    // 0(GPIO54),   1(SPISIMOA[I/O])2(XD25[I/O]),   3(EQEP3A[I])          ;EQEP3A(Encoder)
    GpioCtrlRegs.GPBMUX2.bit.GPIO55 = 3;    // 0(GPIO55),   1(SPISOMIA[I/O])2(XD24[I/O]),   3(EQEP3B[I])          ;EQEP3B(Encoder)
    GpioCtrlRegs.GPBMUX2.bit.GPIO56 = 3;    // 0(GPIO56),   1(SPICLKA[I/O]),2(XD23[I/O]),   3(EQEP3S[I/O])        ;EQEP3S(Encoder)
    GpioCtrlRegs.GPBMUX2.bit.GPIO57 = 3;    // 0(GPIO57),   1(SPISTEA[I/O]),2(XD22[I/O]),   3(EQEP3I[I/O])        ;EPQE3I(Encoder)
    GpioCtrlRegs.GPBMUX2.bit.GPIO58 = 0;    // 0(GPIO58),   1(MCLKRA[I/O]), 2(XD21[I/O]),   3(EPWM7A[O])
    GpioCtrlRegs.GPBMUX2.bit.GPIO59 = 0;    // 0(GPIO59),   1(MFSRA[I/O]),  2(XD20[I/O]),   3(EPWM7B[O])
    GpioCtrlRegs.GPBMUX2.bit.GPIO60 = 0;    // 0(GPIO60),   1(MCLKRB[I/O]), 2(XD19[I/O]),   3(EPWM8A[O])
    GpioCtrlRegs.GPBMUX2.bit.GPIO61 = 0;    // 0(GPIO61),   1(MFSRB[I/O]),  2(XD18[I/O]),   3(EPWM8B[O])
    GpioCtrlRegs.GPBMUX2.bit.GPIO62 = 0;    // 0(GPIO62),   1(SCIRXDC[I]),  2(XD17[I/O]),   3(EPWM9A[O])
    GpioCtrlRegs.GPBMUX2.bit.GPIO63 = 0;    // 0(GPIO63),   1(SCITXDC[O]),  2(XD16[I/O]),   3(EPWM9A[O])
```

그림 7.41. GPIO 핀 설정

핀 설정을 한 다음에는 그림 7.42의 코드와 같이 레지스터 설정을 한다. 앞서 언급했듯이 DSP를 SPI 통신의 Master로 설정하며, 데이터 전송 길이는 16bit로 설정한다. (∵DAC8803은 address bit(2bit) & data(14bit)로 구성) 또한, DSP의 SYSCLKOUT이 300MHz로 설정되어 있으므로 SPI 통신 속도는 Baud rate 레지스터를 7로 하여 SYSCLKOUT을 8분주한 9.375MHz가 된다.

```
void Init_SPI(void)
{
    SpidRegs.SPICCR.bit.SPISWRESET = 0;          // Reset SPI.

    SpidRegs.SPIPRI.bit.FREE = 1;                // Free Emulation Mode.

    SpidRegs.SPICCR.bit.SPICHAR = 15;            // 16bit.
    SpidRegs.SPICCR.bit.CLKPOLARITY = 1;         // Falling Edge.
    SpidRegs.SPICTL.bit.CLK_PHASE = 0;           // without Delay.
    SpidRegs.SPICTL.bit.MASTER_SLAVE = 1;        // Master Operation.
    SpidRegs.SPICTL.bit.TALK = 1;                // /SPISTE Activation.
    SpidRegs.SPIBRR = 7;                         // Baud Rate = LSPCLK/(SPIBRR+1)    ; 9.375[Mbps]

    SpidRegs.SPICCR.bit.SPISWRESET = 1;          // Ready for Communication.

    return;
}
```

그림 7.42. SPI 관련 레지스터 설정

이러한 과정을 거치면 DSP와 DAC8803이 그림 7.43과 같이 연결된다.

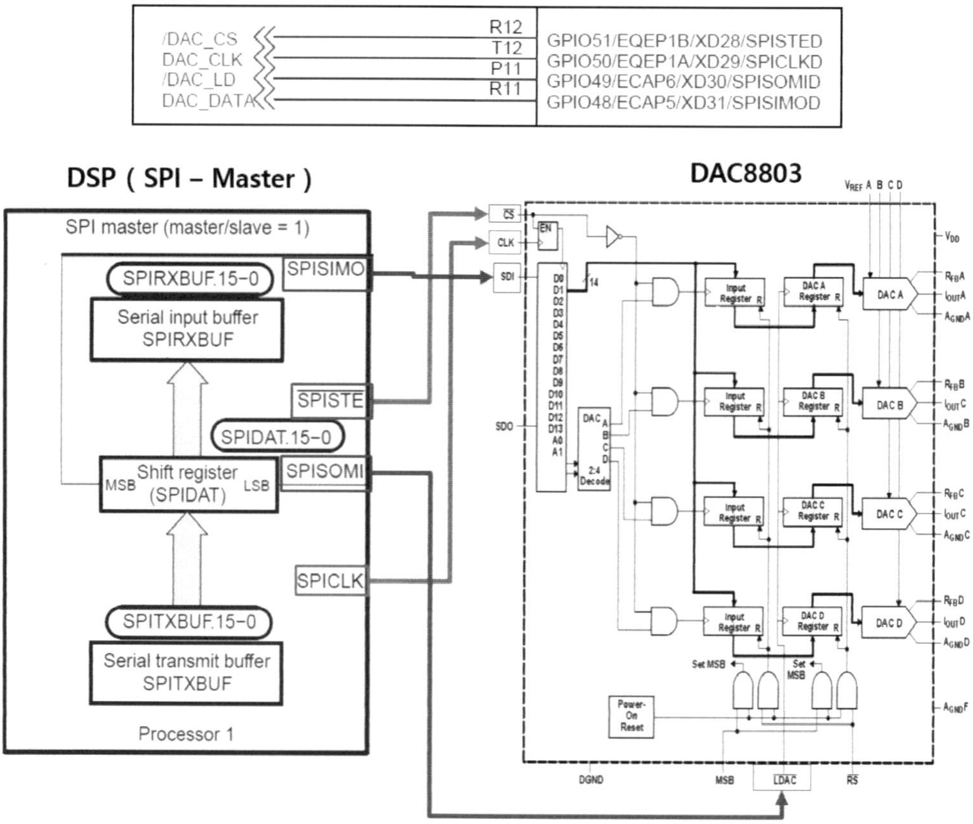

그림 7.43. DAC8803과 SPI 통신 연결

레지스터 설정 후에는 DAC에 대한 소스 코드를 그림 7.44와 같이 작성한다.

```
#define HI_LOAD              GpioDataRegs.GPBSET.bit.GPIO49 = 1
#define LO_LOAD              GpioDataRegs.GPBCLEAR.bit.GPIO49 = 1
void DAC_out(Uint16 ch, Uint16 data)
{
    while(SpidRegs.SPISTS.bit.BUFFULL_FLAG);     // Wait for Previous Data Transmission

    switch(ch)
    {
        case 0: SpidRegs.SPITXBUF = (0x0000 | (data & DAC_EFF)); break;
        case 1: SpidRegs.SPITXBUF = (0x4000 | (data & DAC_EFF)); break;
        case 2: SpidRegs.SPITXBUF = (0x8000 | (data & DAC_EFF)); break;
        case 3: SpidRegs.SPITXBUF = (0xC000 | (data & DAC_EFF)); break;
        default: break;
    }

    while(!SpidRegs.SPISTS.bit.INT_FLAG)
    {
        HI_LOAD;
    }

    LO_LOAD;

    temp = SpidRegs.SPIRXBUF;              // Clear SPI INT Flag.

    return;
}
void DAC(void)
{
    da1_tmp = (Uint16)((int)((DA(1) - da1.mid) * DAC_RNG / da1.rng) + DAC_MID);
    da2_tmp = (Uint16)((int)((DA(2) - da2.mid) * DAC_RNG / da2.rng) + DAC_MID);
    da3_tmp = (Uint16)((int)((DA(3) - da3.mid) * DAC_RNG / da3.rng) + DAC_MID);
    da4_tmp = (Uint16)((int)((DA(4) - da4.mid) * DAC_RNG / da4.rng) + DAC_MID);

    DAC_out(0, da1_tmp);
    DAC_out(1, da2_tmp);
    DAC_out(2, da3_tmp);
    DAC_out(3, da4_tmp);

    return;
}
```

그림 7.44. DAC 소스 코드

$\overline{LDAC}$의 low/high 신호에 따라 GPIO49 핀이 set/clear 되는 것을 define값으로 설정한다. 먼저, DAC_OUT 함수를 보면 SPI의 SPITXBUF에 데이터가 들어갈 때 1로 set되고, 이 데이터들이 SPIDAT로 모두 이동하면 0이 된다. 따라서 이전에 입력된 데이터의 전송이 끝나면 플래그의 값이 0이 되며 while문의 동작이 끝나고 다음 동작인 switch문으로 이동한다. 이 때 16bit의 데이터 중에서 address bit에 의해 결정된 채널값과 14bit의 데이터가 SPITXBUF에 저장된다.

인터럽트 플래그가 0인 동안에는 $\overline{LDAC}$가 high로 있다가 데이터가 마지막 비트까지 모두 전송되면 인터럽트 플래그가 1이 되면서 $\overline{LDAC}$는 low가 된다. SPIRXBUF를 temp에 쓰면서 인터럽트 플래그를 다시 clear시켜 $\overline{LDAC}$를 high로 만든다.

DAC 함수는 DSP 내부에서 연산할 때 사용하던 10진수의 데이터를 DAC8803 범위 내에서 14 bit로 변화시키는 부분으로 그림 7.45에 도식화 하였다. 즉 DA의 값이 ±da.rng인 2^{14} 개의 칸 중에서 몇 칸을 차지하고 있는지를 말한다. DA(1)~(4)는 사용하고자 하는 값, da1.mid~da4.mid는 DA를 출력하고자 하는 범위의 중간값, da1.rng~da4.rng는 DA를 출력하고자 하는 최대 출력의 절대값, DAC_MID는 DAC의 14 bit Resolution의 절반값으로 $\frac{2^{14}}{2}-1=8191$, DAC_RNG는 DAC의 14 bit Resolution의 최대 출력 값에서 중간값을 뺀 값으로 $2^{14}-\left(\frac{2^{14}}{2}-1\right)=8192$이다. 예를 들어 +5을 ±10의 범위에서 14bit로 표현한다면 DA = +5, da.mid = 0, da.rng = $|+10|=10$, DAC_RNG = 8192, DAC_MID = 8191가 된다. 따라서 최종 원하는 값은 $\frac{(+5-0)\times 8192}{10}+8191=12287$로 이진수로 나타내면 0xBFFF가 된다.

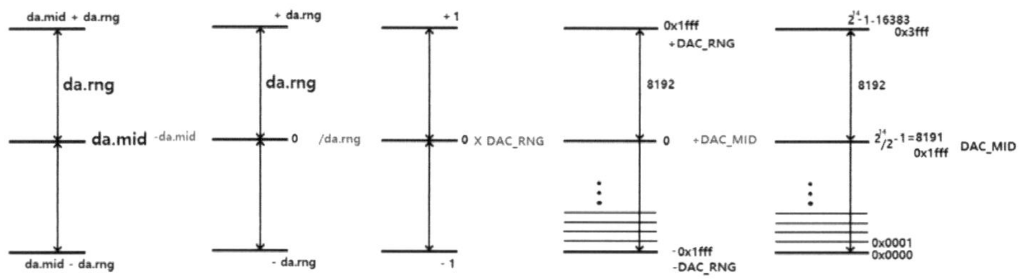

그림 7.45. DAC 출력

7.6.실습 연습문제

1) AD: AD7864의 채널을 software로 선택하기 위해 $\overline{H}/S\ SEL$에 Logic high 신호를 입력하였다. 아래 코드를 참고하여 AD7864의 1, 2, 4번 채널을 선택하기 위한 코드를 작성하고 실제 동작유무를 확인하시오. (AD7864의 $\overline{CS}$신호는 GPIO 40번 pin을 사용하도록 작성)

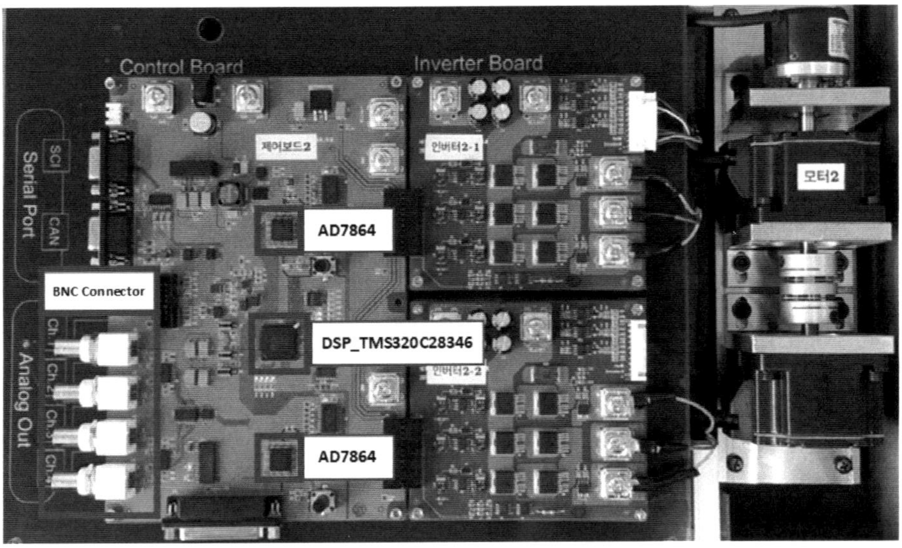

< 실습용 세트 구성 >

<참고 코드>

```
void Init_ADC(void)
{
    ADC1_CS_ON;
    DELAY_US(1);
    *ADC_WR_ADDR = 0xF; .
    ADC1_CS_OFF;
    ADC2_CS_ON;
    DELAY_US(1);
    *ADC_WR_ADDR = 0xF;
    ADC2_CS_OFF; // 0xF = 0000 1111

    return;
}

void ADC(void)
{
    // Conversion Start
    ADC1_CV_ON;
    ADC2_CV_ON;

    ADC1_CV_OFF;
    ADC2_CV_OFF;

    return;
```

```
}

void ADC_Read(void)
{
    // ADC1 Data Read
    ADC1_CS_ON;

    DELAY_US(0.05);

    ADC_CH1_CONV = (*ADC_RD_ADDR)-512;
    ADC_CH2_CONV = (*ADC_RD_ADDR)-512;
    ADC_CH3_CONV = (*ADC_RD_ADDR)-512;
    ADC_CH4_CONV = (*ADC_RD_ADDR);

    ADC1_CS_OFF;

    // ADC2 Data Read
    ADC2_CS_ON;

    DELAY_US(0.05);

    ADC_CH5_CONV = (*ADC_RD_ADDR)-512;
    ADC_CH6_CONV = (*ADC_RD_ADDR)-512;
    ADC_CH7_CONV = (*ADC_RD_ADDR)-512;
    ADC_CH8_CONV = (*ADC_RD_ADDR);

    ADC2_CS_OFF;

    return;
}
```

2) DA : 가상의 각도를 구현하고 DAC 동작 코드를 작성하여 작성한 가상의 각도파형을 오실로스코프를 이용하여 확인하여라. (단, 가상 각도는 최대 4096 까지 카운트되고 최댓값 도달 후 0으로 초기화)

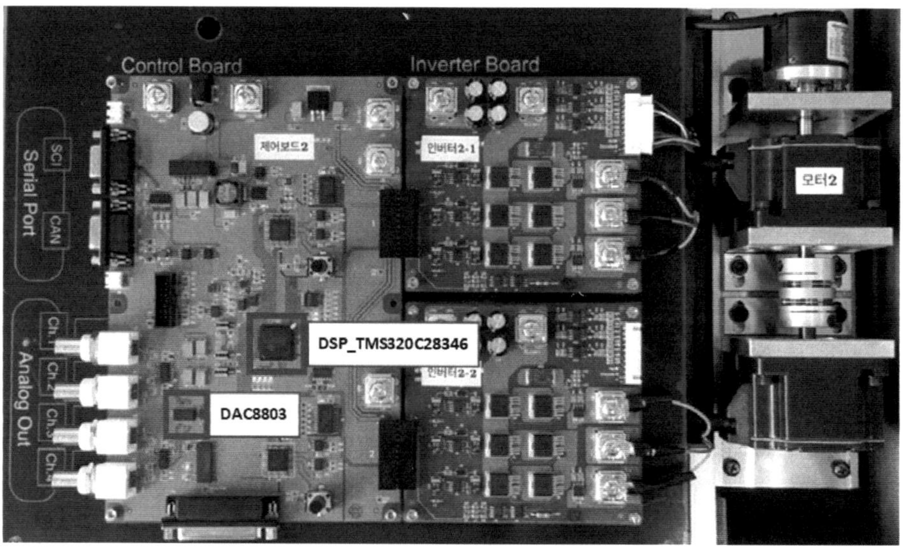

< 실습용 세트 구성 >

| 참조문헌 |

[1] AD7864 data sheet / CIRCUIT DESCRIPTION AD7864-1 / Page.13.

[2] AD7864 data sheet / GENERAL DESCRIPTION / Page.1.

[3] http://m.blog.naver.com/realneo7/130009876419

[4] AD7864 data sheet / GENERAL DESCRIPTION / Page.1.

[5] AD7864 data sheet / SELECTING A CONVERSION SEQUENCE / Page.15.

[6] AD7864 data sheet / ACCESSING THE OUTPUT DATA REGISTERS / Page.19.

[7] AD7864 data sheet / TIMING AND CONTROL / Page.16.

[8] AD7864 data sheet / AD7864 TO TMS320C5x INTERFACE / Page.24.

[9] AD7864 data sheet / CIRCUIT DESCRIPTION / Page.13~14.

[10] DAC, http://hyperphysics.phy-astr.gsu.edu/hbase/Electronic/dac.html

[11] DAC, http://physcience.tistory.com/entry/DACdigital-to-analog-converterADCanalog-to-digital-converter-da-converter-ad-converter

[12] wikipedia -R2-R ladder(resistor ladder), https://en.wikipedia.org/wiki/Resistor_ladder

[13] SBAS340C, "DAC8803", p.1.

[14] SBAS340C, "DAC8803", pp.16~21.

[15] SRUG73, "TMS320x2834x Delfino Serial Peripheral Interface(SPI) Reference Guide", pp.12~13.

[16] SRUG73, "TMS320x2834x Delfino Serial Peripheral Interface(SPI) Reference Guide", pp.16~17.

제 8장
SPI 직렬 통신

8.1. SPI 직렬 통신의 개요

8.1.1. SPI 직렬 통신 원리 및 특징

SPI(Serial Peripheral Interface)는 Motorola社에서 개발된 동기 직렬 통신 방법이다. SPI는 고속 통신이 가능하지만 통신 거리가 짧아 보드 내 칩(Chip)간 통신에 많이 사용된다. SPI 직렬 통신은 플립플롭(Flip Flop)을 직렬 연결한 시프트 레지스터(Shift Register)를 이용하여 통신이 이루어진다. 그림 8.1는 가장 기본적인 시프트 레지스터를 D플립플롭(Delay Flip Flop)을 이용하여 구성한 것이다.

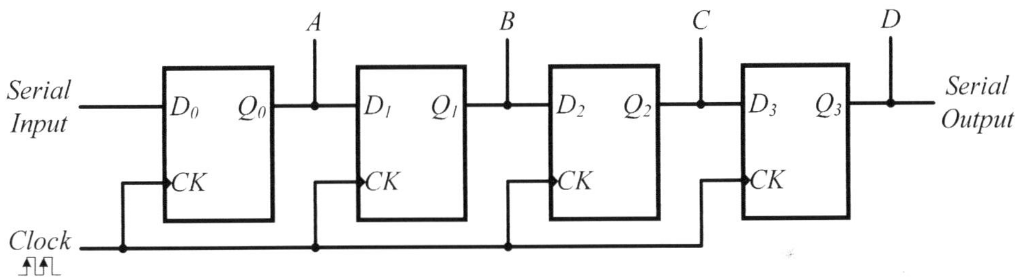

그림 8.1. 시프트 레지스터의 구조 및 동작

D플립플롭은 D핀(Pin)과 클락(Clock) 핀을 입력으로 받으며, Q핀을 출력으로 가진다. D핀에 0 또는 1의 값을 입력한 상태에서 클락 핀에 상승 에지(Rising Edge) 또는 하강 에지(Falling Edge)가 발생하면, Q핀의 출력은 에지가 발생한 순간의 D핀에 입력된 값(0 또는 1)으로 결정된다. 따라서, D플립플롭을 직렬 연결한 시프트 레지스터는 한 클락에 한 비트씩 이동하게 된다.

표 8.1은 이러한 시프트 레지스터의 동작을 나타낸 것이다. 초기 A, B, C, D의 값이 각각 1, 0, 1, 0이고 직렬 입력이 1인 상태에서 클락이 발생되면 기존의 직렬 출력 값인 D의 값은 사라지게 되며, A, B, C, D에 저장된 값은 이전 상태에서 한 비트씩 이동한 1, 1, 0, 1이 된다.

표 8.1. 시프트 레지스터 동작 예시

클락 펄스 (Clock)	직렬 입력 (Serial Input)	D플립플럽 상태(Parallel Output)				직렬 출력 (Serial Output)
		A	B	C	D	
초기 상태	1	1	0	1	0	0
1	0	1	1	0	1	1
2	0	0	1	1	0	0
3	1	0	0	1	1	1
4	0	1	0	0	1	1

SPI 직렬 통신은 이러한 시프트 레지스터 2개를 이용하여 통신이 이루어진다. 그림 8.2과 같이 각각의 시프트 레지스터의 직렬 출력을 다른 시프트 레지스터의 직렬 입력에 연결하면 폐 루프(Close Loop)를 형성하게 된다. 폐 루프가 형성된 상태에서 클락 신호가 시프트 레지스터에 입력되면, 프로세서1의 시프트 레지스터에 존재하던 값은 순차적으로 프로세서2의 시프트 레지스터로 이동하게 된다. 이와 동시에 프로세서2의 시프트 레지스터에 존재하던 값 역시 프로세서1의 시프트 레지스터로 이동하게 된다.

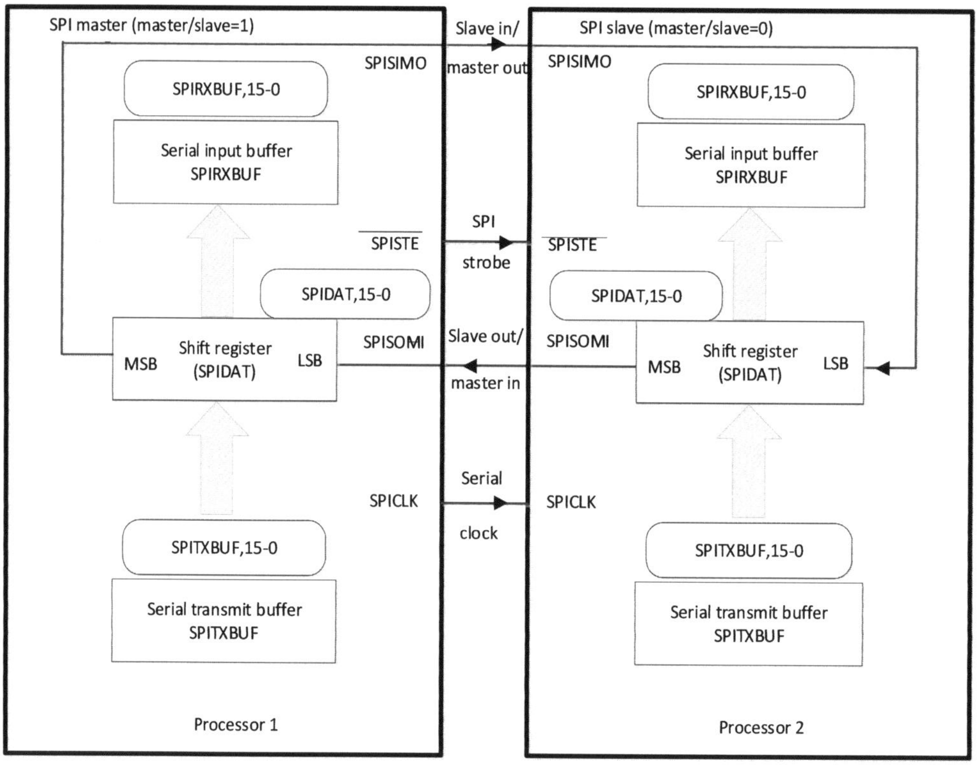

그림 8.2. SPI 직렬 통신 결선 및 모듈 구조

서로 다른 두 소자(Device)의 시프트 레지스터가 동시에 동작하기 위해서는 하나의 클락을 사용하여 두 소자를 동기 시켜서 사용하여야 한다.

따라서, 두 소자 중 하나의 소자가 SPI 통신을 위한 클락을 생성하는데 이를 마스터(Master)라 한다. 마스터는 SPI 통신 클락 생성 시점을 이용하여 통신 시작 시점을 결정한다. 반대로, 마스터가 발생한 SPI 통신 클락을 입력 받아 시프트 레지스터를 동작 시키는 소자를 슬레이브(Slave)라 한다. 슬레이브는 통신에 관한 제어권이 없으며, 마스터에 의하여 수동적으로 동작한다.

SPI 직렬 통신은 직렬 연결된 플립플롭의 개수에 따라 최대 통신 데이터 길이가 결정되며, 실제 전송되는 데이터 길이는 통신 클락의 개수에 따라 결정된다. 즉, 시프트 레지스터가 4비트이면, 발생한 클락 수에 따라 1~4비트 전송이 가능하다. 통신 속도의 경우 시프트 레지스터가 입력되는 데이터 신호와 통신 클락을 인식 할 수만 있으면 되므로, 수십[Mbps]와 같은 고속 통신이 가능하다.

SPI 통신을 이용하여 통신 버스(Bus)를 구성하면 그림 8.3과 같은 형태를 가진다. SPI 통신은 통신 클락에 의하여 통신이 진행되므로 통신 버스 내에 다수의 마스터를 둘 수 없다. 그래서, 다수의 마스터가 다수의 슬레이브와 통신하는 N:N 통신은 불가능하다. 가능한 구성은 하나의 마스터와 다수의 슬레이브가 통신하는 1:N 통신이다. N개의 슬레이브 중 수신 가능한 슬레이브를 결정하는 것은 소자 선택(Chip Select) 신호이다. 1:N의 통신 버스를 구성하기 위해서는 마스터가 N개의 소자 선택 신호를 지원해 주어야 한다. 또한, 통신 오류(Error)에 관한 정보 역시 존재하지 않으므로 통신 중 오류가 발생하더라도 확인 할 수 있는 방법이 없는 단점이 있다.

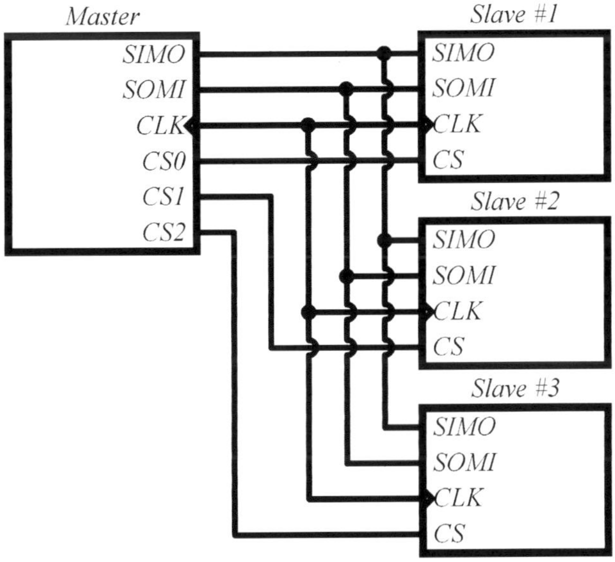

그림 8.3. 1:3 SPI Bus 구성 예

위의 SPI 직렬 통신의 장단점을 정리하면 다음과 같다.

- 장점
  - 송수신을 동시에 하는 전이중(Full Duplex) 통신이 가능하고, 통신 속도가 빠르다.
  - 전송되는 데이터 길이가 유연하다.
  - 별도의 트랜스시버(Transceiver)를 필요하지 않는 등 하드웨어 구성이 간단하다.
- 단점
  - 하나의 마스터에 의한 버스 구성만 가능하며, 소자 선택 신호가 필요로 한다.
  - 슬레이브가 통신을 제어 할 수 있는 수단이 존재하지 않는다.
  - 통신 오류를 확인 할 수 있는 방법이 존재하지 않는다.

8.2. SPI 모듈 동작

8.2.1. SPI 모듈 입출력

TMS320C28346는 SPI-A, SPI-D라고 명명된 두개의 SPI 모듈(Module)을 가지고 있으며, TMS320F28335는 SPI-A의 하나의 SPI 모듈을 가지고 있다. TMS320C28346/F28335의 SPI 모듈의 기능적인 차이는 없으며, 모듈 개수의 차이만 존재한다.

SPI 모듈은 그림 8.4와 같은 입출력 신호를 가진다. 통신을 위한 신호로는 1:1 전이중 통신을 위한 SPISIMO, SPISOMI, SPICLK, $\overline{\text{SPISTE}}$ 4가지 신호를 제공해 준다.

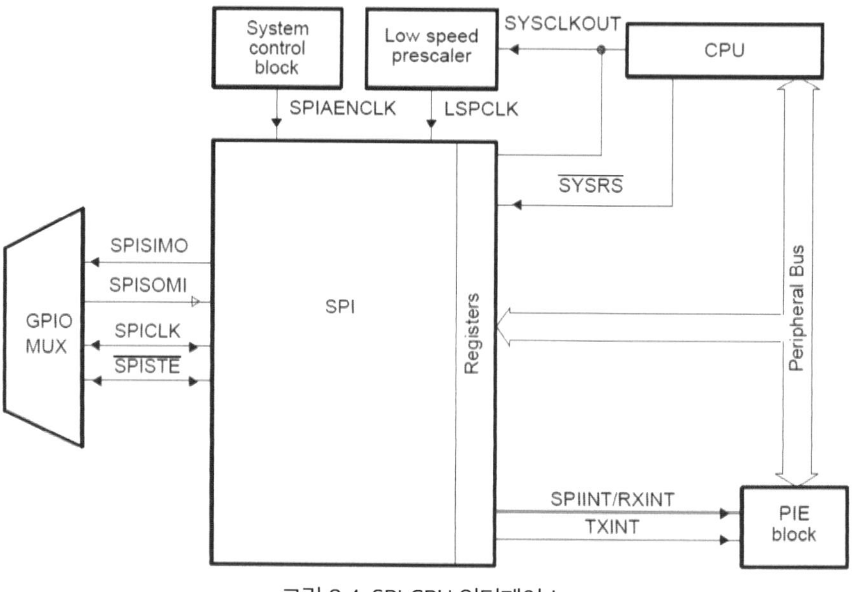

그림 8.4. SPI CPU 인터페이스

SPISIMO(SPI Slave Input Master Output)는 데이터 신호로, 마스터가 송신하여 슬레이브가 수신하는 데이터 신호이다. 모듈이 마스터로 설정된 경우, SPISIMO는 데이터 출력 신호에 해당한다. 반대로, 모듈이 슬레이브로 설정된 경우, 이 신호는 데이터 입력 신호가 된다.

SPISOMI(SPI Slave Output Master Input)는 반대로 슬레이브가 송신하여 마스터가 수신하는 데이터 신호로, 이 신호 역시 모듈이 마스터 또는 슬레이브로 설정됨에 따라, 데이터 입력 또는 데이터 출력 신호가 된다. 데이터 길이의 경우, 16비트 시프트 레지스터를 사용하여 최대 16비트 데이터 전송이 가능하다. 소프트웨어적으로 1비트에서 16비트까지 전송 데이터 길이를 설정할 수 있다. 추가적으로 송신과 수신 각각 16개의 버퍼(Buffer) 레지스터가 존재한다. 각 버퍼는 16비트로 구성되어 있으며, 송신 또는 수신 데이터를 저장하는 공간으로 사용된다.

SPICLK는 마스터와 슬레이브의 동기를 맞추기 위한 클락 신호로, 마스터에서 생성되어 슬레이브로 전달된다. 마스터로 동작 시, 통신 속도는 LSPCLK(Low Speed Clock)를 SPI 모듈 내부에서 분주하여 결정하며 125가지의 프로그램 가능한 보 레이트(Baud Rate)를 가진다. 통신 속도는 I/O 포트나 시스템 클락 속도에 의하여 결정되며, 최대로 설정할 수 있는 통신 속도는 25[Mbps]이다. 클락의 형태는 클락 시작점과 에지 방향을 조합하여 총 4종류의 클락 형태를 생성 할 수 있다. SPI 모듈을 사용 하지 않을 경우, SPIxENCLK를 이용하여 LSPCLK를 차단할 수 있다. 이는 불필요한 모듈의 전력 소모를 줄일 수 있다.

$\overline{\text{SPISTE}}$(SPI Strobe)는 소자 선택 신호로 마스터가 통신 시작 직전 0으로 클리어(Clear) 시킴으로써 특정 슬레이브의 SPI 통신을 활성화(Enable) 시킬 수 있다. $\overline{\text{SPISTE}}$ 신호는 모듈이 마스터로 동작하는 경우 소자 선택 신호를 생성하여 출력하는 출력 신호로 동작한다. 반대로 모듈이 슬레이브로 동작하는 경우 소자 선택 신호를 입력 받는 입력신호이다.

각 신호는 GPIOMUX(GPIO Multiplexing)를 이용하여 외부 핀과 연결 할 수 있다. SPI 직렬 통신을 위해서 4가지 신호를 모두 외부 핀과 연결 할 필요는 없으며, 사용자의 필요에 따라 일부 신호를 사용하지 않아도 무방하다. 예를 들어 데이터 송/수신 중 한가지 동작만 필요하다면 SPISIMO, SPISOMI 중 송신 또는 수신에 해당하는 신호만 외부 핀과 연결하여도 무방하다. 하지만, SPI 모듈을 마스터로 동작 할 경우, 정상적인 통신을 위하여 SPICLK 신호는 꼭 사용하여야 한다. 반대로, 슬레이브로 동작시킬 경우에는 SPICLK 신호와 $\overline{\text{SPISTE}}$ 신호는 꼭 사용하여야 정상적인 동작이 가능하다.

인터럽트(Interrupt)는 송신 인터럽트(SPITXINT) 라인(Line)과 수신 인터럽트(SPIRXINT) 라인 2종류가 존재한다. SYSCLKOUT은 SPI 모듈의 기본 동작을 위한 것으로 Peripheral Bus를 이용하여 SPI 모듈 내부의 레지스터에 접근할 수 있다.

8.2.2. SPI 모듈 기본 동작

그림 8.5는 SPI 모듈의 블록 다이어그램을 나타낸 것이다. SPI 모듈은 각 레지스터의 설정에 따라 동작이 달라지므로 이에 대하여 알아보도록 하자.

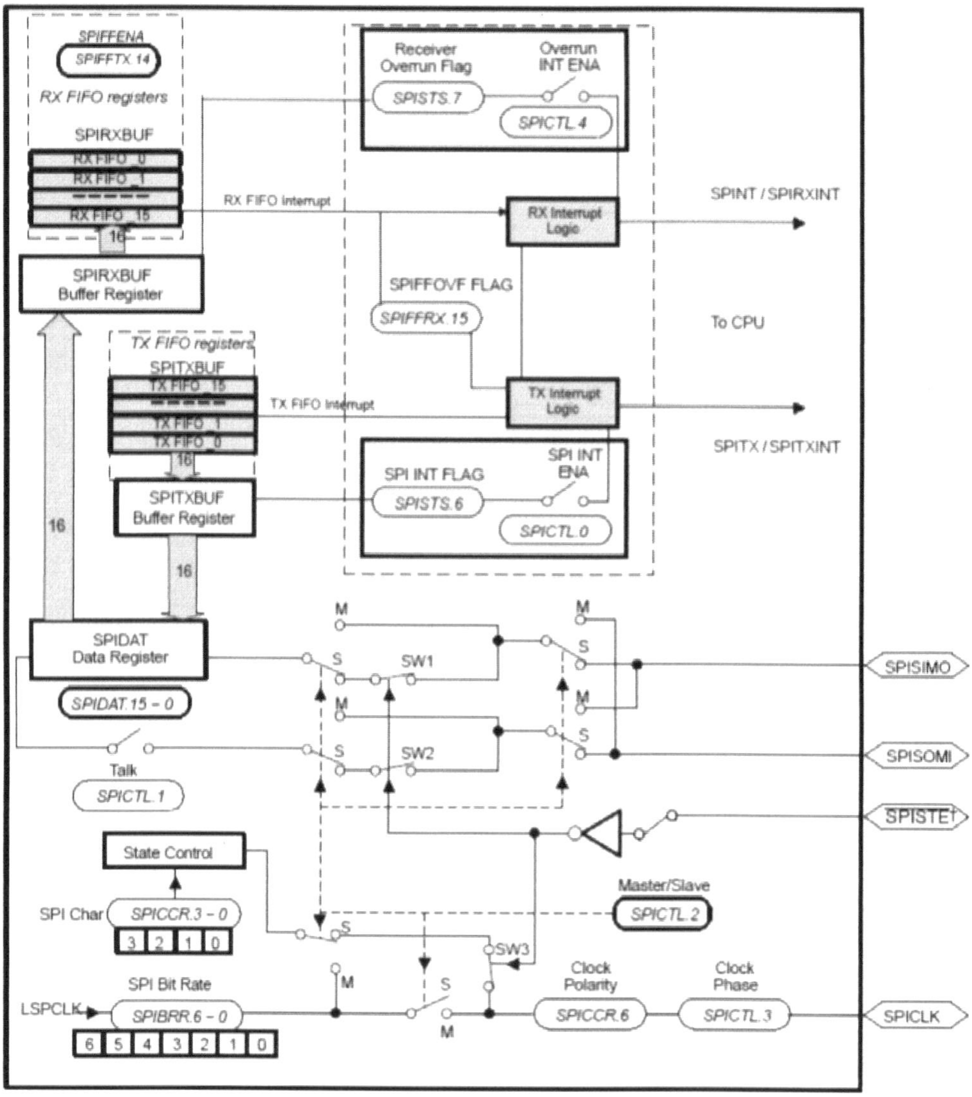

SPISTE of a slave device is driven low by the master.

그림 8.5. SPI 모듈 블록 다이어그램

1) 마스터/슬레이브 모드

SPI 모듈은 MASTER/SLAVE(SPICTL.2) 비트를 이용하여 모듈을 마스터 또는 슬레이브 모드로 설정할 수 있다. MASTER/SLAVE 비트를 변경하게 되면 내부 스위치 절환을 통하여 각 신호의 입출력이 변경된다.

MASTER/SLAVE 비트가 1이면 SPI 모듈은 마스터 모드로 동작한다. 마스터 모드에서는 SPISIMO, SPICLK, $\overline{\text{SPISTE}}$는 모두 자동적으로 출력 신호로 설정된다. SPISIMO는 모듈의 시프트 레지스터인 SPIDAT의 출력으로 송신 데이터가 출력된다. SPICLK로는 통신을 위한 클락이 SPI 모듈 내부에서 생성되어 출력된다. $\overline{\text{SPISTE}}$는 특정 슬레이브 소자를 활성화 시키기 위한 신호로, 데이터 송수신을 시작할 때 자동적으로 0의 값으로 변하며 데이터 송수신이 완료되면 자동적으로 1의 값을 가진다.

SPI 모듈이 마스터 모드로 동작하면 송수신 시작 시점을 결정할 수 있다. 송수신이 시작하는 시점은 내부 시프트 레지스터인 SPIDAT 레지스터 또는 송신 버퍼 레지스터인 SPITXBUF에서 송신할 데이터를 기록하는 순간이다. SPIDAT 또는 SPITXBUF에 데이터가 입력되면 SPICLK, $\overline{\text{SPISTE}}$ 신호가 발생하며, SPISIMO로 송신 데이터의 MSB(Most Significant Bit)부터 출력된다. 이와 동시에 LSB(Least Significant Bit)로는 슬레이브의 데이터가 수신되게 된다. 통신이 완료되면 SPIDAT 레지스터에 수신된 데이터는 수신 버퍼 레지스터인 SPIRXBUF에 저장된다. 그리고 SPITXBUF 레지스터에 미리 저장된 송신 데이터가 있다면 SPIDAT에 값을 가져와 다시 통신을 시작한다.

MASTER/SLAVE 비트가 0이면 SPI 모듈은 슬레이브 모드로 동작한다. 이 때에는 SPISOMI는 출력으로 설정되며, 나머지 신호는 입력으로 설정된다. 슬레이브 모드에서는 통신 시작 시점은 자의적으로 정할 수 없으며, $\overline{\text{SPISTE}}$ 신호 및 SPICLK 신호에 의하여 결정된다. 슬레이브 모드에서의 $\overline{\text{SPISTE}}$ 신호는 SPI 모듈을 활성화 시키는 소자 선택 신호로 사용된다. 1의 값이 입력된 상태에서는 SPI 모듈은 동작하지 않는다. 0의 값이 인가된 상태에서만 정상적인 통신이 가능한 상태이며 SPICLK에 적절한 클락 신호가 입력되면 통신이 시작된다. 따라서 송신할 데이터는 SPICLK에 클락 신호가 입력되기 전에 SPIDAT 또는 SPITXBUF에 저장해 두어야 한다. SPITXBUF 레지스터에 입력된 데이터는 SPIDAT 레지스터에 저장된 데이터가 없을 때 자동적으로 SPIDAT 레지스터로 이동하게 된다. SPIDAT 레지스터에 저장된 데이터는 SPICLK 입력 신호에 따라 SPISOMI로 출력되며, 이와 동시에 SPISIMO로 수신되는 데이터는 SPIDAT 레지스터에 저장된다. 슬레이브 모드에서도 통신이 완료되면 수신된 데이터는 SPIDAT 레지스터에서 SPIRXBUF로 이동하게 된다. 만약 SPITXBUF 레지스터에 미리 저장된 값이 있다면, SPIDAT 레지스터로 불러와 다음 클락 신호가 발생할 때까지 대기한다.

2) 데이터 길이

SPI 모듈은 내부에 16비트 시프트 레지스터를 가지고 있으며, SPI CHAR(SPICCR.3-0) 비트를 이용하여 최소 1비트에서 최대 16비트까지 통신 길이를 사용자가 설정할 수 있다. 통신 길이는 (SPI CHAR+1)로 설정되며, SPI CHAR이 0인 경우 최소 길이인 1비트, SPI CHAR이 15인 경우 최대 길이인 16비트가 된다. 다음 그림 8.6는 SPI CHAR 비트를 0으로 설정하여 1비트 전송일 때의 예를 나타내고 있다. SPIDAT 레지스터에 737Bh의 값을 입력한 상태에서 1비트 전송이 이루어 지면 MSB인 0의 값이 송신되고 이와 동시에 수신된 x값이 LSB에 저장된다. 1비트 통신이 완료되면 SPIRXBUF의 LSB 비트가 수신된 데이터이고 나머지 값은 송신 데이터 중 잔류한 값 임을 알 수 있다.

SPIDAT (before transmission)

0	1	1	1	0	0	1	1	0	1	1	1	1	0	1	1

SPIDAT (after transmission)

(TXed) 0 ←	1	1	1	0	0	1	1	0	1	1	1	1	0	1	1	x(1)	← (RXed)

SPIRXBUF (after transmission)

1	1	1	0	0	1	1	0	1	1	1	1	0	1	1	x(1)

그림 8.6. SPI 모듈 1비트 전송 예시

SPI CHAR 비트를 설정하면 부가적으로 송/수신 데이터의 유효 비트와 통신 완료 시점이 결정된다. 앞의 예에서 알 수 듯이 SPIDAT 및 SPITXBUF 레지스터의 송신 데이터의 유효 비트는 MSB부터 설정한 데이터 길이만큼 이다. 반대로 SPIRXBUF 레지스터의 수신 데이터는 LSB부터 설정한 데이터 길이만큼 유효하다.

3) 통신 속도

통신 속도를 결정하는 SPICLK 신호는 마스터/슬레이브 모드 동작에 따라 출력 또는 입력으로 자동적으로 정해진다. SPI 모듈이 마스터로 동작하면, SPICLK 신호는 출력으로 결정된다. 이때 발생하는 SPICLK 클락은 내부의 LSPCLK 클락을 분주하여 만들어진다. 분주 비는 보 레이트를 결정하는 레지스터인 SPIBRR에 의하여 결정된다. SPIBRR 레지스터는 0~127의 값을 가질 수 있으며, 값에 따른 동작은 다음과 같다.

- SPIBRR = 3 ~ 127 : $Baud\ \ Rate[baud] = f_{SPICLK}[Hz] = \dfrac{\mathrm{LSPCLK}}{\mathrm{SPIBRR}+1}$
- SPIBRR = 0 ~ 2 : $Baud\ \ Rate[baud] = f_{SPICLK}[Hz] = \dfrac{\mathrm{LSPCLK}}{4}$

보 레이트는 초당 송수신하는 신호의 수를 말한다. SPI 통신은 한 신호(클락)에 한 비트를 전송하므로 보 레이트, 통신 속도 그리고 클락 주파수는 모두 같은 값을 가지는 것을 볼 수 있다. 또한, LSPCLK 클락을 최소 4분주 됨을 볼 수 있다.

SPI 모듈이 슬레이브로 동작할 경우, 내부 보 레이트 결정은 무의미하며 외부에서 인가한 SPICLK 클락에 의해서 통신 속도가 결정된다. 하지만, 마스터 동작과 같이 LSPCLK 클락의 4분주한 속도를 초과해서는 안 된다. 즉, 슬레이브 모드에서 인가 가능한 최대 SPICLK 클락 주파수는 LSPCLK/4의 값이다.

4) 클락 형태

SPI 직렬 통신은 클락의 형태를 다음 4가지로 분류하고 있다.

- 상승 에지(Rising edge without delay)
- 지연된 상승 에지(Rising edge with delay)
- 하강 에지(Falling edge without delay)
- 지연된 하강 에지(Falling edge with delay)

SPI 모듈은 이를 지원하기 위하여 CLOCK POLARITY(SPICCR.6) 비트와 CLOCK PHASE(SPICTL.3) 비트를 제공한다. CLOCK POLARITY 비트는 SPICLK 출력 클락의 시작 에지를 결정한다. 0인 경우 상승 에지로 클락을 시작하며, 통신을 하지 않을 때에는 SPICLK 신호는 0으로 클리어 된다. 1인 경우에는 하강 에지로 클락을 시작하며, 통신 하지 않을 때에는 1의 값을 가지고 있다. CLOCK PHASE 비트는 SPICLK의 시작 시점을 결정한다. 0은 지연(Delay)이 존재하지 않음을 의미한다. 이 경우 클락의 첫 번째 에지에서 SPISIMO 또는 SPISOMI로 첫번째 비트를 출력한다. 1인 경우 지연이 존재함을 의미하며, 첫 번째 비트가 출력된 반주기 뒤에 첫번째 에지가 발생한다. 이를 조합하면 표 8.2과 같으며, 그림 8.7와 같은 4가지 형태의 클락이 된다.

표 8.2. 클락 형태에 따른 설정 값 및 송수신 시점

SPICLK 형태	CLOCK POLARITY (SPICCR.6)	CLOC PHASE (SPICTL.3)	송신 데이터 갱신	입력 데이터 수신
상승 에지	0	0	상승 에지	하강 에지
지연된 상승 에지	0	1	상승 에지 반주기 전 (하강 에지)	상승 에지
하강 에지	1	0	하강 에지	상승 에지
지연된 하강 에지	1	1	하강 에지 반주기 전 (상승 에지)	하강 에지

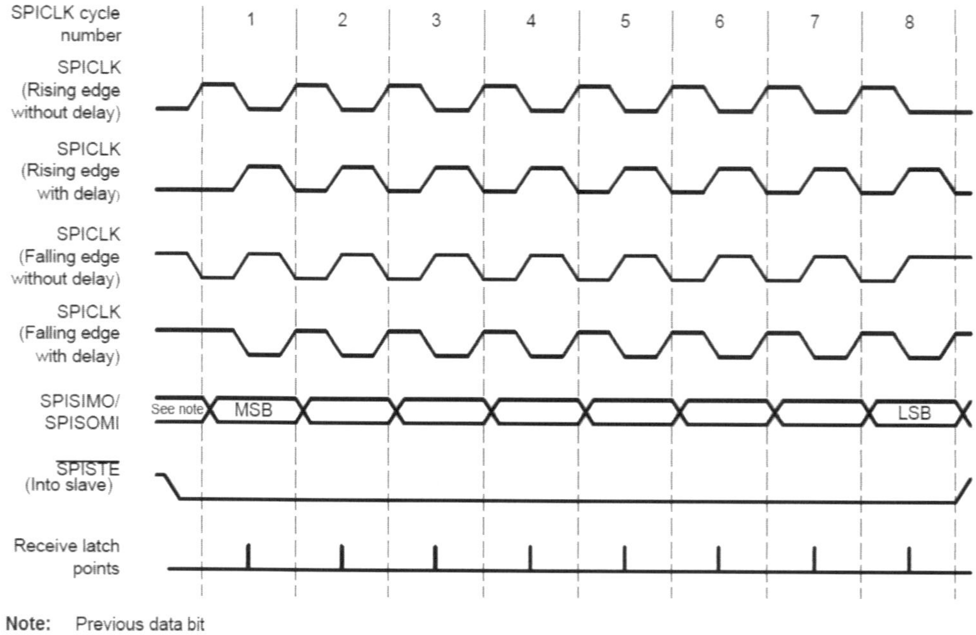

그림 8.7. 설정에 따른 SPICLK 신호 출력

SPI 모듈을 마스터 모드로 동작하여 클락을 발생시킬 때, SPIBRR 레지스터 역시 클락 듀티비(Duty Ratio)에 영향을 미친다. (SPIBRR+1)의 값이 짝수(Even Value)이면 듀티비는 50%를 유지한다. 하지만, 홀수(Odd Value)일 경우, 듀티비를 50% 유지 할 수 없다. CLOCK POLARITY가 0이면 SPICLK 출력이 0으로 유지하는 시간이 1로 유지하는 시간보다 LSPCLK 한 주기만큼 더 길다. 따라서 듀티비는 50%보다 작아진다. CLOCK POLARITY가 1이면 반대로 SPICLK 출력이 1로 유지하는 시간이 LSPCLK 한 주기만큼 더 길어지며 듀티비는 50%보다 커진다. 그림 8.8은 SPIBRR을 4로 설정하여 LSPCLK를 5분주한 경우이다. CLOCK POLARTITY를 1로 설정하여 SPICLK의 듀티비가 50% 이상인 것을 확인 할 수 있다. 각 SPI 통신 소자마다 SPICLK의 최소 0 유지시간과 1 유지시간이 존재하므로 (SPIBRR+1)의 값이 홀수 일 경우 이를 고려하여 통신 속도를 정해야 한다.

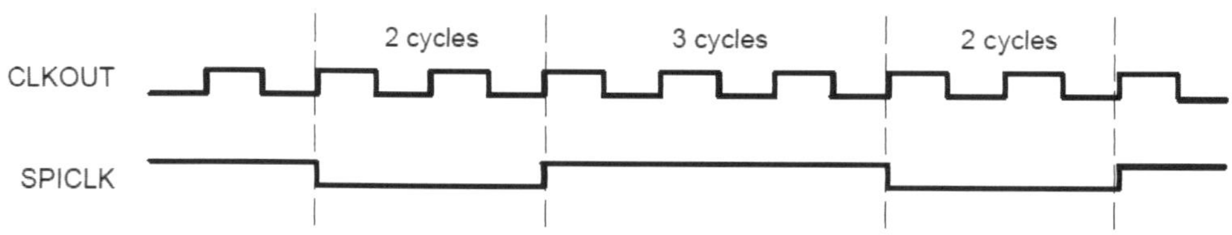

그림 8.8. (SPIBRR+1) = 5, CLOCK POLARITY = 1 일 때의 SPICLK 출력

8.2.3. SPI 모듈 FIFO

1) FIFO 기본 동작

FIFO(First In First Out) 모드는 연속적인 데이터 송수신을 가능하게 해주는 기능이다. FIFO라는 이름은 데이터 처리 방식에 기인하는데 FIFO 레지스터에 먼저 기록된 데이터(First In)가 먼저 처리(First Out)된다는 의미이다. FIFO 모드를 사용하면, SPI 모듈은 SPITXBUF/SPIRXBUF 외에 여분의 송수신 레지스터를 제공해준다. 사용자는 이 여분의 송신 레지스터에 미리 많은 양의 송신 데이터를 기록해 놓을 수 있으며, SPI 모듈은 한번의 SPI 직렬 통신이 완료되면 여분의 송신 레지스터에 기록된 데이터를 SPIDAT 레지스터로 가져와 데이터를 송신하게 된다. 여분의 수신 레지스터 역시 존재하므로, 여러 번의 SPI 직렬 통신이 이루어 지더라도 데이터 손실 없이 수신된 데이터를 저장 할 수 있다.

FIFO 모드에서 제공하는 여분의 송신 레지스터를 SPITXFIFO 레지스터라고 하며, SPITXFIFO 레지스터는 16비트 레지스터 16개(SPITXFIFO0 ~ SPITXFIFO15)로 구성되어 있다. 따라서, 최대 16비트 데이터를 최대 16번까지 연속적으로 보낼 수 있다. 여분의 수신 레지스터는 SPIRXFIFO 레지스터라고 하며, SPIRXFIFO 역시 16비트 레지스터 16개(SPIRXFIFO0 ~ SPIRXFIFO15)로 구성되어 있다.

FIFO 레지스터는 사용자가 직접적으로 접근 할 수 없으며, SPI 모듈에 의해서 관리된다. SPITXFIFO 레지스터에 데이터를 기록하기 위해서는 SPITXBUF에 송신 할 데이터를 기록하면 된다. FIFO 모드에서 SPITXBUF 레지스터에 각각의 송신 할 데이터를 순차적으로 기록하게 되면, SPITXBUF 레지스터에 기록된 데이터는 SPITXFIFO 레지스터에 입력된 순으로 저장된다. SPITXFIFO 레지스터에 저장된 데이터는 통신이 완료된 시점에 SPIDAT 레지스터로 이동하게 되어 다음 통신을 바로 시작할 수 있다. 각 통신 완료 시점에 SPIDAT 레지스터에 수신된 데이터 역시 순차적으로 SPIRXFIFO 레지스터에 저장된다. 사용자는 필요한 시점에 SPIRXBUF의 값을 읽어 들이면 SPIRXFIFO 레지스터에 저장된 데이터를 수신된 순서대로 가져 올 수 있다. SPI 모듈에서 FIFO 사용 여부를 결정하기 위해서 SPIFFENA(SPIFFTX.14) 비트를 설정하면 된다.

2) 지연 시간

FIFO 모드의 지연 시간은 통신 완료 시점과 SPITXFIFO 레지스터에서 SPIDAT 레지스터로 데이터 이동이 시작하는 시점 사이의 간격을 말한다. 지연 시간은 FFTXDLY(SPIFFCT.7-0) 비트를 이용하여 설정할 수 있다. FFTXDLY 비트는 0 ~ 255의 값을 가질 수 있으며, 이는 0 클락에서 255클락까지 지연 시간을 설정할 수 있음을 의미한다.

8.2.4. SPI 모듈 인터럽트

SPI 모듈은 그림 8.9과 같이 SPIRXINT 라인과 SPITXINT 라인, 두 개의 인터럽트 라인을 가지고 있다. 인터럽트의 소스(Source)는 FIFO 모드 사용 여부에 따라 달라진다. FIFO 모드에서는 TXFFINT, RXFFINT, RXFFOVFINT가 있다. FIFO 모드를 사용하지 않는 일반 SPI 모드에서는 SPI INT와 RXOVRNINT가 있다.

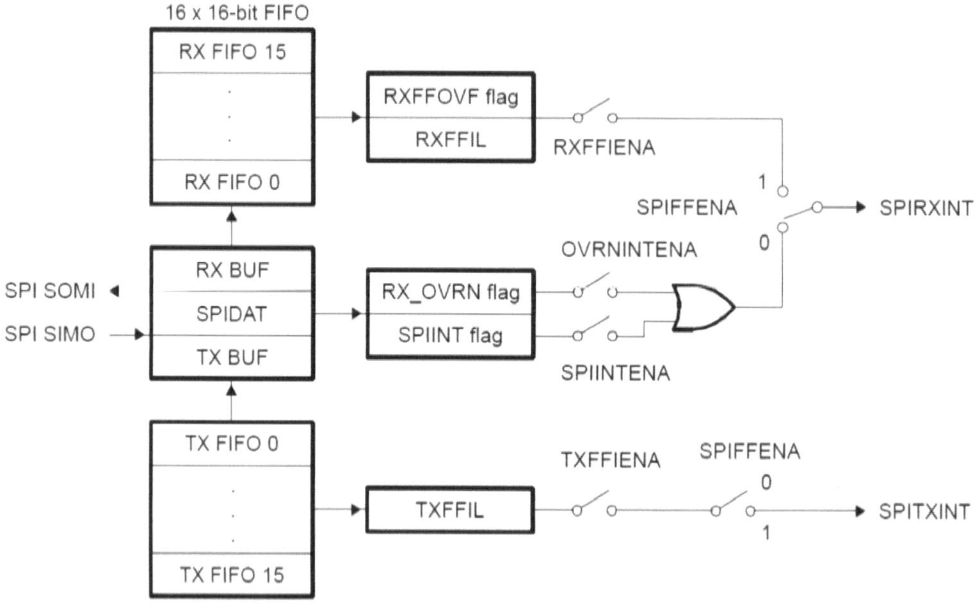

그림 8.9. SPI 인터럽트 및 활성화 구조

각 인터럽트는 인터럽트 발생 여부를 확인하기 위한 플래그 비트와 인터럽트 이벤트(Event) 발생 여부를 결정하기 위한 활성화 비트를 가지고 있다. 이를 정리하면 표 8.3와 같다. 각 플래그 비트는 각 인터럽트 소스 발생 상황이 되면 자동적으로 셋되며, 클리어는 코드를 통하여 CPU가 해주어야 한다. 이는 CPU가 인터럽트 발생을 인지하였음을 하드웨어로 알리기 위해서다. 인터럽트가 발생하였을 때, CPU가 이를 인식하기 위해서는 인터럽트 이벤트를 발생해 주어야 한다. 각 인터럽트는 활성화 비트를 가지고 있어, 여러 인터럽트 중 필요한 인터럽트만 인터럽트 이벤트로 발생할 수 있다. 발생한 인터럽트 이벤트는 2개의 인터럽트 라인 중 하나로 전달되며, 각 인터럽트 이벤트 별로 전달되는 인터럽트 라인은 하드웨어적으로 결정되어 있다.

표 8.3. SPI 인터럽트 모드

FIFO Mode	Interrupt Source	Interrupt Flags	Interrupt Enable	Interrupt Line
SPI without FIFO	Receive Overrun	RXOVRN FLAG	OVRNINTENA	SPIRXINT
	Data Receive	SPI INT FLAG	SPIINTENA	
	Transmit Buffer Full	TX BUF FULL FLAG	-	-
SPI with FIFO	RXFIFO Overflow	RXFIFIOVF	-	-
	RXFIFO	RXFFINT	RXFFIENA	SPIRXINT
	TXFIFO	TXFFINT	TXFFIENA	SPITXINT

1) SPI 모드 인터럽트

FIFO 모드를 사용하지 않는 일반적인 SPI 동작에서는 3개의 상태 플래그를 지원하며, 2개의 인터럽트 소스와 1개의 인터럽트 라인을 사용한다.

2) SPI 모드 인터럽트 소스 및 플래그

① Receive Overrun 인터럽트 소스 및 플래그

Receive Overrun 인터럽트 소스는 CPU가 SPIRXBUF 레지스터를 확인하지 않은 상황에서 또 한번의 SPI 통신이 완료되어 새로운 수신 데이터가 존재할 때 발생한다. 이 경우, 기존의 SPIRXBUF 레지스터에 저장된 값은 확인할 수 없으며, 새로이 수신된 데이터가 SPIRXBUF에 저장된다.

Receive Overrun이 발생하였는지를 나타내는 플래그 비트는 RXOVRN FLAG(SPIST.7 : RECEIVER OVERRUN FLAG) 이다. RXOVRN FLAG 비트가 1의 값을 가지면 SPIRXBUF 레지스터에 Receive Overrun에 의한 데이터 손실이 발생한 적이 있음을 의미한다. 0의 값을 가질 때에는 Receive Overrun이 발생하지 않았음을 의미한다.

Receive Overrun 인터럽트 소스를 이용하여 인터럽트 이벤트를 전달하기 위해서는 OVRNINTENA(SPICTL.4 : OVERRUN INT ENA) 활성화 비트를 설정해 주어야 한다. 활성화 비트를 0으로 설정하였을 경우, Receive Overrun 인터럽트 소스에 의해 RXOVRN FLAG 비트는 1로 셋 되지만 인터럽트 이벤트는 발생하지 않는다. 반대로, 활성화 비트를 1로 설정하면 Receive Overrun 인터럽트 소스에 의하여 RXOVRN FLAG 비트가 1로 셋되며, SPIRXINT 인터럽트 라인을 통해 인터럽트 이벤트가 발생한다.

SPIRXINT 인터럽트 라인의 인터럽트 이벤트가 발생하면, SPIRXINT 라인의 ISR(Interrupt Service Routine)으로 지정된 함수가 실행된다. SPIRXINT 라인의 ISR은 RXOVRNINT와 SPI INT 인터럽트 소스에 의하여 발생하므로, 각 플래그 비트를 확인함으로써 인터럽트 소스가 무엇인지 확인 후 각 인터럽트 소스에 맞는 코드를 실행해 주어야 한다.

RXOVRNINT 인터럽트에 맞는 처리가 완료되었다면 RXOVRN FLAG를 0으로 클리어 시켜 주어야 한다. RXOVRN FLAG의 클리어는 CPU가 RXOVRN FLAG에 1의 값을 기록해 주면 된다. RXOVRN FLAG를 클리어 시키지 않으면, Receive Overrun 상황이 발생하더라도 인터럽트는 발생하지 않아 적절한 시간에 적절한 조치를 취할 수 없다.

② Data Receive 인터럽트 소스 및 플래그

Data Receive 인터럽트 소스는 데이터의 송/수신이 완료되어 SPIRXBUF 레지스터에 수신된 값이 저장될 때 발생한다. SPI 직렬 통신은 송신 완료와 동시에 수신 완료가 이루어 지므로, 송신 인터럽트와 수신 인터럽트로 구분 없이 SPI INT 인터럽트로 표기한다. SPI 모듈은 수신 동작을 기준으로 인터럽트를 발생하며, 사용 용도에 따라 송신 인터럽트, 수시 인터럽트 또는 송수신 인터럽트로 사용하면 된다.

SPI INT FLAG(SPIST.6) 비트는 송/수신 완료가 발생하였는지를 나타내는 플래그 비트이다. 이 비트가 0일 경우, 송/수신된 데이터가 존재하지 않음을 뜻한다. 반대로 1이면 송/수신이 완료되어 SPIRXBUF에 저장된 데이터가 존재함을 의미한다.

Data Receive 인터럽트 소스에 의하여 인터럽트 이벤트를 발생하기 위해서는 SPI INT ENA(SPICTL.0)의 활성화 비트를 1로 셋 해주어야 한다. 이 비트가 1로 셋 된 경우, Data Receive 상황이 발생하면 SPI INT FLAG를 1로 만듦과 동시에 SPIRXINT 인터럽트 라인으로 인터럽트 이벤트를 발생시킨다. 0으로 설정하면 SPI INT FLAG만 셋되며, 인터럽트 이벤트는 발생하지 않는다.

앞에서 설명한 봐와 동일하게 SPIRXINT 인터럽트 라인으로는 인터럽트 이벤트를 발생하는 인터럽트는 RXOVRNINT와 SPI INT가 있다. 따라서, SPIRXINT 인터럽트 이벤트가 발생하면 어느 인터럽트에 의하여 발생하였는지 확인하여야 한다. SPI INT 인터럽트는 SPI INT FLAG 비트를 이용하여 확인 할 수 있다.

SPI INT FLAG 비트를 0으로 클리어 하기 위해서는 SPIRXBUF 레지스터에 저장된 값을 CPU가 읽어 들이면 된다. SPI INT FLAG 비트를 클리어 시키지 않으면, 새로운 데이터가 수신되지 않더라도 SPI INT 인터럽트에 의한 SPIRXINT 인터럽트 이벤트가 발생한다. 따라서, SPI INT FLAG 비트를 클리어 시키지 않으면 정상적인 동작이 불가능 하므로 반드시 클리어 시켜 주어야 한다.

③ Transmit Buffer Full 플래그

송신 버퍼에 기존에 기록한 데이터가 남아있는 지 확인하기 위한 비트로 TX BUF FULL FLAG(SPIST.5) 비트를 제공한다. 이 플래그 비트는 별도의 인터럽트를 발생시키지는 않으며, CPU가 플래그 비트를 직접 확인하여야 한다.

TX BUF FULL FLAG 비트는 CPU가 SPITXBUF 레지스터에 송신 데이터를 기록 할 때 1로 셋 된다. 이 비트가 1의 값을 가지면, SPITXBUF와 SPIDAT 레지스터가 모두 송신을 위한 데이터를 가지고 있다는 뜻으로, 더 이상의 송신을 위한 데이터를 기록할 수 없다.

TX BUF FULL FLAG 비트는 SPITXBUF 레지스터에서 SPIDAT 레지스터로 데이터가 이동할 때 0으로 클리어 된다. 이 때에는 SPITXBUF 레지스터 새로운 데이터를 저장할 공간이 있음을 의미한다. 따라서, 송신 데이터를 기록 할 경우, 이전 데이터를 보존하고 싶다면 이 비트를 확인해야 한다.

3) SPI 모드 인터럽트 라인

① SPIRXINT 인터럽트 라인

SPI 모드에서 사용 가능한 인터럽트 라인은 SPIRXINT만 존재한다. SPIRXINT 라인을 이용하여 발생할 수 있는 인터럽트는 Receive Overrun 인터럽트와 Data Receiver 인터럽트가 있다. OVRNINTENA 활성화 비트와 SPI INT ENA 활성화 비트를 동시에 1로 설정한 경우, SPIRXINT 인터럽트 이벤트가 발생에 따라 각 플래그를 확인하여야 한다. 플래그를 확인하는 순서는 RXOVRN FLAG 비트를 먼저 확인하고, SPI INT FLAG 비트를 확인하는 것이 적절하다. 왜냐하면, RXOVRNINT 인터럽트는 인터럽트 이벤트를 단 한번만 발생하는 반면 SPI INT 인터럽트는 계속해서 이벤트를 발생시켜 주기 때문이다.

4) FIFO 모드 인터럽트

FIFO 모드를 사용 할 경우, 3가지의 상태 플래그와 2가지 인터럽트 소스를 제공한다. 인터럽트 라인으로는 송신과 수신을 위한 인터럽트를 각각 제공한다.

① TXFFINT 인터럽트 소스 및 플래그

TXFIFO는 TXFFST(SPIFFTX.12-8) 비트와 TXFFIL(SPIFFTX.4-0) 비트의 값에 의해 인터럽트 발생 시점이 결정된다. TXFFST 비트는 0 ~ 16의 값을 가질 수 있으며, 현재 SPITXFIFO 레지스터에 저장된 데이터의 수를 나타낸다. TXFFIL은 송신 인터럽트 발생 시점(Transmit FIFO Interrupt Level)을 결정하기 위한 값으로 0 ~ 16의 값을 가질 수 있다.

TXFFINT 인터럽트는 TXFFST 비트의 값이 TXFFIL 비트의 값보다 작거나 같을 경우 발생한다. 즉, SPITXFIFO 레지스터에 일정 이상의 여유 공간이 있을 때 발생한다. 예를 들어 TXFFIL 비트를 2로 설정하면, TXFFST 비트의 값이 2이하인 경우 인터럽트가 발생한다. 따라서, 최소 14개의 데이터를 기록할 여유공간이 있을 때에만 인터럽트가 발생한다.

TXFFINT 인터럽트가 발생하였는지 여부는 TXFFINT(SPIFFTX.7) 비트를 통하여 확인할 수 있다. TXFFINT 비트가 0의 값을 가지면 인터럽트가 발생하지 않았음을 의미하며, 1의 값을 가지면 인터럽트가 발생하였음을 의미한다. 이때 TXFFIENA(SPIFFTX.5) 비트에 따라 인터럽트 이벤트가 발생시킬 수 있다. TXFFIENA 비트가 1인 경우, SPITXINT 라인을 통하여 인터럽트 이벤트가 전달된다. 반대로 0인 경우, TXFFINT 비트 상태만 변하며 인터럽트 이벤트는 발생하지 않는다.

TXFFINT 비트를 클리어하기 위해서는 TXFFINT CLR(SPIFFTX.6) 비트를 이용하여야 한다. TXFFINT 비트는 읽기 전용 비트로 값을 0으로 설정하여도 소용이 없다. 대신 TXFFINT CLR의 값을 1로 설정하면 TXFFINT 비트를 클리어 할 수 있다. 특히 인터럽트 이벤트를 사용할 경우에는 다음 인터럽트 이벤트 발생을 위하여 TXFFINT CLR 비트를 이용하여 TXFFINT 비트를 0으로 클리어 시켜 줘야 한다.

② RXFFINT 인터럽트 소스 및 플래그

RXFIFO는 RXFFST(SPIFFRX.12-8) 비트와 RXFFIL(SPIFFTX.4-0) 비트의 값에 의해 인터럽트 발생 시점이 결정된다. RXFFST 비트는 0 ~ 16의 값을 가질 수 있으며, 현재 SPIRXFIFO 레지스터에 저장된 데이터의 수를 나타낸다. RXFFIL은 송신 인터럽트 발생 시점(Receive FIFO Interrupt Level)을 결정하기 위한 값으로 0 ~ 16의 값을 가질 수 있다. RXFFINT 인터럽트는 RXFFST 비트의 값이 RXFFIL 비트의 값보다 크거나 같을 경우 발생한다. 예를 들어 RXFFIL 비트를 2로 설정하면, RXFFST 비트의 값이 2이상인 경우 인터럽트가 발생한다.

RXFFINT 인터럽트가 발생하였는지 여부는 RXFFINT(SPIFFRX.7) 비트를 통하여 확인할 수 있다. RXFFINT 비트가 0의 값을 가지면 인터럽트가 발생하지 않았음을 의미하며, 1의 값을 가지면 인터럽트가 발생하였음을 의미한다. 인터럽트 이벤트를 발생 시키기 위해서는 RXFFIENA(SPIFFRX.5)를 1로 설정하여야 한다. RXFFIENA 비트가 1이면 RXFFINT 인터럽트가 발생하였을 때, SPIRXINT 라인을 통하여 인터럽트 이벤트가 발생한다. 0인 경우 플래그 비트인 RXFFINT 비트만 1로 표시되며 인터럽트 이벤트는 발생하지 않는다.

RXFFINT 비트를 클리어하기 위해서는 RXFFINT CLR(SPIFFRX.6)을 이용하여야 한다. RXFFINT 비트는 읽기 전용 비트로 값을 임의로 변경 할 수 없다. RXFFINT 비트를 0으로 만들기 위해서는 RXFFINT CLR 비트를 1로 설정하면 된다. 특히 SPIRXINT 라인을 통하여 인터럽트 이벤트를 사용할 경우 다음 인터럽트 이벤트 발생을 위하여 RXFFINT CLR 비트를 이용하여 RXFFINT 비트를 클리어 해 주어야 한다.

③ Receive FIFO Overflow 플래그

Receive FIFO Overflow는 RXFIFO에 17개 이상의 데이터가 입력되어 데이터 손실이 발생하였을 때를 의미한다. 데이터의 손실이 발생하면 RXFFOVF(SPIFFRX.15) 비트가 1이 된다. Receive FIFO Overflow는 CPU에 인터럽트 이벤트를 발생시키지 않으며, 플래그 비트인 RXFFOVF의 상태만 변하게 된다. 손실이 발생하는 데이터의 경우 먼저 수신된 데이터이다. 예를 들어 수신된 데이터의 확인 없이 18번의 통신이 이루어 졌다면 RXFIFO에 저장된 데이터는 최근 16번의 수신 데이터이다. 첫번째와 두번째로 이루어진 통신의 수신 데이터는 확인 할 수 없다.

RXFFOVF 비트는 읽기 전용 비트로 이 플래그 비트를 클리어 시키기 위해서는 RXFFOVF CLR(SPIFFRX.13) 비트를 이용하여야 한다. RXFFOVF CLR 비트를 1로 설정할 경우 RXFFOVF 비트는 0의 값으로 클리어 된다.

5) FIFO 모드 인터럽트 라인

① SPIRXINT 인터럽트 라인

FIFO 모드에서 SPIRXINT 인터럽트 라인은 RXFIFO 인터럽트 이벤트에 의해서만 발생한다. RXFIFO 인터럽트는 SPIRXFIFO 레지스터의 공간이 설정된 값 이상으로 사용하였을 경우 발생하므로 SPIRXFIFO 레지스터의 데이터를 읽어오는 ISR을 작성하면 된다. 또한, 다음 인터럽트 발생을 위하여 RXFIFO 비트를 클리어 시켜야 한다.

② SPITXINT 인터럽트 라인

FIFO 모드에서 SPITXINT 인터럽트 라인은 TXFIFO 인터럽트 이벤트에 의해서만 발생한다. TXFIFO 인터럽트는 통신이 이루어져 SPITXFIFO 레지스터의 공간이 설정된 값 이상으로 남을 경우 발생한다. SPITXFIFO 레지스터에 송신할 데이터를 입력하는 ISR을 작성하며, 다음 인터럽트 발생을 위하여 TXFIFO 비트는 클리어 시켜야 한다.

8.2.5. SPI 모듈의 레지스터 및 기능 설명

1) SPICCR 레지스터

그림 8.10은 SPICCR 레지스터를 보여준다.

7	6	5	4	3	2	1	0
SPI SW Reset	CLOCK POLARITY	Reserved	SPILBK	SPI CHAR3	SPI CHAR2	SPI CHAR1	SPI CHAR0
R/W-0	R/W-0	R-0	R-0	R/W-0	R/W-0	R/W-0	R/W-0

LEGEND: R/W = Read/Write; R = Read only; -*n* = value after reset

그림 8.10. SPICCR(SPI Configuration Control Register) 레지스터

SPICCR.7의 SPI SW RESET(SPI Software Reset) 비트는 SPI 모듈의 동작 플래그(Flag)를 초기화 시킨다. 0으로 클리어 시켰을 경우, RECEIVER OVERRUN FLAG(SPISTS.7), SPI INT FLAG(SPISTS.6), TXBUF FULL FLAG(SPISTS.5)가 0으로 초기화된다. 또한, SPI 모듈을 비활성화(Disable)시켜 통신이 더 이상 이루어지지 않게 한다. SPI 모듈의 설정(Configuration)할 경우, 반드시 이 비트를 0으로 클리어 해 주어야 한다. 1로 셋(Set) 시켰을 경우, 송/수신이 이루어 지도록 SPI 모듈을 다시 활성화시켜 준다.

SPICCR.6의 CLOCK POLARITY(Shift Clock Polarity) 비트는 SPICLK에 첫 번째로 출력되는 에지의 극성(Polarity)을 결정한다. 0으로 클리어 되면, 상승 에지로 클락이 시작한다. 데이터를 전송하지 않는 아이들(Idle) 상황에서는 SPICLK가 0의 상태를 유지한다. 반대로 1로 셋되면, 하강 에지로 클락이 시작하며 아이들 상황에서는 SPICLK가 1의 상태를 유지한다.

SPICCR.4는 SPILBK(SPI Loopback) 비트로, SPI 모듈의 송수신 상태를 자가 테스트(Self Test)하기 위해 사용된다. 0인 경우, 일반적인 SPI 직렬 통신이 가능한 상태로 모듈을 동작시킨다. 1인 경우, 자가 테스트 모드로, SPISOMI 신호와 SPISIMO 신호를 내부적으로 연결시켜준다. 그 결과 SPI 모듈이 송신한 데이터를 자기 스스로 수신하게 된다. 자가 테스트는 데이터를 SPI 모듈이 스스로 송신하여야 하므로, 마스터로 모듈을 설정한 경우에만 사용할 수 있다.

SPICCR.3-0은 SPICHAR(SPI Character Length Control) 비트로, 한번 통신이 이루어질 때 전송되는 데이터의 길이를 결정한다. 전송되는 데이터의 길이는 SPICHAR+1비트로 결정된다. 가능한 길이는 최소 1비트(SPICHAR = 0)에서 최대 16비트(SPICHAR = 15)이다.

2) SPICTL 레지스터

그림 8.11은 SPICTL 레지스터를 보여준다.

7	6	5	4	3	2	1	0
Reserved			OVERRUN INT ENA	CLOCK PHASE	MASTER/ SLAVE	TALK	SPI INT ENA
R-0			R/W-0	R/W-0	R/W-0	R/W-0	R/W-0

LEGEND: R/W = Read/Write; R = Read only; -*n* = value after reset

그림 8.11. SPICTL(SPI Operation Control Register) 레지스터

SPICTL.4의 OVERRUN INT ENA(Overrun Interrupt Enable) 비트는 SPIRXBUF 레지스터에 데이터가 남아 있는 상황에서 새로운 데이터가 수신되어 SPIRXBUF에 덮어써지는 Overrun 상황이 발생하였을 때, 인터럽트를 발생 할지를 결정한다. 0으로 클리어 시킨 경우, Overrun 상황에서 RECEIVER OVERRUN FLAG(SPISTS.7) 비트만 하드웨어적으로 1로 셋되며, 인터럽트는 발생하지 않는다. 1로 셋 시킨 경우, RECEIVER OVERRUN FLAG(SPISTS.7) 비트가 1로 셋됨과 동시에 SPIRXINT 인터럽트가 발생한다.

SPICTL.3의 CLOCK PHASE(SPI Clock Phase Select) 비트는 SPICLK 출력의 반주기 지연을 결정한다. 0으로 클리어 시킨 경우, SPICLK에 일반적인 클락이 출력되며, SPISOMI/SPISIMO에 데이터가 입/출력 됨과 동시에 상승 또는 하강 에지가 발생한다. 1로 셋 시킨 경우, SPICLK에 반주기 지연된 클락이 출력된다. SPISOMI/SPISIMO에 데이터가 입/출력된 후 반주기 뒤에 SPICLK에 첫번째 에지가 발생한다. 두 경우 모두 에지의 극성은 CLOCK POLARITY(SPICCR.6) 비트에 의하여 결정된다.

SPICTL.2는 MASTER/SLAVE(SPI Network Mode Control) 비트로 SPI 모듈이 마스터로 동작할 것인지 슬레이브로 동작할 것인지를 결정한다. 0인 경우, SPI 모듈은 슬레이브로 동작되며 외부로 연결된 SPISOMI 핀은 출력으로 설정된다. SPISIMO, SPICLK, /SPISTR 핀은 모두 입력으로 설정되어 외부에서 신호를 인가하여야 한다. 1인 경우, SPI 모듈은 마스터로 동작하며 SPISOMI 핀은 입력으로 설정된다. SPISIMO, SPICLK, /SPISTR 핀은 출력으로 설정된다.

SPICTL.1은 TALK(Transmit Enable) 비트로 SPI 모듈이 데이터를 송신할 것인지를 결정한다. SPI 모듈을 전이중 통신 방식으로 사용하지 않을 때 사용된다. 0인 경우, 데이터 송신을 위한 데이터 출력을 발생시키지 않는다. SPI 모듈이 마스터로 동작하고 SPISIMO핀이 GPIO로 설정되지 않은 경우, SPISIMO핀은 High-Impedance 상태가 된다. SPI 모듈이 슬레이브로 동작하고 SPISOMI핀이 GPIO로 설정되지 않은 경우, SPISOMI핀은 High-Impedance 상태가 된다. 만약, 데이터 송신이 이루어지는 도중에 TALK 비트가 0으로 설정된 경우, 송신

중인 데이터까지는 정상적으로 송신이 완료된다. 1인 경우, 데이터 송신을 위한 데이터 출력이 발생하며, 4가지 신호를 이용하여 전이중 통신이 가능한 상태가 된다.

SPICTL.0은 SPI INT ENA(SPI Interrupt Enable) 비트로 SPI 모듈이 송/수신을 완료하여 SPIRXBUF레지스터에 값을 저장하여 인터럽트를 발생할지를 결정한다. 0인 경우, SPI 모듈이 송/수신을 완료하여 데이터를 SPIRXBUF로 옮기게 되면 SPI INT FLAG(SPISTS.6) 비트만 1로 만들고 인터럽트는 발생하지 않는다. 1인 경우, SPI 모듈이 송/수신을 완료하여 SPIRXBUF 레지스터 데이터를 저장 할 때 SPI INT FLAG(SPISTS.6) 비트를 1로 만듦과 동시에 SPIRXINT 인터럽트를 발생한다. 인터럽트가 발생하면 통신이 완료되어 SPIRXBUF에 수신된 데이터가 존재함을 의미하므로 이를 처리해 주어야 한다.

3) SPIST 레지스터

그림 8.12는 SPIST 레지스터를 보여준다.

7	6	5	4 – 0
RECEIVER OVERRUN FLAG(1)(2)	SPI INT FLAG(1)(2)	TX BUF FULL FLAG(2)	Reserved
R/C-0	R/C-0	R/C-0	R-0

LEGEND: R/W = Read/Write; R = Read only; -*n* = value after reset

(1) The RECEIVER OVERRUN FLAG bit and the SPI INT FLAG bit share the same interrupt vector.
(2) Writing a 0 to bits 5, 6, and 7 has no effect.

그림 8.12. SPIST(SPI Status Register) 레지스터

SPISTS.7의 RECEIVER OVERRUN FLAG(SPI Receiver Overrun Flag) 비트는 SPIRXBUF에 값이 덮어쓰기가 발생하였음을 나타낸다. 이 비트를 읽어서 확인하였을 때, 0의 값을 가지면 덮어쓰기가 발생하지 않았음을 의미한다. 반대로 1의 값을 가지면 SPIRXBUF에 덮어쓰기가 이루어져 소실된 데이터가 존재함을 의미한다. RECEIVER OVERRUN FLAG 비트에 값을 쓰는 것 역시 가능하다. 하지만, 0의 값은 대입하여도 아무런 효과가 없다. 1의 값을 대입하였을 때에는 자기자신(RECEIVER OVERRUN FLAG 비트)을 0으로 클리어 시킨다. 만약, RECEIVER OVERRUN 상황에서 인터럽트를 발생하도록 하였다면, ISR(Interrupt Service Routine)에서 반드시 RECEIVER OVERRUN FLAG(SPISTS.7)에 1의 값을 대입하여 플래그 비트를 0으로 클리어 시켜 주어야 한다. 0으로 클리어 시켜 주지 않을 경우, RECEIVER OVERRUN FLAG(SPISTS.7) 비트는 1의 값을 유지하며, 0으로 클리어 되기 전까지 더 이상 RECEIVER OVERRUN에 의한 인터럽트가 발생하지 않는다.

SPISTS.6의 SPI INT FLAG(SPI Interrupt Flag) 비트는 SPI 직렬 통신에 의하여 송/수

신이 완료되어 SPIRXBUF 레지스터에 수신된 데이터가 저장 되었음을 의미한다. 이 비트는 쓰기는 불가능하며, 오직 읽기만 가능하다. SPI INT FLAG(SPISTS.6) 비트를 읽었을 때, 0이면 SPIRXBUF 레지스터에 수신된 데이터가 없음을 의미한다. 반대로 1인 경우, SPIRXBUF에 수신된 데이터가 존재함을 의미한다. SPIRXBUF 레지스터의 값을 읽어오면, 이 비트는 자동적으로 0으로 클리어 된다.

SPISTS.5의 TX BUF FULL FLAG(SPI Transmit Buffer Full Flag) 비트는 SPITXBUF 레지스터의 상태를 나타낸다. 쓰기는 불가능하며, 읽기만 가능하다. 0으로 클리어 되어 있는 경우에는 SPITXBUF 레지스터에 데이터가 없다는 뜻으로, SPITXBUF 레지스터에 새로운 데이터를 입력하여 전송 할 수 있다. 1로 셋 되어 있는 경우, SPITXBUF 레지스터에 전송할 데이터가 남아 있다는 뜻으로 새로운 데이터를 입력하면 이전의 데이터가 소실된다. SPITXBUF 레지스터에서 시프트 레지스터(SPIDAT)로 데이터가 이동하면, 이 비트는 자동적으로 0으로 클리어 된다.

4) SPIBRR 레지스터

그림 8.13은 SPIBRR 레지스터를 보여준다. SPIBRR.6-0은 SPI BIT RATE(SPI Bit or Baud Rate Control) 비트로 SPI 모듈을 마스터로 동작 할 때, SPICLK 클락 속도 및 보 레이트를 결정한다. 보 레이트는 초당 몇 번의 신호를 발생하는 지를 나타내는 단위이다. SPI 직렬 통신은 한 클락에 한 비트의 정보를 송/수신하므로, 보 레이트, SPICLK 클락 주파수 및 통신 속도는 같은 값을 가진다. SPIBRR은 0(0b000 0000) ~ 127(0b111 1111)의 값을 가질 수 있으며, 0 ~ 2의 값을 가지면 LSPCLK/4로 SPICLK가 결정된다. 3이상의 값을 가질 경우, SPICLK는 LSPCLK/(SPIBRR+1)의 값으로 결정된다. LSPCLK의 최대 허용 주파수는 100[MHz]이므로, SPICLK는 최대 25[MHz]까지 설정 할 수 있다.

7	6	5	4	3	2	1	0
Reserved	SPI BIT RATE 6	SPI BIT RATE 5	SPI BIT RATE 4	SPI BIT RATE 3	SPI BIT RATE 2	SPI BIT RATE 1	SPI BIT RATE 0
R-0	RW-0	RW-0	RW-0	RW-0	RW-0	RW-0	RW-0

LEGEND: R/W = Read/Write; R = Read only; -n = value after reset

그림 8.13. SPIBRR(SPI Baud Rate Register) 레지스터

슬레이브로 동작 할 경우, SPIBRR 레지스터는 사용되지 않으며 통신 속도는 외부에서 SPICLK 핀에 인가한 클락의 주파수에 의하여 결정된다. 단, 인가된 주파수는 LSPCLK의 4분주된 속도인 LSPCLK/4의 속도를 초과해서는 안 된다.

5) SPIEMU 레지스터

그림 8.14의 SPIEMU 레지스터는 SPI 모듈의 수신 데이터인 SPIRXBUF 레지스터와 동일한 값을 가지는 레지스터로 읽기만 가능하다. 시프트 레지스터인 SPIDAT 레지스터에서 송/수신이 완료되면, 수신된 데이터는 SPIEMU 레지스터와 SPIRXBUF 레지스터로 이동하게 된다. 하지만, SPI INT FLAG(SPISTS.6)의 동작에서 차이점을 보인다. SPIRXBUF 레지스터의 값을 읽을 경우에는 SPI INT FLAG(SPISTS.6) 비트가 0으로 초기화된다. SPIEMU 레지스터의 경우 값을 읽어도 SPI INT FLAG(SPISTS.6) 비트는 상태를 유지한다.

15	14	13	12	11	10	9	8
ERXB15	ERXB14	ERXB13	ERXB12	ERXB11	ERXB10	ERXB9	ERXB8
R-0	R-0	R-0	R-0	R-0	R-0	R-0	R-0

7	6	5	4	3	2	1	0
ERXB7	ERXB6	ERXB5	ERXB4	ERXB3	ERXB2	ERXB1	ERXB0
R-0	R-0	R-0	R-0	R-0	R-0	R-0	R-0

LEGEND: R/W = Read/Write; R = Read only; -*n* = value after reset

그림 8.14. SPIRXEMU(SPI Emulation Buffer Register) 레지스터

SPIEMU 레지스터는 개발 단계의 IDE(Integrated Development Environment : 통합개발환경)에서 수신된 데이터를 확인하기 위한 용도로 사용된다. IDE의 경우 실시간으로 각 레지스터의 값을 사용자에게 제공하는 기능을 포함하는데, 수신된 데이터를 확인하기 위하여 IDE가 SPIRXBUF 레지스터를 읽을 경우 SPI INT FLAG(SPISTS.6) 비트가 클리어 되어 문제가 발생할 수 있다. 따라서, IDE에서 SPI 모듈의 수신 데이터를 확인하고자 한다면, SPIEMU 레지스터를 이용하는 것이 바람직하다.

6) SPIRXBUF 레지스터

그림 8.15의 SPIRXBUF 레지스터는 SPI 모듈의 수신 데이터를 저장하는 레지스터이다. 통신이 한번 완료되면 시프트 레지스터인 SPIDAT 레지스터에서 수신된 데이터가 SPIRXBUF 레지스터로 이동되며, 이와 동시에 SPI INT FLAG(SPISTS.6) 비트가 1로 셋 된다. SPIRXBUF에 저장된 데이터를 읽으면 SPI INT FLAG(SPISTS.6) 비트가 0으로 클리어 된다. 전송된 길이가 16비트보다 짧을 경우, 하위 비트에 유효한 값이 저장된다. 예를 들어 3비트만 전송하였을 경우, 유효한 데이터는 SPIRXBUF.2-0에 저장된다.

15	14	13	12	11	10	9	8
RXB15	RXB14	RXB13	RXB12	RXB11	RXB10	RXB9	RXB8
R-0	R-0	R-0	R-0	R-0	R-0	R-0	R-0

7	6	5	4	3	2	1	0
RXB7	RXB6	RXB5	RXB4	RXB3	RXB2	RXB1	RXB0
R-0	R-0	R-0	R-0	R-0	R-0	R-0	R-0

LEGEND: R/W = Read/Write; R = Read only; -*n* = value after reset

그림 8.15. SPIRXBUF(SPI Serial Receive Buffer Register) 레지스터

7) SPITXBUF 레지스터

그림 8.16의 SPITXBUF 레지스터는 다음에 송신할 데이터를 저장하는 레지스터이다. SPITXBUF 레지스터에 전송할 데이터를 저장하면, TX BUF FULL FLAG(SPISTS.5) 비트는 1로 셋 된다. 현재 진행 중인 송/수신이 완료되면 자동적으로 SPITXBUF 레지스터에 저장된 데이터가 SPIDAT 레지스터로 이동하며, TX BUF FULL FLAG(SPISTS.5) 비트는 0으로 클리어 된다. 만약, SPITXBUF 레지스터 데이터를 저장하였을 때 전송 중인 데이터가 없다면, SPITXBUF 레지스터의 데이터가 SPIDAT 레지스터로 즉시 이동되며 TX BUF FULL FLAG(SPISTS.5) 비트는 0의 상태를 유지한다. 전송할 데이터의 길이가 16비트보다 짧다면, 상위 비트부터 유효하다. 즉, 3비트를 보낼 경우 전송할 데이터는 SPITXBUF.15-13에 저장되어야 한다.

15	14	13	12	11	10	9	8
TXB15	TXB14	TXB13	TXB12	TXB11	TXB10	TXB9	TXB8
R-0	R-0	R-0	R-0	R-0	R-0	R-0	R-0

7	6	5	4	3	2	1	0
TXB7	TXB6	TXB5	TXB4	TXB3	TXB2	TXB1	TXB0
R-0	R-0	R-0	R-0	R-0	R-0	R-0	R-0

LEGEND: R/W = Read/Write; R = Read only; -*n* = value after reset

그림 8.16. SPITXBUF(SPI Serial Transmit Buffer Register) 레지스터

8) SPIDAT 레지스터

그림 8.17의 SPIDAT 레지스터는 시프트 레지스터로, 현재 진행 중인 통신의 전송할 데이터를 공급함과 동시에 수신된 데이터를 통신이 끝날 때까지 소유하고 있는다. 마스터 모드일 경우, 사용자나 SPITXBUF 레지스터에 의하여 전송할 데이터가 저장되면 SPI 통신을 위한 일련의 과정이 시작된다. 전송할 데이터의 길이가 16비트보다 짧다면 전송될 데이터는 상위비트, 수신된 데이터는 하위비트부터 유효하다.

15	14	13	12	11	10	9	8
SDAT15	SDAT14	SDAT13	SDAT12	SDAT11	SDAT10	SDAT9	SDAT8
R-0	R-0	R-0	R-0	R-0	R-0	R-0	R-0

7	6	5	4	3	2	1	0
SDAT7	SDAT6	SDAT5	SDAT4	SDAT3	SDAT2	SDAT1	SDAT0
R-0	R-0	R-0	R-0	R-0	R-0	R-0	R-0

LEGEND: R/W = Read/Write; R = Read only; -*n* = value after reset

그림 8.17. SPIDAT(SPI Serial Data Register) 레지스터

9) SPIFFTX 레지스터

그림 8.18은 SPIFFTX 레지스터를 보여준다.

15	14	13	12	11	10	9	8
SPIRST	SPIFFENA	TXFIFO	TXFFST4	TXFFST3	TXFFST2	TXFFST1	TXFFST0
R/W-1	R/W–0	R/W-1	R–0	R–0	R–0	R–0	R–0

7	6	5	4	3	2	1	0
TXFFINT Flag	TXFFINT CLR	TXFFIENA	TXFFIL4	TXFFIL3	TXFFIL2	TXFFIL1	TXFFIL0
R/W-0	W–0	R/W-0	R/W-0	R/W-0	R/W-0	R/W-0	R/W-0

LEGEND: R/W = Read/Write; R = Read only; -*n* = value after reset

그림 8.18. SPIFFTX(SPI FIFO Transmit Register) 레지스터

SPIFFTX.15는 SPIRST(SPI Reset) 비트로서 0으로 설정하면 SPI 송/수신 채널을 초기화하고, 1로 설정하면 SPI 송/수신을 재개한다. 이 비트를 0으로 설정해도 SPI FIFO 설정 레지스터들은 초기화 되지 않는다.

SPIFFTX.14는 SPIFFENA(SPI FIFO Enhancements Enable) 비트로 SPI 모듈의 RX/TX FIFO의 사용 여부를 결정한다. 0으로 설정할 경우 FIFO 레지스터를 사용하지 않으며, 한 번에 최대 16비트의 데이터만 송/수신 할 수 있다. 그리고, 1로 설정할 경우 FIFO 레지스터를 사용하여 한 번에 최대 16×16 비트의 데이터를 전송 할 수 있다.

SPIFFTX.13은 TXFIFO Reset(Transmit FIFO Reset) 비트로 TX FIFO를 초기화 시키는 역할을 한다. 0으로 만들면, 기존에 TX FIFO를 초기화하여 기존에 저장되어 있던 정보를 사용하지 않도록 한다. TXFIFO Reset(SPIFFTX.13) 비트를 1로 만들면 TX FIFO가 정상 동작을 하여 데이터를 전송한다.

SPIFFTX.12-8은 TXFFST(Transmit FIFO Status) 비트로 현재 TX FIFO에 저장된 데이터의 양을 나타낸다. TXFFST 비트가 가질 수 있는 값은 0(0b0 0000) ~ 16(0b1 0000)이다. 0은 TX FIFO 레지스터에 저장된 데이터가 없다는 뜻이며, SPIFFTX.12-8의 값이 1 ~ 16일 경우 각각 1[word] ~ 16[word]의 데이터가 저장되어 있다는 뜻이다.

SPIFFTX.7의 TXFFINT(TXFIFO Interrupt) 플래그 비트는 TXFIFO 인터럽트가 발생한 경우가 있는지의 정보를 나타낸다. 읽기만 가능한 비트로, 0인 경우 TXFIFO 인터럽트가 발생한 적이 없다는 뜻이다. 1인 경우에는 TXFIFO 인터럽트가 발생한 적이 있다는 뜻이며, TXFIFO 인터럽트는 TX FIFO에 저장된 데이터의 수를 나타내는 TXFFST(SPIFFTX.12-8)의 값이 사용자가 설정한 특정 값 TXFFIL(SPIFFTX.4-0)보다 작거나 같을 때 발생한다.

SPIFFTX.6의 TXFFINT CLR(TXFIFO Interrupt Clear) 비트는 TXFFINT(SPIFFTX.7) 플래그 비트를 0으로 클리어 시킨다. 이 비트를 읽었을 경우에는 항상 0의 값을 가지며, 아무런 의미가 없다. TXFFINT CLR 비트를 0의 값으로 설정하였을 경우에는 아무런 동작을 하지 않으며, 1의 값으로 설정하였을 경우에는 TXFFINT(SPIFFTX.7) 플래그 비트를 0으로 클리어 시킨다.

SPIFFTX.5의 TXFFIENA(TXFIFO Interrupt Enable) 비트는 현재 TXFIFO에 저장된 값의 수 TXFFST(SPIFFTX.12-8)가 설정한 특정 값 TXFFIL(SPIFFTX.4-0)보다 작거나 같은 경우에 TXFIFO 인터럽트를 발생할 것인지를 결정한다. 이 비트가 0이면, TXFFINT(SPIFFTX.7) 플래그 비트만 1로 셋 되고 TXFIFO 인터럽트는 발생하지 않는다. 반대로 1이면, TXFFINT(SPIFFTX.7) 플래그 비트가 1로 셋 됨과 동시에 SPITXINT 인터럽트 라인으로 인터럽트 이벤트가 발생한다.

SPIFFIL.4-0의 TXFFIL(Transmit FIFO Interrupt Level) 비트로 TXFIFO 인터럽트가 발생할 조건을 설정한다. SPIFFST(SPIFFTX.12-8)의 값이 SPIFFIL 보다 작거나 같으면 TXFIFO 인터럽트가 발생한다.

10) SPIFFRX 레지스터

그림 8.19는 SPIFFRX 레지스터를 보여준다.

15	14	13	12	11	10	9	8
RXFFOVF Flag	RXFFOVF CLR	RXFIFO Reset	RXFFST4	RXFFST3	RXFFST2	RXFFST1	RXFFST0
R-0	W-0	R/W-1	R-0	R-0	R-0	R-0	R-0

7	6	5	4	3	2	1	0
RXFFINT Flag	RXFFINT CLR	RXFFIENA	RXFFIL4	RXFFIL3	RXFFIL2	RXFFIL1	RXFFIL0
R-0	W-0	R/W-0	R/W-1	R/W-1	R/W-1	R/W-1	R/W-1

LEGEND: R/W = Read/Write; R = Read only; -*n* = value after reset

그림 8.19. SPIFFRX(SPI FIFO Receive Register) 레지스터

SPIFFRX.15는 RXFFOVF(Receive FIFO Overflow) 플래그 비트로 RXFIFO에 덮어쓰기로 인한 데이터 손실이 발생하였는지 나타낸다. 읽기 전용으로 0인 경우, 데이터 손실이 발

생하지 않았다는 것을 나타내며 1인 경우, 17개 이상의 데이터가 입력되어 덮어쓰기로 인한 데이터 손실이 발생하였다는 뜻이다.

SPIFFRX.14는 RXFFOVF CLR(Receive FIFO Overflow Clear) 비트로 RXFFOVF (SPIFFRX.15)를 0으로 클리어 할 것인지 결정한다. 이 비트의 값은 항상 0의 값으로 읽어지며, 의미는 없다. 0의 값을 이 비트에 썼을 경우에도 아무런 동작을 하지 않는다. 이 비트에 1의 값을 썼을 경우 RXFFOVF(SPIFFRX.15)를 0으로 클리어 시킨다.

SPIFFRX.13은 RXFIFO Reset(Receive FIFO Reset) 비트로 RXFIFO 레지스터를 초기화 한다. 0인 경우, RXFIFO에 수신을 통하여 저장된 데이터를 삭제한다. 1인 경우, 정상적인 RXFIFO를 통한 수신동작이 가능하도록 한다.

SPIFFRX.12-8은 RXFFST(Receive FIFO Status) 비트로 RXFIFO에 저장된 데이터 량을 나타낸다. 읽기만 가능한 비트로 0(0b0 0000) ~ 16(0b1 0000)의 값을 가질 수 있다. 0인 경우, RXFIFO에 저장된 데이터가 없음을 의미한다. 1 ~ 16은 각각 1 [word] ~ 16 [word]의 데이터가 저장되어 있음을 뜻한다.

SPIFFRX.7의 RXFFINT(Receive FIFO Interrupt) 플래그 비트는 RXFIFO 인터럽트가 발생 여부를 나타낸다. 읽기 전용으로 쓰기는 불가능 하다. RXFIFO 인터럽트는 수신된 데이터의 량 RXFFST(SPIFFRX.12-8)의 값이 사용자 설정 값 RXFFIL(SPIFFRX.4-0)의 값보다 크거나 같으면 발생한다. 이 비트가 0의 값을 가지면, RXFIFO 인터럽트가 발생하지 않았음을 의미한다. 반대로 1의 값을 가질 경우, RXFIFO 인터럽트가 발생하였음을 의미한다.

SPIFFRX.6의 RXFFINT CLR(Receive FIFO Interrupt Clear) 비트는 RXFFINT (SPIFFRX.7) 플래그 비트를 클리어 시킨다. 쓰기 전용 비트로, 이 비트를 읽었을 경우 0의 값을 가지며 의미는 없다. 0의 값으로 설정하면 아무런 동작을 하지 않으며, 1의 값을 설정하면 RXFFINT(SPIFFRX.7) 플래그 비트가 0으로 클리어 된다.

SPIFFRX.5의 RXFFIENA(Receive FIFO Interrupt Enable) 비트는 RXFFST (SPIFFRX.12-8)의 값이 사용자가 설정한 RXFFIL(SPIFFRX.4-0)의 값보다 크거나 같은 상황에서 인터럽트가 발생한 것인지 결정한다. 0인 경우, RXFFINT 플래그 비트를 1로 셋 시키고 인터럽트 신호는 발생하지 않는다. 1인 경우, RXFFINT 플래그 비트를 1로 셋 시킴과 동시에 SPIRXINT 라인으로 인터럽트를 발생한다.

SPIFFRX.4-0의 RXFFIL(Receive FIFO Interrupt Level) 비트는 RXFIFO 인터럽트의 발생 시기를 결정한다. RXFFST(SPIFFRX.12-8)의 값이 RXFFIL의 값보다 크거나 같은 경우 RXFIFO 인터럽트가 발생한다.

11) SPIFFCT 레지스터

그림 8.20은 SPIFFCT 레지스터를 보여준다. SPIFFCT.7-0의 FFRXDLY(FIFO Transmit Delay) 비트는 FIFO 모드에서 데이터 전송 사이의 지연(Delay) 정도를 결정한다. 가질 수 있는 값은 0 ~ 255의 값으로, 0인 경우 시프트 레지스터의 데이터가 전송이 끝남과 동시에 TXFIFO에 저장된 데이터가 시프트 레지스터에 전송됨을 의미한다. 1 ~ 255의 경우, 시프트 레지스터에서 데이터 전송이 끝난 뒤 1 ~ 255 [SPICLK]이 지난 뒤 TXFIFO의 데이터가 시프트 레지스터로 이동한다.

15–8
Reserved
R-0

7	6	5	4	3	2	1	0
FFTXDLY7	FFTXDLY6	FFTXDLY5	FFTXDLY4	FFTXDLY3	FFTXDLY2	FFTXDLY1	FFTXDLY0
R/W-0	R/W-0	R/W-0	R/W-0	R/W-0	R/W-0	R/W-0	R/W-0

LEGEND: R/W = Read/Write; R = Read only; -*n* = value after reset

그림 8.20. SPIFFCT(SPI FIFO Control Register) 레지스터

12) SPIPRI 레지스터

그림 8.21은 SPIPRI 레지스터를 보여준다.

7–6	5	4	3–0
Reserved	suspend	Susfree	Reserved

그림 8.21. SPIPRI 레지스터

SPIPRI.5-4의 SPI SUSP SOFT/FREE(SPI Emulation Suspend)는 IDE에서 디버깅(Debugging)을 위하여 중단점(Break Point)을 설정하여 코드 실행 도중 MCU를 정지시켰을 때, SPI 모듈의 동작을 설정하기 위하여 사용한다. 0(0b00)인 경우 Hard Stop으로 MCU가 정지한 순간 SPI 모듈 역시 동작을 정지한다. 데이터를 전송 중이더라도 정지하며, MCU가 다시 동작 하였을 때 나머지 데이터를 전송한다. 2(0b10)의 경우, Soft Stop으로 MCU가 정지하더라도 TXFIFO, SPITXBUF, SPIDAT 레지스터에 저장된 데이터는 모두 전송한 후 SPI 모듈을 정지시킨다. MCU가 동작을 다시 하였을 경우 TXFIFO, SPITXBUF, SPIDAT 레지스터는 모두 비어있다. 1(0b01) 또는 3(0b11)은 Free Run으로 MCU의 정지와 상관없이 정상적인 동작을 계속한다.

8.3. SPI 모듈 예제

8.3.1. 초기화 예제

그림 8.22 SPI 통신 설정을 위한 코드이다. SPI 모듈을 설정하기 위해서는 SPI SW RESET 비트를 이용하여 SPI 모듈을 정지시킨 상태여야한다. 기본적으로 설정해야 할 부분은 모듈의 마스터/슬레이브 동작, 통신 길이, 통신 속도, 클락 형태이다. 설정 예시에서는 SPI 모듈은 마스터로 설정하였으며, 통신 길이는 16비트이다. LSPCLK가 75[MHz]로 설정되어 있으면 SPICLK의 속도는 9.375[MHz]이며, 클락 형태는 표 8.2의 "상승 에지"에 해당한다. 송신을 위해서는 TALK 비트 역시 설정해 주어야 한다. 추가적으로 인터럽트, FIFO 사용 여부 등을 설정 할 수 있다.

```
void Init_SPI(void)
{
  SpiaRegs.SPICCR.bit.SPISWRESET = 0;          // SPI Flag Reset and Configuration
  Mode.

  SpiaRegs.SPICTL.bit.MASTER_SLAVE = 1;        // Master Mode Operation.

  SpiaRegs.SPICCR.bit.SPICHAR = 15;            // 16 Data Length.

  SpiaRegs.SPIBRR = 7;                         // SPICLK = LSPCLK / 8.

  SpiaRegs.SPICCR.bit.CLKPOLARITY = 0;         // Rising Edge without Delay Clock
  Shape.
  SpiaRegs.SPICTL.bit.CLK_PHASE = 0;

  SpiaRegs.SPICTL.bit.TALK = 1;                // Transmit Enable.

  SpiaRegs.SPICCR.bit.SPISWRESET = 1;          // SPI Communication Resume.
}
```

그림 8.22. SPI 초기화 예제

8.3.2. 송신 예제

그림 8.23 SPI 통신을 이용하여 데이터를 송신 할 때의 코드이다. 잘못된 접근으로 인하여 데이터 손실이 발생하는 것을 방지하기 위해서는 SPIDAT 레지스터보다는 SPITXBUF 레지스터를 이용하여 송신 데이터를 기록하는 것이 적절하다. 예제에서는 TX BUF FULL FLAG 비트를 확인하여 SPITXBUF 레지스터에 송신 데이터가 없을 때 새로운 데이터 입력한다.

```
Uint16 newdata;                            // Variable for New Tx Data.

if (SpiaRegs.SPISTS.bit.BUFFULL_FLAG)      // Check SPITXBUF Register is in Empty Status.
    SpiaRegs.SPITXBUF = newdata;           // Write Tx Data to SPITXBUF Register.
```

그림 8.23. SPI 송신 예제

8.3.3. 수신 예제

그림 8.24은 인터럽트를 이용하지 않을 때의 SPI 통신의 수신 예이다. 수신된 데이터가 있을 경우, SPI INT FLAG 비트가 1의 값을 가진다. 따라서 필요한 시점에 SPI INT FLAG를 확인하면 수신된 데이터의 존재를 확인 할 수 있다. 수신된 데이터는 SPIRXBUF 레지스터에 저장되므로 이를 미리 준비된 변수에 저장하여 확인 할 수 있다. SPIRXBUF 레지스터를 읽으면 SPI INT FLAG는 자동적으로 0으로 클리어 된다.

```
Uint16 newdata;                            // Variable for New Rx Data.

if (SpiaRegs.SPISTS.bit.INT_FLAG)          // Check SPIRXBUF contains the New Rx
Data.
    Newdata = SpiaRegs.SPIRXBUF;           // Read Rx Data from SPITXBUF Register.
```

그림 8.24. SPI 수신 예제

8.4. 실습 연습문제

다음의 조건에 따라 코드를 작성하고, Imaginary_theta라는 데이터를 오실로스코프를 통해 출력해보시오.

<시스템 조건>

시스템 클럭 : 300MHz LSPCLK : 75MHz

<SPI 조건>

Data Length : 16 bit Baud Rate : 9.375 Mbps SPICLK의 falling edge에서 데이터 출력

<Imaginary_theta>

최대 8192까지 카운트/최대값 도달 후 0으로 초기화

| 참조문헌 |

[1] SPRUEU3A, "TMS320x2833x, Delfino SPI Reference Guide", pp.15~23.
[2] SPRUEU3A, "TMS320x2833x, Delfino SPI Reference Guide", pp.26~35.

제 9장
SCI 비동기 직렬 통신

9.1. SCI 비동기 직렬 통신의 개요

9.1.1. SCI 비동기 직렬 통신 원리 및 특징

SCI(Serial Communications Interface)는 UART(Universal Asynchronous Receiver/Transmitter)로 알려진 비동기 송수신기의 일종이다. UART는 통신 데이터의 형식(Format)과 통신 속도는 조절 가능하지만 전기적 신호의 크기, 각 신호의 의미와 같은 하드웨어 레벨의 규정은 존재하지 않는다. 따라서, UART 외부에 라인 드라이버(Line Driver)를 이용하여 다양한 통신 표준에 적용 가능하다.

통신 표준으로 많이 사용되는 방식으로 RS-232C, RS-422, RS-485가 있다. 여기서 RS는 추천 규격(Recommended Standard)의 약자로 정식 명칭은 각각 TIA/EIA-232, TIA/EIA-422, TIA/EIA-485 등이다. 여기서 EIA(Electric Industries Alliance), TIA(Telecommunications Industry Association)는 각각 표준을 제정한 협회의 약자이다. 이 통신 표준은 전기적 신호의 크기, 커넥터 핀 맵(Pin Map), 신호의 의미와 같은 하드웨어 레벨의 규정을 제시해 준다. 각 통신 표준의 특성은 다음 표 9.1과 같다.

표 9.1. RS 통신 표준

구분	RS-232C	RS-422	RS-485
동작 모드	단일 신호	차동 신호	차동 신호
최대 송/수신기 수	1/1	1/10	32/32
최대통신거리/속도	약 15[m]/19.2[kbps]	약 1.2[km]/100[kbps]	약 1.2[km]/100[kbps]
최대통신속도/거리	19.2[kbps]/약 15[m]	10[Mbps]/약 12[m]	10[Mbps]/약 12[m]
지원 전송박식	전이중	전이중	반이중
출력전압	±5 ~ ±15[V]	±2 ~ ±6[V]	±1.5 ~ ±6[V]
입력전압	±3 ~ ±25[V]	±0.2 ~ ±6[V]	±0.2 ~ ±6[V]

RS-232C는 단일 신호(Single Ended)를 사용하며, 3개의 신호(TXD, RXD, GND)를 사용한다. TXD와 RXD를 각각 이용하여 송신과 수신을 동시에 진행할 수 있는 전이중 방식 통신이다. RS-422/RS-485의 경우 차동 신호(Differential)를 사용한다. RS-422은 4개의 신호

(TXD+, TXD-, RXD+, RXD-)를 사용하며 1개의 마스터와 다수의 슬레이브를 연결 할 수 있다. RS-422은 RS-232C와 같이 TXD+, TXD-와 RXD+, RXD-를 이용하여 각각 송신과 수신을 할 수 있는 전이중 방식의 통신이다. RS-485는 RS-422과 달리 2개의 신호(TRXD+, TRXD-)를 가진다. 즉 차동 신호 한 라인으로 송신과 수신이 모두 이루어지므로 송신과 수신을 동시에 진행할 수 없는 반이중 방식의 통신이다.

SCI 통신은 "1. SPI 직렬 통신의 개요"에서 설명한 시프트 레지스터를 이용한 방법과 유사하다. 하지만 SPI 통신이 마스터에서 발생시킨 클럭을 이용하여 동기화를 맞추는 반면, SCI 통신은 내부 클럭(Internal Clock)을 이용한다. 내부 클럭을 이용하여 통신이 이루어 질 때, 수신하려는 데이터와 내부 클럭의 동기화 문제가 발생하는데 이를 해결하는 것이 에지 검출(Edge Detecting)이다. SCI 통신에 의한 수신 데이터 프레임(Frame)은 그림 9.1과 같다. SCI 통신에서 수신데이터가 없을 경우, 항상 신호는 1의 값을 유지하며, 통신의 첫 시작은 0의 값을 가지는 Start 비트로 시작된다. Start 비트는 통신이 시작됨을 알려주고, 에지 검출을 통해 내부 클럭과 수신 데이터 사이의 동기화를 이룰 수 있게 해준다. TMS320C28346/ F28335의 SCI 모듈은 설정된 통신 속도에 8배에 해당하는 내부 클럭을 사용하며, Start 비트의 0이 내부 클럭의 4주기 동안 유지되면 통신이 시작한 것으로 간주한다.

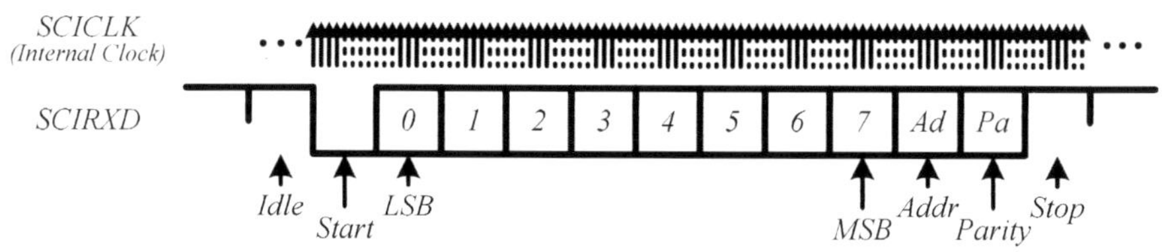

그림 9.1. SCI 수신 데이터 프레임 및 에지 검출

Start 비트 이후에는 신호는 설정에 따라 달라진다. 모든 기능을 다 사용한 경우, 데이터, 주소(Address), Parity, Stop 비트로 구성된다. 데이터 비트는 최대 8비트까지 지원한다. 주소 비트는 데이터 비트가 주소 값인지 데이터 값인지를 나타내는 비트이다. Parity 비트는 데이터의 오류를 검출하기 위해 사용되며, SCI 통신의 마지막은 항상 Stop 비트로 1의 값을 가진다. TMS320C28346/F28335는 각 비트의 값을 확인하기 위하여 다수결 방식을 사용한다. 내부 클럭을 이용하여 각 데이터를 8번 샘플링(Sampling) 한 것 중, 4, 5, 6번째 샘플링의 값이 1인 값이 두개 이상이면 데이터의 값을 1로, 0인 값이 두개 이상이면 데이터의 값을 0으로 검출한다.

9.2. SCI 모듈 동작

9.2.1. SCI 모듈 입출력

TMS320C28346/F28335는 SCI-A, SCI-B, SCI-C의 세 개의 SCI 모듈을 가지고 있다. 그림 9.2는 SCI 모듈의 입출력을 나타낸 것이다. SCI 모듈은 송신을 위한 SCITXD 신호와 수신을 위한 SCIRXD 신호가 있으며, 각 신호는 GPIOMUX를 이용하여 외부 핀으로 연결 여부를 설정할 수 있다. 송수신 데이터 프레임은 Start 비트 한 비트, 송수신 데이터 최대 8비트, Parity 비트 최대 1비트, Stop 비트 최대 2비트를 지원한다. 송수신 데이터 비트는 소프트웨어적으로 최소 1비트에서 최대 8비트까지 설정가능하다. 또한, 송신과 수신 각각 16개의 버퍼 레지스터가 존재하여, 송신과 수신 데이터를 저장하기 위한 공간으로 사용된다. Parity 비트는 소프트웨어적으로 사용하지 않을 수 있으며, 사용할 경우 Odd Parity와 Even Parity 중 하나로 설정 할 수 있다. Stop 비트 역시 소프트웨어적으로 최소 1비트, 최대 2비트로 설정 할 수 있다.

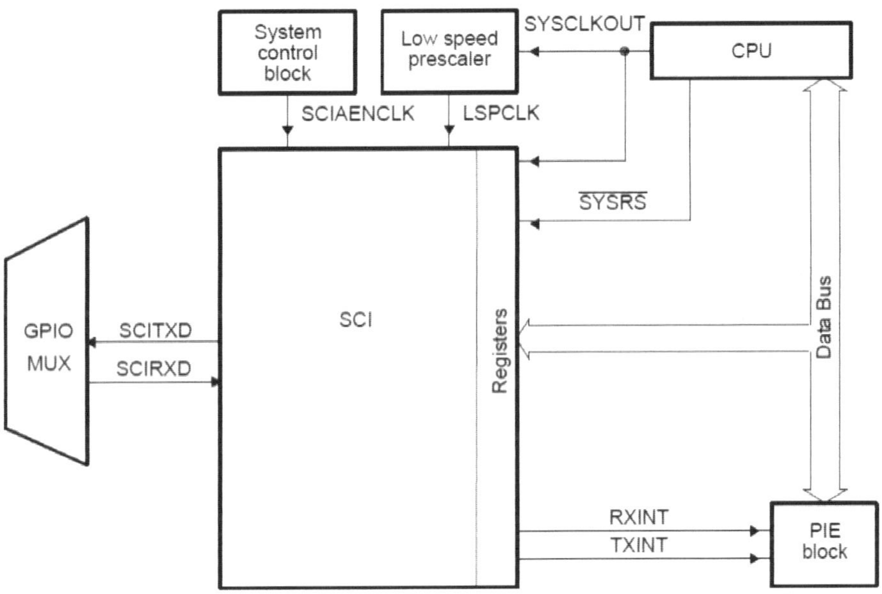

그림 9.2. SCI 모듈 입/출력

통신 속도는 LSPCLK를 이용하여 65,535개의 서로 다른 통신 속도로 설정할 수 있다. 이때 설정되는 내부 클럭은 설정된 통신 속도의 8배에 해당하는 클럭 속도를 가진다. 또한, 모듈을 사용하지 않을 경우, SPIxENCLK를 이용하여 SCI-x 모듈의 LSPCLK의 입력을 차단 할 수 있다. 이는 SCI 통신을 사용하지 않을 경우, 소모 전력을 줄이기 위한 것이다.

인터럽트는 송수신 인터럽트가 각각 분리된 형태로 수신 인터럽트(RXINT) 라인과 송신 인터럽트(TXINT) 라인 2종류가 있다. SYSCLKOUT은 SCI 모듈의 기본 동작을 위한 것으로 Data Bus를 이용하여 SCI 내부 레지스터에 접근 할 수 있다.

9.2.2. SCI 모듈 기본 동작

그림 9.3은 SCI 모듈의 블록 다이어그램을 나타낸 것이다. SCI 모듈은 각 레지스터의 설정에 따라 동작이 달라지므로 이에 대하여 알아보도록 하자.

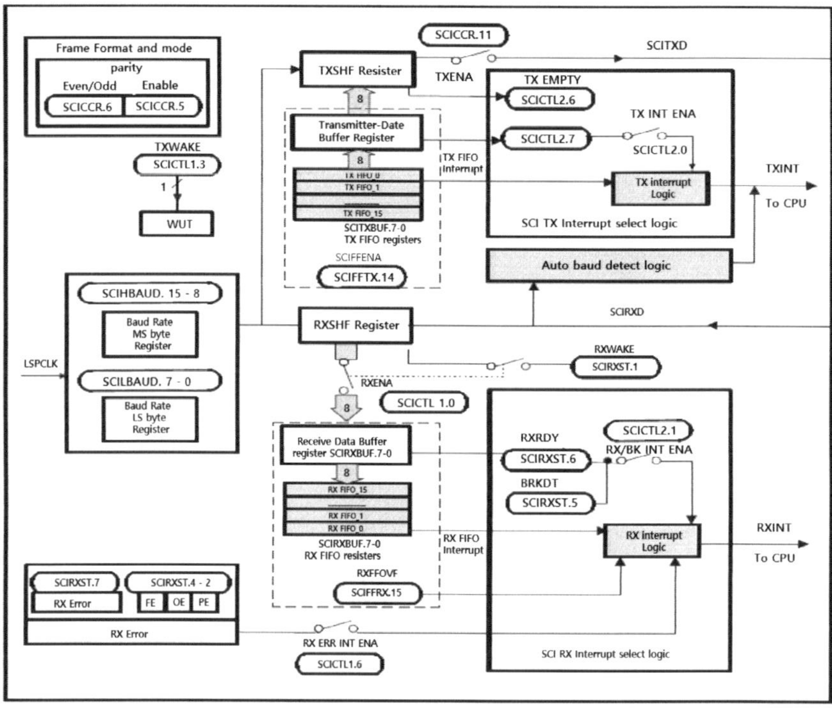

그림 9.3. SCI 모듈 블록 다이어그램

1) SCI 통신 프레임

그림 9.4은 SCI 통신 프레임을 나타낸 것이다. SCI 통신 프레임은 Start 비트가 0의 값을 가지는 1비트 신호인 것을 제외하면 모두 가변적이며 설정에 따라 달라진다. 설정 할 수 있는 부분은 데이터 길이, Address-Bit 모드 사용 여부, Parity 사용 여부 및 Parity 종류, Stop 비트 길이가 있다.

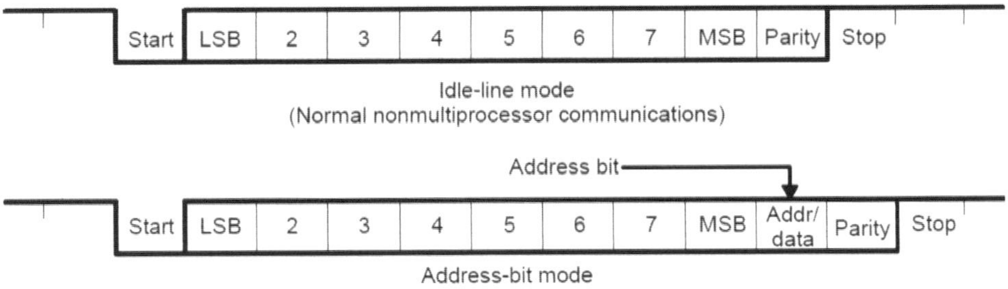

그림 9.4. SCI 통신 프레임

① 데이터 길이

SCI 통신 데이터 길이는 SCI CHAR(SCICCR.2-0) 비트를 이용하여 설정할 수 있다. SCI CHAR 비트로 설정할 수 있는 데이터 길이는 그림 9.4의 LSB에서 MSB까지의 길이를 말한다. 나머지 Start 비트, Addr/Data 비트, Parity 비트, Stop 비트는 송신 시 SCI 모듈의 설정에 따라 자동적으로 완성된다. 반대로 수신 시에는 자동적으로 제거된다. 통신 데이터 길이는 (SCI CHAR+1)로 설정된다. SCI CHAR의 값이 0인 경우, 최소 길이인 1비트로 설정된다. SCI CHAR의 값이 7인 경우, 최대 길이인 8비트로 설정가능하다.

② Addr/Data 비트

Addr/Data 비트 보낸 데이터가 주소 값인지 전달하려는 데이터 값인지를 나타낸다. Addr/Data 비트가 1일 경우, 송수신한 데이터가 주소 값임을 의미한다. 반대로 0인 경우, 송수신한 데이터가 데이터임을 의미한다. 이 비트는 1:N 또는 N:N 통신을 위한 것으로, 각 수신 측을 구분하기 위해 사용된다. 수신 측은 이 주소 값을 확인하여 이후에 수신되는 데이터 값이 수신 측에서 수신해야 할 것인지 아닌지를 결정하게 된다.

TMS320C28346/F28335의 SCI 모듈은 Addr/Data 비트를 사용하는 모드를 Address-bit 모드로, Addr/Data 비트를 사용하지 않는 모드를 Idle-line 모드라 명명하고 있다. Address-bit 모드와 Idle-line 모드는 ADDR/IDLE MODE(SCICCR.3) 비트를 이용하여 설정할 수 있다. ADDR/IDLE MODE 비트의 값이 0인 경우 Idle-line 모드이며, 1인 경우 Address-bit 모드이다. Idle-line 모드는 일반적인 1:1 혹은 고속 통신에 유리하다. 1:1 통신의 경우, 수신 측의 구분이 필요 없을뿐더러 한 프레임을 보내는데 최소 10비트(1비트 Start 비트 + 8비트 데이터 + 1비트 Stop 비트)면 가능하다. 이는 Address-bit 모드의 최소 프레임 길이 11비트(1비트 Start 비트 + 8비트 데이터 + 1비트 Addr/Data 비트 + 1비트 Stop 비트)에 비하여 짧아 고속 통신에 유리한 장점을 가지고 있다. 반대로 Address-bit 모드는 수신 측을 구분하여 관리할 수 있으므로 다수의 수신 측이 존재 할 때 별도의 추가적인 신호없이 통신 할 수 있는 장점을 가진다.

③ Parity 비트

Parity 비트는 SCI 통신의 오류를 검출하기 위하여 사용한다. SCI 통신에서 Parity 비트는 사용 여부를 결정할 수 있는데 사용하지 않을 경우, MSB 비트 다음에 Stop 비트가 바로 위치한다. 사용여부는 PARITY ENABLE(SCICCR.5) 비트를 이용하여 설정할 수 있다. PARITY ENABLE 비트가 0이면 Parity 비트를 사용하지 않는다. 반대로 PARITY ENABLE 비트가 1이면 Parity 비트를 사용한다.

Parity 비트는 오류를 검출하기 위하여 송신한 프레임에서 1비트 개수가 홀수가 되도록 하느냐 짝수가 되도록 하느냐에 따라 Odd Parity와 Even Parity로 나뉜다. Odd Parity와 Even Parity는 EVEN/ODD PARITY(SCICCR.6)비트에 의해 결정이 된다. EVEN/ODD PARITY 비트의 값이 0인 경우 Odd Parity로 설정되며, 1인 경우 Even Parity로 설정된다. Odd Parity는 송신한 프레임의 1비트의 개수가 홀수가 되도록 Parity 비트의 값을 결정한다. 반대로 Even Parity는 1비트의 개수가 짝수가 되도록 Parity 비트를 설정한다. 예를 들어 0010의 4비트의 데이터를 송신할 때, Odd Parity는 데이터의 1의 개수가 홀수이므로 Parity 비트의 값은 0이되어 Parity 비트를 포함한 한 프레임의 데이터는 00100이된다. Even Parity는 데이터의 1의 개수가 홀수이므로 전체 프레임의 1의 개수가 짝수가 되도록 Parity 비트의 값이 1이된다. 따라서, 한 프레임의 데이터는 00101이 된다.

수신 측에서는 Parity 비트를 포함한 1의 개수를 확인하여 Odd Parity 혹은 Even Parity를 만족하지 못할 경우, Parity Error 플래그인 PE(SCIRXST.2) 비트를 1로 만든다. 하지만, 이러한 Parity 비트는 짝수의 비트에 에러가 발생하였을 때 오류를 검출하지 못한다. 예를 들어 0010의 4비트 데이터와 Odd Parity로 인한 0의 Parity 비트를 포함하여 00100의 값이 송신되었을 때, 한 비트 에러인 10100의 값이 수신되었을 때에는 Parity Error를 검출 할 수 있다. 하지만, 두 비트 에러인 11100의 값이 수신되었을 때에는 Odd Parity를 만족하므로 Parity Error를 검출하지 못하므로 이를 유념하여야 한다.

④ Stop 비트

Stop 비트는 통신의 한 프레임이 완료되었음을 나타내는 비트이다. Start 비트와 반대로 항상 1의 값을 가지며 1비트 혹은 2비트의 길이를 가진다. Stop 비트의 길이는 STOP BITS(SCICCR.7) 비트에 의하여 결정이 된다. STOP BITS 비트의 값이 0인 경우, 1비트의 Stop 비트를 가진다. 반대로 STOP BITS 비트의 값이 1인 경우, 2비트의 Stop 비트를 가진다.

2) 통신 속도

SCI 모듈의 통신 속도는 SCIBAUD 레지스터를 이용하여 설정할 수 있다. SCIBAUD 레지스터는 총 16비트의 값으로 0~65,535의 값을 가질 수 있다. 값에 따른 동작은 다음과 같다.

① SCIBAUD : 1 ~ 65,535

$$Baud\ \ Rate[baud] = \frac{LSPCLK}{(SCIBAUD+1)\times 8}$$

② SCIBAUD : 0

$$Baud\ \ Rate[baud] = \frac{LSPCLK}{16}$$

SCIBAUD 레지스터를 통해 설정 할 수 있는 최대 통신 속도는 LSPCLK를 16분주한 것으로 SCIBAUD 레지스터의 값이 0 또는 1의 값을 가졌을 때이다. SCIBAUD 레지스터를 설정하기 위해서는 SCIHBAUD 레지스터와 SCILBAUD 레지스터를 각각 설정해 주어야 한다. SCIHBAUD 레지스터는 SCIBAUD 레지스터의 MSB를 포함한 상위 8비트를 말한다. 반대로 SCILBAUD 레지스터는 LSB를 포함한 하위 8비트를 말한다. 예를들어 2399(0x095F)의 값을 SCIBUAD에 입력하기위해서는 상위 8비트에 해당하는 0x09는 SCIHBAUD 레지스터에 입력해야한다. 또한 하위 8비트에 해당하는 0x5F의 값은 SCILBAUD 레지스터에 입력해야한다. SCIHBAUD는 9, SCILBAUD는 95의 값을 입력하면 된다.

SCI 통신 속도는 LSPCLK 클락을 기본 8분주를 하는 이유는 그림 9.5와 같이 동기화를 위해서이다. 통신 한 비트는 내부 SCICLK를 이용하여 8번 샘플링하게 되는데 Start 비트의 하강 에지를 검출하기 위해서 0으값으로 4번 연속 검출 되는지 감시한다. 나머지 데이터 값들은 각 데이터 비트의 내부 SCICLK 4, 5, 6번째 값을 샘플링한 값을 다수결 방식으로 결정하게 된다.

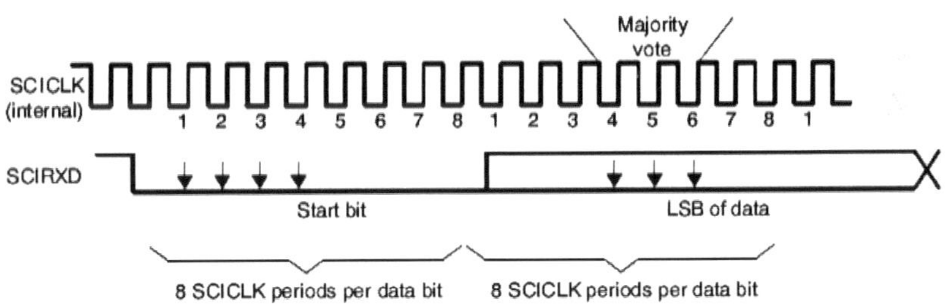

그림 9.5. SCI 동기화 방법

3) 송수신 동작

SCI 모듈은 송수신 동작을 개별적으로 제어가능한다. 따라서 설정 및 하드웨어 구성에 따라 전이중방식과 반이중방식을 모두 사용가능하다. 전이중방식은 송수신이 동시에 이루어지는 것으로 TXENA(SCICTL1.1)비트와 RXENA(SCICTL1.0)비트가 모두 1의 값을 가져야한다. 이 비트의 값이 0이면 송신 또는 수신이 불가능하며, 1이면 송신 또는 수신이 가능하기 때문이다. 반이중방식은 송신 또는 수신만 가능한 경우이다. 송신이 불필요한 경우 TXENA비트는 0의 값을 가지며, RXENA비트는 1의 값을 가져야 한다. 반대로 수신이 불필요한 경우 TXENA비트는 1, RXENA비트는 0의 값을 가져야 한다.

① 송신 동작

그림 9.3의 TXSHF 레지스터는 송신을 위한 시프트 레지스터이다. 송신을 위해 SCITXBUF 레지스터에 송신하려는 데이터를 기록하게 되면 SCITXBUF 레지스터에 기록된 값과 SCI 통신 설정 값을 이용하여 TXSHF 레지스터에 한 프레임의 데이터로 기록된다. TXSHF 레지스터에 기록된 한 프레임의 데이터는 SCITXD 핀을 이용하여 한 비트씩 전송하게 된다.

SCI 통신 프레임에 대한 설정이 완료되면 송신을 위하여 CPU는 TX EMPTY(SCICTL2.6) 비트 또는 TXRDY(SCICTL2.7)비트를 검사해야 한다. TX EMPTY비트는 TXSHF 레지스터와 SCITXBUF 레지스터가 모두 비어 있을 때 1의 값을 가지는 비트이며, TXRDY비트는 다음 송신 데이터를 받을 수 있는 상태가 되면 1의 값을 가지는 비트이다. TX EMPTY비트 또는 TXRDY 비트를 이용하여 새로운 송신 데이터를 보낼 수 있음을 확인하면, SCITXBUF 레지스터 송신할 데이터를 입력한다. SCITXBUF 레시스터에 입력된 송신 데이터는 앞의 데이터 흐름에 따라 송신이 이루어진다.

② 수신 동작

그림 9.3의 RXSHF 레지스터는 수신을 위한 시프트 레지스터이다. SCIRXD 핀을 통하여 RXSHF 시프트 레지스터에 수신 프레임이 입력되면, SCI 모듈은 설정된 통신 프레임 형태와 수신된 프레임 형태를 비교한다. 이 때 SCI 모듈이 지원하는 오류는 총 4가지이다.

첫번째는 Parity Error이다. Parity Error는 설정된 Odd/Even Parity와 수신된 데이터의 1의 개수가 다르면 발생한다. 이는 통신 중 노이즈에 의하여 잘못 입력된 값이 있음을 의미한다. Parity Error가 발생하면 PE(SCIRXST.2)비트를 통하여 알 수 있다.

두번째는 Frame Error이다. Frame Error는 Stop 비트가 수신될 시점에 Stop 비트가 수신 되지 않았을 경우에 발생한다. 이는 동기화가 맞지 않거나 통신 프레임의 설정이 잘 못 되었음을 의미한다. Frame Error는 FE(SCIRXST.4)비트를 통하여 발생 여부를 확인할 수 있다.

세번째는 Brake이다. Brake는 통신 선로가 끊어졌음을 의미한다. 통신 선로 끊어짐을 확인하는 조건은 첫번째 Frame Error 발생 이후 10비트 이상 SCIRXD 핀에 0의 값이 입력된 경우이다. 일반적으로 SCI 통신은 통신이 이루어 지고 있지 않은 때 SCITXD, SCIRXD 핀이 1의 값을 가진다. Brake 발생여부는 BRKDT(SCIRXST.5)비트를 통하여 확인 할 수 있다.

마지막은 Overrun Error이다. Overrun Error는 기존에 수신된 데이터를 CPU가 확인하지 않아 SCIRXBUF 레지스터에 남아 있는 상황에서 새로운 데이터가 수신되어 SCIRXBUF 레지스터에 새로운 데이터가 기록된 경우이다. 이 경우, 기존에 SCIRXBUF 레지스터에 기록되어 있던 데이터는 소실된다. Overrun Error 발생 여부는 OE(SCIRXST.3)비트를 통하여 확인 가능하다.

이 4가지 오류는 각 비트를 확인 할 필요없이 하나의 비트로 확인가능하다. RX ERROR(SCIRXST.7)비트는 앞의 4가지 통신 오류 중 하나라도 발생하면 1의 값을 가지는 비트이다. 따라서, RX ERROR 비트를 먼저 확인 후 수신 오류가 발생하였을 때, 각 세부 오류를 확인하면 더 편리하게 사용할 수 있다.

RXSHF 레지스터에 수신된 데이터는 SCIRXBUF 레지스터로 이동하게 된다. SCIRXBUF 레지스터에 새로운 데이터가 저장되면 RXRDY(SCIRXST.6) 비트를 1로 만들어 수신 데이터가 있음을 나타낸다. RXRDY 비트는 CPU가 SCIRXBUF 레지스터를 읽어 수신된 데이터를 확인하게 되면 자동적으로 0의 값으로 클리어 된다. 이는 디버깅을 위하여 확인하는 경우에도 해당하는데 개발 도구를 이용하여 SCIRXBUF 레지스터를 읽게 되면 RXRDY 비트에 영향을 미치게 된다. TMS320C28346/F28335는 이러한 이상 동작을 막기 위하여 SCIRXEMU 레지스터를 제공한다. 이 레지스터는 SCIRXBUF와 동일한 값을 가지지만 RXRDY 비트에는 영향을 미치지 않는 레지스터로 디버깅용으로 사용 할 수 있다.

9.2.3. SCI 모듈 FIFO

1) FIFO 기본 동작

SCI 모듈의 FIFO 레지스터는 기본적으로 "1.2.3. SPI 모듈 FIFO"에서 설명한 것과 같이 동일한 동작을 한다. SCI 모듈의 FIFO 레지스터는 8비트로 구성된 16개 송신(SCITXFIFO0 ~ SCITXFIFO15)과 수신(SCIRXFIFO0 ~ SCIRXFIFO15) 레지스터로 나뉜다. CPU의 FIFO 레지스터에 대한 직접적인 접근은 불가능 하다. SCITXFIFO 레지스터는 SCITXBUF 레지스터를 이용하여 접근 할 수 있으며, SCIRXFIFO 레지스터는 SCIRXBUF 레지스터를 이용하여 접근 할 수 있다. SCI 모듈의 FIFO 레지스터 사용여부는 SCIFFENA(SCIFFTX.14)비트를 이용하여 설정 할 수 있다.

2) 지연 시간

FIFO 모드의 지연 시간은 TXSHF 시프트 레지스터의 송신 완료 시점과 SCIFIFO 레지스터에서 TXSHF 시프트 레지스터 데이터가 이동하는 시점 사이의 시간을 말한다. 지연 시간은 FFTXDLY(SCIFFCT.7-0) 비트를 이용하여 설정할 수 있다. FFTXDLY 비트는 0에서 255의 값을 가질 수 있으며, SCI의 통신 클락 0에서 255까지의 지연을 주겠다는 의미이다.

3) 자동 통신 속도 설정

자동 통신 속도 설정은 통신하려는 대상이 "A" 또는 "a"의 ASCII 코드를 지속적으로 보내 줄 때, SCI 모듈이 송신된 "A" 또는 "a"의 값을 수신 될 때까지 통신 속도를 조절함으로써 이루어 진다. 자동 통신 속도 설정 모드를 사용하기 위해서는 CDC(SCIFFCT.13) 비트를 1로 설정하여야 한다. CDC 비트의 값이 0이면 자동 통신 속도 설정을 사용하지 않겠다는 의미이고, 1이면 자동 통신 속도 설정을 사용하겠다는 의미이다. 통신하려는 대상이 "A" 또는 "a"의 ASCII 코드를 보내어 SCI 모듈이 "A" 또는 "a"의 ASCII 코드 값을 정상적으로 수신하게 되면 ABD(SCIFFCT.15) 비트가 1로 셋되며 TX 인터럽트가 발생한다. TX 인터럽트가 발생하면 CDC 비트를 0으로 설정하고, ABD CLR(SCIFFCT.14) 비트를 1로 설정하여 ABD를 0으로 만들어 주면 자동 통신 속도 설정 모드가 종료 되면서 통신 속도가 자동적으로 설정된다.

9.2.4. SCI 모듈 인터럽트

SCI 모듈은 그림 9.6과 같이 RXINT 라인과 TXINT 라인, 두 개의 인터럽트 라인을 가지고 있다. 인터럽트 소스는 FIFO 모드 사용 여부에 따라 달라진다. FIFO 모드에서는 TXFFINT, RXFFINT, RXERRINT가 있으며, FIFO 모드를 사용하지 않는 일반적인 SCI 모드에서는 RXERRINT, RX/BKINT, TXINT가 있다.

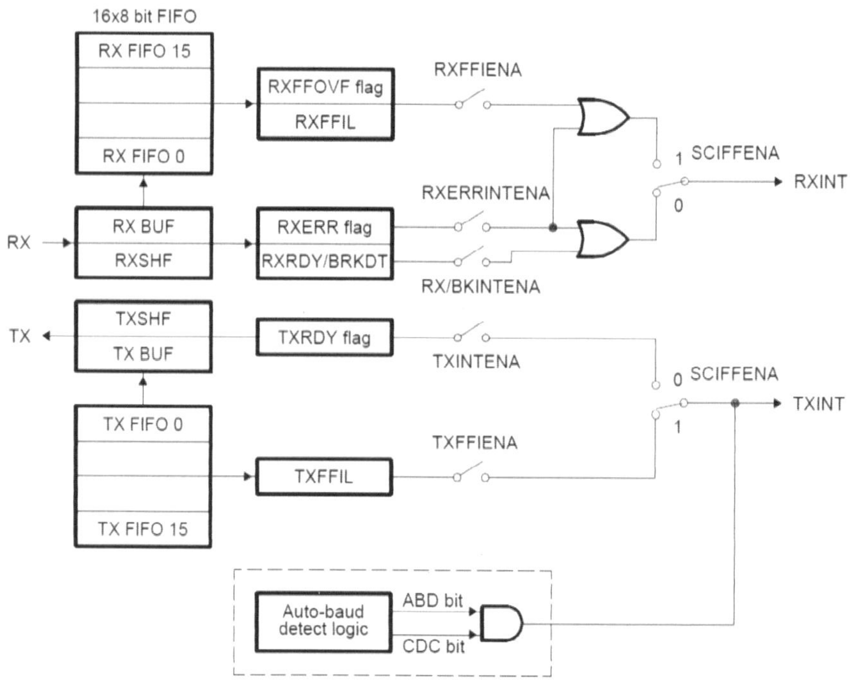

그림 9.6. SCI 인터럽트 및 활성화 구조

각 인터럽트는 인터럽트 발생 여부를 확인하기 위한 플래그 비트와 인터럽트 이벤트 발생 여부를 결정하기 위한 활성화 비트를 가지고 있다. 이를 정리하면 표 9.2와 같다.

표 9.2. SCI 인터럽트 모드

FIFO Mode	Interrupt Source	Interrupt Flags	Interrupt Enable	Interrupt Line
SCI without FIFO	Receive Error	RXERR	RXERRINTENA	RXINT
	Receive Break	BRKDT	RX/BKINTENA	
	Data Receive	RXRDY	RX/BKINTENA	
	Transmit Empty	TXRDY	TXINTENA	TXINT
SPI with FIFO	RXFIFO Overflow	RXFFOVF	-	-
	RX Error and Break	RXERR	RXERRINTENA	RXINT
	RXFIFO	RXFFINT	RXFFIENA	RXINT
	TXFIFO	TXFFINT	TXFFIENA	TXINT
-	Auto Baud Detection	ABD	-	TXINT

1) SCI 모드 인터럽트

FIFO 모드를 사용하지 않는 일반적인 SCI 동작에서는 4개의 상태 플래그를 지원하며, 4개의 인터럽트 소스와 2개의 인터럽트 라인을 사용한다.

① Receive Break 인터럽트 소스 및 플래그

Receive Break 인터럽트 소스는 앞에서 설명한 SCIRXD핀으로 일정 시간 이상 0의 값이 입력되었을 때, 통신 선이 끊어진 것으로 생각하여 발생하는 통신 오류이다. Receive Break가 발생하였는지를 나타내는 플래그 비트는 BRKDT 비트이며, Receive Break 인터럽트 소스를 이용하여 인터럽트를 발생시키는 방법은 2가지로 나뉜다. 첫번째는 RXERRINTENA(SCICTL1.6) 활성화 비트를 이용한 방법이다. Receive Error 인터럽트 소스는 Receive Break, Frame Error, Overrun Error, Parity Error 중 하나라도 발생하면 발생하는 인터럽트 소스로 Receive Break를 포함한다. 두번째는 RX/BKINTENA(SCICTL2.1) 활성화 비트를 이용하는 방법이다. RX/BKINTENA 활성화 비트는 송신이 이루어지거나 Receive Break 상황에 발생하는 인터럽트 소스로 Receive Break 인터럽트 소스에 의한 인터럽트를 발생 시킬 수 있다. 활성화 비트는 2종류로 나뉘지만, 실제로 발생하는 인터럽트 라인은 RXINT 라인으로 동일하다.

② Receive Error 인터럽트 소스 및 플래그

Receive Error 인터럽트 소스는 Receive Break, Frame Error, Overrun Error, Parity Error 중 하나라도 발생하면 발생하는 인터럽트 소스이다. RX ERROR 플래그 비트를 이용하여 발생여부를 확인 할 수 있으며, RXERRINTENA 활성화 비트를 이용하여 인터럽트를 이벤트를 발생할 수 있다. 인터럽트 이벤트가 발생하였을 때, RXINT 인터럽트 라인을 이용하여 인터럽트가 발생된다.

③ Data Receive 인터럽트 소스 및 플래그

Data Receive 인터럽트 소스는 RXSHF 시프트 레지스터에서 SCIRXBUF 레지스터로 수신 데이터가 이동할 때 발생하는 인터럽트 소스이다. Data Receive 인터럽트 소스가 발생하였음을 나타내는 플래그 비트는 RXRDY이며, 활성화 비트는 RX/BKINTENA 활성화 비트이다. 인터럽트 라인은 RXINT 라인을 사용한다.

RXINT 인터럽트 라인은 SCI의 수신 동작에 따른 인터럽트 이벤트가 모두 발생한다. 따라서 SCI 모듈의 RXINT 인터럽트 라인에 인터럽트 이벤트가 발생하게 되면, 활성화된 인터럽트에 따라 최소 2개 이상의 인터럽트 플래그 비트를 확인한 후 적절한 동작을 해주는 것이 올바르다.

④ transmit Empty 인터럽트 소스 및 플래그

Transmit Empty 인터럽트 소스는 SPITXBUF 레지스터에 새로운 송신 데이터를 받을 준비가 되었을 때 발생한다. Transmit Empty 인터럽트 소스가 발생하였음을 나타내는 플래그 비트는 TXRDY(SCICTL2.7) 비트이다. 활성화 비트는 TXINTENA(SCICTL2.0) 비트를 사용한다. 인터럽트 이벤트가 발생하는 인터럽트 라인은 TXINT 인터럽트 라인으로, Transmit Empty 인터럽트 소스를 제외한 나머지 경우에는 발생하지 않는다. 따라서, TXINT 인터럽트 라인에 인터럽트 이벤트가 발생하면 새로운 송신 데이터를 SCITXBUF 레지스터에 입력해 주면 된다.

2) FIFO 모드 인터럽트

SCI 모듈은 FIFO 모드에서 동작할 경우, 4가지의 상태 플래그를 지원하며, 3가지의 인터럽트 소스, 2가지의 인터럽트 라인을 제공한다.

① RXFIFO Overflow 플래그

RXFIFO Overflow 플래그는 SCIRXFIFO 레지스터에 16개를 초과한 데이터가 수신될 때 발생한다. SCIRXFIFO 레지스터는 0 ~ 15번까지 총 16개가 존재하는데 17번째 데이터가

입력되게 되면 처음 수신된 데이터는 삭제되고 RXFIFO Overflow 플래그가 1로 Set된다. RXFIFO Overflow 플래그 비트는 RXFFOVF(SCIFFRX.15) 비트로 0이면 RXFIFO Overflow가 발생하지 않았음을 의미하여 1인 경우 손실된 수신 데이터가 존재함을 나타낸다. 별도의 인터럽트를 발생시키지 않으며, RXFFOVF 플래그 비트를 0으로 클리어하기 위해서는 RXFFOVF CLR(SCIFFRX.14) 비트를 1로 셋하면 된다. RXFIFO Overflow를 발생하지 않기 위해서는 항상 충분한 RXFIFO 공간이 유지되도록 CPU가 수신 데이터를 확인하면 된다.

② RX Error and Break 인터럽트 소스 및 플래그

FIFO 모드에서 RX Error and Break 인터럽트 소스는 FIFO 모드를 사용하지 않는 일반 SCI 모드에서의 Receive Error 인터럽트 소스와 동일하다. Receive Break, Frame Error, Overrun Error, Parity Error 중 하나라도 발생하면 플래그 비트가 셋 된다. 인터럽트 활성화 비트 역시 SCI 모드와 동일한 RXERRINTENA 비트를 사용하며, 인터럽트 라인 역시 RXINT 라인을 사용한다.

③ RXFIFO 인터럽트 소스 및 플래그

RXFIFO는 RXFFIL(SCIFFRX.4-0) 비트와 RXFFST(SCIFFRX.12-8) 비트의 값에 의하여 인터럽트 이벤트를 발생시킨다. RXFFST 비트는 0 ~ 16의 값을 가지며, 현재 SCIRXFIFO 레지스터에 저장된 수신된 데이터의 개수를 나타낸다. RXFFIL은 수신 인터럽트 발생 시점(Receive FIFO Interrupt Level)을 결정하기 위한 값으로 0 ~ 16의 값을 가질 수 있다. 인터럽트는 RXFFST 비트의 값이 RXFFIL 비트에 설정한 값 이상일 때 발생한다.

인터럽트 발생 여부는 RXFFINT(SCIFFRX.7) 플래그 비트를 이용하여 확인 할 수 있다. 플래그 비트를 0으로 클리어하기 위해서는 RXFFINT CLR(SCIFFRX.6) 비트를 1로 설정하면 된다. 만약, 활성화 비트인 RXFFIENA(SCIFFRX.5) 비트의 값이 1이면 인터럽트 이벤트가 발생한다. 이때 사용되는 인터럽트 라인은 RXINT 라인이다.

④ TXFIFO 인터럽트 소스 및 플래그

TXFIFO 역시 TXFFIL(SCIFFTX.4-0) 비트와 TXFFST(SCIFFTX.12-8) 비트를 이용하여 인터럽트를 발생시킨다. TXFFST는 현재 SCITXFIFO 레지스터에 저장된 송신할 데이터의 개수를 의미한다. TXFFIL 비트는 Transmit FIFO Interrupt Level로 송신 해야 할 데이터의 개수가 TXFFIL에 설정된 값 이하일 때 인터럽트가 발생한다. TXFFST 및 TXFFIL의 값은 0 ~ 16의 값을 가질 수 있다.

인터럽트 발생 여부는 TXFFINT(SCIFFTX.7) 플래그 비트를 이용하여 확인 할 수 있으며, TXFFINT 플래그를 클리어하기 위한 TXFFINT CLR(SCIFFTX.6) 비트 역시 제공된다. 활성화 비트는 TXFFIENA(SCIFFTX.5) 비트이다. 인터럽트 이벤트 발생에 사용되는 라인은 TXINT 라인이다.

9.2.5. SCI 다중프로세서 통신

다중프로세서 통신은 SCI 통신 1채널을 이용하여 다수의 프로세서가 1:N 또는 N:N으로 통신하는 것을 말한다. TMS320C28346/F28335의 SCI 모듈은 Address-Bit 모드 또는 Idle 모드를 이용한 다중프로세서 통신을 지원한다.

1) SCI 다중프로레서 통신의 데이터 구조

그림 9.7과 그림 9.8은 각각 Idle-line 모드와 Address-bit 모드에서의 데이터 구조를 나타낸다. 두가지 모두에서 송수신 데이터는 블록(Block)의 단위로 구분된다. 한 블록은 하나의 Address 프레임과 여러 개의 Data 프레임으로 다시 구분된다. Address 프레임은 수신 측의 주소를 가진 프레임을 의미하며, Data 프레임은 수신 측에 보내는 실제 데이터를 포함한 프레임이다. Idle-line 모드와 Address-bit 모드는 Address 프레임을 구분하는 방법이 차이가 날 뿐 나머지는 동일하다.

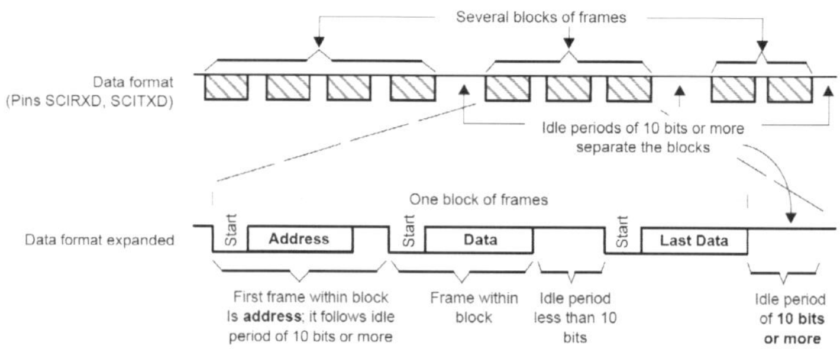

그림 9.7. Idle-line 모드에서의 다중프로세서 데이터 구조

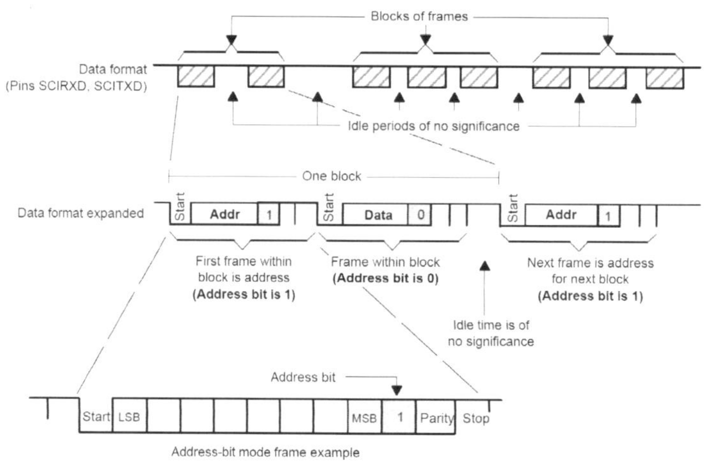

그림 9.8. Address-bit 모드에서의 다중프로세서 데이터 구조

Idle-line 모드에서 Address 프레임을 구분하는 방법은 각 통신 프레임사이의 시간이다. Idle-line 모드에서 블록과 블록 사이에는 10비트 이상의 간격이 필요하다. 예를 들어 통신 속도가 1,000[bps]일 때, 한 비트를 전송하기 위해서는 1[ms]가 필요하다. 따라서 블록을 구분하기 위한 간격은 10[ms] 이상이 되어야 한다. 반대로 Address 바이트와 Data 바이트 사이의 간격은 10비트 미만이어야 한다. 블록과 블록을 구분하는 가격이 10비트이므로 Address 프레임과 Data 프레임 사이의 가격이 10비트 이상이게 되면 Data 프레임을 Address 프레임으로 인식하기 때문이다.

Address-bit 모드에서 Address 프레임의 인식은 Addr/Data 비트를 이용한다. Addr/Data 비트가 1이면 Address 프레임으로 0이면 Data 프레임으로 인식하며, 프레임사이의 간격은 중요하지 않다.

2) SCI 다중프로세서 통신의 수신 동작

TMS320C28346/F28335에서 다중프로세서 통신을 위해서는 Sleep 모드를 기본적으로 사용하여야 한다. Sleep 모드는 SLEEP(SCICTL1.2) 비트를 이용하여 설정할 수 있으며, 1이면 Sleep 모드가 활성화 되었음을 의미하며 0이면 정상 동작모드임을 의미한다. Sleep 모드를 사용하는 이유는 다중프로세서 통신에서 자신에게 해당하지 않는 주소의 수신 데이터를 무시하기 위해서이다. Sleep 모드가 활성화되면 RXSHF 시프트 레지스터까지는 수신이 이루어지지만, SCIRXBUF 레지스터로 수신 데이터가 이동하지 않아 실제로 수신 동작을 하지 않는다.

SCI 모듈이 Sleep 모드일 때, 인터럽트 이벤트를 발생시키는 경우는 Address 프레임이 수신된 경우에만 해당한다. 이때 실제 RXINT 인터럽트 라인에 인터럽트가 발생하기 위해서는 RX/BKINTENA를 이용하여 인터럽트를 활성화한 경우에만 해당한다. Address 프레임이 수신되어 인터럽트가 발생하면 ISR(Interrupt Service Routine)은 수신된 Address를 이용하여 나머지 Data 프레임 수신 여부를 결정하여야 한다. 이때 Data 프레임을 수신하기 위해서는 SLEEP 비트를 0으로 하여 Sleep 모드를 해제해 주어야한다. 반대로 Data 프레임을 수신하지 않아도 되는 경우 Sleep 모드를 해제하지 않고 ISR을 종료하면 Data 프레임은 무시하게 된다.

3) SCI 다중프로세서 통신의 송신 동작

① Idle-line 모드

Idle-line 모드에서 Address 프레임을 생성하기 위해서는 2가지 방식이 존재한다. 첫번째 방식은 사용자가 직접 프레임 사이의 간격을 유지하는 방식이다. 이 방식을 위해서는 통신 블록 사이에 지연 시간을 사용자가 관리하여 Address 프레임이 되도록 해 주어야 한다.

두번째 방식은 TXWAKE(SCICTL1.3) 비트를 이용하는 방식이다. TXWAKE 비트를 1로 설정한 다음 SCITXBUF 레지스터에 임의의 값을 송신하게 되면, 프레임 설정과 무관하게 11비트 동안 Idle 상태를 유지한다. 이때 TXWAKE 비트는 SCITXBUF 레지스터에 저장된 임의의 값이 TXSHF 시프트 레지스터로 이동할 때 WUT(Wake Up Temporary) 플래그 비트로 값을 이동시켜 주고 자동적으로 0으로 클리어 된다. WUT 플래그 비트는 사용자가 확인 할 수 없는 내부 플래그 비트로 SCI 모듈의 동작에만 영향을 미친다.

첫번째 혹은 두번째 방법으로 10비트 이상의 간격을 생성하였다면 SCITXBUF 레지스터에 Address와 Data를 순차적으로 입력해 주면 Idle-line 모드에서 송신이 이루어진다.

② Address-bit 모드

Address-bit 모드에서 Address 프레임 송신을 위해서는 TXWAKE 비트를 사용하여야 한다. TXWAKE 비트를 1로 셋한 상태에서 SCITXBUF 레지스터에 Address를 입력하게 되면, SCI 모듈은 Addr/Data 비트를 1로 만들어 Address 프레임을 송신하게 된다. 이때 TXWAKE는 Address 프레임 송신을 시작하면서 자동적으로 0으로 클리어 되고, WUT 내부 플래그 비트는 Addr/Data 비트 생성에 사용된다. Data 프레임을 보내기 위해서는 TXWAKE 비트를 0으로 설정한 상태에서 송신하려는 데이터를 SCITXBUF 레지스터에 입력해 주면 된다.

9.2.6. SCI 모듈의 레지스터 및 기능 설명

1) SCICCR 레지스터

그림 9.9는 SCICCR(SCI Communication Control Register) 레지스터를 보여준다.

7	6	5	4	3	2	1	0
STOP BITS	EVEN/ODD PARITY	PARITY ENABLE	LOOPBACK ENA	ADDR/IDLE MODE	SCICHAR2	SCICHAR1	SCICHAR0
R/W-0	R/W-0	R/W-0	R/W-0	R/W-0	R/W-0	R/W-0	R/W-0

LEGEND: R/W = Read/Write; R = Read only; -*n* = value after reset

그림 9.9. SCICCR(SCI Communication Control Register) 레지스터

SCICCR.7의 STOP BITS(Number of Stop Bits) 비트는 통신 형식의 스톱 비트의 길이를 결정한다. 0으로 설정하면 스톱 비트의 길이가 1비트로 설정된다. 1의 값으로 설정하면, 스톱 비트의 길이가 2비트로 설정된다.

SCICCR.6의 EVEN/ODD PARITY(Parity Odd/Even Selection) 비트는 패리티 비트

의 종류를 결정한다. 0은 홀수 패리티로 송신 시 송신 데이터와 패리티 비트의 1의 개수가 홀수가 되도록 패리티 비트의 값을 결정한다. 수신 시 수신된 데이터 및 패리티 비트의 1의 개수가 홀수여야 정상적인 신호로 인식하며, 그렇지 않을 경우 패리티 오류로 인식한다. 1은 짝수 패리티로 송/수신 시 데이터 및 패리티 비트의 1의 개수가 짝수여야 정상적인 데이터가 된다.

SCICCR.5의 PARITY ENABLE 비트는 패리티 비트를 사용 유무를 결정한다. 0으로 설정하면 송/수신 시 패리티 비트를 사용하지 않는다. 1로 설정하면 패리티 비트를 사용하며, 패리티 비트의 종류는 EVEN/ODD PARITY(SCICCR.6) 비트에 의해 결정된다. 만약, 어드레스 모드를 사용한다면, 패리티 비트는 주소, 데이터, 패리티 비트의 1의 개수가 짝수 또는 홀수가 되도록 한다.

SCICCR.4의 LOOP BACK ENA(Loop Back Test Mode Enable) 비트는 SCI 모듈의 송수신 동작을 점검하기 위한 테스트 모드를 설정한다. 이 비트를 0으로 설정하면 일반 동작 모드로 다른 객체와 통신이 가능하다. 1로 설정할 경우, 테스트 모드로 내부적으로 TX 핀과 RX 핀을 연결하여 자신이 송신한 데이터를 수신하도록 한다.

SCICCR.3은 ADDR/IDLE MODE(Multi-Processor Mode Control Bit) 비트로 어드레스를 이용한 N:N 통신 여부를 결정한다. 0으로 설정하면 아이들(Idle) 모드로 시작, 데이터, 패리티, 종료 비트 외에 다른 정보는 보내지 않는다. 1로 설정하면, 어드레스 모드로 어드레스 비트가 추가되어 보내진다. 어드레스 모드로 설정하면 SLEEP(SCICTL1.2), TXWAKE (SCICTL1.3) 비트를 이용하여 추가적인 동작을 설정 할 수 있다.

SCICCR.2-0은 SCI CHAR(Character Length) 비트로 전송할 데이터의 길이를 결정한다. 0 ~ 7의 값을 가질 수 있으며 1 ~ 8비트 전송을 의미한다. SCI CHAR이 0이면 1비트이며 순차적으로 증가하여 7일 때 8비트 전송을 의미한다.

2) SCICTL1 레지스터

그림 9.10은 SCICTL1(SCI Control Register 1) 레지스터를 보여준다.

7	6	5	4	3	2	1	0
Reserved	RX ERR INT ENA	SW RESET	Reserved	TXWAKE	SLEEP	TXENA	RXENA
R-0	R/W-0	R/W-0	R-0	R/S-0	R/W-0	R/W-0	R/W-0

LEGEND: R/W = Read/Write; R = Read only; -*n* = value after reset

그림 9.10. SCICTL1(SCI Control Register 1) 레지스터

SCICTL1.6의 RX ERR INT ENA(SCI Receive Error Interrupt Enable) 비트는 수신 에러가 발생하여 RX ERROR(SCIRXST.7) 비트가 셋 될 때 인터럽트를 발생할지를 결정한다. 0이면 수신 에러에 의한 인터럽트가 발생하지 않으며, 1인 경우 인터럽트가 발생한다. RX

ERROR 비트는 수신 시 통신 에러가 발생하였음을 나타내는 비트로, Stop 비트로 이상으로 인한 브레이크(Brake) 에러 및 프레임(Framing) 에러, SCIRXBUF 레지스터의 수신 데이터 손실로 인한 Overrun 에러, 수신 데이터의 Parity 에러 중 하나라도 발생하면 RX ERROR 비트는 1의 값을 가진다.

SCICTL1.5의 SW RESET(SCI Software Reset) 비트는 0으로 클리어 시켰을 경우, 동작 flags(SCICTL2 , SCIRXST)가 초기화 된다. SW Reset bit는 다른 설정(Configuration) 비트들과 리셋 값을 복원하는데 영향을 주지 않지만 SCI의 동작 플래그에 영향을 미친다. SW RESET이 활성화 되면 flag는 SW RESET이 비활성화 될 때가지 동결된다. SW RESET에 의해 영향을 받는 flag는 다음과 같다.

Value After RESET	SCI Flag	Register Bit
1	TXRDY	SCICTL2, bit7
1	TX EMPTY	SCICTL2, bit6
0	RXWAKE	SCIRXST, bit1
0	PE	SCIRXST, bit2
0	OE	SCIRXST, bit3
0	FE	SCIRXST, bit4
0	BRKDT	SCIRXST, bit5
0	RXRDY	SCIRXST, bit6
0	RX ERROR	SCIRXST, bit7

SCI의 상태와 동작 flag(레지스터 SCICTL2 와 SCIRXST)를 초기화 상태로 하기 위해서는 이 비트를 0으로 클리어 해 주어야 한다. 시스템을 초기화 한 후에, SCI를 다시 활성화하기 위해서는 이 비트를 1로 설정해 준다.

SCICTL1.3의 TXWAKE(SCI Transmitter Wake-up Method Select) 비트는 송신 모드로 지정되어 있는 ADDR/IDLE 모드 비트(SCICCR, bit 3)를 데이터 송신 기능에 따라 선택할 수 있게 한다. 0은 송신 기능이 선택되지 않은 것이고 1은 송신모드가 선택된 것이다.

SCICTL1.2의 SLEEP(SCI sleep) 비트는 다중 프로세서 설정(configuration)에 있어, 수신자(receiver) sleep function을 제어한다. 수신자는 SLEEP 비트가 set 되었을 때 여전히 동작하지만, address byte가 감지되지 않는다면 동작은 receiver buffer ready bit(SCIRXST, bit 6, RXRDY) 또는 error status bits(SCIRXST, bit 5-2:BRKDT, FE, OE and PE)을 업데이트 시키지 않는다. Address byte가 감지되지 않는다면 SLEEP은 클리어 되지 않는다. 0은 Sleep mode를 비활성화 시키고 1은 Sleep mode를 활성화 시킨다.

SCICTL1.1의 TXENA(SCI Transmitter Enable) 비트는 송신 기능의 사용 여부를 결정한다. 1인 경우 송신 기능을 사용할 수 있으며, SCITXBUF 레지스터에 입력된 데이터는 SCITXD 핀을 통하여 송신이 이루어진다. 0인 경우 통신 송신이 불가능하다. 만약 송신 중 0으로 설정되면 진행 중인 송신이 완료된 이후 송신 기능이 정지된다.

SCICTL1.0의 RXENA(SCI Receiver Enable) 비트는 수신 기능의 사용 여부를 결정한다. 1인 경우 SCIRXD 핀으로 입력된 수신 데이터가 SCIRXBUF 레지스터와 SCIRXEMU 레지스터로 전송된다. 0인 경우 수신 기능을 사용하지 않는다. 비록 이 비트가 0이어도 시프트 레지스터인 RXSHF 레지스터는 동작하며, RXSHF 레지스터에 수신된 데이터가 SCIRXBUF 레지스터와 SCIRXEMU 레지스터로 전송되는 동작 및 인터럽트 기능만 정지된다. RXSHF 레지스터가 수신 중에 RXENA 비트가 0에서 1로 변경될 경우, 수신 중인 데이터는 수신이 완료된 시점에 SCIRXBUF 및 SCIRXEMU 레지스터로 전송되며 인터럽트 역시 발생한다.

3) SCIBAUD 레지스터

그림 9.11은 SCIBAUD(SCI Baud-Select Register) 레지스터를 보여준다.

15	14	13	12	11	10	9	8
BAUD15 (MSB)	BAUD14	BAUD13	BAUD12	BAUD11	BAUD10	BAUD9	BAUD8
R/W-0	R/W-0	R/W-0	R/W-0	R/W-0	R/W-0	R/W-0	R/W-0

LEGEND: R/W = Read/Write; R = Read only; -*n* = value after reset

7	6	5	4	3	2	1	0
BAUD7	BAUD6	BAUD5	BAUD4	BAUD3	BAUD2	BAUD1	BAUD10 (LSB)
R/W-0	R/W-0	R/W-0	R/W-0	R/W-0	R/W-0	R/W-0	R/W-0

LEGEND: R/W = Read/Write; R = Read only; -*n* = value after reset

그림 9.11. SCIBAUD(SCI Baud-Select Register) 레지스터

SCIBAUD.15-0은 BAUD(Baud Selection) 레지스터로 MSB를 포함한 상위 8비트의 SCIHBAUD 레지스터와 LSB를 포함한 하위 8비트의 SCILBAUD 레지스터로 나뉜다. SCIBAUD 레지스터는 0(0x0000) ~ 65,535(0xFFFF)의 값을 가질 수 있다. 0의 값일 때의 통신 속도(보 레이트)는 LSPCLK/16의 값을 가진다. 1 ~ 65,535의 값인 경우 통신 속도는 LSPCLK/[8×(BAUD+1)]의 값을 가진다. 예를 들어 SCIBAUD의 값이 2,399(0x095F)이고 LSPCLK가 75[MHz]인 경우, 통신 속도는 75[MHz]/[8×(2399+1)]이므로 3,750[bps: bit per second]가 된다. 이때 SCIHBAUD 레지스터의 값은 9(0x09)이며, SCILBAUD 레지스터의 값은 95(0x5F)을 입력하여야 한다.

4) SCICTL2 레지스터

그림 9.12는 SCICTL2(SCI Control Register 2) 레지스터를 보여준다.

7	6	5 ~ 2	1	0
TXRDY	TX EMPTY	Reserved	RX/BK INT ENA	TX INT ENA
R-1	R-1	R-0	R/W-0	R/W-0

LEGEND: R/W = Read/Write; R = Read only; -*n* = value after reset

그림 9.12. SCICTL2(SCI Control Register 2) 레지스터

SCICTL2.7의 TXRDY(Transmitter Buffer Register Ready Flag) 비트는 송신 데이터 레지스터인 SCITXBUF 레지스터의 상태를 나타낸다. SCITXBUF 레지스터에 입력한 데이터가 없거나 기존에 입력한 데이터가 송신 시프트 레지스터인 TXSHF 레지스터로 전송되면 TXRDY 비트는 1의 값을 가진다. 이때 SCITXBUF 레지스터는 새로운 데이터를 입력 받을 수 있는 상태이다. TX INT ENA(SCICTL2.0) 비트를 이용하면 SCITXBUF 레지스터에 새로운 데이터를 입력 가능할 때 인터럽트를 발생시킬 수 있다. TXRDY 비트의 값이 0이면 SCITXBUF 레지스터에 저장된 데이터가 존재한다는 의미이다. TXRDY 비트는 SCITXBUF 레지스터의 상태에 따라 자동적으로 0 또는 1의 값을 가지며, 쓰기는 불가능한 읽지 전용 비트이다.

SCICTL2.6의 TX EMPTY(Transmitter Empty Flag) 비트는 송신 시프트 레지스터인 TXSHF 레지스터와 송신 데이터 레지스터인 SCITXBUF 레지스터의 상태를 나타낸다. TXSHF 레지스터와 SCITXBUF 레지스터에 모두 송신할 데이터가 존재하지 않으면 1의 값을 가진다. 반대로 TXSHF 레지스터와 SCITXBUF 레지스터 둘 중 하나라도 송신할 데이터를 저장하고 있으면 0의 값을 가진다. 0과 1의 값은 TXSHF 레지스터, SCITXBUF 레지스터에 의하여 자동적으로 결정된다. 이 비트로 인한 별도의 인터럽트 발생은 불가능하며, 쓰기는 불가능한 읽기 전용 비트이다.

SCICTL2.1의 RX/BK INT ENA비트는 RXRDY(SCIRXST.6) 비트와 BRKDT(SCIRXST.5) 비트로 인한 인터럽트 발생여부를 결정한다. 0인 경우 RXRDY, BRKDT 비트로 인한 인터럽트가 발생하지 않으며, 1이면 RXRDY 비트 또는 BRKDT 비트가 1로 셋될 때 인터럽트가 발생한다. RXRDY 비트는 수신이 완료되어 수신 시프트 레지스터인 RXSHF 레지스터에서 SCIRXBUF 레지스터로 이동할 때 1의 값을 가진다. BRKDT 비트는 Stop 비트가 10비트 이상 유지되거나 Stop 비트 없이 다음 수신이 시작될 때 발생하여, 통신 라인의 문제 상황을 알려준다.

SCICTL2.0의 TX INT ENA(SCITXBUF Register Interrupt Enable)비트는 TXRDY(SCICTL2.7) 비트에 의한 인터럽트 발생여부를 결정한다. 0이면 TXRDY 비트에 의

한 인터럽트가 발생하지 않으며, 1이면 TXRDY 비트가 1로 셋될 때 인터럽트가 발생한다. TXRDY 비트는 SCIRXBUF 레지스터의 송신 데이터가 TXSHF 레지스터로 이동하여 SCIRXBUF 레지스터에 저장된 송신 데이터가 없을 때 1의 값을 가진다.

5) SCIRXST 레지스터

그림 9.13은 SCITXST(SCI Receiver Status Register) 레지스터를 보여준다.

7	6	5	4	3	2	1	0
RX ERROR	RXRDY	BRKDT	FE	OE	PE	RXWAKE	Reserved
R-0	R-0	R-0	R-0	R-0	R-0	R-0	R-0

LEGEND: R/W = Read/Write; R = Read only; -*n* = value after reset

그림 9.13. SCITXST(SCI Receiver Status Register) 레지스터

SCIRXST.7의 RX ERROR(SCI Receiver Error Flag)비트는 수신 시 통신 에러가 발생하였는지를 나타낸다. RX ERROR 플래그 비트는 BRKDT, FE, OE, PE(SCIRXST.5-2)의 4개의 비트 중 하나라도 1의 값을 가지면 1로 셋 된다. BRKDT 비트는 10비트 이상 Stop 비트가 발생하지 않았을 때 발생하는 에러를 나타낸다. FE 비트는 예상되는 위치에 Stop 비트가 검출되지 않을 때 발생하며, 수신 시 Start 비트로 인한 동기화에 문제가 있었음을 나타낸다. OE 비트는 SCIRXBUF 레지스터에서 기존에 수신된 데이터가 존재하는데 새로운 데이터가 수신되어 기존 수신된 데이터가 손실되는 Overrun 상황을 나타낸다. PE 비트는 Parity 오류 비트로 수신된 데이터에 통신 에러로 인한 홀수의 잘못된 비트가 존재함을 나타낸다. RX ERROR 비트는 읽기 전용 비트로 1로 셋 되었을 때, 0으로 클리어하기위해서는 SW RESET(SCICTL1.5) 비트를 이용하거나 시스템을 재시작하여야 한다. RX ERROR 비트로 인한 인터럽트 발생은 RX ERROR INT ENA(SCICTL1.6)를 이용하여 설정할 수 있다.

SCIRXST.6의 RXRDY(SCI Receiver-Ready Flag)비트는 수신 데이터 레지스터인 SCIRXBUF 레지스터의 상태를 나타낸다. RXRDY 비트가 0의 값을 가지면 SCIRXBUF 레지스터에 수신 데이터가 존재하지 않음을 의미한다. 반대로 1의 값을 가질 경우, SCIRXBUF 레지스터에 수신된 데이터가 저장되어 있음을 의미한다. 이 비트는 읽기 전용 비트로 0으로 클리어하기위해서는 SCIRXBUF 레지스터에 저장된 데이터를 읽어 들이면 된다. 또한, SW RESET(SCICTL1.5) 비트와 시스템의 재시작으로도 0으로 클리어 된다. RXRDY 비트로 인한 인터럽트 발생은 RX/BK INT ENA(SCICTL2.1) 비트를 이용하여 결정할 수 있다.

SCIRXST.5의 BRKDT(SCI Break-Detect Flag) 비트는 브레이크 에러 발생여부를 나타낸다. 브레이크 에러는 수신 선로의 값이 첫번째 Stop 비트 발생 예상 시점으로부터 10비트 이상 0의 값을 가질 때 발생한다. 즉, 수신 선로의 단선을 의심할 수 있는 상황에서 발생한다. BRKDT 비트가 0이면 브레이크 에러가 발생하지 않았음을 의미하여, 1이면 브레이크 에

러가 발생하였음을 의미한다. BRKDT 비트는 읽기 전용 비트로 0으로 클리어하기위해서는 SW RESET(SCICTL1.5) 비트를 이용하거나 시스템을 재시작 해야한다. BRKDT 비트로 인한 인터럽트는 RX/BK INT ENA(SCICTL2.1) 비트를 이용하여 발생여부를 결정할 수 있다. 하지만, BRKDT 비트로 인해 인터럽트가 발생하였을 경우, SCIRXBUF 레지스터에는 수신된 데이터가 저장되지 않으므로 RXRDY 비트로 인한 인터럽트와 구분하여 처리하여야 한다.

SCIRXST.4의 FE(SCI Framing-Error Flag)비트는 수신된 데이터의 프레임 상태를 나타낸다. 수신 과정에서 Stop 비트가 발생할 시점에서 Stop 비트가 발생하지 않으면 비정상적인 프레임으로 인식한다. 이는 내부 클락과 수신 신호 사이에 동기화가 비정상임을 의미한다. FE 비트가 0인 경우 정상적인 프레임으로 수신 되었음을 의미하여, 1인 경우 비정상적인 프레임이 발생하였음을 의미한다. FE 비트는 읽기 전용 비트로, 0으로 클리어하기위해서는 SW RESET(SCICTL1.5) 비트를 이용하거나 시스템을 재시작 해야한다.

SCIRXST.3의 OE(SCI Overrun-Error Flag) 비트는 SCIRXBUF 레지스터에 덮어쓰기가 발생하였는지를 나타낸다. SCIRXBUF 레지스터는 데이터를 읽기 전까지 수신 데이터를 저장하고 있다. 이때, 새로운 데이터 수신이 완료되어 시프트 레지스터인 RXSHF 레지스터에서 SCIRXBUF 레지스터로 전송되게 되면 기존 수신 데이터는 삭제되며 새로운 데이터만 저장하게 된다. 이를 Overrun이라고 한다. OE 비트가 0인 경우 Overrun이 발생하지 않았음을 의미하며 1인 경우 Overrun이 발생하였음을 의미한다. 이 비트는 읽기 전용 비트로 0으로 클리어하기위해서는 SW RESET(SCICTL1.5) 비트를 이용하거나 시스템을 재시작 해야 한다.

SCIRXST.2의 PE(SCI Parity-Error Flag)비트는 수신된 데이터의 Parity 검사 결과를 나타낸다. Parity 검사는 수신된 데이터의 1의 개수가 짝수 혹은 홀수인지를 검사하는 것으로 Even Parity는 1의 개수가 짝수여야하며, Odd Parity는 홀수여야 한다. 만약 1의 개수가 설정한 Parity와 맞지 않으면 수신된 데이터에 홀수개의 비트 에러가 발생하였음을 의미한다. PE 비트가 0인 경우 Parity 에러가 발생하지 않았음을 의미한다. 반대로 1인 경우 Pairty 에러가 발생하였음을 의미한다. 이 비트는 읽기 전용 비트로 0으로 클리어하기 위해서는 SW RESET(SCICTL1.5) 비트를 이용하거나 시스템을 재시작 해야 한다.

SCIRXST.1의 RXWAKE(Receiver Wake-Up-Detect Flag)비트는 수신자 wake-up이 검출되면 1이 되고 wake-up이 검출되지 않으면 0이 된다.

6) SCIRXEMU 레지스터

그림 9.14는 SCIRXEMU(SCI Emulation Data Buffer Register) 레지스터를 보여준다.

7	6	5	4	3	2	1	0
ERXDT7	ERXDT6	ERXDT5	ERXDT4	ERXDT3	ERXDT2	ERXDT1	ERXDT0
R-0	R-0	R-0	R-0	R-0	R-0	R-0	R-0

LEGEND: R/W = Read/Write; R = Read only; -*n* = value after reset

그림 9.14. SCIRXEMU(SCI Emulation Data Buffer Register) 레지스터

SCIRXEMU(Emulation Data Buffer) 레지스터는 디버깅을 위한 수신 데이터 확인용 레지스터이다. 수신 시프트 레지스터인 RXSHF 레지스터에 새로운 데이터의 수신이 완료되면 SCIRXBUF 레지스터에 수신 데이터가 전송되며 RXRDY(SCIRXST.6) 비트가 1로 셋 된다. 이 후 SCIRXBUF 레지스터에 수신된 데이터를 읽게 되면 RXRDY 비트가 0으로 클리어 된다. 디버깅 중 수신된 데이터를 확인하기 위하여 SCIRXBUF 레지스터를 확인하더라도 RXRDY 비트가 0으로 클리어 되므로 이를 방지하기 위해서는 SCIRXEMU 레지스터를 사용하여야 한다. SCIRXEMU 레지스터는 SCIRXBUF 레지스터와 동일하지만, RXRDY 비트의 변화와 무관하게 동작하기 때문이다.

7) SCIRXBUF 레지스터

그림 9.15는 SCIRXBUF(SCI Receive Data Buffer Register) 레지스터를 보여준다.

15	14	13–8
SCIFFFE(1)	SCIFFPE(1)	Reserved
R–0	R–0	R–0

7	6	5	4	3	2	1	0
RXDT7	RXDT6	RXDT5	RXDT4	RXDT3	RXDT2	RXDT1	RXDT0
R–0	R–0	R–0	R–0	R–0	R–0	R–0	R–0

LEGEND: R/W = Read/Write; R = Read only; -*n* = value after reset

(1) Applicable only if the FIFO is enabled.

그림 9.15. SCIRXBUF(SCI Receive Data Buffer Register) 레지스터

SCIRXBUF.15의 SCIFFFE(SCI FIFO Framing Error Flag)비트는 FIFO(First In First Out) 레지스터에서 읽어올 데이터에 프레임 에러가 발생하였는지를 나타낸다. 프레임 에러는 동기화 실패로 인해 수신한 데이터에 이상이 있음을 나타낸다. SCIFFFE 비트는 FIFO 모드가 활성화 되었을 때에만 유효하다. SCIFFFE 비트가 0이면 이번에 읽어갈 수신 데이터에 프레임 에러가 발생하지 않았음을 의미한다. 반대로 1인 경우 이번에 읽어갈 수신 데이터는 프레임 에러가 발생하였음을 의미한다. 이 비트는 읽기만 가능한 읽기 전용 비트이다.

SCIRXBUF.14의 SCIFFPE(SCI FIFO Parity Error Flag)비트는 FIFO 레지스터에서 읽어올 데이터에 Parity 에러가 발생하였는지를 나타낸다. Parity 에러는 수신된 데이터의 1의 개수를 이용하여 수신된 데이터에 홀수 개의 비트 에러가 발생하였는지를 검사하는 방법이다.

SCIFFPE 비트는 FIFO 모드가 활성화 되었을 때에만 유효하다. SCIFFPE 비트가 0이면 이번에 읽어갈 수신 데이터에 Parity 에러가 발생하지 않았음을 의미한다. 1인 경우 이번에 읽어갈 수신 데이터는 Parity 에러가 발생하였음을 의미한다. 이 비트는 읽기만 가능한 읽기 전용 비트이다.

SCIRXBUF.7-0은 RXDT(SCI Receive Data) 비트로 수신된 데이터 중 Start 비트, Addr/Data 비트, Parity 비트, Stop 비트 등을 제외한 순수한 수신 데이터이다.

8) SCITXBUF 레지스터

그림 9.16는 SCITXBUF(SCI Transmit Data Buffer Register) 레지스터를 보여준다.

7	6	5	4	3	2	1	0
TXDT7	TXDT6	TXDT5	TXDT4	TXDT3	TXDT2	TXDT1	TXDT0
R/W-0	R/W-0	R/W-0	R/W-0	R/W-0	R/W-0	R/W-0	R/W-0

LEGEND: R/W = Read/Write; R = Read only; -*n* = value after reset

그림 9.16. SCITXBUF(SCI Transmit Data Buffer Register) 레지스터

송신될 데이터 비트들은 SCITXBUF에 기록될 수 있다. 이 비트들은 오른쪽으로 정렬되어져야 하며 만약 데이터 길이가 8비트 보다 작다면 가장 왼쪽 비트는 무시된다. 이 레지스터로부터 TXSHF 레지스터로의 데이터 송신은 TXRDY flag를 set 시키는데 이는 SCIBUF가 다른 데이터의 수신이 준비되었음을 나타낸다.

9) SCIFFTX 레지스터

그림 9.17 SCIFFTX(SCI FIFO Transmit Register) 레지스터를 보여준다.

15	14	13	12	11	10	9	8
SCIRST	SCIFFENA	TXFIFO Reset	TXFFST4	TXFFST3	TXFFST2	TXFFST1	TXFFST0
R/W-1	R/W-0	R/W-1	R–0	R–0	R–0	R–0	R–0

7	6	5	4	3	2	1	0
TXFFINT Flag	TXFFINT CLR	TXFFIENA	TXFFIL4	TXFFIL3	TXFFIL2	TXFFIL1	TXFFIL0
R–0	W–0	R/W-0	R/W-0	R/W-0	R/W-0	R/W-0	R/W-0

LEGEND: R/W = Read/Write; R = Read only; -*n* = value after reset

그림 9.17. SCIFFTX(SCI FIFO Transmit Register) 레지스터

SCIFFTX.15는 SPIRST 비트는 SPI Reset비트로서 0은 SCI 송/수신 채널을 초기화(reset)하고 1은 송/수신을 다시 시작한다.

SCIFFTX.14는 SCIFFENA(SPI FIFO Enable) 비트로 SCI 모듈의 RX/TX FIFO의 사용

여부를 결정한다. 0으로 설정할 경우 FIFO 레지스터를 사용하지 않으며, 한 번에 최대 8비트의 데이터만 송/수신 할 수 있다. 이 때 송신 데이터는 SCITXBUF 레지스터에 입력되며 TXSHF 레지스터를 통하여 통신이 이루어진다. 수신 데이터는 RXSHF 레지스터를 통하여 받은 데이터를 SCIRXBUF 레지스터를 이용하여 받을 수 있다. 반대로, 1로 설정할 경우 FIFO 레지스터를 사용하여 한 번에 최대 8×16 비트의 데이터를 전송 할 수 있다. 이 때 송신 데이터는 SCITXBUF 레지스터에 입력되어 TX FIFO 레지스터에 최대 16개까지 저장된다. 저장된 데이터는 송신이 가능한 시점에 차례대로 TXSHF 레지스터에 전송되어 송신이 이루어진다. 수신 데이터의 경우 RXSHF 레지스터를 통하여 RX FIFO 레지스터에 최대 16개까지 저장되며, SCITXBUF 레지스터를 이용하여 차례대로 읽을 수 있다.

SCIFFTX.13은 TXFIFO Reset(Transmit FIFO Reset) 비트로 TX FIFO를 초기화 시키는 역할을 한다. 0으로 만들면, 기존에 TX FIFO를 초기화하여 기존에 저장되어 있던 정보를 사용하지 않도록 한다. 1로 만들면, TX FIFO 동작을 다시 활성화 한다.

SCIFFTX.12-8은 TXFFST(Transmit FIFO Status) 비트로 현재 TX FIFO에 저장된 데이터의 양을 나타낸다. TXFFST 비트가 가질 수 있는 값은 0(0b0 0000) ~ 16(0b1 0000)이다. 0은 TX FIFO 레지스터에 저장된 데이터가 없다는 뜻이며, 나머지 1 ~ 16은 각각 1[Word] ~ 16[Word]의 데이터가 저장되어 있다는 뜻이다.

SCIFFTX.7의 TXFFINT(TXFIFO Interrupt) Flag 비트는 TXFIFO 인터럽트가 발생한 적이 있는지의 정보를 나타낸다. 읽기만 가능한 비트로, 0인 경우 TXFIFO 인터럽트가 발생한 적이 없다는 뜻이다. 1인 경우에는 TXFIFO 인터럽트가 발생한 적이 있다는 뜻이다. TXFIFO 인터럽트는 TX FIFO에 저장된 데이터의 수를 나타내는 TXFFST(SCIFFTX.12-8)의 값이 사용자가 설정한 특정 값 TXFFIL(SCIFFTX.4-0)보다 작거나 같을 때 발생한다. TXFFINT Flag 비트를 0으로 클리어하기위해서는 TXFFINT CLR(SCIFFTX.6) 비트를 이용해야 한다.

SCIFFTX.6의 TXFFINT CLR(TXFIFO Interrupt Clear) 비트는 TXFFINT(SCIFFTX.7) Flag 비트를 0으로 클리어 시킨다. 이 비트를 읽었을 경우에는 항상 0의 값을 가지며, 아무런 의미가 없다. TXFFINT CLR 비트를 0의 값으로 설정하였을 경우에는 아무런 동작을 하지 않으며, 1의 값으로 설정하였을 경우에는 TXFFINT(SPIFFTX.7) 플래그 비트를 0으로 클리어 시킨다.

SCIFFTX.5의 TXFFIENA(TXFIFO Interrupt Enable) 비트는 현재 TXFIFO에 저장된 값의 수 TXFFST(SCIFFTX.12-8)가 설정한 특정 값 TXFFIL(SCIFFTX.4-0)보다 작거나 같은 경우에 TXFIFO 인터럽트를 발생할 것인지를 결정한다. 이 비트가 0이면, TXFFINT (SCIFFTX.7) Flag 비트만 1로 셋 되고 TXFIFO 인터럽트는 발생하지 않는다. 반대로 1이면, TXFFINT(SCIFFTX.7) Flag 비트가 1로 셋 됨과 동시에 SCITXINT 인터럽트 라인으로 인터럽트가 발생한다.

SCIFFTX.4-0의 TXFFIL(Transmit FIFO Interrupt Level) 비트로 TXFIFO 인터럽트가 발생할 조건을 설정한다. SPIFFST(SPIFFTX.12-8)의 값이 SPIFFIL 보다 작거나 같으면 TXFIFO 인터럽트가 발생한다.

10) SCIFFRX 레지스터

그림 9.18은 SCIFFRX(SCI FIFO Receive Register) 레지스터를 보여준다.

15	14	13	12	11	10	9	8
RXFFOVF	RXFFOVR CLR	RXFIFO Reset	RXFIFST4	RXFFST3	RXFFST2	RXFFST1	RXFFST0
R-0	W-0	R/W-1	R-0	R-0	R-0	R-0	R-0

7	6	5	4	3	2	1	0
RXFFINT Flag	RXFFINT CLR	RXFFIENA	RXFFIL4	RXFFIL3	RXFFIL2	RXFFIL1	RXFFIL0
R-0	W-0	R/W-0	R/W-1	R/W-1	R/W-1	R/W-1	R/W-1

LEGEND: R/W = Read/Write; R = Read only; -*n* = value after reset

그림 9.18. SCIFFRX(SCI FIFO Receive Register) 레지스터

SCIFFRX.15는 RXFFOVF(Receive FIFO Overflow) 비트로 RXFIFO에 덮어쓰기로 인한 데이터 손실이 발생하였는지 나타낸다. 읽기 전용으로 0인 경우, 데이터 손실이 발생하지 않았다는 것을 나타낸다. 1인 경우, 17개 이상의 데이터가 입력되어 덮어쓰기로 인한 데이터 손실이 발생하였다는 뜻이다. RXFFOVF 비트로 인한 인터럽트는 발생하지 않으며, RXINT 라인으로 인터럽트가 발생하였을 때 RXFFOVF 비트를 확인하는 방식으로 사용된다.

SCIFFRX.14는 RXFFOVF CLR(Receive FIFO Overflow Clear) 비트로 RXFFOVF (SCIFFRX.15)를 0으로 클리어 할 것인지 결정한다. 이 비트의 값은 항상 0의 값으로 읽어지며, 의미는 없다. 0의 값을 이 비트에 썼을 경우에도 아무런 동작을 하지 않는다. 1을 입력하면 RXFFOVF Flag 비트를 0으로 클리어 한다.

SCIFFRX.13은 RXFIFO Reset(Receive FIFO Reset) 비트로 RXFIFO 레지스터를 초기화 한다. 0인 경우, RXFIFO에 수신을 통하여 저장된 데이터를 삭제한다. 1인 경우, 정상적인 RXFIFO를 통한 수신 동작이 가능하도록 한다.

SCIFFRX.12-8은 RXFFST(Receive FIFO Status) 비트로 RXFIFO에 저장된 데이터 량을 나타낸다. 읽기만 가능한 비트로 0(0b0 0000) ~ 16(0b1 0000)의 값을 가질 수 있다. 0인 경우, RXFIFO에 저장된 데이터가 없음을 의미한다. 1 ~ 16은 각각 1 [word] ~ 16 [word]의 데이터가 저장되어 있음을 뜻한다.

SCIFFRX.7의 RXFFINT(Receive FIFO Interrupt) Flag 비트는 RXFIFO 인터럽트가 발생 여부를 나타낸다. 읽기 전용으로 쓰기는 불가능 하다. RXFIFO 인터럽트는 수신된 데이터의 량 RXFFST(SCIFFRX.12-8)의 값이 사용자 설정 값 RXFFIL(SCIFFRX.4-0)의 값보다 크

거나 같으면 발생한다. 이 비트가 0의 값을 가지면, RXFIFO 인터럽트가 발생하지 않았음을 의미한다. 반대로 1의 값을 가질 경우, RXFIFO 인터럽트가 발생하였음을 의미한다.

SCIFFRX.6의 RXFFINT CLR(Receive FIFO Interrupt Clear) 비트는 RXFFINT(SCIFFRX.7) Flag 비트를 클리어 시킨다. 쓰기 전용 비트로, 이 비트를 읽었을 경우 0의 값을 가지며 의미는 없다. 0의 값으로 설정하면 아무런 동작을 하지 않으며, 1의 값을 설정하면 RXFFINT(SCIFFRX.7) 플래그 비트가 0으로 클리어 된다.

SCIFFRX.5의 RXFFIENA(Receive FIFO Interrupt Enable) 비트는 RXFFST(SCIFFRX.12-8)의 값이 사용자가 설정한 RXFFIL(SCIFFRX.4-0)의 값보다 크거나 같은 상황에서 인터럽트가 발생한 것인지 결정한다. 0인 경우, RXFFINT 플래그 비트를 1로 셋 시키고 인터럽트 신호는 발생하지 않는다. 1인 경우, RXFFINT 플래그 비트를 1로 셋 시킴과 동시에 SCIRXINT 라인으로 인터럽트를 발생한다.

SCIFFRX.4-0의 RXFFIL(Receive FIFO Interrupt Level) 비트는 RXFIFO 인터럽트의 발생 시기를 결정한다. RXFFST 비트이 값이 RSFFIL 보다 크거나 같으면 RXFIFO 인터럽트가 발생한다.

11) SCIFFCT 레지스터

그림 9.19 SCIFFCT(SCI FIFO Control Register) 레지스터를 보여준다.

15	14	13	12–8
ABD	ABD CLR	CDC	Reserved
R-0	W–0	R/W–0	R-0

7	6	5	4	3	2	1	0
FFTXDLY7	FFTXDLY6	FFTXDLY5	FFTXDLY4	FFTXDLY3	FFTXDLY2	FFTXDLY1	FFTXDLY0
R/W-0	R/W-0	R/W-0	R/W-0	R/W-0	R/W-0	R/W-0	R/W-0

LEGEND: R/W = Read/Write; R = Read only; -*n* = value after reset

그림 9.19. SCIFFCT(SCI FIFO Control Register) 레지스터

SCIFFCT.15는 ABD(Auto Baud Detect) 비트로 자동 통신 속도 조절이 완료 되었는지를 나타낸다. “A” 또는 “a” 데이터를 수신한 적이 없으며 자동 통신 속도 조절이 이루어 지지 않으면 0의 값을 가진다. 반대로 “A” 또는 “a” 데이터를 수신하여 자동 통신 속도 조절이 완료되면 1의 값을 가진다. 읽기 전용 비트로 이 비트를 클리어하기 위해서는 ABD CLR(SCIFFCT.14) 비트를 이용하여야 한다.

SCIFFCT.14는 ABD CLR 비트로 ABD(SCIFFCT.15) 비트를 0으로 클리어 시킬 수 있다. 쓰기 전용 비트로 읽기를 하였을 경우 0으로 나타난다. 0의 값을 입력하였을 때에는 아무런 동작을 하지 않으며, 1의 값을 입력하였을 경우 ABD 비트를 0으로 클리어 시킨다.

SCIFFCT.13은 CDC(Calibrate A-Detect) 비트로 자동 통속 속도 조절 기능을 사용할지를 결정한다. CDC 비트가 0인 경우 자동 통신 속도 조절 기능을 사용하지 않으며, 1인 경우 자동 통신 속도 조절 기능을 사용한다. CDC 비트가 1인 상태에서 “A” 또는 “a”의 데이터를 수신 할 때까지 자동적으로 통신 속도를 조절하게 되며, 통신 속도 조절이 완료되면 CDC 비트는 0의 값으로 입력해줘야 한다.

SCIFFCT.7-0의 FFRXDLY(FIFO Transmit Delay) 비트는 FIFO 모드에서 데이터 전송 사이의 지연(Delay) 정도를 결정한다. 가질 수 있는 값은 0 ~ 255의 값으로, 0인 경우 시프트 레지스터의 데이터가 전송이 끝남과 동시에 TX FIFO 레지스터에 저장된 데이터가 시프트 레지스터에 전송됨을 의미한다. 1 ~ 255의 경우, 시프트 레지스터에서 데이터 전송이 끝난 뒤 1 ~ 255 [Baud Clock]이 지난 뒤 TX FIFO 레지스터의 데이터가 시프트 레지스터로 이동한다.

12) SCIPRI 레지스터

그림 9.20 SCIPRI(SCI Priority Control Register) 레지스터를 보여준다.

7–5	4	3	2–0
Reserved	SCI SOFT	SCI FREE	Reserved
R-0	R/W-0	R/W-0	R-0

LEGEND: R/W = Read/Write; R = Read only; -*n* = value after reset

그림 9.20. SCIPRI(SCI Priority Control Register) 레지스터

SCIPRI.4-3의 SCI SUSP SOFT/FREE(SCI Emulation Suspend)는 IDE에서 디버깅(Debugging)을 위하여 중단점(Break Point)을 설정하여 코드 실행 도중 MCU를 정지시켰을 때, SCI 모듈의 동작을 설정하기 위하여 사용한다. 0(0b00)인 경우 Hard Stop으로 MCU가 정지한 순간 SPI 모듈 역시 동작을 정지한다. 데이터를 송수신 중이더라도 정지하며, MCU가 다시 동작 하였을 때 나머지 데이터를 송신한다. 2(0b10)의 경우, Soft Stop으로 MCU가 정지하더라도 송수신 중인 데이터는 모두 완료 후 SCI 모듈을 정지시킨다. 1(0b01) 또는 3(0b11)은 Free Run으로 MCU의 정지와 상관없이 정상적인 동작을 계속한다.

9.3. 실습 연습문제

아래 사진의 실습용 실험 세트에서 SCI를 이용한 PC와 시리얼(RS-232C) 통신을 구현하여, PC의 터미널에서 송신한 데이터를 DSP를 거쳐 다시 PC 터미널로 수신하는 Echo-back 하여 출력하게 됩니다.

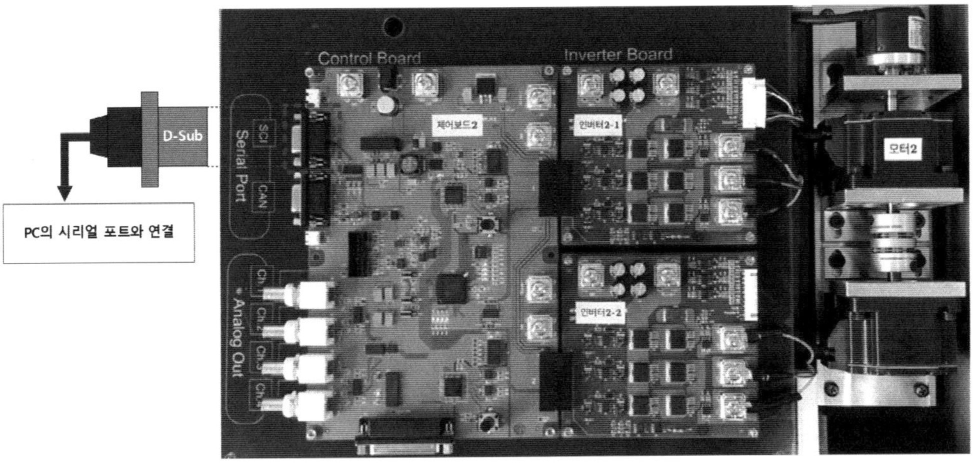

< 실험용 실험 세트 >

다음의 조건에 따라 코드를 작성하고, DSP에서 설정한 조건과 PC 통신 프로그램을 일치시킨 후, PC 통신 프로그램에서 입력한 문자를 Echo-back 하여 그대로 수신해 보시오.

<시스템 조건>

시스템 클럭 : 300MHz
LSPCLK : 75MHz

<SCI>

Baud rate : 38400
Data bit : 8
Parity : None
Stop bits : 1

| 참조문헌 |

[1] SPRUG75A, “TMS320x2833x, Delfino SCI”, pp.11~12.

[2] SPRUG75A, “TMS320x2833x, Delfino SCI”, pp.15~37.

제 10장
CAN 비동기 직렬 통신

10.1. CAN 비동기 직렬 통신의 개요

10.1.1. CAN 직렬 통신 원리 및 특징

CAN(Controller Area Network)은 BOSCH社에서 개발된 비동기 직렬 통신 방법이다. 1986년 자동차 내의 서로 다른 여러 전자장치(ECU) 간의 통신을 위하여 개발되었다. CAN은 USB나 이더넷 같은 전통적인 네트워크처럼 중심이 되는 마스터의 통제하에 노드 A에서 노드 B로 데이터를 보내는 point-to-point 방식이 아닌 CAN 버스를 공유하고 있는 전체 네트워크에 데이터를 보내고 각 노드가 필요한 데이터만 저장할 수 있는 multi-master 방식을 사용한다. 그림 10.1은 UART의 point-to-point 방식과 CAN의 multi-master 방식을 나타내고 있다. CAN은 매우 높은 수준의 보안과 데이터 안정성을 위한 에러 검출 메커니즘을 지원하므로 자동차와 산업 분야처럼 노이즈가 많고 거친 환경에서 많이 사용되는 통신 방식이다.

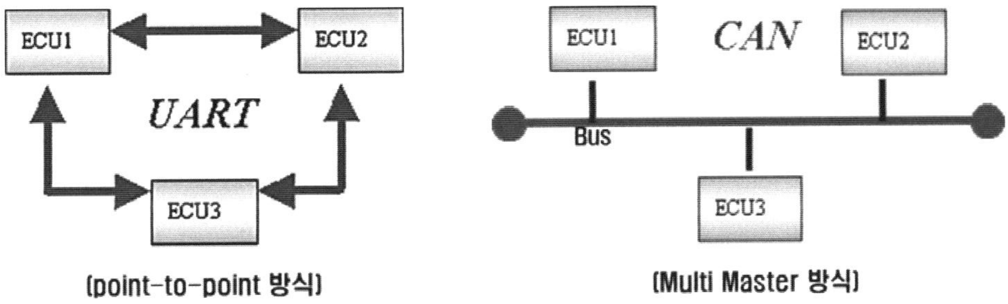

그림 10.1. point-to-point 방식과 multi-master 방식

- CAN 직렬 통신의 특징을 정리하면 다음과 같다.
- 비동기 직렬 통신이다.
- 송수신을 동시에 할 수 없는 반 이중 통신(Half duplex communication)이다.
- Multi-master 통신 방식을 사용한다.
- 최대 8 바이트 길이의 데이터를 보낼 수 있다.
- 최대 1 Mbps의 통신 속도를 가진다.
- 전기적인 노이즈에 매우 강하다.

10.1.2. CAN 모듈의 특징

1) 입출력과 데이터 흐름

CAN 모듈은 데이터를 수신하는 신호인 CANRX와 데이터를 송신하는 신호인 CANTX를 제공해 준다. 각 신호는 GPIO MUX를 이용하여 외부 핀과 연결할 수 있다. 그림 10.2는 DSP 블록도에서 CAN 통신의 데이터 흐름을 나타낸다. 데이터를 수신하는 경우에는 CANRX에서 CAN 모듈, 32-비트 주변 장치 버스, 메모리 버스, CPU로 데이터가 흐른다. 반대로, 데이터를 송신하는 경우에는 CPU에서 메모리 버스, 32-비트 주변 장치 버스, CAN 모듈, CANTX로 데이터가 흐른다.

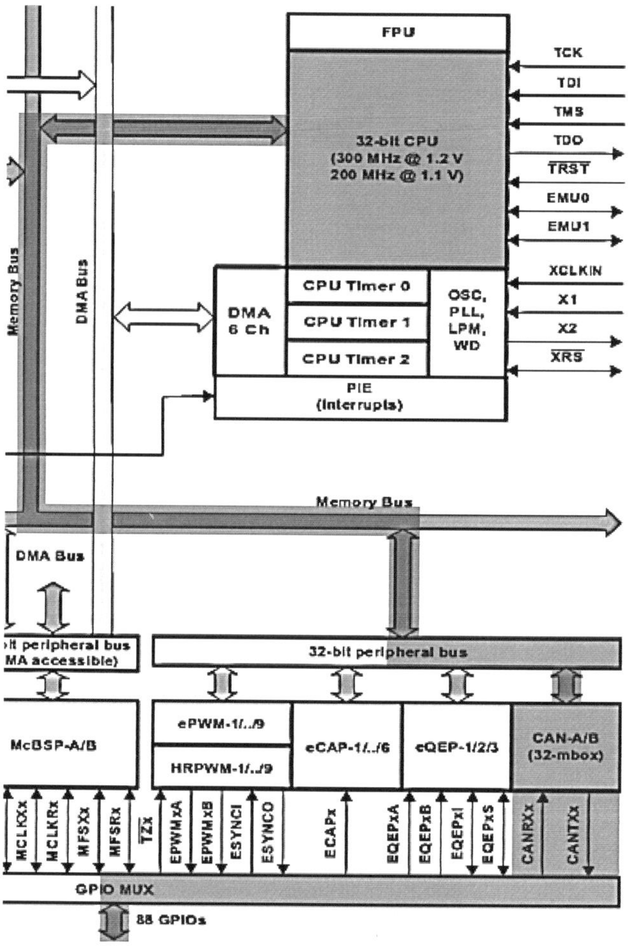

그림 10.2. DSP 블록도에서 CAN 통신의 데이터 흐름

2) CAN 버스(bus)

그림 10.3은 CAN 모듈의 전체적인 구성도이다. 여러 개의 노드(node)가 CAN 버스 라인을 공유하고 있는 것을 알 수 있다. CAN 버스 라인은 CANH, CANL 두 가닥으로 구성되어 있고 CANH, CANL 사이에는 R_L 저항이 있다. CAN 통신은 저항 R_L에 걸리는 전위차 즉 CANH와 CANL의 전압 차이를 신호로 사용한다. 이런 통신을 차동(differential) 통신이라고 한다. 양단에 동일한 크기의 노이즈가 발생하더라도 전위차는 바뀌지 않기 때문에 CAN 통신은 노이즈에 매우 강한 모습을 보인다.

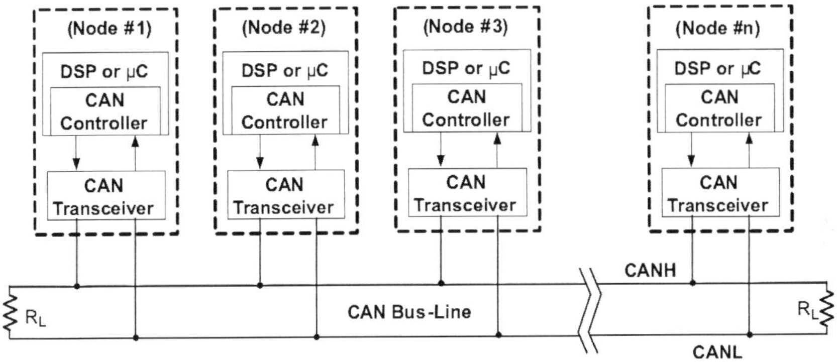

그림 10.3. CAN 버스

CAN 버스에 대해서 더 자세하게 보면, 그림 10.3에서 각 노드에 CAN 트랜시버(Transceiver)가 있는 것을 볼 수 있다. 그림 10.4의 박스 부분은 CAN 트랜시버의 내부 로직이다. 트랜시버는 CANTX에서 나온 신호를 한 번 반전시켜서 CANH에 전달하고 두 번 반전시켜서 CANL에 전달한다. CANRX에서 받아들이는 신호도 같은 방식으로 수신한다.

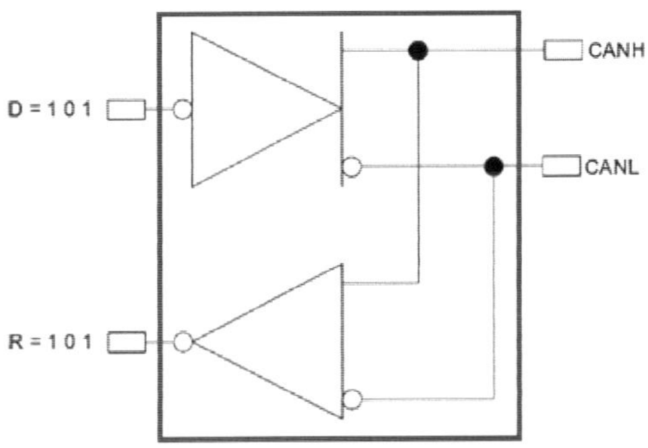

그림 10.4. CAN Transceiver

그림 10.5는 CAN 버스를 통해 101이라는 값을 보낼 때의 전압을 나타낸 그래프이다. 이 그래프에서 CANH와 CANL의 전압 차이가 작은 신호를 recessive bit라고 하고 1을 나타낸다. 전압 차이가 큰 신호를 dominant bit라고 하고 0을 나타낸다.

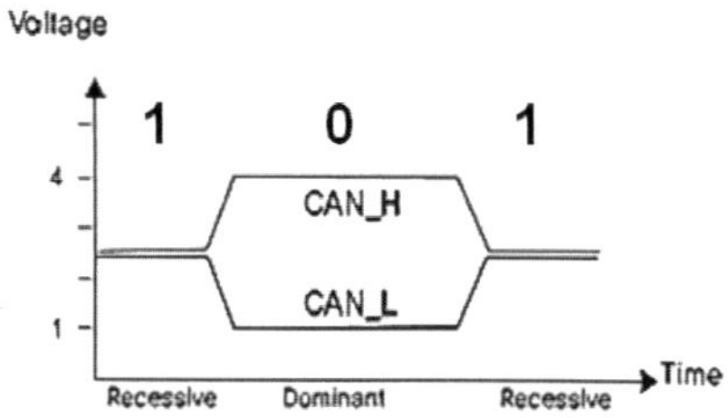

그림 10.5. CAN 버스를 통한 신호 전달의 예시

3) Arbitration

중재(Arbitration)는 한 번에 여러 노드가 CAN 버스를 점유하려고 할 때 노드의 우선순위를 정하는 절차이다. 그림 10.6은 CAN 컨트롤러에 의해서 자동으로 처리되는 CAN 중재 절차의 예시를 나타낸다. 송신하는 메시지의 값이 더 낮은 노드가 더 높은 우선순위를 가진다. Dominant bit가 recessive bit보다 더 높은 우선순위를 가진다. 그림 10.6에서 노드 C의 세 번째 비트인 dominant bit가 노드 B의 세 번째 비트인 recessive bit보다 더 높은 우선순위를 가지기 때문에 노드 C가 CAN 버스를 점유한다. 노드 B는 노드 C가 bus를 점유하는 동안 송신을 멈춘다. 노드 C가 버스의 점유를 끝내면 노드 B가 버스를 점유한다. 중재 절차는 CAN 컨트롤러가 자동으로 처리하므로 사용자가 접근할 수 없다.

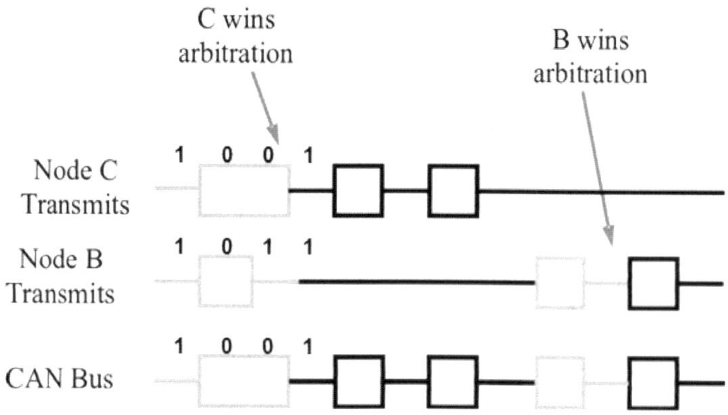

그림 10.6. CAN Arbitration

10.1.3. CAN 프로토콜

CAN bus를 통해 송신 가능한 4개의 다른 message frame이 있다. 기능에 따라 data frame, remote frame, error frame, overload frame으로 나누어진다.

1) Data frame

Data frame은 가장 일반적인 message frame이다. 송신 노드에서 수신 노드로 데이터를 전달하는 frame이다. 그림 10.7과 그림 10.8은 각각 11 비트 ID(Identifier)를 가지는 data frame(Standard CAN)과 29 비트 ID를 가지는 data frame(Extended CAN)이다.

SOF	11-bit Identifier	RTR	IDE	r0	DLC	0...8 Bytes Data	CRC	ACK	EOF	IFS

그림 10.7. Data frame(Standard CAN)

SOF	11-bit Identifier	SRR	IDE	18-bit Identifier	RTR	r1	r0	DLC	0...8 Bytes Data	CRC	ACK	EOF	IFS

그림 10.8. Data frame(Extended CAN)

2) Standard CAN data frame

① SOF(Start of Frame) (1 bit)

- Data frame과 remote frame의 시작을 표시한다. 하나의 dominant bit로 구성된다.

② Identifier(11 bits)

- 메시지의 우선순위를 결정한다. 더 낮은 값이 더 높은 우선순위를 가진다. ID(MSGID.28:18) 비트에 ID를 저장한다.

③ RTR(Remote Transmission Request) (1 bit)

- RTR 비트가 0이면 message frame이 data frame임을 나타내고, 1이면 message frame이 remote frame임을 나타낸다. RTR(MSGCTRL.4) 비트를 이용하여 설정할 수 있다.

④ IDE(Identifier Extension) (1bit)

- IDE 비트가 0이면 11 비트 ID를 가지는 Standard CAN임을 나타내고, 1이면 29 비트 ID를 가지는 Extended CAN임을 나타낸다. IDE(MSGID.31) 비트를 이용하여 설정할 수 있다.

⑤ r0(1 bit)
- 예비로 비워둔 비트

⑥ DLC(Data Length Code) (4 bits)
- Data Field에 있는 바이트의 수를 나타낸다. DLC(MSGCTRL.3-0) 비트를 이용하여 설정할 수 있다.

⑦ Data Field (0 ~ 64 bits)
- 전송되는 데이터가 저장된 field다. CANMDL, CANMDH 레지스터에 데이터가 저장된다.

⑧ CRC(Cyclic Redundancy Check) (16 bits) : CRC Sequence(15 bits) + CRC Delimiter(1 bit)
- CRC Sequence : 에러 검출에 사용되는 checksum(number of bits transmitted)을 포함한다.
- SOF 뒤부터 CRC 앞까지의 비트를 모두 더해서 CRC 값과 비교해서 다르면 CRC 에러가 발생한다.
- CRC Delimiter : CRC field와 ACK field를 구분해준다. 하나의 recessive bit로 구성된다.

⑨ ACK(Acknowledge) (2 bits) : ACK Slot(1 bit) + ACK Delimiter(1 bit)
- ACK Slot : 정확한 메시지를 수신한 모든 노드는 원래의 메시지에 있는 recessive bit를 dominant bit(수신된 메시지가 error-free 메시지임을 나타내는)로 덮어쓴다.
- ACK Delimiter : ACK field와 EOF를 구분해준다. 하나의 recessive bit로 구성된다.

⑩ EOF(End of Frame) (7 bits)
- Data frame과 remote frame의 끝을 표시한다. 7개의 recessive bit로 구성된다.

⑪ IFS(Interframe Space) (7 bits)
- 정확하게 수신된 frame을 message buffer area의 적절한 위치로 이동시키기 위해 요구되는 시간을 포함한다.

3) Extended CAN data frame

① Identifier(29 bits) : 11-bit Identifier(11 bits) + 18-bit Identifier(18 bits)
- 메시지의 우선순위를 결정한다.
- 더 낮은 값이 더 높은 우선순위를 가진다.
- ID(MSGID.28:0) 비트에 ID를 저장한다.

② SRR(Substitute remote request) (1 bit)

- Standard CAN에서의 RTR 위치를 대신한다. 하나의 recessive bit로 이루어진다.

③ r1(1 bit)

- 예비로 비워둔 비트

④ Remote frame

- Data frame의 송신을 요구하는 노드에 의해 송신되는 frame
- Data frame에서 data field만 빠진 형태를 가진다.

⑤ Error frame

- Bus-error를 감지한 노드에 의해 송신되는 frame

⑥ Overload frame

- 계속되는 data frame이나 remote frame 사이에 추가적인 delay를 주기 위해서 사용되는 frame

10.1.4. CAN 모듈의 구성

그림 10.9의 박스 부분은 CAN 컨트롤러의 구성을 나타낸다. CAN 컨트롤러는 CAN Protocol Kernel(CPK)와 Message Controller로 구성된다.

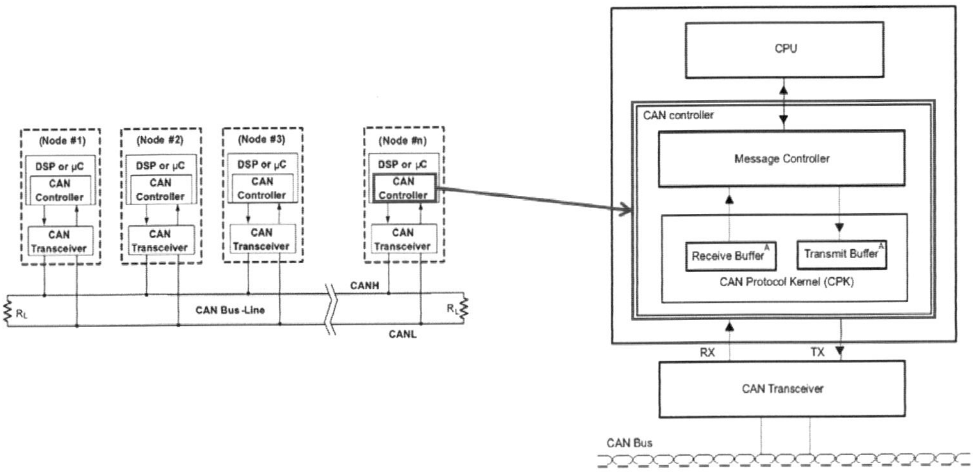

그림 10.9. CAN 컨트롤러

1) CAN protocol Kernel(CPK)

CAN bus에 수신된 모든 메시지들을 CAN 프로토콜에 따라 해석하고 receive buffer로 이 메시지들을 전송한다. CAN 프로토콜에 따라 transmit buffer를 통해 CAN bus에 메시지들을 송신한다. 송수신 버퍼는 사용자가 접근할 수 없다.

2) Message Controller

그림 10.10의 박스 부분은 CAN 컨트롤러에서 Message Controller의 구성을 나타낸다. Message Controller는 32-Message Mailbox RAM, Memory Management Unit, Control and status registers로 구성된다.

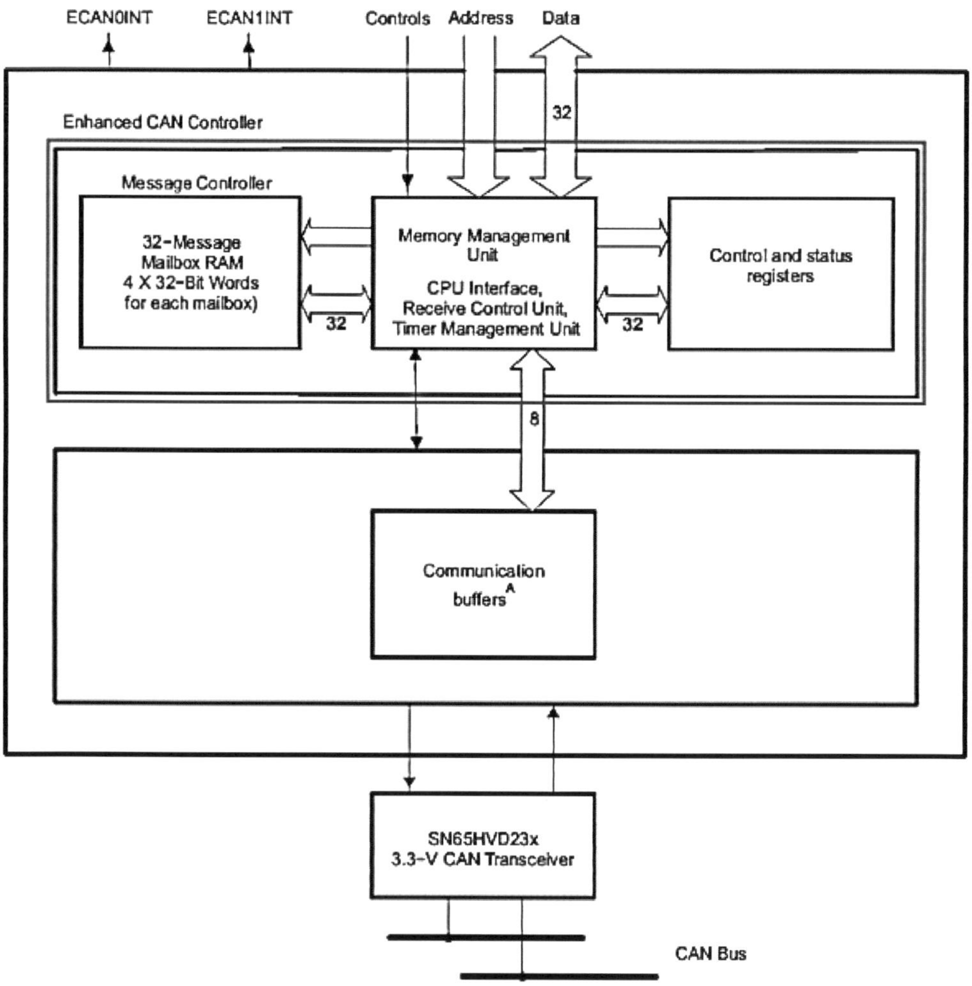

그림 10.10. CAN 컨트롤러 (Message Controller)

3) 32-Message Mailbox RAM

그림 10.11은 32-Message Mailbox RAM을 나타낸다. 메시지 메일박스는 CAN 메시지가 수신 후나 송신 전에 실제로 저장되는 RAM area이다. CPU는 메시지를 저장하는데 사용되지 않는 메시지 메일박스의 RAM area를 일반 메모리로 사용할 수 있다. 메일박스 RAM은 Mailbox 0부터 Mailbox 31까지 32개의 메일박스로 구성된다. 각 메일박스는 32비트(4바이트)인 레지스터 4개가 저장된다. 각 레지스터는 메시지의 ID와 관련된 MSGID 레지스터, 메시지 제어와 관련된 MSGCTRL 레지스터, 메시지의 데이터를 저장하는 CANMDL, CANMDH 레지스터이다.

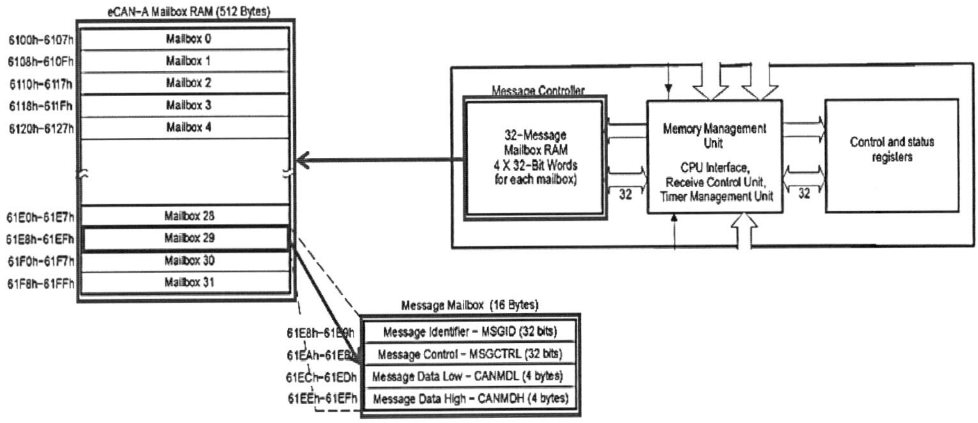

그림 10.11. 32-Message Mailbox RAM

각 메일박스는 4개의 message object type 중 하나로 설정될 수 있다. Message object type의 종류와 관련 레지스터 설정은 표 10.1과 같다. Transmit message object와 receive message object는 1:n 통신을 위해 사용된다. 반면에 request message object와 reply message object는 1:1 통신을 위해 사용된다.

표 10.1. Message Object Behavior 설정

Message Object Behavior	Mailbox Direction Register (CANMD)	Auto-Answer Mode Bit (AAM)	Remote Transmission Request Bit (RTR)
Transmit message object	0	0	0
Receive message object	1	0	0
Request message object	1	0	1
Reply message object	0	1	0

4) Memory Management Unit

그림 10.12에서 보는 것과 같이 Memory Management Unit(MMU)은 CPU 인터페이스, receive control unit(acceptance filtering), timer management unit으로 구성된다.

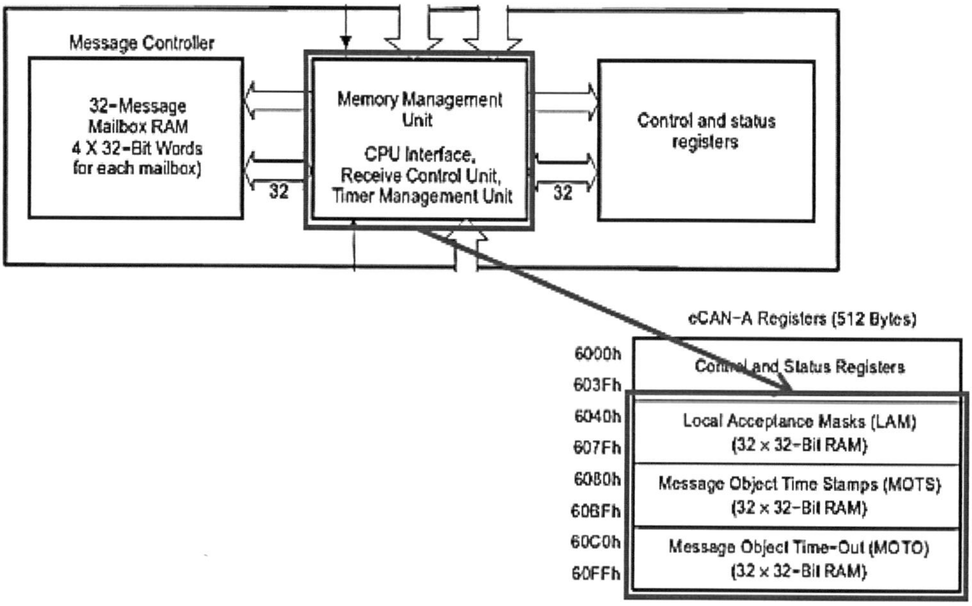

그림 10.12. Memory Management Unit

Receive Control Unit은 CPK에 의해 수신된 유효한 메시지를 mailbox에 저장할지를 결정한다. Receive Control Unit은 적절한 mailbox location을 결정하기 위해 모든 message object들의 state, identifier, mask를 체크한다. 수신된 메시지는 acceptance filtering을 통과하여 첫 번째 mailbox에 저장된다. Receive control unit이 수신된 메시지를 저장할 mailbox를 찾지 못한다면 메시지는 버려진다.

메시지가 송신되어야만 할 때, message controller는 다음의 bus-idle state에 메시지 송신을 시작하기 위해 CPK의 transmit buffer로 메시지를 전송한다. 하나의 메시지보다 더 많은 메시지가 송신되어야만 할 때, 송신될 준비가 된 메시지 중에 가장 높은 우선순위를 가지는 메시지가 message controller에 의해 CPK로 전송된다. 두 개의 mailbox가 같은 우선순위를 가지면 더 높은 번호를 가지는 mailbox가 먼저 송신된다.

Timer Management Unit은 time-stamp counter로 구성되고 수신되거나 송신되는 모든 메시지에게 time stamp를 알린다. 메시지가 허용된 기간 동안 수신되거나 송신되지 않으면 인터럽트를 발생한다(time-out). Time-stamping 기능은 오직 eCAN mode에서만 사용 가능하다.

Time stamp는 어느 시점에 데이터가 존재했다는 사실을 증명하기 위하여 특정 위치에 표시하는 시각이다. 메시지의 수신이나 송신의 시간 정보를 얻기 위해서 모듈에서 free-running 32-bit timer(TSC)가 실행된다. 수신된 메시지가 저장되거나 메시지가 송신될 때 TSC의 내용이 해당하는 mailbox의 time stamp register(Message Object Time Stamp [MOTS])에 쓰여진다. 모든 메시지들의 미리 정해진 기간 내에 보내지거나 수신되도록 하기 위해서 각각의 mailbox는 time-out register(MOTO)를 가진다. Time-out register에 나타나는 시간까지 메시지가 송신되거나 수신되지 않으면 time-out status register에 있는 플래그가 셋된다.

데이터 전송을 시작하기 위해서는 송신할 메일박스에 해당하는 transmission request (TRS.n) 비트를 셋해야 한다. 전체 송신 절차와 가능한 에러 처리는 CPU 개입 없이 수행된다. mailbox가 메시지를 수신하기 위해 설정된다면, CPU는 CPU read instructions을 사용하여 쉽게 데이터 레지스터를 읽는다. Mailbox는 모든 메시지의 성공적인 송수신 후에 CPU를 차단하기 위해 설정 될지도 모른다. 그림 10.13의 Control and status registers는 프로세서의 control 연산을 위하여 사용되는 레지스터이다.

5) Control and status registers

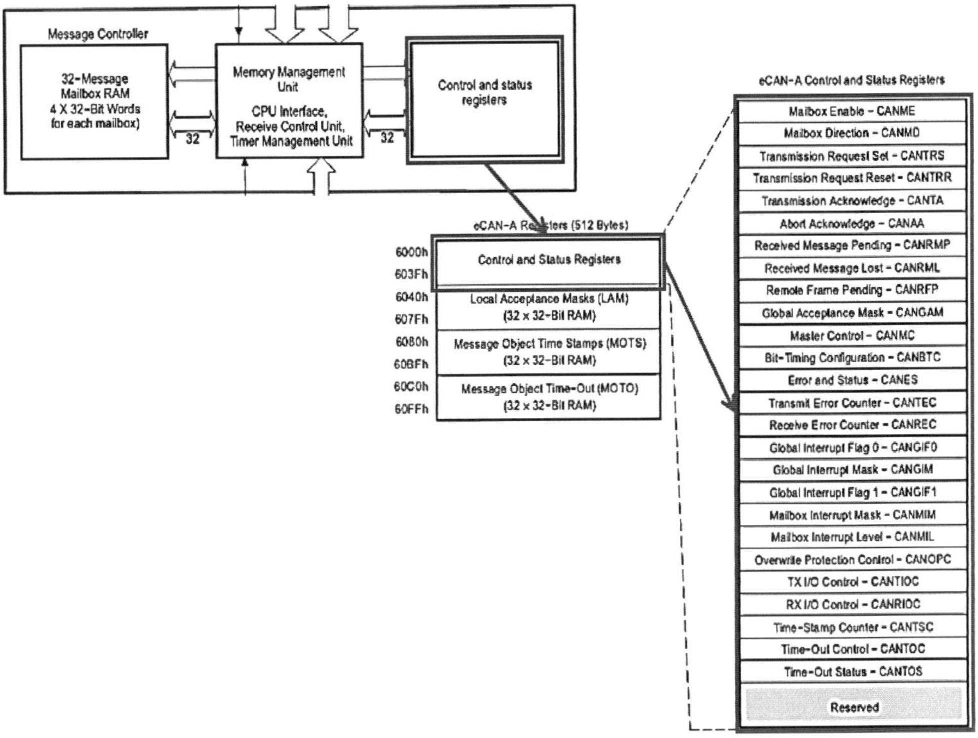

그림 10.13. Control and status registers

10.2. CAN 모듈 동작

10.2.1. CAN 모듈 기본 동작

1) Transmit Mailbox

CPU는 송신할 데이터와 ID를 송신 메일박스로 설정된 메일박스에 저장한다. 해당하는 TRS 비트를 셋하면 메시지는 보내진다. 두 개 이상의 메일박스가 송신 메일박스로 설정되고 해당하는 TRS 비트를 셋하면 우선순위가 높은 메일박스부터 잇따라서 메시지를 보낸다. 송신이 중재 절차에서의 패배나 에러 때문에 실패한다면 메시지 송신은 재시도될 것이다. 송신을 재시도하기 전에, CAN 모듈은 다른 송신이 요청되었는지 확인하고 가장 높은 우선순위를 가지는 메일박스를 송신한다.

2) Receive Mailbox

메시지가 수신되면 메시지 컨트롤러는 메시지와 일치하는 ID를 가지는 수신 메일박스를 찾기 시작한다. ID가 일치하는 메일박스를 찾으면 그 메일박스에 수신된 ID, control bits, 데이터를 저장한다. 이와 동시에, 해당하는 RMP 비트가 셋되고 수신 인터럽트가 발생한다. CPU가 메일박스에 저장된 데이터를 읽은 후에 해당하는 RMP 비트는 클리어된다. 일치하는 ID를 가진 메일박스를 찾지 못하면 그 메시지는 저장되지 않는다.

어떤 메일박스가 receive mailbox로 설정되고 RTR 비트가 셋된다면 그 메일박스는 remote frame을 보낼 수 있는 상태가 된다. 이 상태에서 메일박스에 해당하는 TRS 비트를 셋하면 remote frame이 송신된다. remote frame이 송신되면 TRS 비트가 CAN 모듈에 의해 클리어된다.

10.2.2. 통신 속도

CAN 버스를 공유하는 모든 컨트롤러는 같은 CAN 모듈 클락 속도(CAN Module Clock)와 통신 속도(CAN Bus Speed)를 가져야만 한다.

CAN 모듈 클락 속도는 다음과 같다.

$$CAN\ Module\ Clock\,[Hz] = \frac{SYSCLKOUT/4}{BRP}$$

SYSCLKOUT/4는 CAN 모듈 클락 주파수이다. 각 컨트롤러의 CAN 모듈 클락 주파수는 다르기 때문에 CAN 모듈 클락 주파수가 같아지도록 BRP로 분주해야 한다. BRP_{reg}

(CANBTC.23-16) 비트로 BRP($= BRP_{reg}+1$)를 설정할 수 있다.

통신 속도는 다음과 같다.

$$CAN\ Bus\ speed[bps] = \frac{SYSCLKOUT/4}{BRP \times Bit\ \ Time}$$

BRP로 분주하여 주파수가 같아진 CAN 모듈 클럭을 Bit Time으로 분주하여 통신 속도를 조절 할 수 있다. 그림 10.14는 하나의 Bit Time을 나타낸다. Bit Time의 단위는 비트당 TQ(TIME QUANTA)의 개수이다. TQ의 개수는 CAN 모듈 클럭의 개수를 의미한다. 즉, Bit Time은 CAN 버스를 통해 전달되는 각 비트가 몇 개의 CAN 모듈 클럭으로 이루어져 있는지를 나타낸다.

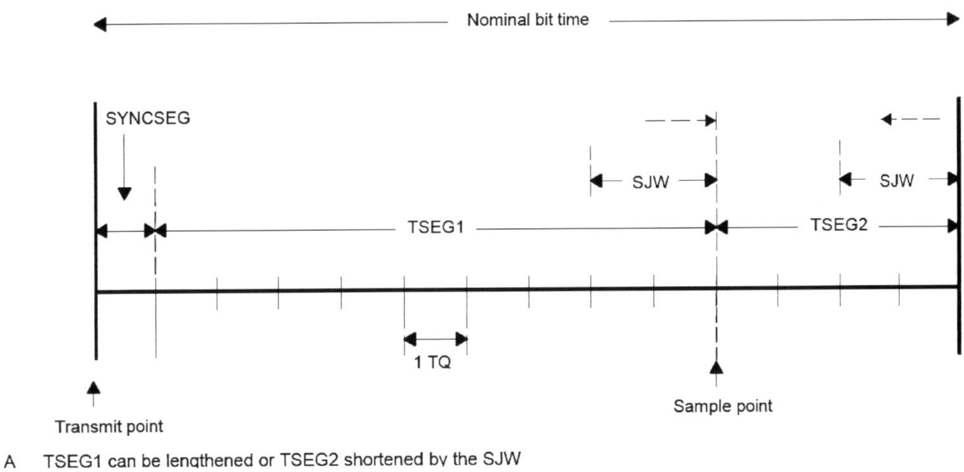

그림 10.14. CAN bit timing

그림 10.14를 보면 알 수 있듯이 Bit Time은 다음과 같다.

$$Bit\ \ Time = SYNCSEG + TSEG1 + TSEG2$$

SYNC_SEG는 버스를 공유하는 여러 노드를 동기화하기 위해서 사용되는 시간이다. 에지는 이 시간 내에 위치해 있다고 예상된다. 항상 1 TQ의 시간을 가진다.

TSEG1은 PROP_SEG, PHASE_SEG1로 구성된다. PROP_SEG는 네트워크 내의 물리적인 지연 시간(physical delay times)을 보상하기 위해서 사용되는 시간이다. 1 ~ 8 TQ의 시간을 가진다. PHASE_SEG1은 상승 에지 위상 오차(positive edge phase error)를 보상하기 위해서 사용되는 시간이다. 1 ~ 8TQ의 시간을 가진다. $TSEG1_{reg}$(CANBTC.6-3) 비트로 TSEG1($= TSEG1_{reg}+1$)을 설정할 수 있다.

TSEG2는 PHASE_SEG2로 구성된다. PHASE_SEG2는 하강 에지 위상 오차(negative edge phase error)를 보상하기 위해서 사용되는 시간이다. 2 ~ 8 TQ의 시간을 가진다. $TSEG_{reg}$(CANBTC.2-0) 비트로 TSEG2($= TSEG2_{reg}+1$)를 설정할 수 있다.

재동기화가 될 때 TSEG1는 SJW(synchronization jump width)만큼 시간이 길어지고 TSEG2는 SJW만큼 시간이 짧아진다. SJW_{reg}(CANBTC.9-8) 비트로 SJW($= SJW_{reg}+1$)를 설정할 수 있다.

샘플 포인트(sample point)는 TSEG1과 TSEG2가 만나는 포인트이다. 샘플 포인트에서의 값이 CAN 버스의 실제 레벨을 결정한다.

각각의 시간을 결정할 때는 다음과 같이 만족해야 하는 규칙은 다음과 같다.

- TSEG1(min) ≥ TSEG2
- IPT ≤ TSEG1 ≤ 16 TQ
- IPT ≤ TSEG2 ≤ 8 TQ
- IPT = 3/BRP (올림)
- 1 TQ ≤ SJW(max) (= min[4 TQ, TSEG2])

IPT(Information Processing Time)는 비트를 읽는데 필요한 시간이다.

CAN 모듈 클락 주파수가 75-MHz일 때의 통신 속도 예는 표 10.2과 같다.

표 10.2. BRP Field for Bit Rates (BT=15, $TSEG1_{reg}$=10, $TSEG_{reg}$=2, Sampling Point=80%)

CAN Bus Speed	BRP	CAN Module Clock
1 Mbps	$BRP_{reg}+1=5$	15 MHz
500 kbps	$BRP_{reg}+1=10$	7.5 MHz
250 kbps	$BRP_{reg}+1=20$	3.75 MHz
125 kbps	$BRP_{reg}+1=40$	1.875 MHz
100 kbps	$BRP_{reg}+1=50$	1.5 MHz
50 kbps	$BRP_{reg}+1=100$	0.75 MHz

Bit Time이 15일 때 CANBTC 레지스터 설정에 따른 샘플 포인트의 예는 표 10.3과 같다.

표 10.3. Achieving Different Sampling Points with a BT of 15

$TSEG1_{reg}$	$TSEG2_{reg}$	SP
10	2	80%
9	3	73%
8	4	66%
7	5	60%

1) Acceptance Filter

하나의 수신 메일박스가 메시지를 수신하는 1:1 통신에서는 도착하는 메시지의 ID와 수신 메일박스의 ID를 전체적으로 비교한 후에 메시지를 수신할지를 결정한다. 하지만 서로 다른 ID를 가지는 다수의 수신 메일박스가 메시지를 수신하는 1:N 통신에서는 ID를 부분적으로만 비교한 후에 메시지를 수신할지를 결정해야 한다. CANGAM 레지스터와 LAMn 레지스터는 ID의 비트 중 부분적으로 필터링할 비트를 설정할 수 있다.

CAN 모듈이 SCC 모드일 때, 메일박스 15 ~ 6은 CANGAM 레지스터를 사용한다. 메일박스 5 ~ 3은 LAM3 레지스터를 사용한다. 메일박스 2 ~ 0은 LAM0 레지스터를 사용한다.

CAN 모듈이 eCAN 모드일 때, 메일박스 31 ~ 0은 LAM31 ~ 0 레지스터를 사용한다. eCAN 모드에서는 CANGAM 레지스터를 사용하지 않는다.

10.2.3. CAN 모듈 인터럽트

CAN 모듈의 인터럽트는 두 개의 타입으로 나뉘진다. 하나는 메일박스와 관련된 메일박스 인터럽트이고 다른 하나는 에러나 시스템과 관련된 인터럽트 소스를 처리하는 시스템 인터럽트이다.

- 메일박스 인터럽트
  - Message reception interrupt : 메시지가 수신되었을 때 발생
  - Message transmission interrupt : 메시지가 성공적으로 송신되었을 때 발생
  - Abort-acknowledge interrupt : 송신이 중단되었을 때 발생
  - Received-message-lost interrupt : 이전의 메시지가 새로운 메시지에 의해 덮어써 졌을 때 발생 (CPU가 이전의 메시지를 읽기 전에)
  - Mailbox timeout interrupt (eCAN mode only) : 메시지 중 하나가 미리 정해진 시간 내에 송신되거나 수신되지 않았을 때 발생

- 시스템 인터럽트
  - Write-denied interrupt : CPU가 메일박스에 쓰기를 시도했지만 허용되지 않았을 때 발생
  - Wake-up interrupt : wake up 후에 발생
  - Bus-off interrupt : CAN 모듈이 bus-off 상태에 들어갈 때 발생
  - Error-passive interrupt : CAN 모듈이 error-passive 모드에 들어갈 때 발생
  - Warning level interrupt : 에러 카운터가 96 이상이 될 때 발생

● Time-stamp counter overflow interrupt (eCAN only) : time-stamp 카운터가 오버플로우를 가졌을 때 발생

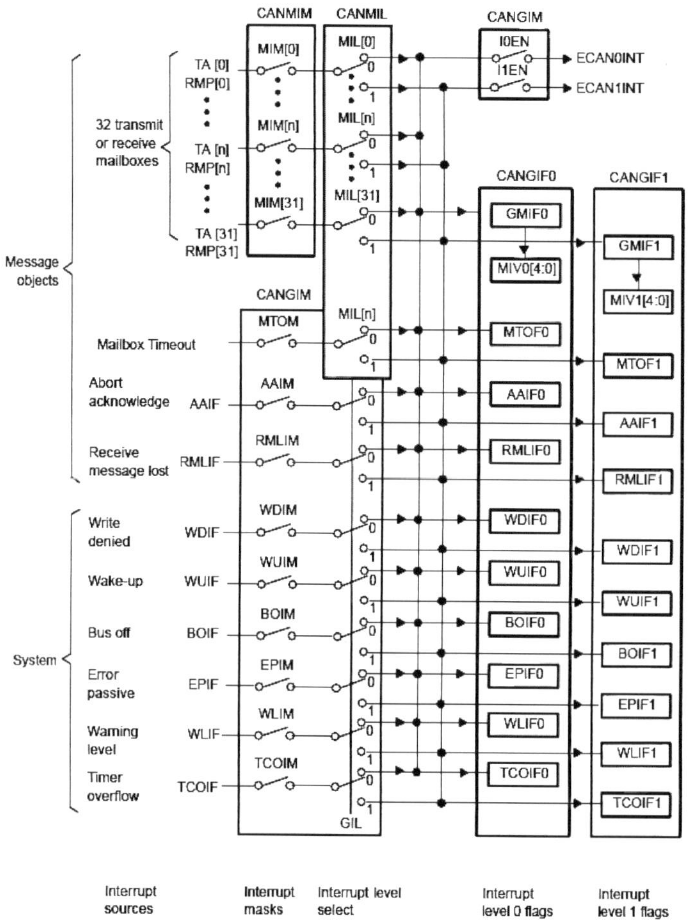

그림 10.15. 인터럽트 scheme

그림 10.15는 인터럽트 로직을 나타낸다. CAN 모듈은 그림 10.15와 같이 ECAN0INT 라인과 ECAN1INT 라인, 두 개의 인터럽트 라인을 가지고 있다.

I1EN(CANGIM.1) 비트를 1로 셋하면 ECAN1INT 인터럽트 라인이 활성화되고 I0EN(CANGIM.0) 비트를 1로 셋하면 ECAN0 인터럽트 라인이 활성화된다. CANMIM 레지스터와 CANGIM 레지스터를 설정하여 각각의 Interrupt mask를 1로 셋하면 해당하는 인터럽트가 활성화된다. CANMIL 레지스터와 GIL(CANGIM.2) 비트를 설정하여 각각의 Interrupt level select를 1로 셋하면 해당하는 인터럽트가 ECAN1INT 인터럽트 라인에 배치되고 0으로 클리어하면 해당하는 인터럽트가 ECAN0INT 인터럽트 라인에 배치된다. Interrupt sources가 발생하면 CANGIF0/1 레지스터의 해당하는 Interrupt level 0/1 flags가 1로 셋된다.

각 인트럽트 플래그의 인터럽트 조건과 클리어 방법은 표 10.4와 같다.

표 10.4. eCAN 인터럽트

인터럽트 플래그	인터럽트 조건	GIF0/GIF1 결정	클리어 방법
WLIFn	에러 카운터가 96 이상일 때	GIL 비트	플래그에 1을 쓴다.
EPIFn	CAN 모듈이 "error passive" 모드에 들어갈 때	GIL 비트	플래그에 1을 쓴다.
BOIFn	CAN 모듈이 "bus-off" 모드에 들어갈 때	GIL 비트	플래그에 1을 쓴다.
RMLIFn	오버플로우 조건이 발생할 때	GIL 비트	RMPn 비트를 셋한다.
WUIFn	CAN 모듈이 local power-down mode가 될 때	GIL 비트	플래그에 1을 쓴다.
WDIFn	메일박스에 대한 쓰기 액세스가 거부되었을 때	GIL 비트	플래그에 1을 쓴다.
AAIFn	송신 요청이 중단되었을 때	GIL 비트	AAn 비트를 셋한다.
GMIFn	메일박스 중 하나가 성공적으로 메시지를 송신했거나 수신했을 때	MILn 비트	CANTA 레지스터나 CANRMP 레지스터에서 해당하는 비트에 1을 쓴다.
TCOFn	TSC의 MSB가 0에서 1로 바뀔 때	GIL 비트	플래그에 1을 쓴다.
MTOFn	메일박스 중 하나가 명시된 시간 내에 송신되거나 수신되지 않았을 때	MILn 비트	TOSn 비트를 클리어한다.

10.3. CAN 모듈의 레지스터 및 기능 설명

10.3.1. CANME 레지스터

그림 10.16은 CANME(CAN Mailbox-Enable Register) 레지스터를 보여준다.

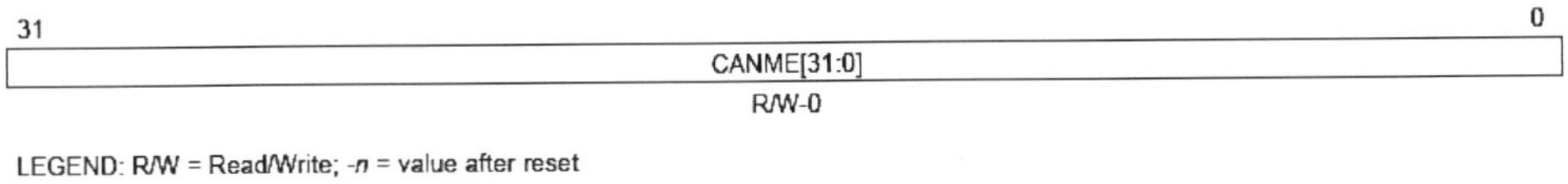

그림 10.16. CANME (CAN Mailbox-Enable Register) 레지스터

이 레지스터는 각각의 mailbox들의 활성화 유무를 설정한다. 예를 들어, CANME.25 비트에 1이 쓰여지면 25번 mailbox가 CAN 모듈에서 활성화된다.

Bit	Field	Value	Description
31:0	CANME	1	해당하는 mailbox가 CAN module에서 활성화된다.
		0	해당하는 mailbox가 CAN module에서 비활성화다. 비활성화된 mailbox는 CPU를 위한 추가적인 메모리로 사용될 수 있다.

10.3.2. CANMD 레지스터

그림 10.17은 CANMD(CAN Mailbox-Direction Resister) 레지스터를 보여준다.

31	0
CANMD[31:0]	
R/W-0	

LEGEND: R/W = Read/Write; -*n* = value after reset

그림 10.17. CANMD(CAN Mailbox-Direction Register) 레지스터

이 레지스터는 메일박스를 송신 메일박스나 수신 메일박스로 설정한다.

1) CANMD(CANMD.31:0) : Mailbox direction 비트

1 : 해당하는 메일박스는 수신 메일박스로 설정된다.

0 : 해당하는 메일박스는 송신 메일박스로 설정된다.

10.3.3. CANTRS 레지스터

그림 10.18은 CANTRS(CAN Transmission-Request Set Register) 레지스터를 보여준다.

31	0
TRS[31:0]	
RS-0	

LEGEND: RS = Read/Set; -*n* = value after reset

그림 10.18. CANTRS(CAN Transmission-Request Set Register) 레지스터

1) TRS(CANTRS.31:0) : Transmit-request-set 비트

1 : TRS[n] 비트를 셋하면 해당하는 메일박스에 있는 메시지를 송신한다. 여러 비트를 동시에 셋하면 모든 메시지가 우선순위 순으로 송신된다.

0 : 이 비트는 송신이 성공하거나 중단되면 리셋된다.

10.3.4. CANTRR 레지스터

그림 10.19는 CANTRR(CAN Transmission-Request-Reset Register) 레지스터를 보여준다.

31	0
TRR[31:0]	
RS-0	

LEGEND: RS = Read/Set; -*n* = value after reset

그림 10.19. CANTRR(CAN Transmission-Request-Reset Register) 레지스터

1) TRR (CANTRR.31:0) : Transmit-request-reset 비트

1 : TRR[n] 비트를 셋하면 해당하는 메일박스의 송신 요청을 취소한다.

0 : 이 비트는 송신이 성공하거나 중단되면 리셋된다.

10.3.5. CANTA 레지스터

그림 10.20은 CANTA(CAN Transmission-Acknowledge Register) 레지스터를 보여준다.

31	0
TA[31:0]	
RC-0	

LEGEND: RC = Read/Clear; -*n* = value after reset

그림 10.20. CANTA(CAN Transmission-Acknowledge Register) 레지스터

1) TA (CANTA.31:0) : Transmit-acknowledge 비트

1 : 메일박스 n의 메시지가 성공적으로 송신되면 TA[n] 비트가 셋된다.

0 : 메시지가 송신되지 않았다. TA[n] 비트에 1을 쓰면 해당하는 비트는 리셋된다. 0을 쓰면 아무 효과가 없다.

10.3.6. CANAA 레지스터

그림 10.21은 CANAA(CAN Abort-Acknowledge Register) 레지스터를 보여준다.

31 … 0
AA[31:0]
RC-0

LEGEND: RC = Read/Clear; -*n* = value after reset

그림 10.21. CANAA(CAN Abort-Acknowledge Register) 레지스터

1) AA (CANAA.31:0) : Abort-acknowledge 비트

1 : 메일박스 n의 메시지의 송신이 중단되면 AA[n] 비트는 셋된다.

0 : 송신이 중단되지 않았다. AA[n] 비트에 1을 쓰면 해당하는 비트는 리셋된다. 0을 쓰면 아무 효과가 없다.

10.3.7. CANRMP 레지스터

그림 10.22는 CANRMP(CAN Received-message-Pending Register) 레지스터를 보여준다.

31 … 0
RMP[31:0]
RC-0

LEGEND: RC = Read/Clear; -*n* = value after reset

그림 10.22. CANRMP(CAN Received-Message-Pending Register) 레지스터

1) RMP (CANRMP.31:0) : Received-message-pending 비트

1 : 메일박스 n에 수신된 메시지가 있으면 RMP[n] 비트가 셋된다.

0 : 메일박스에 메시지가 없다. RMP[n] 비트에 1을 쓰면 해당하는 비트는 리셋된다. 0을 쓰면 아무 효과가 없다.

10.3.8. CANRML 레지스터

그림 10.23은 CANRML(CAN Received-Message-Lost Register) 레지스터를 보여준다.

31	0
RML[31:0]	
R-0	

LEGEND: R = Read; -*n* = value after reset

그림 10.23. CANRML(CAN Received-Message-Lost Register) 레지스터

Bit	Field	Value	Description
31:0	RML	1	메일박스 n에 새로운 메시지가 수신되어서 원래 저장되어 있던 메시지가 지워지고 새로운 메시지가 저장되면 RML[n] 비트가 셋된다.
		0	원래 저장되어 있던 메시지가 지워지지 않았다. RMPn 비트가 클리어되면 RMLn 비트도 클리어된다.

10.3.9. CANRFP 레지스터

그림 10.24는 CANRFP(CAN Remote-Frame-Pending Register) 레지스터를 보여준다.

31	0
RFP.31:0	
RC-0	

LEGEND: RC = Read/Clear; -*n* = value after reset

그림 10.24. CANRFP(CAN Remote-Frame-Pending Register) 레지스터

Bit	Field	Value	Description
31:0	RFP	1	메일박스 n에 emote frame의 요청이 모듈에 의해 수신되면 RFPn 비트가 셋된다.
		0	메일박스 n에 remote frame의 요청이 수신되지 않으면 RFPn 비트가 클리어된다. 이 레지스터는 CPU에 의해 클리어된다.

10.3.10. CANGAM 레지스터

그림 10.25는 CANGAM(CAN Global Acceptance Mask Register) 레지스터를 보여준다.

31	30 29	28 16
AMI	Reserved	GAM[28:16]
RWI-0	R-0	RWI-0

15 0
GAM[28:16]
RWI-0

LEGEND: RWI = Read at any time, write during initialization mode only; -n = value after reset

그림 10.25. CANGAM(CAN Global Acceptance Mask Register) 레지스터

Bit	Field	Value	Description
31	AMI	1	이 비트를 1로 셋하면 standard와 extended frame 모두 수신할 수 있다. Extended frame의 경우에, ID의 29비트는 메일박스에 저장되고 GAM의 29비트는 필터로 사용된다. Standard frame의 경우에, 오직 ID.28:18(11비트)와 GAM.28:18(11비트)만이 사용된다.
		0	이 비트를 0으로 클리어하면 메일박스에 저장된 IDE 비트가 어떤 메시지를 수신할지 결정한다.
28:0	GAM 28:0	1	이 비트를 0으로 클리어하면 수신된 메시지의 IDE 비트가 어떤 메시지를 수신할지 결정한다.
		0	GAM.n 비트를 0으로 클리어하면 수신된 메시지의 ID.n 비트는 수신 메일박스의 ID.n 비트와 일치해야만 한다.

10.3.11. CANMC 레지스터

그림 10.26은 CANMC(CAN Master Control Register) 레지스터를 보여준다.

31 17	16
Reserved	SUSP
R-0	R/W-0

15	14	13	12	11	10	9	8
MBCC	TCC	SCB	CCR	PDR	DBO	WUBA	CDR
R/WP-0	SP-x	R/WP-0	R/WP-1	R/WP-0	R/WP-0	R/WP-0	R/WP-0

7	6	5	4 0
ABO	STM	SRES	MBNR
R/WP-0	R/WP-0	R/S-0	R/W-0

LEGEND: R = Read, WP = Write in EALLOW mode only, S = Set in EALLOW mode only; -n = value after reset; x = Indeterminate
Note: eCAN only, reserved in the SCC

그림 10.26. CANMC(CAN Master Control Register) 레지스터

1) SUSP (CANMC.16) : SUSPEND

1 : 이 비트를 1로 셋하면 FREE 모드가 된다.
0 : 이 비트를 0으로 클리어하면 SOFT 모드가 된다.

2) MBCC (CANMC.15) : Mailbox timestamp counter clear 비트

이 비트는 EALLOW protected이고 SCC 모드에서는 reserved이다.
1 : 메일박스 16의 성공적인 송신이나 수신 후에 타임 스탬프 카운터가 0으로 리셋된다.
0 : 타임 스탬프 카운터가 리셋되지 않는다.

3) TCC (CANMC.14) : Time stamp counter MSB clear bit

1 : 이 비트를 1로 셋하면 타임 스탬프 카운터의 MSB가 0으로 리셋된다. 이 비트는 내부 로직에 의해 클락의 한 주기 후에 리셋된다.
0 : 이 비트를 0으로 클리어하면 타임 스탬프 카운터가 바뀌지 않는다.

4) SCB (CANMC.13) : SCC compatibility bit

1 : 이 비트를 1로 셋하면 CAN 모듈을 eCAN 모드로 설정한다.
0 : 이 비트를 0으로 클리어하면 CAN 모듈을 SCC 모드로 설정한다. 메일박스 0부터 메일박스 15까지만 사용 할 수 있다.

5) CCR (CANMC.12) : Change-configuration request

1 : 이 비트를 1로 셋하면 CPU가 CANBTC, CANGAM, LAM0, LAM3 레지스터에 쓰기 엑세스를 요청한다.
0 : 이 비트를 0으로 클리어하면 CPU가 일반 동작 모드를 요청한다.

6) PDR (CANMC.11) : Power down mode request

1 : 이 비트를 1로 셋하면 local power-down 모드가 요청된다.
0 : 이 비트를 0으로 클리어하면 local power-down 모드가 요청되지 않는다. (일반 동작 모드)

7) DBO (CANMC.10) : Data byte order

1 : 이 비트를 1로 셋하면 데이터가 LSB부터 먼저 송수신된다.
0 : 이 비트를 0으로 클리어하면 데이터가 MSB부터 먼저 송수신된다.

8) WUBA (CANMC.9) : Wake up on bus activity

1 : 이 비트를 1로 셋하면 모듈은 bus activity를 탐지한 후에 power down 모드를 빠져나온다.
0 : 이 비트를 0으로 셋하면 모듈은 PDR 비트에 0을 써야지만 power down 모드를 빠져나올 수 있다.

9) CDR (CANMC.8) : Change data field request

1 : 이 비트를 1로 셋하면 MBNR.4:0 비트에 명시된 메일박스의 데이터 필드에 쓰기 액세스를 요청한다.
0 : 이 비트를 0으로 클리어하면 일반 동작 모드를 요청한다.

10) ABO (CANMC.7) : Auto bus on

1 : 버스 오프 상태에서 모듈이 128 * 11개의 recessive 비트를 수신하면 자동으로 버스 온 상태로 되돌아간다.
0 : 128 * 11개의 recessive 비트를 수신하고 CCR 비트를 클리어하면 버스 온 상태로 되돌아간다.

11) STM (CANMC.6) : Self test mode

1 : 이 비트를 1로 셋하면 모듈이 자가 진단(self-test) 모드로 설정된다.
0 : 이 비트를 0으로 클리어하면 모듈이 일반 모드로 설정된다.

12) SRES (CANMC.5)

1 : 이 레지스터에 대한 쓰기 액세스는 모듈의 소프트웨어 리셋을 야기한다. 메일박스 내용과 에러 카운터는 수정되지 않는다.
0 : No effect

13) MBNR (CANMC.4:0) : Mailbox number

CPU가 데이터 필드에 쓰기 액세스를 요청한 메일박스 번호. 이 비트는 CDR 비트와 함께 사용된다. MBNR.4 비트는 eCAN 모드에서만 사용되고 SCC 모드에서는 사용되지 않는다.

10.3.12. CANBTC 레지스터

그림 10.27은 CANBTC(CAN Bit-Timing Configuration Register) 레지스터를 보여준다.

31 ... 24	23 ... 16
Reserved	BRP_{reg}
R-x	RWPI-0

15 ... 10	9 ... 8	7	6 ... 3	2 ... 0
Reserved	SJW_{reg}	SAM	$TSEG1_{reg}$	$TSEG2_{reg}$
R-0	RWPI-0	RWPI-0	RWPI-0	RWPI-0

그림 10.27. CANBTC(CAN Bit-Timing Configuration Register) 레지스터

1) BRPreg (CANBTC.23:16) : Baud rate prescaler

이 비트는 보 레이트 설정을 위한 분주기의 값인 BRP를 설정하는데 사용된다.

① BRP = BRPreg + 1

2) SJWreg (CANBTC.9:8) : Synchronization jump width

이 비트는 재동기화가 될 때 TSEG1가 길어지는 시간과 TSEG2가 짧아지는 시간을 나타내는 SJW를 설정하는데 사용된다.

① SJW = SJWreg + 1

3) SAM (CANBTC.7)

이 비트는 CAN 버스의 실제 레벨을 결정하는데 사용되는 샘플의 수를 설정하는데 사용된다.

1 : 이 비트를 1로 셋하면 CAN 모듈은 세 번 샘플링한다. 다수결로 CAN 버스의 실제 레벨을 결정한다.

0 : 이 비트를 0으로 클리어하면 CAN 모듈은 샘플링 포인트에서 오직 한 번 샘플링한다.

4) TSEG1reg (CANBTC.6:3) : Time segment 1

이 비트는 TSEG1 부분의 시간을 설정하는데 사용된다.

① TSEG1 = TSEG1reg + 1

5) TSEG2reg (CANBTC.2:0) : Time egment 2

이 비트는 TSEG2 부분의 시간을 설정하는데 사용된다.

① TSEG2 = TSEG2reg + 1

10.3.13. CANES 레지스터

그림 10.28은 CANES(CAN Error and Status Register) 레지스터를 보여준다.

31–25	24	23	22	21	20	19	18	17	16
Reserved	FE	BE	SA1	CRCE	SE	ACKE	BO	EP	EW
R-0	RC-0	RC-0	R-1	RC-0	RC-0	RC-0	RC-0	RC-0	RC-0

15–6	5	4	3	2	1	0
Reserved	SMA	CCE	PDA	Rsvd	RM	TM
R-0	R-0	R-1	R-0	R-0	R-0	R-0

그림 10.28. CANES (CAN Error and Status Register) 레지스터

1) FE (CANES.24) : Form error flag

1 : 버스에 form 에러가 발생하면 셋된다.
0 : form 에러가 감지되지 않으면 클리어된다.

2) BE (CANES.23) : Bit error flag

1 : 비트 에러가 발생하면 셋된다.
0 : 비트 에러가 감지되지 않으면 클리어된다.

3) SA1 (CANES.22) : Stuck at dominant error

1 : CAN 모듈이 CAN 버스에서 recessive 비트를 발견하지 못하면 셋된다.
0 : CAN 모듈이 CAN 버스에서 recessive 비트를 발견하면 클리어된다.

4) CRCE (CANES.21) : CRC error

1 : CAN 모듈이 틀린 CRC를 받으면 셋된다.
0 : CAN 모듈이 맞는 CRC를 받으면 클리어된다.

5) SE (CANES.20) : Stuff error

1 : stuff bit 에러가 발생하면 셋된다.
0 : stuff bit 에러가 발생하지 않으면 클리어된다.

6) ACKE (CANES.19) : Acknowledge error

1 : CAN 모듈이 ack를 받지 못하면 셋된다.
0 : CAN 모듈이 ack를 받으면 클리어된다.

7) BO (CANES.18) : Bus-off status

1 : 버스 오프 상태가 되면 이 비트는 1로 셋된다.
0 : 일반 동작 모드일 때 이 비트는 0으로 클리어된다.

8) EP (CANES.17) : Error-passive state

1 : CAN 모듈이 에러 패시브 모드라면 이 비트는 1로 셋된다.
0 : CAN 모듈이 에러 액티브 모드라면 이 비트는 0으로 클리어된다.

9) EW (CANES.16) : Warning status

1 : 두 개의 에러 카운터 중 하나가 96에 도달하면 이 비트는 1로 셋된다.
0 : 두 개의 에러 카운터 중 둘 다가 96보다 작으면 이 비트는 0으로 클리어된다.

10) SMA (CANES.5) : Suspend mode acknowledge

1 : 모듈이 suspend 모드에 들어가면 이 비트는 1로 셋된다.
0 : 모듈이 suspend 모드가 아니면 이 비트는 0으로 클리어된다.

11) CCE (CANES.4) : Change configuration enable

1 : CPU가 설정 레지스터에 대한 쓰기 액세스를 가지면 이 비트는 1로 셋된다.
0 : CPU가 설정 레지스터에 대한 쓰기 액세스가 거부되면 이 비트는 0으로 클리어된다.

12) PDA (CANES.3) : Power-down mode acknowledge

1 : CAN 모듈이 power-down 모드에 들어가면 이 비트는 1로 셋된다.
0 : CAN 모듈이 일반 동작 모드일 때 이 비트는 0으로 클리어된다.

13) RM (CANES.1) : Receive mode

1 : CAN 모듈이 메시지를 수신하고 있으면 이 비트는 1로 셋된다.
0 : CAN 모듈이 메시지를 수신하고 있지 않으면 이 비트는 0으로 클리어된다.

14) TM (CANES.0) : Transmit mode

1 : CAN 모듈이 메시지를 송신하고 있으면 이 비트는 1로 셋된다.
0 : CAN 모듈이 메시지를 송신하고 있지 않으면 이 비트는 0으로 클리어된다.

10.3.14. CANTEC/CANREC 레지스터

그림 10.29는 CANTEC(CAN Transmit-Error-Counter Register) 레지스터를 보여준다.

31 ... 8	7 ... 0
Reserved	TEC
R-x	R-0

LEGEND: R = Read only; -*n* = value after reset

그림 10.29. CANTEC (CAN Transmit-Error-Counter Register) 레지스터

그림 10.30은 CANREC(CAN Receive-Error-Counter Register) 레지스터를 보여준다.

31 ~ 8	7 ~ 0
Reserved	REC
R-x	R-0

LEGEND: R = Read only; -*n* = value after reset

그림 10.30. CANREC (CAN Receive-Error-Counter Register) 레지스터

CAN 모듈은 수신 에러 카운터(CANREC)와 송신 에러 카운터(CANTEC)를 가진다. 수신 에러가 검출되면 수신 에러 카운터가 증가하고 송신 에러가 검출되면 송신 에러 카운터가 증가한다. 송수신이 정확하게 되면 카운터 감소한다.

수신 에러 카운터나 송신 에러 카운터의 값이 에러 패시브 한계 값인 128이 되면 수신 에러 카운터는 더 이상 증가하지 않고 에러 패시브 상태가 된다. 에러 패시브 상태에서 송신 에러 카운터가 255가 되면 버스 오프 상태가 되고 수신 에러 카운터가 클리어된다. 수신 에러 카운터는 버스 오프 상태에서 11개의 연속적인 recessive 비트를 수신할 때마다 증가한다. 카운터가 128이 되면 모듈은 자동적으로 버스 온 상태로 되돌아간다. 모든 내부 플래그는 리셋되고 에러 카운터는 클리어된다.

10.3.15. CANGIF0/CANGIF1 레지스터

그림 10.31은 CANGIF0(CAN Global Interrupt Flag 0 Register) 레지스터를 보여준다.

31 ~ 24
Reserved
R-x

23 ~ 18	17	16
Reserved	MTOF0	TCOF0
R-x	R-0	RC-0

15	14	13	12	11	10	9	8
GMIF0	AAIF0	WDIF0	WUIF0	RMLIF0	BOIF0	EPIF0	WLIF0
R/W-0	R-0	RC-0	RC-0	R-0	RC-0	RC-0	RC-0

7 ~ 5	4	3	2	1	0
Reserved	MIV0.4	MIV0.3	MIV0.2	MIV0.1	MIV0.0
R/W-0	R-0	R-0	R-0	R-0	R-0

LEGEND: R/W = Read/Write; R = Read; C = Clear; -*n* = value after reset

그림 10.31. CANGIF0 (CAN Global Interrupt Flag 0 Register) 레지스터

그림 10.32는 CANGIF1(CAN Global Interrupt Flag 1 Register) 레지스터를 보여준다.

31–24
Reserved
R-x

23–18	17	16
Reserved	MTOF1	TCOF1
R-x	R-0	RC-0

15	14	13	12	11	10	9	8
GMIF1	AAIF1	WDIF1	WUIF1	RMLIF1	BOIF1	EPIF1	WLIF1
R/W-0	R-0	RC-0	RC-0	R-0	RC-0	RC-0	RC-0

7–5	4	3	2	1	0
Reserved	MIV0.4	MIV0.3	MIV0.2	MIV0.1	MIV0.0
R/W-0	R-0	R-0	R-0	R-0	R-0

LEGEND: R/W = Read/Write; R = Read; C = Clear; -*n* = value after reset
Note: eCAN only, reserved in the SCC

그림 10.32. CANGIF1 (CAN Global Interrupt Flag 1 Register) 레지스터

1) MTOF0/1 (CANGIF0/1.17) : Mailbox time-out flag

1 : 메일박스 중 하나가 미리 정해진 시간 내에 메시지를 송신하거나 수신하지 못하면 플래그가 1로 셋된다.

0 : 메일박스에 타임 아웃이 생기지 않으면 플래그가 0을 유지한다.

2) TCOF0/1 (CANGIF0/1.16) : Time stamp counter overflow flag

1 : 타임 스탬프 카운터의 MSB가 0에서 1로 바뀌면 플래그가 1로 셋된다.

0 : 타임 스탬프 카운터의 MSB가 0에서 1로 바뀌지 않으면 플래그가 0을 유지한다.

3) GMIF0/1 (CANGIF0/1.15) : Global mailbox interrupt flag

1 : 메일박스 중 하나가 성공적으로 메시지를 송신하거나 수신하면 플래그가 1로 셋된다.

0 : 메시지가 송신되거나 수신되지 않으면 플래그가 0을 유지한다.

4) AAIF0/1 (CANGIF0/1.14) : Abort-acknowledge interrupt flag

1 : 송신이 중단되면 플래그가 1로 셋된다.

0 : 송신이 중단되지 않으면 플래그가 0을 유지한다.

5) WDIF0/1 (CANGIF0/1.13) : Write-denied interrupt flag

1 : 메일박스에 대한 CPU의 쓰기 액세스가 성공하지 못하면 플래그가 1로 셋된다.
0 : 메일박스에 대한 CPU의 쓰기 액세스가 성공하면 플래그가 0을 유지한다.

6) WUIF0/1 (CANGIF0/1.12) : Wake-up interrupt flag

1 : local power down 모드인 동안 모듈이 sleep 모드를 빠져나오면 플래그가 1로 셋된다.
0 : 모듈이 여전히 sleep 모드이거나 일반 동작할 때는 플래그가 0을 유지한다.

7) RMLIF0/1 (CANGIF0/1.11) : Receive-message-lost interrupt flag

1 : 수신 메일박스 중 하나라도 오버플로우가 생기면 플래그가 1로 셋된다.
0 : 오버플로우가 생긴 수신 메일박스가 없으면 플래그가 0을 유지한다.

8) BOIF0/1 (CANGIF0/1.10) : Bus off interrupt flag

1 : CAN 모듈이 버스-오프 모드에 들어가면 플래그가 1로 셋된다.
0 : CAN 모듈이 버스-온 모드에 계속 있으면 플래그가 0을 유지한다.

9) EPIF0/1 (CANGIF0/1.9) : Error passive interrupt flag

1 : CAN 모듈이 에러-패시브 모드에 들어가면 플래그가 1로 셋된다.
0 : CAN 모듈이 에러-패시브 모드가 아니면 플래그가 0을 유지한다.

10) WLIF0/1 (CANGIF0/1.8) : Warning level interrupt level

1 : 에러 카운터 중 하나라도 warning level에 도달하면 플래그가 1로 셋된다.
0 : warning level에 도달한 에러 카운터가 없으면 플래그가 0을 유지한다.

11) MIV0/1 (CANGIF0/1.4:0) : Mailbox interrupt vector

이 비트는 global mailbox interrupt flag를 셋하는 메일박스의 수를 나타낸다. SCC 모드에서는 오직 MIV0/1.3:0 비트만 사용할 수 있다.

10.3.16. CANGIM 레지스터

그림 10.33은 CANGIM (CAN Global Interrupt Mask Register) 레지스터를 보여준다.

31–18	17	16
Reserved	MTOM	TCOM
R-0	R/WP-0	R/WP-0

15	14	13	12	11	10	9	8
Reserved	AAIM	WDIM	WUIM	RMLIM	BOIM	EPIM	WLIM
R-0	R/WP-0	R/WP-0	R/WP-0	R/WP-0	R/WP-0	R/WP-0	R/WP-0

7–3	2	1	0
Reserved	GIL	I1EN	I0EN
R-0	R/WP-0	R/WP-0	R/WP-0

LEGEND: R = Read; W = Write; WP = Write in EALLOW mode only; -*n* = value after reset

그림 10.33. CANGIM (CAN Global Interrupt Mask Register) 레지스터

1) MTOM (CANGIM.17) : Mailbox time-out interrupt mask

1 : 이 비트를 1로 셋하면 MTOF를 활성화

0 : 이 비트를 0으로 클리어하면 MTOF를 비활성화

2) TCOM (CANGIM.16) : Time stamp counter overflow mask

1 : 이 비트를 1로 셋하면 TCOIF를 활성화

0 : 이 비트를 0으로 클리어하면 TCOIF를 비활성화

3) AAIM (CANGIM.14) : Abort Acknowledge Interrupt Mask

1 : 이 비트를 1로 셋하면 AAIF를 활성화

0 : 이 비트를 0으로 클리어하면 AAIF를 비활성화

4) WDIM (CANGIM.13) : Write denied interrupt mask

1 : 이 비트를 1로 셋하면 WDIF를 활성화

0 : 이 비트를 0으로 클리어하면 WDIF를 비활성화

5) WUIM (CANGIM.12) : Wake-up interrupt mask

1 : 이 비트를 1로 셋하면 WUIF를 활성화
0 : 이 비트를 0으로 클리어하면 WUIF를 비활성화

6) RMLIM (CANGIM.11) : Received-message-lost interrupt mask

1 : 이 비트를 1로 셋하면 RMLIF를 활성화
0 : 이 비트를 0으로 클리어하면 RMLIF를 비활성화

7) BOIM (CANGIM.10) : Bus-off interrupt mask

1 : 이 비트를 1로 셋하면 BOIF를 활성화
0 : 이 비트를 0으로 클리어하면 BOIF를 비활성화

8) EPIM (CANGIM.9) : Error-passive interrupt mask

1 : 이 비트를 1로 셋하면 EPIF를 활성화
0 : 이 비트를 0으로 클리어하면 EPIF를 비활성화

9) WLIM (CANGIM.8) : Warning level interrupt mask

1 : 이 비트를 1로 셋하면 WLIF를 활성화
0 : 이 비트를 0으로 클리어하면 WLIF를 비활성화

10) GIL (CANGIM.2)

1 : 이 비트를 1로 셋하면 모든 글로벌 인터럽트는 ECAN1INT 인터럽트 라인에 배치된다.
0 : 이 비트를 0으로 클리어하면 모든 글로벌 인터럽트는 ECAN1INT 인터럽트 라인에 배치된다.

11) I1EN (CANGIM.1) : Interrupt 1 enable

1 : 이 비트를 1로 셋하면 ECAN1INT 인터럽트 라인이 활성화된다.
0 : 이 비트를 0으로 클리어하면 ECAN1INT 인터럽트 라인이 비활성화된다.

12) I0EN (CANGIM.0) : Interrupt 0 enable

1 : 이 비트를 1로 셋하면 ECAN0INT 인터럽트 라인이 활성화된다.

0 : 이 비트를 0으로 클리어하면 ECAN1INT 인터럽트 라인이 비활성화된다.

10.3.17. CANMIM 레지스터

그림 10.34은 CANMIM(CAN Mailbox Interrupt Mask Register) 레지스터를 보여준다.

31 … 0
MIM.31:0
R/W-0

LEGEND: R/W = Read/Write; -*n* = value after reset

그림 10.34. CANMIM (CAN Mailbox Interrupt Mask Register) 레지스터

1) MIM (CANMIM.31:0) : Mailbox interrupt mask

1 : MIM.n 비트를 1로 셋하면 메일박스 n의 메일박스 인터럽트가 활성화된다.

0 : MIM.n 비트를 0으로 클리어하면 메일박스 n의 메일박스 인터럽터가 비활성화된다.

10.3.18. CANMIL 레지스터

그림 10.35은 CANMIL(CAN Mailbox Interrupt Level Register) 레지스터를 보여준다.

31 … 0
MIL.31:0
R/W-0

LEGEND: R/W = Read/Write; -*n* = value after reset

그림 10.35. CANMIL (CAN Mailbox Interrupt Level Register) 레지스터

1) MIL (CANMIL.31:0) : Mailbox interrupt level

1 : MIL.n 비트를 1로 셋하면 메일박스 n의 메일박스 인터럽트는 ECAN1INT 인터럽트 라인에 배치된다.

0 : MIL.n 비트를 0으로 클리어하면 메일박스 n의 메일박스 인터럽트는 ECAN0INT 인터럽트 라인에 배치된다.

10.3.19. CANOPC 레지스터

그림 10.36은 CANOPC (CAN Overwrite Protection Control Register) 레지스터를 보여준다.

31 ... 0
OPC.31:0
R/W-0

LEGEND: R/W = Read/Write; -n = value after reset

그림 10.36. CANOPC (CAN Overwrite Protection Control Register) 레지스터

1) OPC (CANOPC.31:0) : Overwrite protection control bits

1 : OPC.n 비트를 1로 셋하면 메일박스 n에 저장된 이전의 메시지가 새로운 메시지로 덮어써지지 않는다.

0 : OPC.n 비트를 0으로 클리어하면 메일박스 n에 저장된 이전의 메시지가 새로운 메시지로 덮어써진다.

10.3.20. CANTIOC 레지스터

그림 10.37은 CANTIOC (CAN TX I/O Control Register) 레지스터를 보여준다.

31 ... 16
Reserved
R-0

15 ... 4	3	2 ... 0
Reserved	TXFUNC	Reserved
R-0	RWP-0	

LEGEND: RWP = Read in all modes, write in EALLOW-mode only; R = Read only; -n = value after reset

그림 10.37. CANTIOC (CAN TX I/O Control Register) 레지스터

1) TXFUNC (CANTIOC.3)

이 비트는 CAN 모듈을 사용하기 위해서 반드시 셋되어야만 한다.

1 : CANTX 핀이 CAN 송신 기능을 위해 사용된다.

0 : Reserved

10.3.21. CANRIOC 레지스터

그림 10.38은 CANRIOC (CAN RX I/O Control Register) 레지스터를 보여준다.

31–16
Reserved
R-x

15–4	3	2–0
Reserved	RXFUNC	Reserved
R-0	RWP-0	

LEGEND: RWP = Read in all modes, write in EALLOW-mode only; R = Read only; -*n* = value after reset; x = indeterminate

그림 10.38. CANRIOC (CAN RX I/O Control Register) 레지스터

1) RXFUNC (CANRIOC.3)

이 비트는 CAN 모듈을 사용하기 위해서 반드시 셋되어야만 한다.

1 : CANRX 핀이 CAN 수신 기능을 위해 사용된다.

0 : Reserved

10.3.22. CANTSC 레지스터

그림 10.39은 CANTSC (CAN Time-Stamp Counter Register) 레지스터를 보여준다.

31–0
TSC31:0
R/WP-0

LEGEND: R = Read; WP = Write in EALLOW enabled mode only; -*n* = value after reset
Note: eCAN mode only, reserved in the SCC

그림 10.39. CANTSC (CAN Time-Stamp Counter Register) 레지스터

1) TSC (CANTSC.31:0) : Time-stamp counter register

이 레지스터는 즉각적인 타임 스탬프 카운터 값을 나타내는 32-비트 타이머다. 타이머는 CAN 버스의 비트 클락을 사용하여 시간을 잰다. 예를 들어, CAN 버스의 비트 전송 속도(bit rate)가 1 Mbps이면 CANTSC는 1 us마다 증가한다.

10.3.23. MOTS 레지스터

그림 10.40은 MOTS (Message Object Time Stamp Registers) 레지스터를 보여준다.

31	0
MOTS31:0	
R/W-x	

LEGEND: R/W = Read/Write; -*n* = value after reset; x = indeterminate

그림 10.40. MOTS (Message Object Time Stamp Registers) 레지스터

1) MOTS (MOTS.31:0) : Message object time stamp register

이 레지스터는 해당하는 메일박스 데이터가 성공적으로 송수신되는 순간의 TSC 값을 저장한다. 각각의 메일박스는 MOTS 레지스터를 가진다.

10.3.24. MOTO 레지스터

그림 10.41은 MOTO (Message-Object Time-Out Registers) 레지스터를 보여준다.

31	0
MOTO31:0	
R/W-x	

LEGEND: R/W = Read/Write; -*n* = value after reset; x = indeterminate

그림 10.41. MOTO (Message-Object Time-Out Registers) 레지스터

1) MOTO (MOTO.31:0) : Message object time-out register

이 레지스터는 해당하는 메일박스 데이터가 성공적으로 송수신되어야만 하는 최대 TSC 값을 저장한다. 각각의 메일박스는 MOTO 레지스터를 가진다.

10.3.25. CANTOC 레지스터

그림 10.42는 CANTOC (CAN Time-Out Control Register) 레지스터를 보여준다.

31 ... 0
TOC31:0
R/W-0

LEGEND: R/W = Read/Write; -*n* = value after reset

그림 10.42. CANTOC (CAN Time-Out Control Register) 레지스터

1) TOC (CANTOC.31:0) : Time-out control register

1 : TOC.n 비트를 1로 셋하면 메일박스 n의 타임 아웃 기능을 활성화한다.

0 : TOC.n 비트를 0으로 클리어하면 메일박스 n의 타임 아웃 기능을 비활성화한다.

10.3.26. CANTOS 레지스터

그림 10.43은 CANTOS (CAN Time-Out Status Register) 레지스터를 보여준다.

31 ... 0
TOS31:0
R/C-0

LEGEND: R/C = Read/Clear; -*n* = value after reset

그림 10.43. CANTOS (CAN Time-Out Status Register) 레지스터

1) TOS (CANTOS.31:0) : Time-out status register

1 : 메일박스 n이 타임 아웃되면 TOS.n 비트가 1로 셋된다.

0 : 메일박스 n이 타임 아웃되지 않으면 TOS.n 비트가 0으로 유지된다.

10.3.27. MSGID 레지스터

그림 10.44는 MSGID (Message Identifier Register) 레지스터를 보여준다.

31	30	29	28 ... 0
IDE	AME	AAM	ID[28:0]
R/W-x	R/W-x	R/W-x	R/W-x

LEGEND: R/W = Read/Write; R = Read only; -*n* = value after reset; x = indeterminate
Note: This register can be written only when mailbox n is disabled (CANME[n] (CANME.31-0) = 0).

그림 10.44. MSGID (Message Identifier Register) 레지스터

1) IDE (MSGID.31) : Identifier extension bit

AMI = 1일 때,

1 : 수신된 메시지가 extended ID를 가지면 이 비트는 1로 셋된다.

0 : 수신된 메시지가 standard ID를 가지면 이 비트는 0으로 클리어된다.

AMI = 0일 때,

1 : 이 비트를 1로 셋하면 수신될 메시지는 extended ID를 가져야만 한다.

0 : 이 비트를 0으로 셋하면 수신될 메시지는 standard Id를 가져야만 한다.

2) AME (MSGID.30) : Acceptance mask enable bit

이 비트는 오직 수신 메일박스에서만 유효하다.

1 : 이 비트를 1로 셋하면 해당하는 acceptance mask가 사용된다.

0 : 이 비트를 0으로 클리어하면 해당하는 acceptance mask가 사용되지 않는다. 메시지를 수신하기 위해 ID 비트가 모두 일치해야만 한다.

3) AAM (MSGID.29) : Auto answer mode bit

이 비트는 오직 송신 메일박스에서만 유효하다.

1 : 이 비트를 1로 셋하면 해당하는 메일박스가 자동 응답 모드로 설정된다. 일치하는 remote frame을 수신하면 CAN 모듈은 메일박스의 내용을 보냄으로써 remote request에 응답한다.

0 : 이 비트를 0으로 클리어하면 해당하는 메일박스가 일반 송신 모드로 설정된다.

4) ID (MSGID.28:0) : Message identifier

메일박스가 standard identifier mode로 설정되면 ID.28:18에 message identifier을 저장하고 extended identifier mode로 설정되면 ID.28:0에 message identifier을 저장한다.

10.3.28. MSGCTRL 레지스터

그림 10.45는 MSGCTRL (Message-Control Register) 레지스터를 보여준다.

31–16
Reserved
R-0

15–13	12–8	7–5	4	3–0
Reserved	TPL	Reserved	RTR	DLC
R-0	RW-x	R-0	RW-x	RW-x

LEGEND: RW = Read any time, write when mailbox is disabled or configured for transmission; -n = value after reset; x = indeterminate
Note: The register MSGCTRL(*n*) can only be written if mailbox *n* is configured for transmission (CANMD[*n*] (CANMD.31-0)=0) or if the mailbox is disabled (CANME[*n*] (CANME.31-0) =0).

그림 10.45. MSGCTRL (Message-Control Register) 레지스터

1) TPL (MSGCTRL.12:8) : Transmit-priority level

이 비트는 메일박스의 우선순위를 결정한다. 가장 높은 TPL 값을 가지는 메일박스가 가장 높은 우선순위를 가진다. 두 개의 메일박스가 같은 우선순위를 가지면 메일박스 번호가 더 높은 메일박스가 송신된다. 이 비트는 오직 송신 메일박스에서만 유효하고 SCC 모드에서는 사용되지 않는다.

2) RTR (MSGCTRL.4) : Remote-transmission-request bit

1 : 수신 메일박스에서 이 비트를 1로 셋하고 TRS 비트를 셋하면 remote frame이 송신되고 해당하는 data frame이 같은 메일박스에 수신된다. 송신 메일박스에서 이 비트를 1로 셋하고 TRS 비트를 셋하면 remote frame이 송신되지만 해당하는 data frame은 다른 메일박스에 수신된다.

0 : 이 비트를 0으로 클리어하면 remote frame이 송신되지 않는다.

3) DLC (MSGCTRL.3:0)

이 비트는 송수신될 데이터 바이트 수를 결정한다. 0부터 8까지가 유효한 값이다.

10.3.29. CANMDL, CANMDH 레지스터

그림 10.46은 CANMDL (Message-Data-Low Register) 레지스터(With DBO = 0)를 보여준다.

31–24	23–16	15–8	7–0
Byte 0	Byte 1	Byte 2	Byte 3

그림 10.46. CANMDL (Message-Data-Low Register) 레지스터 With DBO = 0

그림 10.47은 CANMDH (Message-Data-High Register) 레지스터(With DBO = 0)를 보여준다.

31–24	23–16	15–8	7–0
Byte 4	Byte 5	Byte 6	Byte 7

그림 10.47. CANMDH (Message-Data-High Register) 레지스터 With DBO = 0

그림 10.48은 CANMDL (Message-Data-Low Register) 레지스터(With DBO = 1)를 보여준다.

31–24	23–16	15–8	7–0
Byte 3	Byte 2	Byte 1	Byte 0

그림 10.48. CANMDL (Message-Data-Low Register) 레지스터 With DBO = 1

그림 10.49는 CANMDH (Message-Data-High Register) 레지스터(With DBO = 1)를 보여준다.

31–24	23–16	15–8	7–0
Byte 7	Byte 6	Byte 5	Byte 4

그림 10.49. CANMDH (Message-Data-High Register) 레지스터 With DBO = 1

CANMDL, CANMDH 레지스터는 CAN 메시지의 data field를 저장하는데 사용된다. DBO 비트의 설정에 따라 데이터가 저장되거나 읽히는 순서가 결정된다. 데이터는 Byte 0부터 송수신된다.

DBO = 1일 때, CANMDL 레지스터의 LSB부터 CANMDH 레지스터의 MSB까지 순서으로 데이터가 저장되거나 읽힌다.

DBO = 0일 때, CANMDL 레지스터의 MSB부터 CANMDH 레지스터의 LSB까지 순서로 데이터가 저장되거나 읽힌다.

10.3.30. LAMn 레지스터

그림 10.50은 LAMn (Local-Acceptance-Mask Register) 레지스터를 보여준다.

31	30 29	28 ... 16
LAMI	Reserved	LAMn[28:16]
R/W-0	R/W-0	R/W-0

15 ... 0
LAMn[15:0]
R/W-0

LEGEND: R/W = Read/Write; -n = value after reset

그림 10.50. LAMn (Local-Acceptance-Mask Register) 레지스터

Local-acceptance 필터링은 사용자가 들어오는 메시지의 ID를 부분적으로

1) LAMI (LAMn.31) : Local-acceptance-mask identifier extension bit

1 : 이 비트를 1로 셋하면 standard와 extended frame 모두 수신할 수 있다. Extended frame의 경우에, ID의 29비트는 메일박스에 저장되고 LAMn의 29비트는 필터로 사용된다. Standard frame의 경우에, 오직 ID.28:18(11비트)와 LAMn.28:18(11비트)만이 사용된다.

0 : 이 비트를 0으로 클리어하면 메일박스에 저장된 IDE 비트가 어떤 메시지를 수신할지 결정한다.

2) LAMn (LAMn.28:0)

1 : LAMn.x 비트를 1로 셋하면 수신된 메시지의 ID.x 비트는 수신 메일박스의 ID.x 비트와 일치하지 않아도 된다.

0 : LAMn.x 비트를 0으로 클리어하면 수신된 메시지의 ID.x 비트는 수신 메일박스의 ID.x 비트와 일치해야만 한다.

10.4. 실습 연습문제

CAN 통신 모듈의 데이터 송수신은 Mailbox간에 이루어집니다. 일반적인 설정에서는 CAN 통신 내부 Mailbox간에 통신은 불가능하나 Self-Test Mode를 이용하면 내부 Mailbox 간 통신을 확인해 볼 수 있습니다. 다음 조건을 Selft-Test Mode를 이용하여 CAN을 이용한 데이터 송수신을 확인해 보십시오.

<시스템 조건>

SYSCLK : 300MHz

<CAN 조건>

Baud Rate : 500kbps Sampling Point : 66% Self-Test Mode : enable

<Mailbox 0 조건>

Mail box는 송신용으로 사용 Extended ID : Disable ID : 0x07F Data Length : 2 Byte

<Mailbox 1 조건>

Mail box는 수신용으로 사용 Extended ID : Disable ID : 0x07F Data Length : 2 Byte

<힌트>

CAN 모듈의 일부 레지스터는 32비트 접근만 허용합니다. 32비트 접근 방식은 다음과 같은 방법을 사용하면 가능합니다.

```
struct ECAN_REGS ECanaRegs_Shadow;
ECanaRegs_Shadow.CANMC.all = ECanaRegs.CANMC.all;
ECanaRegs_Shadow.CANMC.bit.CCR = 1;
ECanaRegs.CANMC.all = ECanaRegs_Shadow.CANMC.all;
```

| 참조문헌 |

[1] SPRUEU4, "TMS320x2834x, Delfino eCAN", p.2.
[2] SPRUEU4, "TMS320x2834x, Delfino eCAN", pp.10~17.
[3] SPRUEU4, "TMS320x2834x, Delfino eCAN", pp.23~70.
[4] SPRUEU4, "TMS320x2834x, Delfino eCAN", pp.75~80.
[5] "Bosch CAN Specification 2.0", pp.5~9.
[6] "Bosch CAN Specification 2.0", p.15.
[7] SPRS516D, "TMS320C28346, TMS320C28345, TMS320C28344, TMS320C28343, TMS320C28342, TMS320C28341 Delfino Microcontrollers Data Manual", pp.5~9.
[8] "Introduction to the Controller Area Network", pp.3~8.